Barbara Coudenhove-Kalergi

Zuhause ist überall

Erinnerungen

Paul Zsolnay Verlag

7 8 9 10   17 16 15 14 13

ISBN 978-3-552-05601-5
Alle Rechte vorbehalten
© Paul Zsolnay Verlag Wien 2013
Satz: Eva Kaltenbrunner-Dorfinger, Wien
Druck und Bindung: Friedrich Pustet, Regensburg
Printed in Germany

*Für Kati, Niki, Lorenz,
Clemens, Sophia und Dominik*

Vorwort

Ein Frühlingstag in den frühen Sechzigerjahren. Ich bin zum ersten Mal wieder in meiner Heimatstadt Prag, seit wir, meine Eltern und wir Kinder, am 8. Mai 1945 von hier vertrieben worden sind. Mir ist ein bisschen mulmig bei diesem Besuch. Soll ich mich freuen? Oder mich fürchten?

Ich spaziere durch die Straßen der Altstadt. Trist und grau sieht es hier aus. An vielen Häusern sind über dem Gehsteig provisorische Holzdächer angebracht, sie sollen verhindern, dass bröckelnder Putz den Passanten auf den Kopf fällt. In den Geschäftsauslagen nichts, das man kaufen möchte. Real existierender Sozialismus.

Finde ich mich hier überhaupt zurecht? Bin ich in dieser Stadt noch zu Hause? Oder bin ich eine Fremde? Ich versuche, beides auszuprobieren, und spiele, nur für mich allein, abwechselnd »heimisch« und »fremd«. Ich tue so, als sei ich, wie einst, auf dem Weg in die Schule, marschiere zielstrebig durch vertraute Gassen. Und dann: Ich bin fremd, ich war noch nie hier, ich bin neutral, sehe alles mit unbefangenen Augen. Das Moldauufer. Der Wenzelsplatz. Die Karlsbrücke. Noch gibt es keine Touristen in der Stadt, noch ist nicht alles schön herausgeputzt für ein internationales Publikum. Aber in den Parks blüht der Flieder, ganz so wie einst.

Was hast du denn jetzt für ein Gefühl, frage ich mich, als ich auf der Brücke stehe und ins Wasser hinunterschaue. Aber mir fällt keine Antwort ein. Eigentlich habe ich überhaupt kein Gefühl. Es ist, als gehe mich das alles nichts an. Ich bin hier geboren und aufgewachsen. Ich habe diese Stadt geliebt. Na und? Jetzt lebe ich eben woanders. Erst oben auf dem Hradschin packt es mich plötzlich, dieses unvergleichliche Praggefühl, das ich aus der Kindheit kenne. Ich stehe an der Rampe der Burg und blicke auf das Panorama der Stadt hinunter, die vielen Kirchtürme, die Brücken, den Fluss, der sich durch die Häuserzeilen windet. Hier habe ich vor vielen Jahren zum ersten Mal das Glück erlebt, das durch Schönheit geschenkt wird. Meine schöne, schöne, wunderschöne Stadt.

Den Weg zu unserem Haus habe ich mir bis zum Schluss aufgehoben. Es geht bergauf, durch stille Straßen. Und dann stehe ich vor unserer alten Adresse. Das Haus sieht ein bisschen kleiner aus, als ich es in Erinnerung habe. Im ersten Stock links, das ist das Fenster zu meinem Zimmer. Die Deckenlampe ist nicht mehr da, sehe ich, andere Vorhänge hängen. Ich spähe durch die Lücken im grüngestrichenen hölzernen Gartenzaun. Der Kirschbaum ist größer geworden. Die Beete sind nicht besonders gepflegt. Und die Veranda ist jetzt verglast, die neuen Bewohner haben eine Art Wintergarten daraus gemacht.

Ob sie Kinder haben? Fährt eins von ihnen jetzt mit dem Fahrrad in die Schule, so wie damals ich? Und wer sie wohl sind? Günstlinge des Regimes? Hat man damals das Eigentum der Vertriebenen verteilt, verkauft, versteigert? Wurden die Häuser vorher geplündert? Oder stehen unsere Möbel noch so in den Zimmern, wie wir sie seinerzeit verlassen haben?

Ich habe mir vorher nicht überlegt, was ich tun will, wenn ich zu unserem Haus komme. Anläuten und sagen: Entschuldigen Sie, ich habe früher hier gewohnt. Darf ich hereinkommen und mich kurz ein bisschen umschauen? Und dann durch die Räume gehen, während die Hausfrau ein wenig verlegen daneben steht, und nach vertrauten Dingen Ausschau halten? Dem Mariatheresienschrank im Salon vielleicht, in dessen unterster Schublade immer die Weihnachtsgeschenke versteckt waren? Oder dem Schreibtisch in meinem Zimmer, meinem ganzen Stolz? Und ob unsere Bilder noch da sind oder ob jetzt ganz andere an den Wänden hängen?

Vielleicht werfen die neuen Bewohner mich einfach hinaus. Was fällt Ihnen ein, hier einfach so hereinzuplatzen? Das ist unser Haus, wir wollen nicht gestört werden. Auf Wiedersehen. Oder es gibt einen unbehaglichen Moment, die Hausfrau oder der Hausherr sagen gezwungen höflich: bitte. Und denken: Wenn diese Person nur schon wieder draußen wäre. Nein, nein, lieber nicht anläuten.

Will ich überhaupt wissen, was aus meinem Kindheitshaus geworden ist? Interessieren mich dessen jetzige Bewohner? Bei genauerem Nachdenken: nein. Was gehen mich diese Leute an? Sollen sie doch wohnen, wie sie wollen. Mir doch egal.

Plötzlich fällt mir auf, dass ich schon eine ganze Weile hier auf der Straße stehe und wie ein Spion durch den Zaun luge. Am Ende der Straße taucht ein Passant auf. Was soll er sich denken, wenn er an mir vorübergeht? Ich bücke mich und tue so, als ob ich meine Schuhbänder neu binden müsste. Und schaue dann, dass ich von hier wegkomme.

Beim Heimfahren weiß ich: Mit einem Blick auf unser Haus komme ich der Vergangenheit nicht bei. Und momentan will ich das auch gar nicht. Ich habe mit der Gegenwart genug zu tun. Aber irgendwann wird der Augenblick kommen, an dem das Vergangene wieder gegenwärtig wird.

Ria, die Kindsfrau

Die erste Person, die auftaucht, wenn ich mich an meine frühesten Kinderjahre zu erinnern versuche, ist Ria. Da steht sie: eine hochgewachsene, hagere Frau mit kurzgeschnittenen Haaren. Sie ist unser Kindermädchen oder, wie wir sagen, unsere Kindsfrau. Sie ist auch kein Mädchen, sondern eine gestandene Person. Sie stammt aus Südmähren. Sie liebt mich sehr, und ich liebe sie. Wenn meine Mutter da ist, zu meinem Bett kommt und gute Nacht sagt, duftend und zum Ausgehen schöngemacht, ist das wunderbar. Aber Ria ist die Allerwichtigste. Sie ist immer da. Ihr erzähle ich alles, was ich erlebe, was mich bedrückt und was mich froh macht. Ganz normal, dass man die Kindsfrau lieber hat als die Mutter, sagt meine Mutter. In ihrer eigenen Kindheit war das genau so.

Meine Mutter ist eine kleine, zarte Frau, zart, aber zäh. Als junges Mädchen war sie bildhübsch, eine blonde Elfe mit wunderschönen blauen Augen. Sie macht, was sie will. Sie ist nicht nur tapfer, sie ist furchtlos. Sie weiß einfach nicht, was Angst ist, sagt mein Vater über sie. Sie heißt Sophie, aber ihre Geschwister nennen sie »Exzellenza«. Sie raucht wie ein Schlot, und wenn sie die Zigarette abdämpfen will, wirft sie sie in einen mit Wasser gefüllten grünglasierten Keramiktopf, der auf dem Tisch im Salon steht. Es macht pschscht, ein charakteristisches Geräusch wie kein anderes. Das tut sie, damit es nicht stinkt, denn mein Vater mag keinen Zigarettenrauch.

Meine Mutter ist nicht eitel, sie macht sich nichts aus Mode. Sie mag auch keine Liebesgeschichten. »L'amour, c'est pour les femmes de chambre«, zitiert sie. Trotzdem liebt sie meinen Vater, aber sie macht kein Getue dabei. Sentimentalität ist ihr ein Gräuel. Was sie auch nicht mag, ist Langeweile. Wenn es im Kino langweilig wird, steht sie sofort auf und geht. Sie ist auch ungeduldig mit langweiligen Menschen, ist aber begeistert, wenn sie auf jemanden trifft, der ihr interessant vorkommt. Dann kann sie stundenlang zuhören und gar nicht genug kriegen von dem, was

*Mutter Sophie mit den Kindern
Jakob (links), Barbara und Hans Heinrich (rechts),
Mitte der dreißiger Jahre*

dieser oder diese zu erzählen hat. Ob er oder sie prominent ist, interessiert sie überhaupt nicht. Sie hat eine Nase für Authentizität und merkt sofort, ob jemand echt ist oder nicht. Wenn nicht, hat dieser Jemand augenblicklich verloren. Sie selber ist durch und durch echt.

Aber sie entspricht leider nicht dem, was in meiner Volksschulzeit als Ideal einer deutschen Mutter gilt. Kinder sind Konformisten. Sie wollen nicht originell sein, sondern so wie alle andern. Und bei uns ist es eben nicht so wie bei allen andern. Es fängt schon damit an, dass meine Mutter Mami genannt wird und nicht Mutti. In unseren Lesebüchern heißt es Mutti. Die Lesebücher und unsere Lehrerin wissen auch genau, wie in einem ordentlichen deutschen Haushalt der Muttertag zu feiern ist. Mein Dilemma: Meine Mami hasst den Muttertag, daher wird dieser bei uns auch nicht begangen. Wir müssen einen Aufsatz darüber schreiben, und mir bleibt nichts anderes übrig, als schamlos zu lügen. In meinem Aufsatz bringen wir Kinder unserer Mutti das Frühstück ans Bett, sagen für sie ein Gedicht auf und singen ein Lied. Gelogen, gelogen, gelogen. Aber die Wahrheit kann ich unmöglich schreiben oder sagen.

Meine Mutter hat vier Kinder und ist daher anspruchsberechtigt für das Mutterkreuz dritter Klasse. Ab fünf Kindern bekommt man die zweite Klasse und ab sieben die erste. Der Blockwart kommt zu uns nach Hause und will Mami die Auszeichnung feierlich überreichen. Aber aus der Feierlichkeit wird nichts. Mami nimmt das Kreuz mit knapper Höflichkeit entgegen, komplimentiert den etwas verwirrten Überbringer hinaus und feuert, sobald sich die Tür hinter diesem geschlossen hat, das kostbare Kleinod augenblicklich in den Papierkorb.

Sofort stürzen mein kleiner Bruder und ich uns auf diesen und ziehen das gute Stück im Triumph wieder heraus. Es ist ein ganz hübsches Ding, blaues Email mit Goldrand. Man könnte es an einem Kettchen als Anhänger tragen. Wenn das kleine Hakenkreuz nicht wäre, könnte es als traditionelles Schmuckkreuzchen durchgehen. Diese Analogie ist wohl auch beabsichtigt. Für uns wird das Mutterkreuz ein beliebtes Spielzeug.

In noch einer Hinsicht entspricht meine Mutter zu meinem Kummer nicht den Anforderungen, die an eine richtige deutsche Mutter gestellt werden. Sie hat keinen Respekt vor der Schule. Sie selber war nie in einer Schule, sondern ist zu Hause von einer Gouvernante unterrichtet worden. Folgerichtig sieht sie auch in unseren Lehrern keine besonderen Autoritäten, sondern eher eine Art Dienstboten. Man ist freundlich zu ihnen, aber fürchtet sie nicht sonderlich. Mami schreibt beispielsweise keine förmlichen Entschuldigungen, wenn ich einen Schultag versäume. Dafür gibt es Formulare und spezielle offizielle Formulierungen. Mami schreibt einfach auf einen Zettel: Bitte lassen Sie die Barbara am Montag frei, ihre Großmutter hat Geburtstag. Was natürlich keinerlei Entschuldigungsgrund ist. Ich leide deshalb Qualen. Noch ärger, wenn der Zettel eine alte Einladungskarte ist mit der Aufschrift »Le comte et la com-

*Sophie und Gerolf Coudenhove-Kalergi
vor Schloss Ronsperg, 1925*

tesse...« Die Aufschrift wird dann durchgestrichen und die Rückseite benutzt. Warum gute Karten wegschmeißen?

Mami nennt mich Nana. Ich sehe sie kurz beim Frühstück, nach der Schule beim Mittagessen und danach im Salon. Dann übernimmt wieder Ria. Das Schlafzimmer der Eltern betrete ich nie. Ich kann mich nicht erinnern, meine Eltern je im Bett gesehen zu haben. Und zu den Eltern ins Bett krabbeln und kuscheln – völlig undenkbar. Für den Alltag, die täglichen Verrichtungen ist Ria zuständig und später ihre ungeliebte Nachfolgerin, das Fräulein. Und weil ich mich dem Fräulein nicht anvertrauen mag, geschweige denn mit ihr Zärtlichkeiten austauschen, ist es vor allem mein Bär Bimbi, der die Stelle meines Vertrauten einnehmen muss. Er schläft in meinem Bett, auch noch, als ich eigentlich schon zu alt für Kuscheltiere bin.

Mein Vater, Gerolf Coudenhove-Kalergi, ist ein großer, stattlicher Mann. Das Erbteil seiner japanischen Mutter sieht man ihm nur an den Augen an und ein wenig auch an seinem Hang zur Förmlichkeit. Er trägt

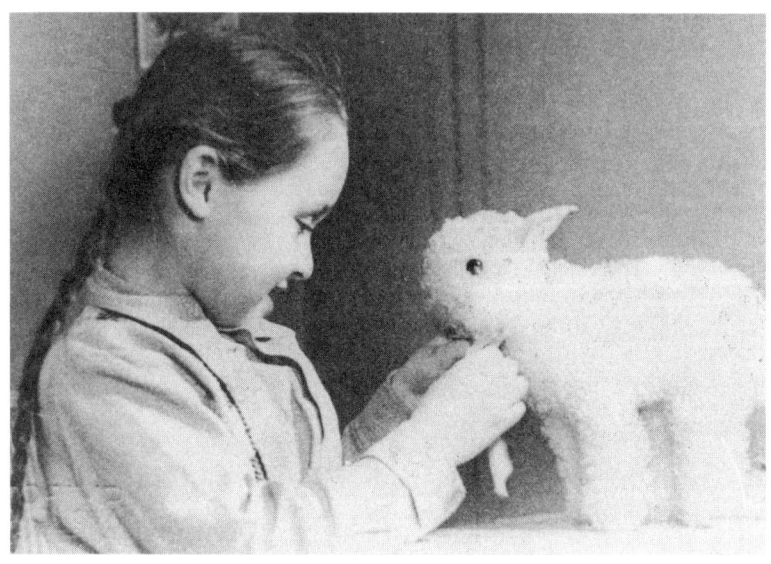

Barbara, zirka 1938

gern eine Fliege statt einer Krawatte und abends eine Art Smokingjacke. Er ist immer wunderbar glatt rasiert, und wenn er mich hochhebt, kann ich sein gutes Rasierwasser riechen. Papi spricht viele Sprachen, darunter auch Russisch, das er gelernt hat, um sein Lieblingsbuch, »Krieg und Frieden«, im Original lesen zu können. Er liebt die russische Sprache und erklärt mir, dass ich auf Russisch Warwara Gerolfovna heißen würde. Deshalb nennt er mich Wawa.

Die großen Brüder bewohnen eine andere Welt als ich. Hans Heinrich, der Ältere, ist der Gescheite, Jakob, der Jüngere, ist der Lustige. Meine Großmutter, die für Familienfeiern gern Gelegenheitsgedichte schreibt, hat über die beiden gedichtet. »Während Bücher sind für Hans / was dem Fuchse ist die Gans / er sie sieht und auch verschlingt / Jakob selten tiefer dringt / nimmt ein Buch und blättert drin / legt es weg, da es ihm schien / dass das Zeichnen besser wär / blättert wieder hin und her / um sich dann, vergnügt und froh / zu betät'gen anderswo.«

Ich bewundere meine Brüder schrankenlos und leide unter ihnen. Es ist herrlich, wenn sie mich loben, und schrecklich, wenn sie mich tadeln. Ganz schlimm ist, wenn sie ironisch sagen: »Gott, wie witzig«, wenn ich bei Tisch, so wie die Großen, auch versuche, etwas Witziges zu sagen. Am allerärgsten und beschämendsten ist das vernichtende Urteil, mit steinerner Miene ausgesprochen: »Gar nicht komisch, nur dumm.« Dann möchte ich am liebsten in den Erdboden versinken und nie mehr auftauchen.

Ria ist bei solchen Gelegenheiten meine Zuflucht und mein Trost. Ich kann mich darauf verlassen, dass sie immer auf meiner Seite steht. Ria nennt mich in ihrem heimatlichen Dialekt ihr Pampele, und ich nenne sie Mutzi. Ein Pampele ist ein Schäfchen. Du bist mein kleines Schmeichelpampele, gelt?, sagt Ria, und ich wiederhole das gern. Darüber müssen die Brüder lachen und bringen mich damit zum Weinen. Ich bin dein kleines Schmeichelpampele, gelt, Mutzi, gelt, Mutziii, singen sie nach der Melodie eines bekannten Marsches. Es ist nicht böse gemeint, aber mich trifft es ins Mark. Da wird mein Liebstes und Kostbarstes, meine Liebe zu Ria, hervorgezerrt und dem Spott preisgegeben. Ich raste aus. Ich heule und tobe vor Wut und vor Kränkung.

Hört's auf, die Kleine zu sekkieren, sagen die Eltern. Daraufhin beschränken sich die Buben darauf, nur die bewusste Melodie zu summen. Taram, taram, taramtamtamtam. Oder nur »Tisch« zu sagen. Wiederum Geheule. Was ist jetzt wieder? Unschuldige Mienen. Wir haben doch nur »Tisch« gesagt. Eine komplizierte Assoziationskette: Vor dem Tisch steht die Bank, auf der Bank liegt das Geld, und Geld klingt so wie gelt, Mutzi. Ich verstehe das auch sofort und heule neuerlich los. Jetzt wird es den Eltern zu dumm, und nun werde ich gescholten. Ich soll nicht »faxig« sein und aufhören mit dem Theater. Und schämen soll ich mich. Aber in Wahrheit sollen sich doch die andern schämen. Oder doch ich?

Denn die eigentliche Wurzel des ganzen Unglücks liegt ja darin, dass ich im Grunde meines Herzens den Brüdern Recht geben muss. »Schmeichelpampele« und »gelt« zu sagen, ist tatsächlich peinlich und kitschig und, wenn man ehrlich ist, unmöglich. Aber ich liebe Ria doch und will unter allen Umständen mit ihr solidarisch sein. Alles andere wäre Verrat. Habe ich Ria womöglich innerlich schon verraten? Verwirrung der Gefühle. Und wieder ein Grund zum Weinen. Es ist ein Konflikt zwischen Geschmack und Überzeugung, die frühe Erfahrung eines Dilemmas, das mir später noch öfter begegnen wird. Man steht zwischen zwei Lagern, mag das eine nicht hassen und das andere nicht verurteilen. Und fragt sich mit zunehmender Verzweiflung: Und ich? Wohin gehöre eigentlich ich?

Irgendwann verlässt uns Ria. Die Erwachsenen haben sich darauf verständigt, dass mir dieses Ereignis vorher nicht mitgeteilt wird. Der traumatische Abschied soll mir erspart werden. Kein Abschied, keine Tränen. Eines Tages ist Ria einfach weg. Sie ist zu Hause in Südmähren, höre ich, ihre Familie braucht sie. Von dort aus schreibt sie meiner Mutter Briefe und Postkarten, in denen sie mich grüßen lässt. Mami möchte mir diese Briefe vorlesen, aber ich will davon nichts hören. Ich halte mir die Ohren zu und laufe aus dem Zimmer. Ich will nicht an Ria denken und nicht an sie erinnert werden. An meine Ria, die mich verlassen hat. Es ist zu schmerzhaft. Da ist eine Wunde, die nicht und nicht heilen will. Es ist der erste wirkliche Schicksalsschlag in meinem Leben.

Nach Ria kommt das Fräulein. Eigentlich heißt das Fräulein Anni Nosek, es spricht deutsch mit leichtem tschechischem Akzent. Aber inzwischen ist aus der Tschechoslowakei das Protektorat Böhmen und Mähren geworden, und Anni Nosek ist nun deutscher als deutsch. Sie legt Wert darauf, keine Kindsfrau zu sein, sondern eine Erzieherin, sie will nicht Anni genannt werden, sondern Fräulein, und sie trägt ihr Haar nicht, wie andere Leute, in einem Dutt, sondern in deren zwei. Ihr Haar ist blond, das Fräulein flicht es zu zwei Zöpfen und steckt diese fest, aber nicht in Schnecken über den Ohren – so etwas habe ich schon in Bilderbüchern gesehen –, sondern in zwei Knoten am Hinterkopf. Fräulein, warum hast du diese Frisur? Die Antwort: Weil sich so der Führer eine deutsche Frau vorstellt. Seither halte ich aufmerksam Ausschau nach Frauen mit Doppeldutt und nach entsprechenden Äußerungen des Führers. Vergeblich. Aber unser Fräulein ist eben etwas Besonderes. Ich freilich, inzwischen sieben Jahre alt, mag es nicht, vor allem deshalb, weil es nicht Ria ist.

Das Fräulein ist zuständig für »die Kleinen«, für den kleinen Bruder Michael und für mich. Die großen Brüder, kollektiv nur »die Buben«

genannt, haben mit ihm nichts zu tun und sind nur den Eltern verantwortlich. Sie gehen ihre eigenen Wege. Sie haben ein Luftgewehr, damit schießen sie auf das Messingpendel der Uhr in ihrem Wohnzimmer. Die Wand dahinter ist dicht gesprenkelt mit kleinen Einschusslöchern. Sie schießen auch auf Spatzen und haben einmal Emilka, die Köchin, dazu gebracht, fünf Spatzen, die sie erlegt haben, für sie zu braten. Sie haben sie gerupft und in die Küche getragen, und Emilka hat sie gewürzt und ins Bratrohr geschoben. Als knusprig braune Häuflein kommen sie heraus, fünf arme, winzige Puppenhühnchen. Ich darf kosten, mag aber nicht. Die Buben schnabulieren sie auf, samt den hauchzarten Knöchelchen. Es knackst, und mir wird gruselig beim Zuschauen.

Ich bin ein Sandwichkind, fünf und vier Jahre jünger als die Buben und sechs Jahre älter als Michi, der Jüngste. Der Kleine ist zu klein, und die Großen sind zu groß, um mir wirkliche Spielgefährten zu sein. Ich bin also viel allein. Das bedeutet, dass ich mir meine eigene Welt erschaffen muss, eine angelesene und angeträumte, zu der niemand Zugang hat. Dabei spielt mein Schreibtisch eine wichtige Rolle. Dieses Möbel ist mein Heiligtum. Es hat mehrere Schubladen, eine davon ist geheim und birgt meine kostbarsten Schätze. Sie müssen zuerst gerettet werden, wenn einmal das Haus brennen sollte. Dazu gehören mein Tagebuch, ein Würfel aus Bernstein und eine selbstgenähte Tasche aus blauem Samt mit den Briefen, die mein Bär Bimbi mir geschrieben hat. Bimbi, ein Waschbär mit freundlichen Knopfaugen, ist mein engster Kumpan. Seine Briefe sind meist Hilferufe in höchster Not, wenn Bimbi etwa von Räubern entführt und als Geisel gehalten wird. Die Briefe erreichen mich in letzter Minute, aber rechtzeitig, damit ich ihn unter Lebensgefahr retten kann.

Der Schreibtisch ist das wichtigste Stück in meinem Zimmer. Dieses Zimmer ist meine Fluchtburg und mein Refugium. Mein grünweißes Couchbett steht hier, ein Tisch, ein Sofa, auf dem die Stofftiere inklusive Bimbi sitzen, ein Waschtisch und ein Bücherregal. Über meinem Bett hängt ein herrliches Bild, viele Engel darstellend. Das Fenster geht nach Osten. Ich kann zuschauen, wenn hinter dem Park vor unserem Haus die Sonne aufgeht und die grauen Häuser dahinter in ein rosiges Licht taucht. Ich liebe mein Zimmer. Es ist eigentlich zu schön für ein Kind.

Nebenan schlafen die Buben und auf der andern Seite das Fräulein und Michael.

Sobald ich lesen kann, wird die Welt der Bücher meine Welt, und die Gestalten in den Büchern werden fast wichtiger als die Menschen im wirklichen Leben. Die Stunde, in der ich lesen lerne, ist eine Sternstunde, an die ich mich noch heute ganz genau erinnere. Ich liege auf dem Bauch in meinem Zimmer auf dem Teppich, vor mir ein grüngebundenes Buch mit dem Titel »Hans Eichhorn, der Lausbub«. Es handelt von einem Eichhörnchen. Ich tue so, als ob ich lese, wie ich es bei den Erwachsenen gesehen habe. Aber plötzlich formen sich die Buchstaben, die ich gelernt habe, zu Wörtern und die Wörter zu Sätzen und die Sätze zu einer Geschichte. Ich kann lesen! Die Eichhörnchengeschichte ist übrigens enttäuschend. Aber andere Geschichten folgen, und die sind wunderbar. Ab jetzt, sagt mein Vater, musst du dich nie mehr langweilen. Er hat recht. Wie die meisten einsamen Kinder habe ich fortan ständig die Nase in einem Buch, so lange, bis mich irgendein Erwachsener mit dem Ruf: »Du verdirbst dir ja die Augen«, an die frische Luft scheucht.

Michi, der Jüngste in der Familie, ist ein Spätling, ein verträumtes Kind, dem ich übelnehme, dass es keine Anzeichen erkennen lässt, dem gängigen Ideal des deutschen Jungen zu entsprechen. Er ist ganz und gar, noch mehr als ich, dem Fräulein ausgeliefert. Täglich muss er mit diesem spazieren gehen, und er erzählt mir viel später, unter dem Siegel der Verschwiegenheit, dass das Fräulein bei diesen Spaziergängen heimliche Rendezvous mit ihrem Freund absolviert hat und Michi derweil bei einer Vertrauten warten musste. Dieser geheimnisvolle Freund ist manchmal ein SS-Mann und manchmal ein gewisser Ingenieur Springer, ein etwas bedrohlicher Mensch mit einem Schlapphut. Was davon Phantasie und was Tatsache ist, wird nie wirklich klar. Genau weiß man das bei Michi nie. Unserer Mutter erzählt er von alldem nichts.

Die Namen von uns Geschwistern haben alle ihre Bedeutung. Hans Heinrich heißt nach seinen zwei Großvätern, Heinrich Coudenhove und Hans Pálffy. Jakob nach einem niederländischen Vorfahren, der einst die Schreckensnachricht vom Sacco di Roma durch die kaiserlichen Landsknechte dem Kaiser Karl V. überbringen musste. Diese Geschichte inspi-

*Barbara mit ihren Brüdern
Hans Heinrich, Jakob und Michael*

riert mich zu romantischen Phantasien: wie der Bote auf schaumbedecktem Pferd, mit verhängten Zügeln, Tag und Nacht durchgaloppiert, den langen Weg von Rom nach Madrid. Wie er zwischendurch nur schnell das Reittier wechselt und dann, völlig erschöpft, seinem Kaiser Bericht erstattet. Er wird reich belohnt, obwohl er schlimme Dinge zu berichten hat.

Mein Name, Barbara, erinnert an die heilige Barbara, Schutzpatronin der Artillerie. Ihrer Fürsprache ist es zu verdanken, wird mir gesagt, dass mein Vater, der Artillerist, den Ersten Weltkrieg unbeschadet überstanden hat. Einzig Michael heißt, wie er heißt, weil der Name meinen Eltern gefallen hat. Er ist der Name eines Erzengels, aber er ist – anders als der alttestamentarische Name Jakob – auch nazitauglich, weil der »deutsche Michel« jetzt eine populäre Figur ist. Manchmal betet mein Vater mit seinem Jüngsten am Abend das alte Kirchengebet »Heiliger Michael, verteidige uns im Kampfe gegen die Bosheiten und Nachstellungen des Teufels. Der Herr gebiete ihm, so bitten wir flehentlich, du aber, o Fürst der himmlischen Heerscharen, stürze mit der Kraft Gottes den Satan und die übrigen bösen Geister, die zum Verderben der Seelen die Welt bedrängen, in die Hölle hinab«. Michi liebt dieses Gebet. Er hat seinen Kopfpolster parat und schleudert diesen an der passenden Stelle, wie der Erzengel Michael den Satan, mit Schwung in die Ecke. Amen, ruft er laut. Das gibt dem Satan endgültig den Rest.

Außer uns und dem Fräulein leben noch drei tschechische Mädchen bei uns im Haus. Alle kommen aus Breznitz, dem Heimatort meiner Mutter. Diese hat sie nach ihrer Heirat in die Stadt mitgebracht. Was drei Hausangestellte in einem relativ bescheidenen Haushalt wie dem unseren eigentlich den ganzen Tag zu tun haben, ist nicht recht klar. Wir haben später oft darüber gerätselt. Aber meine Mutter ist von zu Hause viel Personal gewöhnt und denkt, das müsse so sein. Emilka und Mařenka sind Schwestern. Emilka soll kochen und Mařenka ihr dabei helfen und putzen. Márinka, die eigentlich auch Mařenka heißt, aber wegen der Verwechslungsgefahr Márinka genannt wird, kann schneidern und soll sich um unser aller Garderobe kümmern und die Kinderkleider machen. Emilka ist klein und rund, Márinka ist groß und schön. Sie wohnen im Dachgeschoss. Wir können sie alle gut leiden und lernen von ihnen die schönen tschechischen Volkslieder, die sie manchmal bei der Arbeit singen. Mein liebstes ist das traurige vom Klee und von Janek, der eines Tages erschlagen im herrschaftlichen Kleefeld am Bach liegt. »Jetel, ten jetel, jetelíček u vody« – der Klee, der Klee, dieses Kleechen am Wasser.

Unser Haus ist in den Zwanzigerjahren gebaut worden. Onkel Hansi, der wohlhabende Bruder meines Vaters, hat es diesem geschenkt, als die Kinder kamen. Es ist ein recht konventionelles Haus, gelb gestrichen, eine sogenannte Villa. In Prag heißt jedes Einfamilienhaus Villa. Unseres ist leider weit entfernt von den kubistischen Villen im Stil der klassischen Moderne, von denen es in der Hauptstadt der Tschechoslowakei viele gibt. Aber es hat einen Garten mit einer Wiese, auf der ein Kirschbaum steht, mit ein paar Rosenbeeten und drei Birken rund um eine Sandkiste. Der Kirschbaum trägt gelbe Kirschen, die sehr gut schmecken. Der ganze Stolz meiner Mutter ist der sogenannte Border, ein Blumenbeet, in dem immer irgendetwas blühen soll. Meine Mutter werkt mit Hingabe an diesem Border herum. Sie ist eine begeisterte, allerdings nicht immer erfolgreiche Gärtnerin.

Im Garten wohnt auch unsere Schildkröte. Die Buben haben sie einmal mit Ölfarben angemalt, jedes Viereck in ihrem Panzer in einer anderen Farbe. Es sieht sehr schön aus, wenn sie sich gravitätisch durch das Gras bewegt, ein mobiles Kunstwerk. Wenn sie Gefahr wittert oder ihr etwas nicht gefällt, zieht sie Kopf und Beine ein und verbarrikadiert sich in ihrem Panzergehäuse. Muss kuschlig sein da drinnen, denke ich mir. Aber eines Tages ist die Schildkröte plötzlich weg. Ist sie weggelaufen? Ist sie in irgendeinem Versteck gestorben? Hat ihr womöglich die Bemalung geschadet? Wir erfahren es nie, und ihr Verschwinden macht mir lange Zeit große Sorgen.

»Ein Böhme deutscher Zunge«

Unser Haus liegt am Fuß des Weißen Berges am Stadtrand von Prag. Die Gegend ist ein ruhiges Villenviertel, wobei eigentlich nur ein Haus darin die Bezeichnung Villa wirklich verdient. Es ist ein riesiges, palastartiges Gebäude mit Säulen und einem großen Garten, das hinter unserem Haus liegt. Es gehört dem Millionär Belada, einer geheimnisumwitterten Figur, die wir nie sehen. Wo wohnst du?, fragen mich die großen Brüder. Die korrekte Antwort darauf lautet: Nad Bud'ánkami Nummer fünf, Smíchov, Prag, Tschechoslowakei, Europa, Erde, Universum.

Wenn Michi und ich mit dem Fräulein spazieren gehen, führt unser Weg oft hinauf in Richtung Weißer Berg. Dort, das wissen wir, fand einst die Schlacht am Weißen Berg statt, an die heute noch ein kleines Kapellchen erinnert. Der Weg führt an einem aufgelassenen Steinbruch vorbei, der mit allerhand Gesträuch zugewachsen ist. Wir dürfen nicht zum Steinbruch hinuntersteigen, denn im Steinbruch wohnt der Felsenmann. Das ist eine von Mythen umrankte Gestalt, über die ich mir natürlich auch eine romantische Geschichte zurechtgelegt habe. Vielleicht ist der Felsenmann ein Unglücklicher, der nach einer enttäuschten Liebe ein Leben als Einsiedler gewählt hat. Vielleicht ist er ein internationaler Verbrecher, gesucht von der Polizei vieler Länder, der hier in unserem Steinbruch Unterschlupf gefunden hat. Oder ein Büßer wie der heilige Hieronymus im Gehäus.

Wie der Felsenmann wirklich heißt, weiß niemand. Auch seine Geschichte kennt keiner. Man weiß nur, dass er im Steinbruch lebt und die Menschen meidet. Ihn selbst bekommen wir beim Vorbeigehen fast nie zu Gesicht. Er ist ein struppiger Geselle, und wir fürchten uns ein wenig vor ihm. Noch mehr als ihn fürchten wir seinen Hund, einen großen Schäfer. Der hängt an einer langen Leine, die ihrerseits mit einem Draht verbunden ist. Der Draht ist über den ganzen Steinbruch gespannt, sodass der Hund das Gelände bewachen und alle Eindringlinge verjagen kann. Wir hören ihn bellen und knurren. Auch wenn wir es gedurft hätten, nie hätten Michi und ich es gewagt, ins Reich des Felsenmannes vorzudringen. Die Buben freilich, kühn wie sie sind, haben ihn einmal besucht. Er sei sehr nett gewesen, berichten sie nachher. Er wohne in einer Art Höhle. Sie seien mit ihm vor der Höhle gesessen und hätten mit ihm gemeinsam ihr Jausenbrot verzehrt. Der Hund war auch dabei.

Wenn man von unserem Haus aus den Weg auf die andere Seite einschlägt, kommt man zu einem kleinen Wald, einem schütteren Laubwald, und mitten in diesem Wald liegt ein Felsen, den die Buben Devil's Head getauft haben. Man steigt über rutschige Tannennadeln zum höchsten Punkt des Waldes und steht plötzlich vor einem kleinen Abgrund. Eine Felswand fällt ein paar Meter ab. Und in dieser Felswand gibt es eine Höhle. Zum Devil's Head gehe ich ohne Fräulein, mit den Buben. Wir klettern auf der Felswand herum, sie ist nicht hoch. Niemand außer uns, denke ich mir, kennt die Höhle. Sie ist so groß, dass ein Kind gerade darin stehen kann. Ich stelle mir vor, wie ich, wenn Gefahr droht, mich in dieser Höhle verstecke, nur von Bimbi dem Bären begleitet. Wir schlafen auch dort. In der Nacht ist es ein bisschen unheimlich, aber doch auch kuschelig. Wir haben Proviant mit und eine Decke. Wir sehen in der Ferne das Licht von Taschenlampen und hören Rufe. Unsere Häscher suchen uns. Aber vergeblich, hier kann uns niemand finden. Wir sind allein in der Wildnis, wie in dem Buch »Die Höhlenkinder im Heimlichen Grund«. In diesem Traum sind wir stark und furchtlos, wie in allen ausgedachten Geschichten.

Viele Jahre später habe ich einmal den Steinbruch und den Wald mit dem Felsen noch einmal aufgesucht. Ich erkannte die Gegend kaum wieder: Der Steinbruch war zugebaut, eine Siedlung war dort entstanden. Aus dem Wald mit dem Devil's Head war ein öffentlicher Park geworden, mit Kinderspielplätzen und gepflegten Wegen. Die Wildnis unserer Kindheit, die wohl auch damals nicht ganz so wild war wie in meiner Erinnerung, gab es nicht mehr.

Unser Viertel, die Buďánka, liegt auf einer Anhöhe. Eine lange Stiege, mit vielen Stufen und vielen Windungen, führt hinunter zur Pilsner Straße, der Plzeňská ulice, der Hauptverkehrsader des Bezirks Smíchov.

Smíchov ist ein Industrie- und Arbeiterbezirk, hier liegen die Ringhoffer Werke. Oben auf der Buďánka ist es grün und frisch, unten ist es grau und staubig. Will man in die Innenstadt, muss man entweder die lange Stiege hinuntersteigen oder den noch längeren Weg durch den Klamovka-Park nehmen und dann in die Straßenbahn einsteigen. Wir sagen: die Elektrische.

Die Linie 9 und die Linie 15 fahren stadteinwärts, und diese nehmen wir auch, um in die Schule zu kommen. Nur wenn das Wetter schön ist, nehmen wir das Fahrrad. Wir haben unseren Schülerausweis, die Legitimation, die wir kurz »Leggi« nennen. Hast du deine Leggi mit?, werden wir in der Früh gefragt. Der Neuner und der Fünfzehner halten leider nicht am Aufgang zu unserer Stiege. Es gehört daher zum guten Ton, an der richtigen Stelle aus der fahrenden Elektrischen herauszuspringen. Es ist nicht schwer, die Bahn verlangsamt in der Kurve ihre Fahrt, und automatische Türen gibt es noch nicht. Man steht auf der offenen Plattform, gibt sich einen kleinen Mut-Anstoß und springt. Es kommt darauf an, in die Fahrtrichtung zu springen und beim Aufsetzen ein paar Schritte zu laufen, den Schwung des Sprungs fortsetzend. Eine weitere kleine Mutprobe: eine Fünfzig-Heller-Münze auf die Schiene legen und warten, bis die Elektrische drüberfährt. Danach ist das Geldstück dünn und spiegelglatt.

Man kann aber auch eine Station früher aussteigen, am Eingang in die Klamovka. Diese hat ihren Namen von der aristokratischen Familie Clam, in deren Besitz das Areal früher war. Gleich hinter dem Eingang steht eine winzige Kapelle, die immer geschlossen ist. Aber in der Tür ist ein Gitter, und durch dieses kann man, stellt man sich auf die Zehenspitzen, den gewölbten Plafond sehen, blau, besät mit goldenen Sternlein. Ich versäume es nie, beim Vorbeigehen einen Blick auf diesen kleinen Sternenhimmel zu werfen. Es ist wie ein Blick in den richtigen Himmel, eine Art Vorgeschmack auf die himmlische Herrlichkeit, wo der liebe Gott und die Engel wohnen.

Die Klamovka ist der Schauplatz unserer kleineren Spaziergänge. Schöne große Kastanienbäume gibt es hier und viel Flieder, der im Frühling wunderbar blüht. Mittendrin steht die Sokolovna, das Heim des tschechischen Jugendverbandes Sokol. Sokol heißt Falke. Bis zum Einmarsch der Deutschen 1939 gehen hier die Sokol-Buben ein und aus, mit ihren runden Mützen mit dem roten Punkt in der Mitte. Der Sokol ist der deutschen Turnerbewegung nachempfunden, seine Mitglieder sind patriotisch, sportlich und stolz. Kurz vor dem Ende der unabhängigen Tschechoslowakei gibt es in Prag ein großes Turnerfest, den Slet, ein Treffen aller Falken aus der ganzen Republik, die im Stadion ihre Künste vorführen. Sie turnen präzise, wie ein riesiges bewegtes Bild sehen sie aus, wenn sie in Massen in perfektem Gleichklang sich strecken, beugen, schreiten und drehen. Aber wir haben damit nichts zu tun. Wir deutschen Kinder erleben all das nur aus der Ferne.

Die Sokol-Buben sind eine der wenigen Erinnerungen, die mir an die Zeit der tschechoslowakischen Republik geblieben sind. Mein erstes Volksschuljahr fällt in diese Epoche. Wir sind tschechoslowakische Bürger, gehören aber der deutschen Minderheit an. Wir gehen in die deutsche Schule und lernen dort die tschechische und die slowakische Hymne jeweils in deutscher Sprache. »Wo ist mein Heim, mein Vaterland«, singen wir und danach: »Auf der Tatra blitzt und dröhnt und donnerkracht es.« Auf der ersten Seite im Lesebuch ist das Bild von Tomáš G. Masaryk zu sehen, dem allseits verehrten Gründervater der Tschechoslowakischen Republik.

Meine Eltern sind loyale Bürger dieser Republik, aber sie fühlen sich, wie die meisten Deutschböhmen, innerlich nicht als Tschechoslowaken. Unser Vater bezeichnet diese Menschen später in den Worten des britischen Historikers Arnold Toynbee als »a group *in* a society, but not *of* it«. Vom Aufbau des jungen Staates, für die meisten Tschechen ihrer Generation eine Zeit der Hoffnung und des Aufbruchs, bekommen sie wenig mit.

Prag ist die Hauptstadt eines unabhängigen Staates und beherbergt viele ausländische Gesandtschaften, in denen meine Eltern verkehren. Der Schweizer Gesandte und seine amerikanische Frau sind gute Freunde der Eltern, wir sehen sie oft. Und auch in der österreichischen Gesandtschaft sind Papi und Mami oft eingeladen. Der österreichische Gesandte Ferdinand Marek, der später in einem sowjetischen Lager stirbt, vor allem aber seine Frau sind uns Kindern ein Begriff. Diese Dame, die bei diplomatischen Gesellschaften intellektuelle Gespräche liebt, wird von meinem Vater oft mit leiser Ironie zitiert, sie ist für ihn der Inbegriff des Blaustrumpfs. Als sie ihn bei einem Botschaftsempfang einmal einem anderen Gast vorstellt, fügt sie erklärend hinzu: »Ein Graf, und doch gescheit.« Dieser Ausspruch wird bei uns zum geflügelten Wort.

Einmal, als ich in Begleitung der Buben in der Stadt bin, laufe ich unbedacht über die Straße und werde von einem noblen Auto angefahren. Es ist nicht viel passiert, ich habe nur ein paar Kratzer davongetragen. Aber anderntags kommt die Besitzerin des Wagens zu uns nach Hause und bringt mir zum Trost eine Riesenschachtel herrlichster Pralinen mit. Es ist, wie sich herausstellt, die Frau des amerikanischen Gesandten in der Tschechoslowakei.

Tschechische Freunde haben wir nicht, weder wir Kinder noch meine Eltern. Diese sind keineswegs antitschechisch, aber die tschechische Mehrheit und die deutsche Minderheit leben in jenen Jahren nicht wirklich miteinander, sie leben nebeneinander. Und meine Eltern bilden darüber hinaus auch noch eine Minderheit in der Minderheit. Sie gehören dem deutschsprachigen böhmischen Adel an, einer ziemlich geschlossenen Gruppe, die auch zur deutschen bürgerlichen Gesellschaft kaum Kontakt pflegt. Die Gäste bei uns zu Hause sind fast ausschließlich Menschen aus dieser Bevölkerungsschicht, in der alle irgendwie miteinander verwandt sind und so etwas wie eine große Familie bilden. Meine Eltern besuchen an den Wochenenden die Schlösser in der Umgebung oder treffen die Bekannten in der »Ressource«, dem Adelsklub, in den die Landleute gehen, wenn sie in Prag zu tun haben.

Welche Nationalität haben die böhmischen Aristokraten eigentlich? Sie sind nicht Sudetendeutsche, wie sich die Deutschen in der Tschechoslowakei gern nennen, in bewusster Abgrenzung von den Tschechen. Das auf keinen Fall. Aber sie sind auch keine Tschechen. Mein Vater bezeichnet sich selbst als »Böhme deutscher Zunge«, in den Worten des Philosophen Bernard Bolzano, der in der Zeit vor 1848 für eine Art von böhmischer Identität außerhalb der nationalen Gegensätze eintrat. Ein Böhme deutscher Zunge ist kein Deutscher und kein Tscheche, sondern eben ein Böhme, und das sei, wie mein Vater hinzufügt, »eine ausgestorbene Spezies«, wie das Mammut. Der Patriotismus des Böhmen orientiert sich an seinem Land, nicht an seiner Sprache. Es ist ein altmodischer Patriotismus, der in die vornationale Epoche des 18. Jahrhunderts zurückreicht. Im Rückblick scheint es mir, dass meine Eltern und deren Standesgenossen auch sonst ein Überbleibsel aus dieser Zeit dargestellt haben, nicht wirklich im 20. Jahrhundert angekommen.

Das Wort Böhme und Böhmen gibt es übrigens in der tschechischen Sprache gar nicht. Die Tschechen sprechen von Sudetendeutschen, »sudetáci«, wenn sie die nationalgesinnten Deutschen in ihrem Lande meinen. Wenn von deutschsprachigen Bürgern die Rede ist, die gleichwohl gute Bürger der tschecholowakischen Republik sind, heißt das »naše Němci«, unsere Deutschen. Diese finden sich vornehmlich unter den Aristokraten, die zu Hause deutsch sprechen, aber ihre familiären Wurzeln oft anderswo in Europa haben, und unter den Juden.

Sowohl die Aristokraten als auch die Juden sprechen auch Tschechisch, was die Sudetendeutschen meistens nicht tun. In der Zeit des Sprachenstreits in den Achtzigerjahren des 19. Jahrhunderts musste der österreichische Ministerpräsident Kasimir Badeni zurücktreten, weil er ein Gesetz befürwortete, das von den Landesbeamten im Kronland Böhmen die Kenntnis der Landessprache verlangte. Das wollten die Deutschen im deutschsprachigen Landesteil auf keinen Fall akzeptieren. Ich bin stolz darauf, diese Dienstbotensprache nicht zu sprechen, erklärte damals ein deutschnationaler Abgeordneter. Das sei wohl das Allerdümmste, erklärt uns mein Vater. Wenn man schon auf etwas stolz sein müsste, dann auf etwas, das man könne, und keinesfalls auf etwas, das man nicht könne.

Er selbst, ebenfalls aus dem deutschsprachigen Westböhmen stammend, hat erst als junger Erwachsener Tschechisch gelernt, als die Tschechoslowakei unabhängig wurde und er sich plötzlich nicht mehr als Österreicher, sondern als Tschechoslowake wiederfand. »Wer wird uns denn jetzten regiern«, sang man damals, »ja, der Tschechoslowak, mit Zylinder und Frack, und der Böhm, der sagt to je tak«. Papi spricht korrekt, aber nicht wirklich gut tschechisch. Meine Mutter, in Südböhmen aufgewachsen, spricht es fließend. Wir Kinder schnappen die Sprache von unseren Hausangestellten auf und von den sogenannten Meierhofkindern, mit denen wir im Sommer auf dem Land, bei unseren Großeltern, zusammenkommen. Unser Tschechisch ist ein »Kuchltschechisch«, fast akzentfrei und flüssig gesprochen, aber auf eher bescheidenem Niveau. Die Buben kultivieren mit Genuss einen breiten Prager Vorstadtslang. Dann sagt die Großmama mit sanftem Tadel: »Kinder, nicht im Salon.«

Außer unseren Hausmädchen kennen wir praktisch keine Tschechen näher. Da sind nur die Leute in den Geschäften, die Kondukteure in der Elektrischen, unsere Nachbarn, mit denen wir »auf Grüßfuß« stehen. Aber Bekannte der Eltern, die in unserem Haus aus und ein gehen? Niemand fällt mir ein. Mein Vater hat einen gewissen Zugang zur Welt der Tschechen, er hat am Orientalischen Institut der deutschen Universität einen Lehrauftrag für japanische Sprache und Kultur und kennt ein paar tschechische Fachkollegen. Das sind Gelehrte, die er mag und schätzt, aber einander wechselseitig zu Hause besuchen – nein. Man trifft sich an drittem Ort, bei akademischen Veranstaltungen. Die jeweiligen Ehefrauen kennen einander nicht. Und die jeweiligen Kinder schon gar nicht. Von der blühenden tschechischen Kultur jener Jahre – in der Literatur, im Theater, in der Publizistik – bekommen wir denn auch wenig mit. Die Eltern gehen manchmal ins tschechische »Freie Theater«, um den hervorragenden Schauspieler Vlasta Burian zu sehen. Oder ins Nationaltheater, vor allem wenn Bedřich Smetanas »Verkaufte Braut« gegeben wird. Aber im Grunde gehören wir nicht dazu.

Die Tschechen, das sind für uns die »kleinen Leute«. Etwas unwiderstehlich Komisches haftet ihnen an. Man muss immer lachen über sie. Der derbe Witz ihrer Sprache ist eine unerschöpfliche Quelle des Vergnügens. Eigentlich alles, was man auf Tschechisch erzählt, ist komisch, schon dadurch allein wird eine Geschichte witzig. Etwas Erhabenes oder gar Pathetisches auf Tschechisch zu sagen ist praktisch unmöglich, und wenn es jemand versucht, ist es erst recht lächerlich.

Noch Jahrzehnte später, als ich auf einer Prager Bühne ein Shakespearestück auf Tschechisch sehe, muss ich eine gewisse Lachlust unterdrücken und mich fragen: Warum kommt es dir eigentlich komisch vor, wenn Hamlet tschechisch spricht und nicht englisch oder deutsch? Etwas von der alten österreichischen Herablassung gegenüber dem »Dienstbotenvolk« liegt in dieser Haltung, die die Deutschböhmen und Österreicher auch noch Generationen nach dem Zerfall der k. u. k. Monarchie verinnerlicht haben. Noch heute ist das Böhmakeln auf jeder Wiener Theaterbühne ein garantierter Lacherfolg. Andererseits ist der tschechische – wir sagen böhmische – Humor tatsächlich, wie der englische, etwas Besonderes: plebejisch und direkt, respektlos, immun gegen Prätentionen und vornehmes Getue. Und haarscharf treffend. Er ist die Waffe eines unterdrückten Volkes, in Jahrhunderten herausgebildet, gegen seine fremden Herren.

Die tschechische Prager Gesellschaft bleibt uns verschlossen, nicht aber die Stadt Prag. Mein Vater liebt die Stadt und kennt sie gut, und für mich ist sie von frühester Kindheit an etwas Wunderbares, Verzaubertes, ein Ort der tausend Geheimnisse und das Schönste, das ich kenne und das ich mir überhaupt vorstellen kann. Wir kommen als Kinder von unserer Buďánka aus nicht oft in die Innenstadt, aber wenn, dann ist das jedes Mal ein Fest. Unser Vater weiß zu jeder Straße, zu jedem Palais, zu jeder Kirche eine Geschichte. Ich nehme mir schon als kleines Mädchen fest vor: Wenn ich groß bin, will ich das auch wissen. Ich will jedes Haus und jeden Winkel kennen und jedes Geheimnis, das sich darin verbirgt. Ich will Prag »lernen«, bis ich es so »kann« wie jemand, der hier so heimisch ist wie unsere Schildkröte in unserem Garten.

Und ich bin süchtig nach den vielen Prager Sagen und Legenden, die sich um praktisch jeden Ort in der Stadt ranken. Von den Goldmachern, die im Goldmachergässchen auf dem Hradschin im Auftrag des Kaisers Rudolf II. unermüdlich versuchen, Gold herzustellen. Vom Ritter Dalibor, der in der Daliborka, dem Hradschinturm, schmachtet und sich nach seiner Liebsten sehnt. Vom guten Pferd Šemík, das vom hohen Vyšehrad-Felsen in die Moldau springt und seinen Reiter, einen gefangenen Ritter, so vor dem Tode rettet.

Die meisten Bekannten unserer Eltern wohnen auf der Kleinseite, dem alten Stadtteil am linken Moldauufer. Hier wimmelt es von barocken Palais, die in jenen Jahren vielfach noch von den ursprünglichen

Adelsfamilien bewohnt werden, die sie erbaut hatten. Das größte und prächtigste von ihnen ist das Palais Waldstein, einst Wohnsitz des großen Wallenstein. Jetzt gehört es dessen Nachfahren Onkel Kari Waldstein, einem der besten Freunde der Eltern. Die Waldsteins haben sechs Kinder in unserem Alter, und wir dürfen gelegentlich gemeinsam mit ihnen im herrlichen Waldsteingarten spielen. Irgendwo im Palais wohnt auch noch die uralte Tante Marinka Waldstein, die, als 1939 die Deutschen einmarschieren, lakonisch erklärt: 1866 sind sie von der anderen Seite gekommen.

Ein anderes Kleinseitner Ziel unserer Kinderzeit ist die Thomaskirche, ein schöner gotischer Bau unweit der Karlsbrücke. Hier ist P. Paulus Sladek der Pfarrer, ein Augustiner Chorherr, berühmter Prediger und Mentor der Prager deutschen Katholiken. Normalerweise gehen wir sonntags in unserem Bezirk Smíchov in die dortige Kirche, ein Jugendstilgebäude, das ich nicht mag und wo tschechisch gepredigt wird. Ich verstehe davon kaum die Hälfte. Die Predigt dauert endlos, und immer kommt darin »ein französischer Schriftsteller« vor, der entweder durch seine Gottlosigkeit oder, im Gegenteil, durch seine Bekehrung bemerkenswert ist. Wir jammern die Eltern an, ob wir nicht erst nach der Predigt kommen könnten, um dann streng zurechtgewiesen zu werden: Macht's keine Gschichten, denkt's daran, was die Märtyrer alles haben aushalten müssen. Das ist auch wieder wahr. Aber in der Thomaskirche wird deutsch gepredigt, und nachher trifft man Bekannte und »macht ein Standl«, das heißt, man steht noch ein wenig auf der Straße und plaudert.

Die Kleinseite war im 19. Jahrhundert stark deutsch dominiert, an den Häusern sieht man noch heute viele deutsche Aufschriften. Es gibt viel Barock, viele Klöster und Kirchen, die größte ist die Niklaskirche auf dem Kleinseitner Ring. Ich fürchte mich darin ein wenig, denn im großmächtigen Kirchenschiff stehen einige riesige Statuen der Kirchenväter, von denen einer gerade einen kleinen Teufel aufspießt. Der Teufel repräsentiert das Laster, erfahre ich, aber irgendwie fühlt man sich auch selber betroffen. Die drohenden und durchaus nicht väterlichen Kirchenväter sollten einst wohl auch die unbotmäßigen Protestanten im Lande einschüchtern. Die Kleinseite ist »unsere« Seite, aber auch die Tschechen lieben sie von jeher als eine Art romantische Enklave in ihrer Stadt. Künstler zogen gern dorthin, und der Autor Jan Neruda hat hier seine berühmten »Kleinseitner Geschichten« angesiedelt.

Der idyllischste Teil der Kleinseite ist die Kampa, ein Inselchen in der Moldau, deren Nordspitze halb unter der Karlsbrücke gelegen ist. Eine alte Mühle steht dort, samt riesigem hölzernem Mühlrad. Auf der Kampa gibt es einmal in der Woche den Töpfermarkt, auf dem allerhand tönernes Geschirr feilgeboten wird, Krüge, Schalen, Töpfe. Und das Beste: auch winziges tönernes Puppengeschirr. Ich habe ein paar Kampa-Töpfchen zu Hause in meinem Kinderzimmer, kostbare Schätze.

Mich hat das Kleinseitner Barock fürs Leben geprägt. Nicht die Malerei, aber die Architektur des Barock ist mein Stil. Die Tschechen hingegen haben darin immer die Kunst der Gegenreformation, der Habsburger, der Fremdherrschaft gesehen. Ihre Liebe gehört der Gotik, dem Historismus und der klassischen Moderne, kurz, der eigenen Kunsttradition. Für mich aber war und ist das Barock das Schönste, auf der Kleinseite vor allem die Heiligenfiguren auf den Dächern, die aussehen, als ob sie sofort abheben und wegfliegen wollten.

Jenseits der Moldau liegt im Süden die Neustadt und im Norden die Altstadt – wieder eine andere Welt und Ursprung von tausend Geschichten und Geheimnissen, von denen ich nicht genug bekommen kann. Die Sternenuhr auf dem Altstädter Rathaus mit dem Totengerippe, das zur vollen Stunde das Totenglöckchen läutet. Der Altstädter Ring, wo die protestantischen böhmischen Herren geköpft wurden, unter ihnen als einziger Katholik ein Graf Czernin, dessen Nachfahren wir gut kennen, während ein anderer Czernin auf der Richtertribüne saß und diskret seinen Platz verließ, als sein Bruder an die Reihe kam. Die Teynkirche, in der irgendwo die Köpfe der Rebellen bestattet sind, niemand weiß, wo. Die Judenstadt, wo der Golem umging. Ein bisschen unheimlich ist das alles, sehr anders und sehr faszinierend.

Wir kommen nicht oft in die Altstadt. Niemand, den wir kennen, wohnt dort. Aber einmal nimmt mich eine Schulkollegin dorthin mit, das Engele. Das Engele ist ein kleines, rothaariges Mädchen namens Gertrude Engel. Sie hat Polypen, sie spricht mit seltsam näselnder Stimme und sieht, hexenhaft blass, mager und sommersprossig, selbst ein wenig aus wie eine Gestalt aus einem der Altstädter Sagenbücher. Ihre Eltern haben einen Kellerladen am Altstädter Ring, den will sie mir zeigen. Man muss ein paar Stufen hinuntersteigen, um das Geschäft zu betreten. Es ist kühl und dämmerig. Blumen und Pflanzen werden hier verkauft, vor allem aber Kakteen. Da stehen sie in langen Reihen, große und kleine, stachelige und flaumige, gurkenförmige und kugelförmige. Ich mag keine Kakteen. Wie lauter abgeschnittene Köpfe, muss ich plötzlich denken, in Anlehnung an die geköpften Herren vom Prager Blutgericht. Mir wird mulmig zumute. Panik erfasst mich. Hastig verabschiede ich mich vom verblüfften und enttäuschten Engele und renne hinaus, froh, wieder draußen zu stehen auf dem sonnigen Platz. Nichts wie nach Hause. Und natürlich verirre ich mich auf dem Heimweg auch noch in dem Labyrinth von winkligen Gassen und Gässchen des Viertels.

Die Neustadt mit dem Wenzelsplatz ist wieder ein anderes Kapitel. Hier ist das deutsche Gymnasium, wo die Buben hingehen. Hier sind die großen Kinos, die sie leidenschaftlich gern besuchen. Einmal darf auch ich mitgehen und Walt Disneys »Schneewittchen« sehen, in tschechischer Sprache. Der kleinste Zwerg heißt tschechisch Šmudla, so nennen wir, was er gar nicht mag, gelegentlich meinen jüngsten Bruder Michi. Auf dem Wenzelsplatz gibt es auch das Automatenbuffet Koruna, wo man um fünfzig Heller ein wunderbares Sandwich kaufen kann. Eine Vitrine dreht sich und gibt das belegte Brötchen preis. Ein Wunderwerk der Moderne. Die Buben wissen einen bestimmten Trick, der bewirkt, dass die Maschine gleich zwei Brötchen ausspuckt. Auf der Národní třída, der vornehmsten Einkaufsstraße, sind auch die Escompte Bank und die deutsche Buchhandlung André. Dort macht meine Mutter Besorgungen, »Kommissionen«, wie sie das nennt, und manchmal begleite ich sie dabei.

Prag richtig kennenzulernen und durch dessen Straßen zu strabanzen ist der Traum meiner Kindheit. Erst im letzten Jahr vor unserer Vertreibung wird er wahr. Ich bin schon im Gymnasium, dem Fräulein entwachsen. Nach der Schule oder auch am Nachmittag streife ich durch meine Lieblingsgegenden, mit einer Freundin oder, noch lieber, allein.

Durch den Seminargarten hinauf zum Strahover Kloster. Der Flieder blüht dort in üppigen Dolden, sein Duft begleitet einen den ganzen Weg. Auf den Laurenziberg. Über die große Stiege zum Hradschin. Nahe dem Kleinseitner Ring gibt es eine kleine Kunsthandlung, dort kaufe ich von meinem Taschengeld eine Fotoreproduktion des Bamberger Reiters und eine von der Skulptur des Engels auf dem Naumburger Dom. Diese gotische Jünglingsfigur ist ein Lieblingsmotiv der Nazis, Inbegriff germanischer Schönheit. Aber auch mir gefällt dieser ernste junge Mann. Ich lasse das Foto rahmen und hänge es über mein Bett.

Es ist eine Art Erwachen, das ich als Zwölfjährige in jenem Frühjahr erlebe, ein Gewahrwerden der Schönheit der Welt, der Möglichkeiten, die sie bietet, der Verheißungen des Erwachsenwerdens. Ist es eine Vorahnung dessen, was kommen wird? Ich stehe auf der Smíchover Brücke und schaue hinüber auf das berühmte Panorama mit dem Hradschin. Es ist ein Schlüsselmoment, der sich mir einprägt. Schau dir das gut an. Vergiss es nicht. So etwas Schönes, sage ich mir ganz bewusst, wirst du nie, nie, nie mehr sehen.

Wenig später verlassen wir Prag, und es wird Jahre dauern, bis ich wieder an dieser Stelle stehe.

Ein Schloss in Böhmen

Den Sommer und alle Ferien verbringen wir bei unseren Großeltern auf dem Lande, in Breznitz. Jakob und auch Michi sind die Breznitzer, die das Landleben lieben. Hans Heinrich und ich sind die Prager, die überzeugten Stadtbewohner. Trotzdem ist Breznitz selbstverständlicher Teil unseres Lebens, vor allem für Michi und mich, die Kleinen. Samt Fräulein werden wir dort deponiert, wenn die Eltern anderswohin fahren. Meistens holt Herr Vošahlík, der Chauffeur meines Großvaters, uns mit dem Auto ab. Wenn sich unser Ziel nähert, lauern wir gespannt auf die wohlbekannte Kurve, an der der Turm des Breznitzer Schlosses zum ersten Mal sichtbar wird. Dann muss man rufen: »Der Turm, der Turm, ich seh den Turm.« Wer zuerst schreit, hat gewonnen.

Schloss und Herrschaft Breznitz gehören den Pálffys, der Familie meiner Mutter. Diese stammt aus Westungarn, der heutigen Slowakei. Die Pálffys waren vor allem Haudegen und Türkenbekämpfer, in der Schlacht von Mohács 1526, höre ich, sind 21 Mitglieder der Familie gefallen. Es blieben aber immer noch genug übrig. Sie waren, anders als andere ungarische Magnaten, traditionell habsburgtreu. Als die spätere Kaiserin Maria Theresia mit dem kleinen Joseph auf dem Arm nach Pressburg kam, um die Hilfe der Magyaren gegen die Preußen zu erbitten, war es der damalige Palatin Pálffy, der ausrief: »Vivat unser König Maria Theresia«, und seine Standesgenossen damit mitriss. Das Bild von diesem Ereignis ist in meinem Geschichtsbuch zu sehen, und es gefällt mir sehr.

Die Pálffys sind keine angestammten Böhmen, erst vor drei Generationen hat sich ein Pálffy in Südböhmen angesiedelt. Mein Großvater wird denn auch von seinen österreichischen Verwandten Onkel Hans genannt, von den ungarischen Onkel Janos und von den böhmischen Onkel Honza. Manchmal auch »Honza blázen«, Honza, der Narr, denn er war in jüngeren Jahren ein tollkühner Reiter, der kein Risiko scheute und drauflos fetzte wie ein Verrückter.

Auf dem Schreibtisch meiner Großmutter steht als Briefbeschwerer ein gebrochener Steigbügel. Darauf ist eingraviert: »Dieser Bügel brach entzwei, / das war Hans Pálffy einerlei, / er ist als erster doch gekommen / und hat die Steeplechase gewonnen.« Den holprigen Vers haben Großpapas Freunde gedichtet und das Erinnerungsstück der Großmama, damals eine junge Braut, überreicht. Bei der Steeplechase handelte es sich übrigens um nichts Geringeres als die »Große Pardubitzer«, das schwerste Hindernisrennen in der ganzen österreichisch-ungarischen Monarchie. Das gefürchtetste Hindernis war der sogenannte Taxisgraben, eine Hecke plus Wassergraben, die es zu überspringen galt. Viele Pferde und Reiter hatten sich hier schon die Knochen gebrochen.

Aber das ist lange her. Zu unserer Zeit gibt es den Rennstall Pálffy nicht mehr. Nur eine Kollektion von Siegespreisen in Großpapas Arbeitszimmer, Schreibzimmer genannt, erinnert an ihn. Ich stehe manchmal davor und bewundere sie: silberne Pferdefiguren, Pokale, Tabletts. Dieses Schreibzimmer ist Großpapas Sanctissimum, das Kinder allein nicht betreten dürfen. Mir gefällt es am besten von allen Zimmern im Haus. Es gibt hier tiefe Wildlederfauteuils, hinter dem Schreibtisch auf einer Staffelei ein schönes Porträt von der Großmama als junger Frau, mit hochgetürmter Jahrhundertwende-Frisur, und an den Wänden jede Menge Jagdtrophäen aus Afrika. Am eindrucksvollsten ist der schwarze Riesenkopf eines Büffels mit furchterregenden Hörnern. Das Beste am Schreibzimmer aber ist sein Duft. Es riecht nach Zigarren und Leder, ein angenehmer, maskuliner Duft, den ich später so nirgendwo mehr angetroffen habe und den ich jederzeit wiedererkennen würde.

Das Breznitzer Schloss ist ein schöner Renaissancebau mit einem Arkadenhof in der Mitte. Es hat im Lauf der Jahrhunderte viele Eigentümer gehabt. Der Berühmteste war der Blutrichter von Prag, der für seine Verurteilung der protestantischen böhmischen Rebellen im Jahre 1621 mit der Breznitzer Herrschaft belohnt wurde. Irgendwo im Hause hängt ein Porträt von ihm: ein finsterer Geselle. Sein Vorgänger als Schlossherr, Georg von Loksan, war ein Verwandter der Philippine Welser, der morganatischen Gemahlin des »Tiroler« Habsburgers Ferdinand, des jüngeren Sohnes des Kaisers Ferdinand I. In der Breznitzer Schlosskapelle

Schloss Breznitz: ehemaliger Wohnsitz der Großeltern Pálffy, 1987   *Großeltern mütterlicherseits: Hans und Edeltraud Pálffy*

hatten die beiden heimlich geheiratet. Es wurde eine der glücklichsten Ehen in der Geschichte der Habsburger. Und glücklich war offensichtlich auch die Ehe der Loksans. An das Ehepaar erinnert eine Steintafel mit der Inschrift: »viator quid spectas? georgi loksani et caterinae aquilae sacrosanctum matrimonium vides. abi et vale.« Der Spruch gefällt meinem Vater, auch er ein ausnehmend glücklicher Ehemann, besonders gut. Er übersetzt ihn uns so: Was gibt's da zu gaffen? Du siehst die heilige Ehe des Georg Loksan und der Caterina Aquila. Hau ab und adieu.

Großpapa Pálffy hat wenig übrig für alte lateinische Gedenktafeln. Er ist kein Intellektueller, aber er hat Charme. Ein mittelgroßer, drahtiger Mann mit einem entwaffnenden lauten Lachen. Die Frauen mögen ihn. Die Leute, die für ihn arbeiten, haben ihn auch ganz gern. Unter einer rauen Schale hat er ein weiches Herz. Wenn man wirklich etwas braucht, heißt es, kann man immer zu ihm kommen. Aber er ist ein berüchtigter Zornbinkel. Sein Jähzorn ist legendär, noch Jahre nach seiner Vertreibung erzählen die Breznitzer davon. Wenn er im Park einen unbefugten Eindringling entdeckt, flucht er aufs Schaurigste. Manchmal zieht er einen Stiefel aus und schleudert ihn gegen den Sünder. Sein Hund muss das Wurfgeschoss dann wieder zurückbringen. Auch ich fürchte Großpapas Zorn. Er will mir das Reiten beibringen und brüllt mich gleich beim ersten Mal an: Rücken grade, Fußspitzen zum Pferd, Himmelherrgott. Ich erschrecke so, dass ich nie wieder auf ein Pferd steigen will.

Großpapas große Passion ist die Jagd. Er schießt Hasen und Fasanen, Hirsch und Reh, er hat, der Gämsen wegen, ein Hochwildrevier im Salzburgischen und hatte früher ein weiteres in Ungarn, wo die kapitalen Hirsche zu Hause sind. Früher, vor dem Ersten Weltkrieg, machte er mehrmals Jagdexpeditionen nach Afrika. Dort sei es am allerschönsten, erzählt er gern. Viele Trophäen erinnern an Jagdfahrten dorthin und auch in andere ferne Gegenden. Auf der Tierstiege reckt eine ausgestopfte Giraffe ihren langen Hals über die Stufen, ein Gnu erhebt seine Hörner, und im Speiszimmer liegt ein Löwenfell samt Kopf. Und überall Geweihe und Rehkrickeln, sie bedecken die Wände der vielen Gänge und Stiegenhäuser, dicht an dicht, soweit das Auge reicht. Jedes trägt eine Aufschrift, fein säuberlich ist das Datum eingetragen und das Revier, wo das Wild erlegt wurde. Ob die Sachen je jemand abstaubt?

Die Jagdsaisonen bestimmen Großpapas Kalender. Während der Hirschbrunft ist er für niemanden zu sprechen, die Termine für die Hochzeiten seiner Kinder wurden sorgfältig ausgewählt, damit sie sich nur ja nicht mit irgendwelchen Jagdterminen überschneiden. Dass sein einziger Sohn einmal lieber in ein Konzert nach Prag fuhr, als an einer Jagd teilzunehmen, fand er völlig unverständlich und eigentlich unmöglich.

Mein Vater, kein Jäger, schüttelt den Kopf über die Jagdleidenschaft seines Schwiegervaters. Dieser ist nicht der einzige unter seinen Standesgenossen, dem die Jägerei über alles geht. Man lädt seine Freunde zu Jagden ein und wird von diesen eingeladen. Das Thema ist unerschöpflich. Das komme davon, sagt Papi, dass der Adel spätestens seit dem Ende der Monarchie seine Funktion verloren hat. Die Leute hätten keine Aufgabe mehr, keinen festen Platz in der Gesellschaft, kein Ziel. Da liege viel

Potential brach. Viele unter den böhmischen Herren hätten durchaus Begabung, Energie, Einsatzbereitschaft – aber niemand brauche sie. Da werde eben die Jagd zur Ersatzbefriedigung, die kompensieren müsse, was früher in anderen Tätigkeiten seinen Ausdruck fand, in Politik, Militär, Diplomatie. Das mit dem ungenützten Potential gilt übrigens auch für Papi selber, freilich ohne die jagdliche Ersatzbefriedigung.

Mein Bruder Jakob ist auch jagdbegeistert, was Großpapa mit Wohlwollen zur Kenntnis nimmt. Jakob hat die Generalerlaubnis, sich, wenn er in Breznitz ist, aus dem Gewehrschrank die »dvojka« zu nehmen, die doppelläufige Schrotflinte, und damit frühmorgens vor dem Frühstück auf Kaninchenjagd zu gehen. Sein großer Moment kommt, als er als Fünfzehnjähriger seinen ersten Rehbock schießen darf. Es ist auf dem sogenannten Grangler, Großpapas Revier im Lungau, und Jakob darf mit dem Jäger Peter auf die Pirsch gehen. Er erzählt uns später mit leuchtenden Augen, wie das war. Frühmorgens auf dem Berg, ein kapitaler Bock tritt aus dem Wald, Jäger Peter sagt: Schieß – und Jakob trifft perfekt. Blattschuss. Seligkeit. Eine Woche später, Jakob ist zurück in Prag, wird er als Luftwaffenhelfer eingezogen und nach Jugoslawien geschickt. Er wird einer Flakbatterie zugeteilt und schießt jetzt auf amerikanische Flugzeuge. Ende einer Kindheit.

Ich, das Stadtkind, habe nichts übrig für Jagd und Jäger. Ich erinnere mich an eine schreckliche Szene im Breznitzer Speiszimmer. Wir sitzen beim Essen, es ist von Jagd die Rede. Großpapa will wissen, wie in der Jägersprache die Augen und Ohren des Wildes heißen. Ich weiß es natürlich ganz genau: Lichter und Lauscher. Aber ich schweige trotzig. Nichts kann mich dazu bewegen, etwas so Albernes und Unnatürliches über die Lippen zu bringen wie Lichter und Lauscher. Großpapa wird zornig. Ich schweige weiter. Und ich denke mir: Lieber sterben, als Lichter und Lauscher sagen. Wirklich lieber sterben? Ja, lieber sterben. Ich bin mir ganz sicher. Plötzlich ist es eine Frage der Ehre geworden. Jetzt nachgeben hieße, mir selber untreu werden. Ich wäre nicht mehr ich, ich wäre übergelaufen zu den andern. Und das will ich nicht. Nie nie nie. Es endet damit, dass ich aus dem Zimmer geschickt werde, ohne Nachspeise. Das Ganze ist furchtbar, aber ich bin trotzdem froh.

Großmama ist eine kleine schmale Dame, die gerne zartlila Seidenkleider trägt und im Winter eine kleine Mütze aus Persianerpelz. Sie hat einen Schnauzerhund namens Zipfel, der immer an ihrer Seite ist. Ihr Humor ist leise. Sie kommt aus Österreich. Nach ihrer Heirat hat sie sich redlich bemüht, die tschechische Sprache zu lernen, aber ihren österreichischen Akzent ist sie nie losgeworden, und zu wirklicher Popularität bei den Leuten hat sie es deshalb, zum Unterschied von ihrem vulkanischen Ehemann, auch nicht gebracht. Sie erzählt, wie das war, als sie als frischvermählte Ehefrau bei einem Lehrer Tschechisch lernte. Es ging um die Bezeichnungen für die einzelnen Berufe, Fassbinder etwa oder Arzt. »Bednář« und »lékař«, ausgesprochen bednarsch und lekarsch. Wie kann man nur auf solche Wörter kommen? Wahnsinnig peinlich, so was auszusprechen. Großmama schüttelt sich noch heute, wenn sie sich an diese Tschechischstunden erinnert.

Ihr Zimmer ist sonnig und voll mit schönen Sachen. Das Schönste ist eine Spieluhr. Unter einer Glasglocke dreht sich eine kleine Schäferin im Kreise, um sie herum trotten die Schäfchen, und dazu spielt eine kleine Musik. Leider nur zur vollen Stunde. Ich könnte der Schäferin und den Schäfchen stundenlang zuschauen. Aber Großmama hat auch ein Regal mit Kinderbüchern für uns, aus denen sie mir vorliest. Altmodische Geschichten von braven Kindern, bezaubernd illustriert, in Frakturschrift gedruckt.

Gern erzählt sie von ihrer Internatszeit im Wiener Sacre Coeur. Sie hat sie in guter Erinnerung, auch wenn man beim Baden, der Schicklichkeit wegen, ein langes Leinenhemd tragen musste. Dafür spielte man an den großen Feiertagen »cache cache«, also Verstecken, im ganzen Haus, die »mères«, die Nonnen, in ihren Rüschenhäubchen immer mit dabei. Man sprach den ganzen Tag Französisch. Die besten Schülerinnen bekamen ein »ruban bleu«, ein blaues Band, und die größte Ehre war, zum »enfant de Marie«, also zum Marienkind, ernannt zu werden. Ich bin normalerweise nicht so fürs Bravsein, aber ich liebe diese Geschichten. Es ist wie ein Blick in eine heile, unschuldige, ungemein beruhigende Welt, in der alle gut und lieb und klug sind und nichts Schlimmes hereindarf.

Zu Weihnachten und zu Großpapas Geburtstag wird Theater gespielt.

Großmama schreibt die Texte. Großpapa spielt abends öfters mit Mita, dem Kaplan, Schach, und Großmama hat dazu einen kleinen Sketch gedichtet, in dem Hans Heinrich und Jakob die Schachkönige darstellen. »Kommst du wieder angeschlichen, wo ich dir doch ausgewichen ...« Eines Heiligen Abends spielen wir ein Krippenspiel. Ich bin, eingehüllt in einen blauen Schal, die Muttergottes und Michi, nackt mit Lendentuch in einer heugefüllten Krippe, das Jesulein. Aber das Heu piekst, und mitten im Stück steht das Jesulein plötzlich auf und läuft davon. Schluss der Vorstellung.

Im Sommer sind oft mehrere Enkel da, außer uns auch noch die Kinder von Mamis drei Geschwistern. Insgesamt sind es fünfzehn. 1936, dem Jahr der Berliner Olympiade, die damals für Gesprächsstoff sorgt, läuft Großmama zu großer Form auf. Ich bin erst vier, darf aber auch mitspielen. Es gibt Medaillen in allen Disziplinen, und auf der Einladung steht: »In Breznitz, da gibt's eine Olympiade / rümpft nicht die Nase und sagt, wie fade / denn, au contraire, es wird sehr heiter, / ist Tante Willy doch ihr Leiter.« Und in einem anderen Jahr tragen zwei Indianerstämme, die Buben und die Mädchen, mit Federkronen auf dem Kopf und mit Tomahawks bewaffnet im sogenannten Tiergarten ihre Kämpfe aus. Unsere Mädchen-Stammeshymne geht so: »Wir sind die schlauen Sanger im versteckten Wald, / wir machen durch die Schlauheit alle Stämme kalt, / wir schleichen am Boden und lauern bei Tag und Nacht, / Falkenauge wacht.« Falkenauge ist die älteste Cousine, Marimine. Sie ist unser Häuptling.

Der Tiergarten ist ein weitläufiger Park, eigentlich ein Wald, in dem Damwild gehalten wird. Es ist ein herrliches Terrain zum Spielen. Uralte Eichen wachsen hier, aber auch Buchen und Linden und Kastanien. Wir sammeln die Eicheln und Kastanien und machen daraus Tiere, mit Zahnstochern als Beinen. Irgendwo im Tiergarten liegen drei große Steine, die wie Throne aussehen und zu denen man sich unheimliche Geschichten von Waldkönigen und Elfentribunalen ausdenken kann. Mittendrin steht das »grüne Bankerl«, bevorzugtes Ziel für Spaziergänge mit den Eltern oder mit dem Fräulein. Hinter den Baumkronen sieht man den Schornstein der Brauerei, die auch zur Breznitzer Herrschaft gehört.

Fast jedes größere Dorf in Böhmen braut damals noch sein eigenes Bier. Die Schlote sind ebenso Teil der Dorfsilhouette wie die Kirchtürme.

Schloss und Park liegen mitten in der hügeligen südböhmischen Landschaft, die für mich seither der Maßstab für alle Landschaften ist. Lieblich, nicht dramatisch. Grün und friedlich. Dunkle Wälder und saftige Wiesen, stille Teiche, über die manchmal ein Storch fliegt.

Im Herbst werden die Teiche ausgefischt. Es ist aufregend, dabei zuzuschauen. Zuerst waten die Männer in hohen Gummistiefeln ins Wasser und schlagen mit Stöcken darauf ein, um die Fische zusammenzutreiben. Der Teich wird ausgelassen, der Wasserspiegel sinkt. Die Netze werden enger gezogen, die Fische sammeln sich in der Teichmitte. Sie schlagen wild um sich. Seit Jahrhunderten wird das so gemacht. Dann werden bottichweise die fetten Karpfen herausgeholt, die das traditionelle Weihnachtsmenü bilden. In Böhmen isst man zu Weihnachten Schwarzen Karpfen, in Bier gesotten und mit Lebkuchenbröseln und Rosinen versetzt.

Im Winter frieren die Teiche zu und bilden herrliche Flächen zum Schlittschuhlaufen. Überall sieht man dann die Kinder über das Eis fegen, mit bunten Mützen und roten Backen, einzeln, paarweise, in Gruppen. Ein herzerfrischender Anblick. Wir haben Schlittschuhe, die man mit einem kleinen Schraubenschlüssel an die gewöhnlichen Winterschuhe anschrauben kann. Manchmal lösen sie sich, dann fällt man auf die Nase. Richtige Schlittschuhe, angewachsen an spezielle Eislaufstiefel, hat auf dem Land so gut wie niemand, und in der Stadt haben sie nur wenige reiche Kinder. Zu denen gehören wir nicht.

Sind die Großeltern reich? Ja und nein. Traditionell war der böhmische Adel sehr reich, den großen Familien im Lande gehörten weitläufige Ländereien. Sie wurden noch reicher, als nach der Schlacht am Weißen Berg die protestantischen Herren vertrieben wurden und ihr Besitz an die verbliebenen oder neu zugezogenen Katholiken fiel. Nach der Gründung der tschechoslowakischen Republik 1919 wollte man für eine gerechtere Verteilung des Bodens sorgen. Ein Gesetz über die Bodenreform sah vor, dass ein einzelner Eigentümer nicht über mehr als 1500 Hektar Land verfügen sollte. Die Idee war, eine neue Schicht von wohlhabenden freien

Bauern herauszubilden, an frühere Traditionen anknüpfend, die das Ungleichgewicht zwischen reichen Großgrundbesitzern und armen Pächtern ausbalancieren sollten. Aber der Landhunger in der Bevölkerung erwies sich als weniger groß als gedacht, und die Bodenreform wurde weniger heiß gegessen als gekocht. Es gab viele Ausnahmebestimmungen. Wer Land abgeben musste, wurde entschädigt.

Alles in allem kamen die Aristokraten, die im Staat nun nichts mehr zu sagen hatten, aber einen großen Teil ihres Besitzes behalten durften, glimpflich davon. Die Anwälte, die für sie das neue System aushandeln mussten, machten das Geschäft ihres Lebens. Mein Vater zitiert den Ausspruch eines berühmten Advokaten, der, von einem dankbaren Klienten gefragt: Wie soll ich Ihnen danken?, kühl erwiderte: Diese Frage, Herr Graf, wäre berechtigt gewesen, bevor die Phönizier das Geld erfunden haben.

In Breznitz wird, außer bei der Jagd, kein großer Aufwand getrieben. In den Zimmern stehen ein paar schöne Stücke, aber die Möbelbezüge sind verblichen und abgewetzt, die Kinderzimmer ziemlich spartanisch eingerichtet, und die wenigen Badezimmer, über lange kalte Gänge zu erreichen, sind selbst für die damalige Zeit vorsintflutlich. Ein blubbernder Ofen aus Kupfer heizt den Raum und wärmt das Wasser. Wenn dieses zu heiß wird, zischt es bedenklich. Man fürchtet ständig, dass die ganze Apparatur eines schönen Tages in die Luft fliegt. Manchmal macht Ria daher kurzen Prozess und steckt uns einfach in ein großes, mit warmem Wasser gefülltes »Schaffl« aus Zink, wo wir abgeschrubbt werden. Moderne Badezimmer zu installieren oder gar eine Zentralheizung wäre meinen Großeltern als völlig überflüssiger Luxus erschienen. Großpapas Schlafzimmer, durch das man seltsamerweise auf dem Weg zum Salon gehen muss, ist ebenfalls von mönchischer Einfachheit: Bett, Kommode, Waschtisch. Schluss.

Alles, was in Breznitz auf den Tisch kommt, stammt vom eigenen Gut. Kaufen muss man eigentlich gar nichts. Als mit Kriegsbeginn die Lebensmittelbewirtschaftung einsetzt, meint Großmama denn auch, man sei hier ja wohl von allen neuen Verfügungen unabhängig. Milch und Eier kommen vom Meierhof, Gemüse aus dem Gemüsegarten, Holz zum

Heizen aus dem Wald. Was braucht man mehr? Ja, aber Mehl, wendet jemand ein. Was ist mit Mehl? Kurze Nachdenkpause. Und dann meint meine Großmutter abschließend kurz und bündig: Mehl? Mehl kommt. Kein Luxus also. Personal freilich gibt es in Hülle und Fülle. An der Spitze steht Herr Dostálek, der Majordomus und Erste Kammerdiener, für uns Kinder eine Respektsperson. Mein Großvater nennt ihn Dostálek, für uns ist er selbstverständlich Pàn Dostálek. Als die Großeltern später aus Breznitz vertrieben werden und zuerst Großpapa und dann auch Großmama verhaftet werden, ist es Herr Dostálek, der diese höchstpersönlich in den Gemeindekotter begleitet, korrekt mit Regenschirm und weißen Zwirnhandschuhen. Perfekter Butler bis zum Schluss. Diese Zwirnhandschuhe trägt er auch, während er beim Essen serviert, unterstützt vom Zweiten Kammerdiener, der schlicht Vinca (Vinzenz) heißt.

Zu dessen Aufgaben gehören unter anderem das Silberputzen und das Schuheputzen. Darin ist Vinca ein Meister. Er lehrt die Buben, wie man richtig Schuhe putzt: zuerst bis aufs letzte Stäubchen reinigen. Dann die Schuhpasta auftragen. Dann, und das ist das Geheimnis, kräftig draufspucken und schließlich die Schuhe polieren, bis sie glänzen, zuerst mit einer weichen Bürste und dann mit einem Stück Rehleder. Mit diesem Unterricht ist wiederum mein Vater höchst einverstanden, denn zu seinen Lebensmaximen gehört es, dass ein Herr zwar eine abgewetzte Jacke anhaben kann, aber niemals nachlässig geputzte Schuhe.

Die Dostáleks haben eine kleine Wohnung im Erdgeschoss. Das ist der Zufluchtsort von Michi, wenn »oben« wieder einmal dicke Luft herrscht. Pani Dostálková ist eine herzensgute Seele, die nicht nach Manieren und Disziplin fragt, sondern Michi gibt, was er am meisten braucht, Liebe und Wärme. Sie verwöhnt ihn nach Strich und Faden. Miláčku, sagt sie dann, du brauchst nicht zu weinen. Und füttert ihn mit selbstgebackenen Buchteln. Dann ist alles gut. Es gibt auch einen Sohn in der Familie Dostálek, einen großen Buben namens Pepík. Er bringt mir das Radfahren bei, etwas herablassend zwar, aber doch.

Die Köchin, die in der Riesenküche, auch im Erdgeschoss, ihr Reich hat, ist ebenfalls Pani, während die Küchenmädchen und Stubenmädchen nur Vornamen haben.

Eine Persönlichkeit mit eigenem Status ist Slečna (Fräulein) Mari, eine majestätische Erscheinung, Großmamas pensionierte Kammerjungfer. Sie residiert in einem Zimmer, das nur über eine eiserne Wendeltreppe zu erreichen ist, ein Mädchen serviert ihr dort täglich ihre Jause. Es ist ein Privileg, Slečna Mari in diesem Zimmer zu besuchen. Auf der Kommode hat sie ihre Schätze ausgestellt: die Fotos der inzwischen erwachsenen Herrschaftskinder, sorgfältig gerahmt, alle Postkarten, die diese ihr im Lauf der Jahre aus Seebad Grado an der Adria geschickt haben, und, das Schönste, eine kleine Schachtel mit einem Deckel aus Muscheln, ein Mitbringsel aus Venedig. Darin bewahrt Slečna Mari Knöpfe auf. Diese Schachtel ist für mich lange Zeit der Inbegriff von allem, was schön und kostbar ist.

Mit dem Städtchen Breznitz haben wir nicht viel zu tun. Man erreicht es über eine steinerne Brücke, die den Fluss Vlčava überquert. Eine Miniversion der Prager Karlsbrücke. An ihrem Ende wacht ein steinerner Johannes von Nepomuk. In der Nähe des Flusses liegt das alte Judenghetto, ein kleiner Platz mit einer Synagoge in der Mitte, rundherum die Judenhäuser. Die einstigen Bewohner sind schon lange weg. Lange vor unserer Zeit. Wir wissen als Kinder gar nicht, dass es dieses Ghetto überhaupt gegeben hat.

Auf dem Hauptplatz steht die große Barockkirche, in die wir sonntags freilich nicht gehen. Den Pfarrer grüßen wir höflich mit »důstojný pán«, hochwürdiger Herr. Unsere Messe findet in der Schlosskapelle statt, und wir wohnen ihr im Oratorium bei, einer Galerie, die direkt vom Speiszimmer aus zu erreichen ist. Ein blinder Organist spielt die Orgel, und die Buben dürfen die Register treten.

In der Messe steht man oder kniet auf der mit grünem Rips bezogenen Kniebank, die sich um die ganze Rampe zieht. Sessel gibt es nur an ihren Seiten, je einen für Großpapa und Großmama. Jeder Sessel samt Kniebank steht in einer Art kleiner Loge, durch ein Türchen zu betreten. Wir Kinder stehen oder knien vorn, hinter uns stehen die Gäste und die Dienstboten. Schön ist diese Sonntagsmesse, aber auch eine ziemliche Mühsal. Man schaut auf die goldenen Engel und Heiligen hinunter ins Kirchenschiff, singt die langgezogenen, etwas wehmütigen tschechischen

Kirchenlieder mit, versucht andächtig zu sein, träumt vor sich hin und freut sich aufs Frühstück. Das findet sonntags im Speiszimmer statt, und wir dürfen, anders als an Werktagen, auch dabei sein.

Und was lesen wir in diesen langen, ziemlich ereignislosen Sommern? Großpapa liest die Zeitschrift *Wild und Hund*. Großmama liest »Die Heilige und ihr Narr« von Agnes Günther. Ich durchsuche die kleine Bibliothek nach Lesbarem für Kinder, aber meine Ausbeute ist mager. Die Bände der »bibliothèque rose« sind französisch, das kann ich nicht lesen. Es gibt eine Serie von Missionsgeschichten, aus dem Französischen übersetzt, in denen tapfere französische Missionare Heiden in fremden Ländern zum wahren Glauben bekehren. Eine Geschichte, die mir großen Eindruck macht, heißt »In den Wellen getauft«. Sie spielt in China, ein böser reicher Chinese lässt einen kleinen Chinesenbuben und einen Missionar in seinen Fischteich werfen, mit dem Ruf: »Zu den Muränen und Hechten!« Die Muränen sind ekelhafte Fische, die die beiden in Blitzesschnelle bis aufs Skelett abnagen. Aber vorher schafft es der Missionar noch, den Buben in den Wellen zu taufen.

Fast alles in Breznitz ist ungemein unpraktisch und beruht auf der Tatsache, dass die Arbeit von dienstbaren Geistern erledigt wird. Küche und Speiszimmer liegen weit voneinander entfernt. Das Essen wird durch einen Speisenlift, der mit einer Seilwinde bewegt wird, aus der Küche in den ersten Stock befördert, Herr Dostálek und Vinca nehmen die Schüsseln oben in Empfang und tragen sie noch ein gutes Stück vom Gang, wo sich der Lift befindet, ins Speiszimmer. Geheizt wird mit Holz, das von irgendwo über viele Stiegen zu den jeweiligen Öfen geschleppt wird. Wenn man morgens im Bett liegt, hört man im Halbschlaf, wie jemand einheizt. Das Holz beginnt langsam zu knistern, und das kalte Zimmer füllt sich allmählich mit köstlicher Wärme.

Stiegen sind überall. Alle Zimmer scheinen auf verschiedenen Ebenen zu liegen und mit Stufen und Stiegen verbunden zu sein, hölzernen, steinernen, eisernen. Hinter unseren Kinderzimmern ist die sogenannte Hendlstiege, schmal und steil und geeignet für allerlei Spiele. Ein Wunder, dass sich auf ihr noch niemand den Hals gebrochen hat. Es gibt die »unheimliche Stiege«, die von Großpapas Schreibzimmer hinunter in den Garten führt. Sie ist immer dunkel, auf einem Treppenabsatz steht aus unerfindlichen Gründen ein hölzerner Kopf, der einmal wohl als Hutständer gedient hat. Im Dämmerlicht leuchtet er einem grauweiß entgegen, wenn man von unten heraufkommt. Ich fürchte mich vor dieser Stiege und nehme lieber einen großen Umweg in Kauf, wenn ich hinaufgeschickt werde, um irgendetwas zu holen.

Unheimlich ist so manches in Breznitz. Der Teich zum Beispiel, ein kleines stilles Gewässer im Garten, umstanden von tiefhängenden Trauerweiden und oft bedeckt von Wasserlinsen. In der Mitte liegt eine winzige Insel, die man mit einem grünen Kahn, der vertäut am Ufer liegt, erreichen kann. Schön ist es am Teich, aber die Hausmädchen sagen, dass hier der Vodník wohnt, der Wassermann. Der Vodník ist kein schlechter Kerl, aber er ist einsam, und manchmal steigt er aus dem Wasser und holt sich zur Gesellschaft kleine Mädchen hinunter in sein wässriges Reich.

Das sind die Geschichten, die man als Kind halb glaubt und halb nicht glaubt. Man will sie glauben, weil sie zur verzauberten Welt gehören, in der man lebt und in der die Grenzen zwischen Märchen und Wirklichkeit ineinander fließen. Man will sie nicht glauben, weil sie einen erschrecken und man sich gern den Fluchtweg zur vertrauten und sicheren Alltagswelt offenlassen will. Wenn man sie endgültig nicht mehr glaubt, ist die Kindheit vorbei.

Die Pálffys

Die Großeltern Pálffy haben vier Kinder, und diese haben wieder Kinder, sodass eine große Familie zusammenkommt. Das Thema Familie spielt denn auch eine große Rolle, nicht nur bei uns, sondern bei allen Verwandten und Bekannten der Eltern. Ständig ist davon die Rede, wer ein Kind bekommen hat, wer gestorben ist, wer geheiratet hat. Wen geheiratet?, wird dann gefragt. Ist sie jemand? Gemeint ist: Ist sie eine von uns? In dieser Hinsicht, stelle ich später fest, ähneln die Aristokraten sehr den Juden, bei denen es genauso ist.

Ich kann Familiengespräche nicht leiden. Ich finde sie grenzenlos langweilig, und mit beginnender Pubertät fühle ich mich über derlei erhaben. Geschichten, finde ich, sollen um ihres Inhalts willen erzählt werden und nicht deshalb, weil sie Verwandte und Bekannte betreffen. Die Geschichte von Tante Willy macht hier freilich eine Ausnahme. In ihrem Mittelpunkt steht nicht nur eine Tante, die wir alle lieben, sondern sie kann es auch inhaltlich locker mit jedem Gartenlaube-Roman aufnehmen.

Tante Willy ist die älteste Schwester meiner Mutter. Willy hatte es nicht eilig mit dem Heiraten. Sie hatte sich zur Kinderkrankenschwester ausbilden lassen, ungewöhnlich für ihre Zeit und ihre Gesellschaftsschicht, und danach in Breznitz eine Beratungsstelle für Mütter und Kinder aufgemacht. Jede Mutter, die ihr Baby zum Untersuchen und Wiegen brachte, bekam eine Grundausstattung geschenkt, Decke, Windeln, Strampelanzüge. Willy war eine gute Psychologin: Sie schickte den Müttern ihr Paket gleich nach der Entbindung nach Hause. Dann kamen sie sicher zur Beratung, weil sie vor den anderen Frauen mit den schönen neuen Sachen paradieren wollten.

Alle mochten »unsere konteska«. Noch Jahrzehnte später, mitten in der Kommunistenzeit, schrieben ihr die Breznitzerinnen und berichteten, wenn es in ihren Familien wieder etwas Neues gab. Bei den Gutsangestellten wusste man auch, dass der sicherste Weg zu meinem Großvater über die Comtesse Willy führte. Seiner Lieblingstochter konnte er nichts abschlagen.

Eines Tages findet im Städtchen ein Konzert statt. Ein junger Geiger gastiert, Roman Wisata. Er sieht aus wie ein besonders fescher Zigeuner: groß und schlank, mit schwarzen Locken, die ihm in die Stirn fallen, und strahlend weißen Zähnen. Er spielt furios, seine Frackschöße fliegen, seine Augen blitzen. Willy sitzt in der ersten Reihe. Sie schaut Roman an. Roman schaut sie an. Und schon ist es geschehen. Es ist Liebe auf den ersten Blick.

Nach dem Konzert wird noch geplaudert. Willy trägt nach damaliger Mode eine lange Perlenkette. Sie reißt sie vorsichtig auseinander, nimmt eine Perle und reicht sie Roman. Zur Erinnerung. Und als Talisman. Die Perle bringt ihm Glück. Roman macht Karriere. Er geht auf Tournee, er gibt Konzerte in Wien, in Paris, in London. Er hat Erfolg, die Kritiker sagen ihm eine große Zukunft voraus. Willy und er wechseln Briefe. Immer wieder finden die beiden Gelegenheiten, einander zu treffen. Und schließlich macht Roman Willy einen Heiratsantrag. Das ist ganz schön kühn. Roman ist in den Augen von Willys Familie niemand. Aber diese hat sich ihn in den Kopf gesetzt, ihn und keinen anderen. Aus passenden jungen Herren hat sie sich bisher nichts gemacht, jedoch diesen Burschen mit der Zaubergeige, kleiner Leute Kind, der noch dazu gut ein paar Jahre jünger ist als sie, den will sie haben.

Sie geht zu ihrem Vater und stellt ihn vor eine schwere Wahl. Sie würde niemals ohne die Zustimmung ihres geliebten Vaters heiraten, erklärt sie ihm, aber eines soll er gleich wissen: Wenn er nein sagt, geht sie auf der Stelle nach Lambarene zum Doktor Schweitzer und pflegt dort die Aussätzigen. Der »Urwalddoktor« Schweitzer mit seiner Leprastation ist in jener Zeit eine Art Heiliger und genießt allgemeine Verehrung. Aber Willy ist kein schwärmerischer Teenager, sondern eine erfahrene Krankenschwester. Sie weiß, was sie in Afrika zu erwarten hätte.

Großpapa ist zunächst sprachlos. Doch er kennt seine Tochter und weiß: Was sie sagt, ist keine leere Drohung. Wenn sie etwas ankündigt, dann zieht sie es auch durch, und zwar konsequent. Er engagiert zuerst einmal einen Detektiv und lässt Roman, der in Wien lebt, beobachten. Ob er säuft, ein Lotterleben führt, Schulden hat. Die Auskunft: nein, nichts dergleichen. Der Kerl mit der Geige scheint ein solider junger Mann zu sein. Also gibt mein Großvater widerstrebend seinen Segen, stellt aber eine Bedingung: Roman muss eine feste Anstellung haben. Einem vazierenden Musikanten gibt er seine Tochter nicht.

Das ist sehr viel verlangt. Roman steht am Beginn einer vielversprechenden Laufbahn. Großpapa ist ein Kunstbanause, er versteht nicht, was er seinem künftigen Schwiegersohn da zumutet. Aber Roman ist es genauso ernst mit seiner Liebe wie Willy, und er stimmt zu. Sucht sich einen Job am Konservatorium in Innsbruck. Aus ist es mit Konzerttourneen und Künstlerleben, Roman wird Geigenprofessor in der Provinz. Allerdings ein guter.

Von der Hochzeit, die natürlich in Breznitz stattfindet, gibt es Fotos. Das Brautpaar sieht schön und strahlend aus, die Verwandten blicken gerührt. Auch ich bin auf den Fotos zu sehen, als Blumenkind, mit blauem Organzakleidchen und Kränzchen im Haar, gemeinsam mit Cousins und Cousinen. Willys und Romans Ehe wird überaus glücklich. Drei Kinder kommen, die in Breznitz aus und ein gehen. Roman liebt und vergöttert seine Frau bis zu deren Tod und wird mit der Zeit Großpapas liebster Schwiegersohn. Und als Willys Geschwister, die standesgemäß geheiratet haben, aus Böhmen vertrieben werden und mittellose Flüchtlinge sind, ist Willy die Einzige, die ihr Hab und Gut behalten hat. Ende einer Lesebuchgeschichte.

Der Nächste in der Breznitzer Geschwisterreihe ist Onkel Karl, von seinen Geschwistern Bubutz genannt, der einzige Sohn neben drei Töchtern. Er ist ein nachdenklicher, musischer Mensch mit einem stillen Humor, der es unter seinem dominanten Vater nicht leicht hat. Wie dieser war er in seiner Jugend ein hervorragender Reiter, zeitweise Profi-Jockey im väterlichen Rennstall. In dieser Eigenschaft führte er auf seinem Pferd Cäsar die blau-gelben Wappenfarben der Pálffys zu vielen Siegen. Karl hatte die Methode heraus, vor wichtigen Rennen nach Belieben blitzschnell ein paar Kilo zu- oder abzunehmen, um das richtige Gewicht auf die Waage zu bringen. Damit erregte er die Bewunderung meines Vaters, mit dem zusammen er in Prag studiert hatte. Denn Onkel Karl hatte darauf bestanden, als Erbe von Breznitz seinen künftigen Beruf richtig zu lernen, und Landwirtschaft studiert. Großpapa fand das überflüssig (»da hält man sich einen Kerl«), hatte aber nichts dagegen.

Onkel Karl muss es schwer gefallen sein, nach dem deutschen Einmarsch für das Deutschtum zu optieren. Er hatte in der tschechoslowakischen Armee gedient und hatte tschechische Kameraden. Aber gegen das Machtwort seines Vaters gab es keinen Widerspruch. In meiner Kinderzeit wohnt er mit seiner schönen ungarischen Frau, Tante Ilona, und seinen vier Kindern in Merklin, einem kleinen Schloss mit Gut nahe Breznitz. Ich bin dort manchmal zu Besuch, Ladislaus, der Älteste, ist in meinem Alter. Wenn wir unbeobachtet sind, spielen wir im Park ein äußerst verruchtes Spiel, Lullimann und Gackimann. Es besteht darin, dass man gemeinsam Lulu macht und dazu singt: »Lullimann und Gackimann gehn alle miteinander.« Theresl, Ladis kleine Schwester, wird zum Stillschweigen verpflichtet. Wir wagen uns gar nicht vorzustellen, was passieren würde, wenn wir bei dieser Verworfenheit erwischt würden.

Mamis jüngste Schwester Gretl heißt »der Nigger«. Sie hat kurze schwarze Locken und einen olivfarbenen Teint. Tante Gretelein, wie wir sie nennen, hat nach Mähren geheiratet, und ihr Schloss Lomnitz ist alles, was Breznitz nicht ist, nämlich elegant und technisch auf der Höhe der Zeit. Man sieht, dass hier eine andere Generation am Werk war. Ich bin ganz baff über die Badezimmer – weiß gekachelt, mit chromblitzenden Armaturen und riesigen, herrlich weichen Badetüchern. Sogar ein Bidet steht in unserem Badezimmer, ein Utensil, das ich noch nie gesehen habe. Ich halte es für eine Kloschüssel und bin entsetzt, als ich meinen Irrtum bemerke. Peinlich, peinlich, peinlich.

Tante Gretelein hat viel Geschmack. Täglich arrangiert sie die Blumenvasen im Haus, und das Resultat ist eine Augenweide. Für die Dekoration im Speiszimmer aber sorgt der Diener Alois, auch er ein Künstler. Jeden Tag eine Überraschung. Einmal stehen in der Mitte des Tisches Vögel aus Herend Porzellan, einmal gibt es ein Muster aus Blumenblättern, einmal eine Silberschüssel mit rosa Rosen. Oder eine Schale mit

Pfirsichen mit dem Familienwappen. In Lomnitz wird Spalierobst gezogen. Den Pfirsichen klebt man, wenn sie noch unreif sind, Papierschablonen auf. Sind die Früchte reif, werden die Schablonen abgenommen, und man kann, weiß auf rot, allerhand Ornamente bewundern, Blumen, Buchstaben oder eben ein Wappen. Ich kann mich nicht sattsehen an diesem Wunderwerk.

An so etwas Raffiniertes ist in Breznitz nicht einmal zu denken. Dort gilt das Diktum: Die Mährer sind »fast«. Das englische Wort »fast« heißt so viel wie leichtlebig, frivol, ein bisschen gewagt. Das kommt davon, dass es die mährischen Standesgenossen nicht weit haben nach Wien, und dieses ist, im Vergleich zum ruhigeren Prag, eine aufregende Weltstadt, wo man der jeweils neuesten Mode nachläuft und dem Luxus frönt. Man geht dort, höre ich mit wohligem Schaudern, in Bars und trinkt Cocktails. Im steifleinenen Breznitz sieht man dergleichen mit milder Skepsis.

Ständiger Gast in Lomnitz ist Tante Mamie. Sie ist eine uralte Amerikanerin, eine Verwandte von Onkel Louis Serenyi, Tante Greteleins Mann. Tante Mamie hat selbst nach Jahren in Böhmen ihren amerikanischen Akzent behalten. Sie ist im Wilden Westen geboren, heißt es, und hat als Kind noch erlebt, wie Indianer die Farm ihrer Eltern in Flammen setzten.

Wieder ein Link tief ins 19. Jahrhundert hinein! Tante Mamie Serenyi erinnert sich an die Indianerkriege in den USA, Tante Marinka Waldstein an den österreichisch-preußischen Krieg in Böhmen. Noch heute fasziniert es mich, wie nah die Vergangenheit ist, die uns andererseits so fern scheint. Von meinem Vater habe ich das Spiel gelernt: Wie viele Handschläge zwischen mir und Kaiser Franz Joseph? Zwischen mir und Lenin? Zwischen mir und Ludwig XIV.? Erstaunlich wenige. Zwischen mir und Ludwig XIV. – immerhin 17. Jahrhundert! – sind es beispielsweise nur sieben. Es hat damit zu tun, dass sehr alte Männer sehr junge Frauen heirateten und daher die Generationen übersprungen wurden.

Aber auch abgesehen von Tante Mamie scheint es mir manchmal, als sei in jenen böhmischen Schlössern meiner Kindheit die Zeit stehengeblieben. Das zeigt sich nicht zuletzt in der Sprache, die hier gesprochen wird. Großmama beispielsweise benutzt, wie im 18. Jahrhundert, nach wie vor die dritte Person, wenn sie mit ihren Kindern und Enkeln spricht. Hol Er mir doch bitte meine Brille. Wie geht's Ihr denn heute, Sie schaut aber blass aus. Hat Er sich gestern amüsiert? Erzähl Sie mir, was es Neues gibt. Es zieht, mach Er doch das Fenster zu.

Ebenfalls wie im 18. Jahrhundert ist das Französische überall gegenwärtig. Auch noch meine Mutter spricht von »Courmachern« (Verehrern) und vom »montiert« (verliebt) sein. Wer sich schön herausputzt, sieht »pimpant« aus, und wer einem auf die Nerven geht, ist »agaçant«. Ein Fahrrad ist ein »Bicycle« und ein Regenschirm ein »Parapluie«. Sogar die Grammatik ist französisch angehaucht. Kinder, disputiert's euch nicht, mahnt Großmama. Oder auch: Die Willy ist so gut für mich, wenn gemeint ist: Sie ist so gut zu mir. Ist es der Einfluss der allgegenwärtigen französischen Gouvernanten? Oder ein Relikt aus einer Zeit, als der Adel noch an der Spitze der Gesellschaft stand und die man nicht loslassen will? Bei jüngeren und moderneren Leuten ist inzwischen jedenfalls schon das Englische in Mode. Hier spricht man von Weekends, trägt Tennismatches aus und hat Flirts. Und für die Kinder engagiert man keine französische Gouvernante, sondern eine englische Miss.

Was man tut und nicht tut, gehorcht einem ungeschriebenen Gesetz, auch was man sagt oder nicht sagt. Es ist beispielsweise »portierisch«, von einer Toilette zu sprechen. Das »unsereinische« Wort für diesen Ort heißt Häusl. Auf eine Heiratsanzeige zu schreiben: »Wir haben geheiratet!«, und darunter die Namen der Neuvermählten ist ebenfalls portierisch. Unsereinische Anzeigen führen auf der einen Seite streng protokollarisch die Eltern auf, die die Heirat ihres Sohnes anzeigen, und auf der anderen die Eltern der Braut mit dem gleichlautenden Text für die Tochter. Natürlich ist man katholisch und hat mehrere Kinder. Man lässt sich tunlichst auch nicht scheiden, wenn schon Untreue, dann hat man besser eine Liebschaft. Eine solche hatte irgendwann in ferner Vergangenheit auch Großpapa. Die Fama sagt, dass er drauf und dran war, mit einer Geliebten in sein geliebtes Afrika zu verschwinden. Seine fromme Schwester, Tante Irma Lobkowicz, soll ihm das in letzter Minute ausgeredet haben. Das ist durchaus glaubhaft, denn Tante Irma ist äußerst überzeugend. Sie ist meine Firmpatin. Ich habe sie mir für diese Funktion ausgesucht, in der Hoffnung, dass etwas von ihrer legendären Frömmigkeit auf mich übergeht. Als ich dann freilich statt der heimlich erhofften Uhr nur irgendetwas Frommes als Geschenk bekomme, ist das doch eine Enttäuschung.

Tante Irma ist eine Verehrerin der Mutter Gottes von der Rue du Bac, einer Marienerscheinung in Paris, die in der Öffentlichkeit weniger bekannt ist als die von Lourdes oder Fatima. Aber unsere Tante – eigentlich: Großtante – schwört auf »die Rue du Bac« und macht für sie Propaganda, wo sie kann. In der ganzen Verwandtschaft verteilt sie kleine Medaillen mit dieser speziellen Madonna. Wir Kinder tragen sie alle an Kettchen um den Hals.

Ihren größten Erfolg erzielten Tante Irma und die Rue-du-Bac-Muttergottes Jahre später beim Einmarsch der Sowjetarmee in Wien. Die Erstere war allein in ihrer natürlich mit Marienbildern und anderen frommen Gegenständen gefüllten Wohnung, ihre Tochter Mimse machte sich die größten Sorgen um sie. Als sie es dann endlich zu ihrer Mutter schaffte, war sie zunächst sprachlos. Um Tante Irma drängten sich mehrere Sowjetsoldaten, sie brachten ihr Lebensmittel, die sie vermutlich woanders gestohlen hatten, und verneigten sich ehrfürchtig vor den Heiligenbildern. Bauernjungen vom Land, die sie waren, erinnerte sie die alte Frau wahrscheinlich an die Babuschkas zu Hause mit ihren Ikonen. Tante Irma triumphierte. Ein Wunder. Oder doch ein Beinahe-Wunder.

Irgendwann freilich holt das 20. Jahrhundert auch diese Enklave einer vergangenen Epoche ein. Als in Deutschland Hitler an die Macht kommt und die Sudetendeutschen unruhig werden, teilen sich auch unter den böhmischen Herren die Geister. Spätestens nach dem Münchner Abkommen und erst recht nach dem Einmarsch der deutschen Truppen kann man nicht mehr, wie früher, böhmischer Patriot sein, ungeachtet der Sprache, die man spricht. Jetzt muss man wählen zwischen tschechisch und deutsch. Auch unter den Aristokraten gibt es plötzlich Tschechen und Deutsche.

Während der Sudetenkrise 1938, als bereits der Anschluss der deutschsprachigen Gebiete an Hitlerdeutschland droht, erscheint eine Delegation des böhmischen Adels bei Präsident Edvard Beneš und überreicht ihm ein Manifest, das sich für die Unverletzlichkeit der alten Grenzen und die Einheit der böhmischen Kronländer ausspricht. Die Treue des deutschsprechenden Adels zum tschechoslowakischen Staat wird unterstrichen. Mitglieder der historischen Familien des Landes sind dabei, Schwarzenberg, Kinsky, Czernin, Lobkowicz und andere.

Aber nicht alle sind damit einverstanden. Es gibt auch Aristokraten, die für den Anschluss sind. Oft geht der Riss mitten durch die Familien und entzweit Menschen, die ein Leben lang befreundet waren. Viele reden auf einmal in der Öffentlichkeit, aus Prinzip und aus Nazi-Gegnerschaft, demonstrativ tschechisch, auch wenn sie die Sprache nicht besonders gut können. Noch ein deutsches Wort, und du kriegst eins hinter die Ohren, hören wir einen Verwandten zu seinem verblüfften Sohn sagen. Ein neues Zeitalter beginnt.

Die Coudenhoves

Meine andere Großmutter Mitsuko Coudenhove-Kalergi liegt auf dem Hietzinger Friedhof in Wien in unserer Familiengruft begraben. Wenn wir zu Allerseelen hingehen, finden wir manchmal ein Fläschchen mit Sojasauce auf dem Grabstein. Das ist in Japan so üblich. Dann wissen wir, dass ein japanischer Tourist hier gewesen ist und seiner Landsfrau seine Aufwartung gemacht hat. In ihrer japanischen Heimat ist Mitsu nämlich eine bekannte Persönlichkeit: die erste Japanerin, die nach der Öffnung des Landes zum Westen nach Europa gegangen ist.

Es gibt mehrere Bücher über Mitsu, einen Film, eine mehrteilige Fernsehserie, einen Comicstrip und sogar ein Musical. Mitsu ist darin eine Art fernöstliche Sisi, eine romantische Gestalt im europäischen Dekor der Jahrhundertwende. Als ich einmal, eingeladen vom japanischen Fernsehen, in Tokio war, wurde ich von mehreren jungen Journalistinnen interviewt, die in meiner Großmutter ein feministisches Rollenmodell sahen. Eine Frau, die es wagte, die Konventionen ihrer Zeit zu überwinden, ihrer Liebe zu folgen und als kühne Pionierin in ein fernes Land aufzubrechen. Ich habe Mitsu nicht gekannt. Aber ich denke, dass ihre Geschichte nicht ganz so rosig und strahlend ist wie ihre Legende. Und dass sie wohl kein glückliches Leben hatte.

Die Geschichte beginnt in den Achtzigerjahren des 19. Jahrhunderts in Tokio. In der österreichisch-ungarischen Gesandtschaft residiert ein junger Geschäftsträger, mein Großvater Heinrich Coudenhove-Kalergi. Eines Tages reitet er aus. Es ist Winter, es herrscht Glatteis, sein Pferd rutscht aus, und der Diplomat liegt auf der Nase, just vor einem Antiquitätenladen. Das Geschäft gehört Mitsus Vater. Die blutjunge Mitsu läuft hinaus, sie hat noch nie einen Ausländer gesehen und sieht neugierig zu, wie die Langnase sich aufrappelt. Der Reiter ist verletzt, Mitsu hilft, ein Arzt wird geholt. Aber der Fremde hat das Mädchen beeindruckt. Und dieses ihn.

Der Kunsthandel in Japan blüht in jenen Jahren. Das Land ist im Umbruch. Vor noch nicht einmal einer Generation hat Japan nach 750 Jahren Feudalherrschaft das alte System beendet und ein rapides Modernisierungsprogramm eingeleitet. Die abgesetzten Feudalherren haben ihr Einkommen verloren und müssen ihre Familienschätze verkaufen. Eine sprudelnde Quelle für Kunstliebhaber aus Europa, die jetzt in steigender Zahl Japan entdecken. Alles Japanische ist plötzlich in Mode. »Japonisme« nennen das die tonangebenden Pariser Ästheten. Sie schmücken ihre Häuser mit japanischen Lackarbeiten, kleinen Netsuke-Figuren aus Buchsbaum und Elfenbein, bestickten seidenen Wandschirmen und minimalistischer japanischer Keramik. Ein Riesengeschäft für Japans Antiquare. Einer davon ist Kichatschi Aoyama, vor dessen Laden das Pferd des österreichischen Geschäftsträgers gestürzt ist.

Dieser hat das Mädchen im Kimono nicht vergessen. Er kommt wieder und kauft im Geschäft des Herrn Aoyama das eine oder andere Kunstwerk. Mitsu serviert dem Gast Tee. Dieser steht, höflich, wie er ist, jedes Mal auf, wenn die Tochter des Hausherrn den Raum betritt. Mitsu kennt diese Sitte nicht. Sie meint, den fremden Herrn drückten seine Schuhe. Aber sie mag ihn. Ein Wort gibt das andere, und früher oder später landet die Kleine in der österreichisch-ungarischen Gesandtschaft, zunächst als Mitarbeiterin, aber bald als Konkubine des Chefs. Praktisch alle alleinstehenden Europäer in Japan haben eine solche. Heinrich ist dem Rang nach nur Erster Sekretär, aber einen Gesandten gibt es derzeit nicht. Es ist Heinrich, der die Gesandtschaft leitet. Er liebt Mitsu, auf seine Weise. Und sie liebt ihn, auf ihre Weise.

Irgendwann stirbt im fernen Böhmen Heinrichs Vater. Heinrich ist der älteste Sohn und, wie alle annehmen, der Erbe des Besitzes, Schloss und Herrschaft Ronsperg im Böhmerwald. Aber Heinrich interessiert eine Existenz als böhmischer Großgrundbesitzer nicht. Er hat am Fernen Osten einen Narren gefressen und will dort bleiben. Er liebt Japan, hat Japanisch gelernt und Japans Geschichte studiert. So fasziniert ist er von seinem Dienstort, dass der Außenminister dem jungen Mann beim Abschied wohlwollend eingeschärft hat: Du darfst nicht vergessen, dass du der Vertreter Österreichs in Japan bist und nicht der Vertreter Japans

*Großmutter Mitsuko, genannt Mitsu,
Tokio, 1890er Jahre*

in Österreich. Seinen Geschwistern hat Heinrich schon damals bedeutet: Mit mir müsst ihr nicht rechnen, ich komme nicht mehr zurück. Ich verzichte auf mein Erbe. Sein nächstjüngerer Bruder Hans hat daraufhin seinen Dienst als Berufsoffizier quittiert und bereitet sich darauf vor, eines Tages Ronsperg zu übernehmen.

Aber da haben beide die Rechnung ohne den Wirt gemacht. Als das Testament ihres Vaters geöffnet wird, gibt es lange Gesichter. Wie sich zeigt, hat dieser seinen Besitz nicht seinem ältesten Sohn vermacht, sondern, eine Generation überspringend, »dem ältesten Sohn meines ältesten Sohnes«. Und diesen gibt es schon. Heinrich und Mitsu haben mitt-

*Großonkel Hans Coudenhove,
1925 in Afrika*

lerweile bereits zwei Kinder, zwei halbjapanische Büblein, die in Tokio aufwachsen sollen. Aber das geht nun nicht mehr. Alle sagen zu Heinrich: Du kannst nicht auf etwas verzichten, das dir nicht gehört. Und den künftigen Besitzer von Ronsperg kannst du nicht in Japan aufziehen.

Da heißt es nun, alle Lebenspläne radikal ändern. Hans, der Zweitgeborene, verlässt Ronsperg und geht nach Afrika, um nie mehr zurückzukehren. Er war immer ein Tiernarr gewesen. Jetzt lebt er im Busch, ist meist unterwegs, umgeben von zahlreichen Tieren, vor allem zahmen Affen. Er hinterlässt ein schönes Buch über seine afrikanischen Abenteuer: »My African Neighbours. Man, Bird and Beast in Nyasaland«.

Heinrich lässt seine Konkubine katholisch taufen und heiratet sie in der Residenz des Erzbischofs. Er verlässt den diplomatischen Dienst. Er weiß: Mit einer japanischen Frau, die keine Ahnung von europäischen Sitten und Gebräuchen hat, kann er nie Botschafter in einem wichtigen Land werden. Er packt Frau und Kinder zusammen und macht sich auf den Weg zurück nach Europa. Ob Mitsu gefragt worden ist, ob sie das auch will? Jedenfalls wird sie vor ihrer Abreise von der japanischen Kaiserin empfangen, eine große Auszeichnung. Diese gibt der jungen Frau die Mahnung mit, sie solle im fremden Land immer Japans Ehre hochhalten. Mitsu nimmt das sehr ernst. Sie will eine gute Tochter Japans bleiben, aber auch in Europa alles richtig machen. Keine leichte Aufgabe.

Der Kulturschock muss gewaltig gewesen sein. Mitsus zweiter Sohn Dicky beschreibt in seinen Erinnerungen, einen japanischen Biographen zitierend, seine Mutter so: »Sie hatte einige tausend chinesische Schriftzeichen lesen und kalligraphieren gelernt. Sie hatte rechnen gelernt auf hölzernen japanischen Rechenmaschinen. Ihre Eltern hatten ihr die Grundgedanken des Buddhismus beigebracht und die Moral des Konfuzius. Sie hatte auch gelernt, wie Japan von der Sonnengöttin geschaffen wurde, der Ahnfrau des Mikado. Sie lauschte unzähligen Legenden von Helden und Heiligen, von Geistern und Nymphen, lernte ihre Ahnen verehren und heilige Schreine besuchen. Als kleines Mädchen lernte sie mit ihren ungewöhnlich schönen und geschickten Händen die uralte Kunst des Blumenbindens und spielte zwei nationale Instrumente, eine Art große Gitarre und eine japanische Mandoline. Im Osten gilt Höflichkeit als Kardinaltugend. Diese Tugend übte Mitsu in Wort und Geste: die Kunst, sich zu kleiden, anmutig in kniender Stellung zu sitzen, zu lächeln, zu stehen, sich zu verbeugen. Sie lernte die größere Kunst, ihre Gefühle zu verbergen, Achtung zu zeigen vor Höhergestellten und Älteren, stets sanft zu sein, freundlich und geduldig. Immer wieder wurde ihr eingeschärft, dass die Frau zum Gehorsam geboren sei, erst ihrem Vater gegenüber, dann ihrem Mann und schließlich ihrem ältesten Sohn.« So weit Onkel Dicky.

Und was sagte Mitsukos Familie zu deren ungewöhnlicher Heirat? Wiederum Dickys Quelle, der japanische Kulturhistoriker Ki Kimura: »Mitsukos Vater, Kichatschi Aoyama, war ein eingefleischter Konservativer. Er weigerte sich, seinen Haarknoten abschneiden zu lassen, und trug bei festlichen Gelegenheiten am liebsten seinen Kamischima, das traditionelle Gewand der Samurais. Mitsuko heiratete gegen den Willen ihres Vaters. Kichatschi seufzte: Wie kann ich Worte der Entschuldigung meinen Ahnen gegenüber finden, dass ich mir eine Tochter der ehrenwerten Familie Aoyama habe entreißen lassen durch einen fremdländischen Teufel?«

Da mag schlechtes Gewissen mitgespielt haben. Denn der fremdländische Teufel hatte sich erkenntlich gezeigt und seiner Brautwerbung mit einem großzügigen finanziellen Beitrag nachgeholfen. Schließlich ließ Vater Kichatschi sich erweichen und gab dem Bund seinen Segen. Noch heute erinnere ich mich an die japanischen Spielsachen, Samurai-Ritter für die Buben und Geisha-Puppen für die Mädchen, die die Aoyamas ihren Enkelkindern nach Europa schickten. Einige überlebten bis in unsere Kinderzeit.

Wie es Mitsu weiterhin erging, wissen wir aus ihrem Tagebuch. Japanische Fernsehleute haben es Jahrzehnte später in Ronsperg aufgespürt, dessen Besitzer längst vertrieben waren. Ein japanischer Autor hat daraus ein Theaterstück gemacht. Es ist ein Einpersonenstück. Eine Schauspielerin steht allein auf der Bühne, die gealterte Mitsu darstellend, die ihrer Tochter Olga aus ihrem Leben erzählt. Ich habe das Stück gesehen, in einer sehr guten Aufführung, die in japanischer Sprache im Schönbrunner Schlosstheater in Wien gezeigt wurde. Den Text hörten wir über Kopfhörer in deutscher Übersetzung.

Es ist eine ziemlich erschütternde Geschichte. Mitsu erzählt, wie sie nach langer und aufregender Reise durch Italien, nach einem Aufenthalt in Wien, in Ronsperg ankommt. Alles ist fremd. Sie geht durch einen langen Gang. Hinter ihr öffnen sich viele Türen, fremde – wie sie meint: feindselige – Augen blicken ihr nach. Sie lernt Deutsch, gleichzeitig mit ihren Kindern. Hansi, ihr Ältester, fragt sie etwas. Sie kann ihm keine Antwort geben.»Da trifft mich ein verächtlicher Blick«, erzählt Mitsu. »Ein Blick aus blauen Augen. Den Augen eines Fremden.« Eines Fremden? Das eigene Kind? Ihren Mann liebt sie nach wie vor. »Mein Gentleman« nennt sie ihn. Was sie am liebsten tut: ihm seinen Tee in sein Ar-

Mitsu mit ihren Kindern Olga (im Arm), Hansi, Dicky, Rolfi, Elsa (Ida und Ery sind noch nicht geboren), zirka 1900

beitszimmer bringen, ihm zuschauen, wie er im Schein der Lampe an seinem Schreibtisch sitzt, arbeitend, lesend oder schreibend. Und dann passiert das Schreckliche: Heinrich, noch nicht fünfzigjährig, stirbt im Jahre 1906 an einem Herzinfarkt. Sie bleibt mit sieben kleinen Kindern allein zurück.

Mein Großvater muss ein bemerkenswerter Mann gewesen sein. Er spricht viele Sprachen, hat die halbe Welt bereist. Seit seiner Rückkehr nach Ronsperg hat er sich als Privatgelehrter etabliert. An der Prager Universität macht er sein Doktorat in Philosophie und semitischer Philologie. Seine Interessen sind unkonventionell: Als Doktorarbeit verfasst er eine kritische Studie über »Das Wesen des Antisemitismus«, die sein Sohn Dicky später als Buch herausgibt. Er sei in seiner Jugend selbst Antisemit gewesen, schreibt der Autor, habe aber »durch Studium« seine Meinung geändert. Sigmund Freud liest es und sagt kurz vor seinem Tode, das sei eines der besten Bücher, die je zu diesem Thema erschienen sind.

Schutzumschlag der Buchausgabe von
Heinrich Coudenhove-Kalergis Studie
»Das Wesen des Antisemitismus«, Leipzig/Wien 1932

In Wien regiert zu dieser Zeit der antisemitische Bürgermeister Karl Lueger. Eine wissenschaftliche Abhandlung über die Wurzeln dieser Ideologie ist im Österreich jener Zeit ein Novum. Und ein Tabubruch ist es auch, dass der Patronatsherr der Ronsperger Pfarre an jedem Karfreitag demonstrativ die Kirche verlässt, wenn in der Liturgie bei den Fürbitten das Gebet für die Juden an der Reihe ist: »Oremus et pro perfidis Judaeis.« Heinrich findet, das sei eine Anstachelung zum Antisemitismus. Tatsächlich waren dieser Tag und diese Fürbitte in der Vergangenheit oft der Ausgangspunkt für blutige Pogrome. Erst viele Jahrzehnte später schafft Papst Johannes Paul II. diese Fürbitte ab.

Heinrich schreibt eine weitere Broschüre, ebenfalls ablehnend, über das Duell, mit dem Titel »Der Minotaur der Ehre«. Das Duell ist in Österreich-Ungarn zwar offiziell verboten, in der Armee aber nach wie vor gang und gäbe. Heinrich legt sich mit seiner Kampfschrift mit seinesgleichen an. Seine Charge als Reserveoffizier bei den Dragonern legt er deshalb zurück.

Aber Kavallerieoffiziere sind ohnehin nicht sein Umgang in Ronsperg. Längere Zeit wohnt ein gelehrter indischer Moslem im Hause, der dort einen für den Westen bestimmten Sammelband »The Sayings of Mohammed« zusammenstellt. Der Rabbi von Pilsen, ebenfalls ein gelehrter Mann, ist oft in Ronsperg zu Gast, ebenso wie der gebildete und aufgeschlossene Pfarrer von Ronsperg. Heinrich interessiert sich für die verschiedenen Religionen und das, was sie gemeinsam haben. Die damals beachtliche und wohlhabende jüdische Gemeinde von Ronsperg dankt es ihm und schickt ihm zu Weihnachten jedes Jahr eine köstliche Gänseleber.

Verschiedene Religionen gibt es auch beim Personal. Majordomus und Vertrauter des Hausherrn ist ein hünenhafter Armenier namens Babik Kaligian, dem Heinrich, als er der österreichisch-ungarischen Gesandtschaft in Konstantinopel zugeteilt war, während eines Armenier-Pogroms das Leben gerettet hat. Seither ist Babik, den mein Vater als guten Geist des Hauses in Erinnerung hat, seinem Herrn in unverbrüchlicher Treue verbunden. Auch von ihm gibt es ein Foto: ein respektgebietender Riese in traditioneller Kleidung, den Fez auf dem Kopf. Nach Heinrichs Tod kauft Babik sich eine Grabstelle neben dessen Grab, weil er unbedingt an dessen Seite begraben sein will. Als er auf dem Sterbebett erfährt, dass ihm das als nichtkatholischem Christen nicht gestattet ist, konvertiert er zum katholischen Glauben. Und bekommt seinen Wunsch erfüllt.

Aber im Leben meines Großvaters gibt es auch eine dunkle Episode. Als blutjunger Leutnant hat er in Paris eine Liebesgeschichte mit einer Französin angefangen. Sein Vater erfährt davon und expediert seinen Sohn umgehend ans andere Ende des Kontinents, in die Bukowina. Dort soll er an der neugegründeten Universität Czernowitz studieren. Aber die Geliebte in Frankreich ist schwanger. Sie bringt einen Sohn auf die Welt, der noch im Kindesalter stirbt. Und fährt dann, gemeinsam mit einer Freundin, nach Österreich. Vor dem Schloss Ottensheim in Oberösterreich, das damals der Familie Coudenhove gehört, begehen die beiden jungen Frauen Selbstmord. Sie erschießen sich vor den Fenstern des Mannes, der mit seinem Eingreifen das Glück zweier Liebender zerstört hat. Ein Schock, von dem sich Heinrich nie erholt hat. Und vielleicht auch ein Grund, warum er später seine künftige Frau im fernen Asien sucht.

Jahrzehnte später nehme ich, mehr aus Neugier als aus echter Überzeugung, an einer Familienaufstellung teil. Ich möchte ein wenig Klarheit in mein kompliziertes Verhältnis zu meinem Vater bringen. Aber die Psychologin, die uns anleitet, will, dass wir auch die entfernteren Familienmitglieder aufstellen, inklusive aller unehelichen Verhältnisse. Ich habe mich nie besonders für die Amouren meiner Großeltern interessiert. Und ich neige auch keineswegs zu emotionalen Ausbrüchen. Aber als die Gruppenmitglieder Aufstellung genommen haben, breche ich plötzlich in Tränen aus und falle der Kollegin, die die französische Geliebte darstellt, aufgelöst um den Hals.

In Ronsperg ist Mitsuko nach dem Tod ihres Mannes auf sich allein gestellt. Zu seinen Lebzeiten war dieser der alleinige Herr im Haus und sie selbst eher dekorative Kunstfigur und gehorsame Schülerin als Lebenspartnerin und umsichtige Hausfrau. Jetzt lastet alle Verantwortung auf ihr. Nicht zuletzt für ihre Kinder, die schon frühzeitig erschreckend selbständig geworden sind. Mitsu muss sich vorgekommen sein wie eine Entenmutter, die Schwäne ausgebrütet hat.

Verwandte kommen ihr zu Hilfe. Heinrich, der wie die meisten seiner Standesgenossen bei den Jesuiten im Kollegium Kalksburg bei Wien erzogen worden ist, hat testamentarisch verfügt: Seine Söhne sollen nur ja nicht dorthin. Er ist Katholik, aber er ist stark vom Buddhismus beeinflusst und hält viel von religiöser Toleranz. Die dogmatische Strenge jesuitischer Erziehung behagt ihm gar nicht. Seine Kinder hätte er gern nach seinen eigenen Vorstellungen zu Hause erzogen und an einem öffentlichen Gymnasium die Matura machen lassen. Aber dazu kommt es

Mitsu, Wien 1912

nicht mehr. Die Buben kommen ins Theresianum nach Wien. Die Mädchen werden in Klosterschulen geschickt, zuerst ins Sacre Coeur nach Wien, dann zu den Englischen Fräulein nach St. Pölten. Sie werden ihrer Mutter zusehends fremd. Für Mitsu beginnt eine schwere Zeit.

Es gibt viele Fotos von meiner Großmutter. Sie muss als junge Frau entzückend hübsch gewesen sein, groß und schlank, eine japanische Lotosblume im traditionellen Gewand. In Europa lernt sie offenbar schnell, sich schick zu kleiden. Auf den Fotos, sorgfältig gestellten Bildern aus den Ateliers von Wiener Gesellschaftsfotografen, braungetönt, posiert sie gekonnt im Schneiderkostüm, im Abendkleid, mit und ohne Federhut. Aber sie trägt immer noch gern den Kimono. Auf einem Bild ist sie japanisch gekleidet zu sehen, kniend vor einer Staffelei. Sie malt und kal-

*Stich von Schloss Ronsperg im Böhmerwald,
nahe der bayrischen Grenze; ehemaliger Wohnsitz der
Großeltern Coudenhove-Kalergi*

ligraphiert. Auf einem anderen Foto ist sie mit ihren Kindern abgebildet, diese stehen aufgereiht wie Orgelpfeifen nebeneinander, die Buben in Matrosenanzügen, die Mädchen in weißen Kleidchen. Die Jüngste hält sie im Steckkissen im Arm. Eine Idylle, die täuscht.

Ich habe meine Großmutter Mitsuko nie kennengelernt. Sie stirbt während des Zweiten Weltkrieges in Mödling bei Wien, wo sie sehr zurückgezogen lebte, zusammen mit ihrer Tochter Olga. Mein Vater hätte seiner Mutter gern seine Kinder vorgestellt, aber dazu kam es nie. Mitsu wehrte immer ab. Im Sommer vielleicht, wenn es wärmer ist, ließ sie sagen. Oder im Winter, wenn es nicht mehr so heiß ist. Sie scheint im Alter immer japanischer geworden zu sein. Das Heimweh hat sie nie verlassen. Heute würde man ihre Geschichte wohl die Geschichte einer nicht gelungenen Integration nennen.

Auch Ronsperg, die Heimat meines Vaters, habe ich als Kind nie gesehen. Erst sehr viel später, als Journalistin nach der Wende, fahre ich

*Keramikofen in Schloss Ronsperg, der seinen letzten
Eigentümer, Onkel Hansi, im Schlafrock darstellt,
im Vordergrund seine Tochter Marina*

hin. Ronsperg liegt im Böhmerwald, wenige Kilometer entfernt von der bayrischen Grenze. Das Städtchen war einst rein deutsch. Heute ist von den ursprünglichen Bewohnern keiner mehr da. Ronsperg heißt jetzt Poběžovice. Das Schloss steht noch, aber alles ist ziemlich verfallen und kaputt, die Innenräume sind leer, die große Bibliothek ist verschwunden. Auch den berühmten Ronsperger Ofen gibt es nicht mehr. Eine Enttäuschung. Vor allem diesen Ofen hatte ich sehen wollen, seinetwegen bin ich gekommen. Ich kenne ihn von Fotos: eine überlebensgroße Keramikskulptur, von hinten zu heizen, meinen Onkel Hansi im Schlafrock

Onkel Johannes, genannt Hansi

darstellend, den letzten Besitzer von Ronsperg. Ein Popkunstwerk, entstanden, lange bevor diese Kunstrichtung erfunden wurde.

Onkel Hansi war ein Exzentriker von Graden, den wir Kinder gerade deswegen mochten. Seine vom Surrealismus inspirierten Verrücktheiten sind Legende: seine ägyptische Mumie im Sarg, eine einbalsamierte Prinzessin, die er immer mit sich führte, auch auf Reisen und im Hotel. Die Münzen mit seinem Konterfei, die er prägen ließ und an Auserwählte verschenkte. Sein Auto, in den Coudenhoveschen Wappenfarben lackiert. Von rechts betrachtet, war es rot. Von links betrachtet, war es gelb. Die Bilder, die er bei renommierten Malern in Auftrag gab. Darauf sah man seltsame Jagdtrophäen, etwa Wölfe mit Hirschgeweih, aber auch Porträts von ihm selbst in Gestalt seines imaginierten Alter ego, des Duca di Centigloria. Dieser Centigloria war der Nachfahre aller berühmten Schurken der Weltgeschichte, seine Stammmutter war die Schlange im Paradies. Centiglorias Stammbaum war von Onkel Hansi, unter Aufbietung großer historischer Bildung, sorgfältig ausgearbeitet und beschrieben worden. Unser Onkel war überhaupt ein begabter Amateurschriftsteller. Sein gelehrtes Buch über Kannibalismus, »Ich fraß die weiße Chinesin«, natürlich unter dem Namen Centigloria herausgegeben, wird von Liebhabern derartiger Literatur heute noch geschätzt und gesammelt.

In Prag sehen wir Onkel Hansi nur selten. Mein korrekter Vater ist nicht begeistert von den Extravaganzen seines Bruders, vor allem nicht von den einigermaßen grotesken Umbauten, die dieser am Ronsperger Schloss vornimmt. Sogar einen selbst entworfenen Turm hat er dem alten Gebäude aufsetzen lassen. Und Papi mag Hansis Frau Lilly nicht. Lilly ist eine emanzipierte Person und war die erste Pilotin in Österreich. Als die Nazis kommen und sie ihrer jüdischen Herkunft wegen bedroht ist, geht sie nach Frankreich und später in die Schweiz, ohne ihren Mann. Dieser sympathisiert ein wenig mit der Berliner Nazi-Schickeria, aber er sorgt bis zu Lillys Tod großzügig für ihren Unterhalt.

Einmal kommt Onkel Hansi uns trotzdem in Prag besuchen. Die beiden Brüder unterhalten sich gut, trinken ein wenig über den Durst, meine Mutter geht irgendwann schlafen. Als sie am anderen Morgen in den Salon kommt, steht mit großen Tintenstift-Buchstaben an der weißen Wand: »Rolfi ist doof.« Muss man jetzt das Zimmer neu ausmalen lassen? Mami ist wütend. Echt Hansi! Sie hängt ein Bild über die peinliche Aufschrift. Wir Kinder lieben es, verstohlen das Bild aufzuheben und über »Rolfi ist doof« zu kichern.

Hansi ist das älteste von sieben Geschwistern, von denen alle, jedes auf andere Weise, aus dem üblichen Schema ihrer Generation und ihrer Gesellschaftsschicht herausfallen. Nummer zwei ist Onkel Dicky, später Gründer der Paneuropa-Union. Er heißt eigentlich Richard, nach Richard Wagner, wird in der anglophilen Familie aber von Kind auf Dicky genannt. Er muss als Junge bildschön gewesen sein und sieht auch noch im Alter sehr gut aus, ein europäischer Gentleman mit gerade jenem Touch von Orient, der einen Mann interessant macht. Der schönste

Tante Elsa († 1936, Paris)

Mensch, der ihm je begegnet sei, notiert Thomas Mann über ihn in seinem Tagebuch. Dickys erste Frau – insgesamt werden es drei – ist die Burgschauspielerin Ida Roland. Auch Onkel Dicky und seine Idl besuchen uns in Prag, die Schauspielerin mit einem grandiosen Hut und zwei großen Hunden, eine auffallende Erscheinung. Eine richtige Diva. Wir staunen. So etwas haben wir noch nie gesehen.

Dickys große Zeit waren die Zwanzigerjahre, seine Ideen von einem vereinten Europa schienen vielen, nicht zuletzt der liberalen Wiener jüdischen Bourgeoisie, als eine Alternative zu den heraufdämmernden Ideologien des Nationalsozialismus und des Kommunismus. Auch Bruno Kreisky gehörte als junger Mann eine kurze Zeit der paneuropäischen Jugendorganisation an. Von Anfang an ein kompromissloser Nazi-

*Onkel Richard, genannt Dicky,
Gründer der Paneuropa Union, 1933*

gegner, emigrierte Dicky mit seiner jüdischen Frau zunächst in die USA und nach dem Krieg in die Schweiz.

Hansi und Dicky sind »die Japaner«, weil sie noch in Japan geboren sind und deshalb von ihrer Mutter bevorzugt werden. Als Theresianisten in Wien mehr oder minder auf sich allein gestellt, werden sie bald deklarierte Freigeister. Wir kommen in die Hölle, erklären sie ihren Schwestern, wenn diese aus der Klosterschule nach Hause kommen. Dort ist es sehr interessant, wir treffen dort Voltaire und Nietzsche und alle großen Geister. Und ihr kommt in den Himmel, dort ist es stinklangweilig. Dort trefft ihr nur die Schwester Leontia.

Mein Vater Gerolf, Rolfi genannt, ist der Brave in der Familie. Er dient als gehorsamer Soldat in zwei Weltkriegen, heiratet als einziger standesgemäß und hat vier Kinder, während die anderen, bis auf Hansi, der eine Tochter hat, kinderlos bleiben. Als Zögling im Theresianum weigert er sich zuzuhören, als seine zu jeder Provokation aufgelegten großen Brüder einmal auf dem Grammophon die Internationale spielen. Schließlich, sagt er, trägt er als Theresianist des Kaisers Uniform. Nimmt das Grammophon und schleudert es, während sich die Schallplatte noch dreht, zum Fenster hinaus.

Elsa, die vierte in der Geschwisterabfolge, habe ich nie kennengelernt. Sie geht in den Dreißigerjahren nach Frankreich und stirbt Mitte dreißig in Paris. Sie ist die Lieblingsschwester meines Vaters und muss eine reizende Frau gewesen sein, klug, bescheiden und von selbstloser Güte. Sie hat nicht viel Geld, aber was sie hat, teilt sie mit ihren Freunden. Ihre kleine Pariser Wohnung steht allen Emigranten offen. Ausdrücklich auch den unsympathischen. Jemand, meint sie einmal, muss schließlich auch für die Unsympathischen da sein.

Olga gilt unter den vielen gescheiten Geschwistern als die Dumme. Aber sie ist auch die Treueste. Als Einzige der Sieben verlässt sie nicht bei der ersten Gelegenheit das Elternhaus, sondern bleibt bei ihrer verwitweten Mutter, zieht mit dieser von Böhmen nach Mödling bei Wien und pflegt sie dort bis zu deren Tod.

Dann kommt Ida, ein hochbegabtes Mädchen, das als Kind besonders an den Unzulänglichkeiten ihrer überforderten Mutter leidet. Seit der Vater tot ist, schreibt sie später, ist das geistige Leben im Hause zu einem abrupten Ende gekommen. Wir sind mit den Büchern der vorangegangenen Generation aufgewachsen, mit Ibsen und Strindberg. Unsere Mutter hat uns nicht erziehen können, wir haben einander gegenseitig erzogen.

Ida kommt nach der Schulzeit im Klosterinternat nicht mehr nach Hause zurück und schlägt sich allein durch. Sie schließt sich früh der katholischen Jugendbewegung an und ist in den Dreißigerjahren in Deutschland eine Vordenkerin des Aufbruchs in der katholischen Kirche. Ida studiert Theologie, macht eine Ausbildung zur Sozialarbeiterin und heiratet einen Rheinländer namens Carl Josef Görres. Sie publiziert unter dem Namen Ida Friederike Görres, hält Vorträge, führt Jugendgruppen. Sie und ihre Bücher, darunter eine Biographie von Teilhard de

Onkel Karl Heinrich, genannt Ery

Chardin und eine von Franz von Assisi, haben für mich als junges Mädchen eine prägende Wirkung. Was macht denn die Ida?, werden ihre Brüder damals oft gefragt. Ihre Antwort: Die Ida ist ein Mittelding zwischen einer Hebamme und einem Kaplan.

Und schließlich, als Jüngster, Ery. Er war einer der liebsten Menschen in meinem Leben. Sein Foto hängt neben meinem Schreibtisch, zusammen mit anderen Bildern von Menschen, die ich meine heimlichen Heiligen nenne. Auch Ery, damals noch Student, auch er mit einer jüdischen Freundin, kann die Nazis nicht leiden und geht gleich nach dem »Anschluss« Österreichs ans Deutsche Reich mit seiner nunmehrigen Frau in die Emigration, zuerst nach Australien, dann nach Paris, nach Griechenland, schließlich in die Schweiz. Geld hat er nie. Von den Geschwistern ist nur Hansi, der Grundbesitzer, wohlhabend. Mitsuko, ahnungslos und kaisertreu, hat zu Beginn des Ersten Weltkriegs im großen Stil Kriegsanleihen gezeichnet. Nachher ist das Vermögen weg und damit auch das Erbteil der Jüngeren. Die anderen schlagen sich recht und schlecht durch, aber Ery, mit einem abgebrochenen Medizinstudium und keinem richtigen Beruf, bleibt sein Lebtag ein armer Teufel. Zeitweise sogar ein bitterarmer. Er und seine Frau Anita, eine Bildhauerin und Schmuckkünstlerin, leben im Exil prekär, oft mit zweifelhafter Aufenthaltsbewilligung und zweifelhaften Jobs, immer wieder von Delogierung und Deportation bedroht.

Was sie rettet, sind ihre vielen Freunde. Ery wird geliebt und verehrt von allen, die ihn kennen. In den Fünfzigerjahren besuche ich gemeinsam mit meiner Freundin Gilli meinen Onkel in seinem damaligen Aufenthaltsort, in Kalamaki. Das ist ein Vorort von Athen. Ery und Anita leben in einem winzigen weißen Häuschen am Strand, wenig mehr als ein weißgestrichener Würfel. Sie haben 17 Katzen, zwei Hunde, eine Schildkröte, eine zahme Dohle und ein Glas voller Frösche. Ery lebt von Übersetzungen, Anita holt glattgeschliffene Steine, Holz- und Glasstücke aus dem Meer und macht daraus Schmucksachen. Erst sehr viel später hat sie damit Erfolg und bestreitet Ausstellungen in mehreren europäischen Städten.

Wir zwei Mädchen sind überrascht und sofort begeistert, als wir zum ersten Mal ihr Hexenhäuschen betreten. Es ist mehr als bescheiden. Ery, der uns noch nie im Leben gesehen hat, empfängt uns, wie er alle empfängt, herzlich wie gute Freundinnen. Er sieht aus wie ein alter Indianer, in Jeans und einem uralten Hemd. Er ist zugleich ein Weiser und ein Kindskopf. Anita ist immer noch eine Garçonne im Look der Zwanzigerjahre, der später wieder modern wird, in Hosen und mit streichholzkurzen Haaren.

Es ist die Zeit der Hippies. Bärtige junge Männer und naturbelassene junge Frauen aus aller Herren Länder gehen im Häuschen ein und aus, dazwischen tauchen hin und wieder auch wohlbestallte Diplomaten und betuchte Weltenbummler auf und einfache Griechen aus der Nachbarschaft. Ich erinnere mich an einen Abend, an dem ich ins Gespräch vertieft mit Ery auf der Terrasse sitze. Die Teekanne fällt um, alles schwimmt. Stört dich das?, fragt Ery. Ich sage nein. Und Ery spricht ungerührt weiter, lässt den Fluss des Gesprächs durch eine Kleinigkeit wie diese nicht unterbrechen. Das ist typisch Ery: dieses völlige Eingehen auf die Bedürfnisse des jeweils andern, auch wenn es sich nur um eine halbwüchsige Nichte handelt. Diese Achtsamkeit und Rücksichtnahme, ungeachtet dessen, was sich gehört. Wer mit Ery spricht, hat das Gefühl, er oder sie sei in diesem Augenblick für diesen der wichtigste Mensch auf der Welt.

Ery ist ein Bohemien. Er macht sich überhaupt nichts aus Konventionen, und nichts liegt ihm ferner, als zu moralisieren. Aber unter all der Großzügigkeit und Menschenfreundlichkeit ist eine stahlharte Kompromisslosigkeit verborgen, die Ery mir mit dem lakonischen Hinweis auf eine Zeile aus Hamlet erklärt. »Rightly to be great is not to stir without great argument, but greatly to find quarrel in a straw when honour's at the stake.«

Nach Anitas Tod übersiedelt Ery zu uns nach Wien und lebt in der Familie meines Bruders Jakob. Dessen Kinder schließen ihn augenblicklich ins Herz, und zwar eher als »einen von uns« denn als Großonkel und Respektsperson. Und als Ery schließlich stirbt, sitzen nicht weniger als drei weinende Frauen an seinem Bett. Sie waren alle drei in ihn verliebt.

Eine Familie, deren Mitglieder verschiedener nicht sein könnten. Ist es die Mischung der Gene, die zu dieser Vielfältigkeit beigetragen hat? Nicht nur Mitsu, die Japanerin, hat die Familie aufgemischt. Die Coudenhoves kommen ursprünglich aus Brabant, eine alte Familie, deren Name schon in den Kreuzzügen aufscheint. Sie gehen, als habsburgtreue Konservative und Napoleon-Gegner, während der Napoleonischen Kriege nach Österreich. Den zweiten Namen Kalergi haben sie von unserer Urgroßmutter Maria Kalergi übernommen, einer Deutschrussin mit familiären Wurzeln in Kreta. Es gibt polnische, französische, schwedische, deutsche Vorfahren. Etwas von ihnen allen lebt in Mitsus Kindern und Enkeln weiter. Gegen Nationalismen aller Art sind sie jedenfalls für alle Zeiten immun.

Unter dem Hakenkreuz

Am 15. März 1939 marschieren die Truppen Hitlerdeutschlands in die sogenannte Resttschechei ein, und aus der pseudo-unabhängigen Republik wird das Protektorat Böhmen und Mähren. In meinem Kinderleben merke ich zunächst keine große Veränderung. In unserer deutschen Volksschule müssen wir die erste Seite der Lesebücher zukleben, und statt »Wo ist mein Heim, mein Vaterland?« singen wir jetzt »Deutschland, Deutschland über alles«. Dazu, statt der slowakischen Hymne, als Zusatz das Horst-Wessel-Lied »Die Fahne hoch, die Reihen dicht geschlossen«. Bei diesem Lied muss man, wie wir sagen, »Heil Hitler machen«, also die Hand zum deutschen Gruß erheben. Das Horst-Wessel-Lied hat drei Strophen, da wird der Arm leicht müde. Aber wehe, man legt ihn dabei verstohlen auf die Schulter des oder der vor einem Stehenden. Dann erntet man wütende Blicke von Direktor Rautschka und nachher eine strenge Belehrung, was sich für ein deutsches Mädel schickt. Und meine zwei liebsten Schulfreunde aus der ersten Klasse, Stutzi Dubs und Wolfi Fürth, sind eines Tages nicht mehr da. Nach England gegangen, heißt es. Niemand fragt, warum.

Statt des *Prager Tagblatts* kommt nun die deutsche Protektoratszeitung *Der neue Tag* zu uns nach Hause, und unsere Adresse lautet plötzlich Budanhöhe statt Nad Buďánkami. In der Elektrischen rufen die von uns Kondukteure genannten Schaffner jetzt alle uns vertrauten Haltestationen zuerst deutsch und dann erst tschechisch aus. Brückel – Můstek, Wenzelsplatz – Václavské náměstí und, von uns kichernd erwartet, Museum – Muzeum. Das Wort wird im Deutschen auf der zweiten, im Tschechischen aber auf der ersten Silbe betont, was die tschechischen Kondukteure freilich wenig kümmert. Zweimal Museum – wir finden das furchtbar komisch.

In der Schule lernen wir auswendig: »Unser Führer Adolf Hitler ist am 20. April 1889 als Sohn eines Zollbeamten in Braunau am Inn geboren« –

ein Satz, den ich noch heute so automatisch aufsagen kann wie das Vaterunser. Das Bild unseres Führers Adolf Hitler ist nun überall zu sehen. Meine unpolitische Mutter betrachtet es eine Weile nachdenklich und wendet sich dann kopfschüttelnd ab: »Dieses G'sicht ...«
Was haben wir zu Hause über den Nationalsozialismus gehört? Nicht viel. Wie stehen unsere Eltern zu den neuen Herren? Was unsere Bekannten anbetrifft, so gilt bei uns eine Einteilung in drei Gruppen: »bissl ein Nazi«, »eher ein Nazi« und »ein Mordsnazi«. Unser Vater reagiert zwiespältig. Er geht, anders als die meisten Prager nichtjüdischen Deutschen, nicht auf den Hradschin, als Hitler sich dort auf dem Balkon der alten Königsburg zeigt und von seinen Anhängern bejubeln lässt. Aber er begrüßt prinzipiell den Einmarsch. Endlich wieder dazugehören, endlich wieder ein Vaterland haben, endlich wieder im selben Staat wie Österreich leben – das gefällt ihm. Vollends als beruhigend empfindet er, dass als »Reichsprotektor« ein Freiherr von Neurath auftaucht, ein »Herr«, wie es heißt, mit dem man reden kann. Unter ihm würden die problematischsten Seiten des NS-Regimes, Kirchenfeindschaft und Antisemitismus (in dieser Reihenfolge), wohl nicht so schlimm zu Tage treten.

Ich habe später meinem Vater wegen seiner Haltung – kein Nazi, aber auch kein Antinazi – jahrelang gegrollt. Wirklich mit ihm darüber geredet habe ich nie. Das ging einfach nicht. Er selbst hat als alter Mann in seinen Erinnerungen, die er für seine Kinder niederschrieb, seine Einstellung mit einem Begriff aus der Mineralogie charakterisiert: Pseudomorphismus. Das ist ein Vorgang, der eine Substanz aussehen lässt wie einen Kristall, obwohl es sich nicht um einen Kristall handelt. So ähnlich sei es auch ihm gegangen. Einiges am »Dritten Reich« habe ihn an sein geliebtes und vergangenes altes Österreich und dessen Traditionen erinnert, daran habe er sich geklammert und den Rest ausgeblendet.

Ich erkläre mir das aus seiner Lebensgeschichte. Er hat seinen eigenen Vater früh verloren. Seine japanische Mutter, entwurzelt und unsicher im fremden Land, konnte ihren Kindern nicht den nötigen Halt geben. Es muss eine kalte und desorientierte Kindheit gewesen sein. Für Papi war Kaiser Franz Joseph, »der alte Kaiser«, vom Knabenalter an die eigentliche Vaterfigur, das alte Österreich die eigentliche Heimat. Sie bot Werte,

*Vater Gerolf als Freiwilliger
der k. u. k. Armee, zirka 1916*

Sicherheit und Geborgenheit. Papi wurde im Wiener Theresianum sozialisiert, einer Anstalt, die ihre Zöglinge bewusst zu guten Staatsdienern heranbildete, zu Diplomaten, Beamten und Offizieren. Das Ziel: dem Kaiser und Österreich dienen. Als der Erste Weltkrieg ausbrach, meldete Papi sich, kaum achtzehnjährig, freiwillig zur k. u. k. Armee. Er liebte die Armee. Ihr Dienstreglement konnte er auswendig und zitierte es, nur halb ironisch, bei passenden Gelegenheiten. »Mühsale und Entbehrungen hat der Soldat mit männlicher Standhaftigkeit zu ertragen und zu bedenken, dass derlei Unzukömmlichkeiten im Leben des Kriegers oft unvermeidlich sind.«

Beim Zusammenbruch der Monarchie war unser Vater ein blutjunger Leutnant an der italienischen Front und stand, wie die Offiziere in Franz

Theodor Csokors Theaterstück »3. November 1918«, vor der Frage, wohin er nun »heimkehren« sollte. In die neugegründete Tschechoslowakei? In die Republik Österreich? Nach Wien, wo man angeblich den heimkehrenden Offizieren die Epauletten herunterriss? Seine Heimat Österreich-Ungarn und alles, wofür dieses Staatswesen gestanden hatte, gab es nicht mehr. Dieser Umstand war wohl, mehr als alles, was nachher kam, die eigentliche Tragödie seines Lebens. Zeitlebens war »der alte Kaiser« für ihn tabu, jede despektierliche Bemerkung von uns über Franz Joseph I. streng verboten.

1918 wählte der Leutnant Coudenhove, weil er dorthin »zuständig« war, die Tschechoslowakei. Und was jetzt machen? Er hatte immer Diplomat werden wollen, sein Traum war, eines Tages wie sein Vater österreichisch-ungarischer Gesandter in Japan zu werden. Davon konnte jetzt keine Rede mehr sein. In der jungen tschechoslowakischen Republik ging man daran, den Staatsdienst zu »entösterreichern«, auf einen wie ihn hatte niemand gewartet. Eine Karriere im Wirtschaftsleben kam nicht in Frage. »Man« machte keine Geschäfte. Unser Vater studierte Rechtswissenschaften und nebenher Japanisch an der Prager deutschen Universität und trat alsbald in die Dienste der japanischen Gesandtschaft in Prag. Jetzt hatte er wenigstens wieder einen Kaiser als obersten Dienstherrn.

Aber auch damit ist es aus, als die Deutschen kommen und die japanische Gesandtschaft nach Berlin verlegt wird. So nimmt unser Vater das Angebot an, unter dem Reichsprotektor von Neurath in dessen Presseabteilung zu arbeiten, wo er die ausländischen Zeitungen lesen und darüber Berichte anfertigen muss. Aber schon bald wird Neurath, weil er angeblich »zu weich« mit den Tschechen ist, vom SS-Hardliner Reinhard Heydrich abgelöst. Auch Neuraths Stab geht mit ihm, und Heydrichs Leute, fanatische Nazis, ziehen auf dem Hradschin ein. Nichts für Papi. Als bald darauf der Krieg ausbricht, meldet er sich, wiewohl schon über vierzig, zur Wehrmacht. Er hat sich zuvor vergewissert, ob er als Halbjapaner überhaupt »wehrwürdig« ist, und ist erleichtert, als eine positive Antwort eintrifft. Er kommt zuerst nach Brüssel und nach dem deutschen Einmarsch in die Sowjetunion als Russisch-Dolmetscher nach Russland, in den Kaukasus. Dorthin hat er sich freiwillig gemeldet. Als Besatzer in Belgien hat er sich nicht wohl gefühlt, aber gegen die Bolschewiken zu kämpfen findet er in Ordnung.

Wir hatten abends täglich gebetet:»Lieber Gott, beschütze den Papi in Brüssel.«Jetzt muss es heißen:»… den Papi in Russland.«Aber weil jemand einmal versehentlich sagt:»… in Br… in Russland«, lautet das Abendgebet fortan:»… beschütze den Papi in Brussland.«In meiner Vorstellungswelt ist der kriegerische Aufenthaltsort meines Vaters nun Brussland, ein besonderes Land mit hohen Bergen und weiten Ebenen, eher romantisch als schrecklich und gefährlich.

Ich bin nun also ein deutsches Mädel und ab meinem zehnten Geburtstag auch ein deutsches Jungmädel. Der Jungmädelbund ist die HJ-Formation für die zehn- bis vierzehnjährigen Mädchen. Bei den Buben heißt das Pendant dazu Jungvolk, und dessen Mitglieder heißen Pimpfe. Alle Mädchen aus meiner Klasse werden kollektiv übernommen. Eine Uniform wird angeschafft, eine weiße Bluse und ein blauer Rock, der bei den kleinen Mädchen mangels Taille mit Knöpfen an die Bluse angeknöpft werden muss. Eine ziemlich unpraktische Methode, weil die Knöpfe oft abreißen. Die braune sogenannte Kletterweste tragen wir lieber als den blöden Knöpflrock, am Oberarm das schwarze»Gebietsdreieck«mit der weißen Frakturschrift»Böhmen und Mähren«.»Tuch und Knoten«, das schwarze Halstuch und der Lederknoten, der es hält, werden in einer eigenen Zeremonie gesondert verliehen. Ich trage Zöpfe und werde»im Dienst«fortan Bärbel genannt.

Dienst ist zweimal in der Woche, einmal Heimabend und einmal Sport. Ich gehe ganz gern hin, Heimabend und Sport sind immer noch interessanter als Spazierengehen mit dem Fräulein. Sport ist Kult. In der Schule heißt das Fach»Leibeserziehung«, denn das Wort Sport ist englisch und Fremdwörter sind tabu. Leibeserziehung steht im Zeugnis jetzt an erster Stelle, noch vor Deutsch und Mathematik. Ich bin nicht besonders gut in Leibeserziehung, aber das Leistungsabzeichen für Jungmädel schaffe ich. Sechzigmeterlauf in zwölf Sekunden ist das Minimum. Beim Heimabend wird vor allem gesungen. Wir singen die»Lieder der Bewegung«, Volkslieder und»fröhliche Lieder«, deren Texte wir in ein gelbes

Heft niederschreiben. »Frelichelida« steht auf dem Heft von Eva Wohak, einer unserer »Kameradinnen«.

Evička ist eines von mehreren Mädchen mit tschechischer Muttersprache, die nun in unserer deutschen Schule und auch in unserer Hitlerjugendgruppe auftauchen. Ihre Eltern, oft in gemischten Ehen lebend, haben sich für das Deutschtum entschieden, um ihren Kindern eine bessere Zukunft zu ermöglichen. Die Politik der Nazis, wie der stellvertretende Reichsprotektor Reinhard Heydrich bei seinem Amtsantritt in einer erst später bekanntgewordenen Geheimrede verkündet hat, ist es ja, die »rassisch wertvollen Elemente« der Tschechen zu germanisieren. Die rassisch weniger Wertvollen sollen nach dem Endsieg in den Osten deportiert werden und die rassisch Wertvollen, die nicht germanisiert werden wollen, liquidiert. Aber das wissen wir damals natürlich nicht. Vlasta, eine andere Mitschülerin, ist eindeutig rassisch wertvoll: schön und blond. Für ihre Eltern, denke ich mir später, kann die Entscheidung fürs Deutschtum nicht leicht gewesen sein. Der alttschechische Name Vlasta und die Zugehörigkeit zu den Böhmischen Brüdern, auf die Vlasta Wert legt, lassen auf eine bewusst tschechisch-patriotische Familie schließen.

In der Schule lernen wir Rassenkunde. Das Beste, was man in dieser Hinsicht sein kann, ist nordisch, und das bedeutet: blond und blauäugig. Das nordischste Kind in meiner Klasse ist Gretl Lehmann, sie kommt aus Norddeutschland, hat weißblonde Zöpfe und himmelblaue Augen und ist ausgezeichnet in Völkerball. Ein Musterexemplar. Gretl ist ein nettes Mädchen, aber ein bisschen langweilig. Ein weiteres Merkmal, an dem man nordische Menschen erkennen kann, ist der germanische Langschädel. Wir messen gegenseitig unsere Schädel mit dem Lineal. Hier tut sich ein Rätsel auf. Mein Bruder Hans Heinrich hat nämlich einen perfekten germanischen Langschädel, aber mein Bruder Jakob, trotz gleicher Gene, einen ebenso perfekten slawischen Rundschädel. Wie ist so etwas möglich? Ich weiß es nicht, und meine Lehrerin weiß es auch nicht.

Ich selber bin natürlich nicht nordisch, meine Haare sind braun und meine Augen ebenfalls. Ich bin auch nicht germanisch, denn ich habe eine asiatische Großmutter, was mir aber keine Minderwertigkeitskomplexe verursacht. Ich finde asiatische Großmütter ganz interessant. Als es irgendeinmal heißt, Mischlinge sollen sich nach dem Unterricht beim Direktor melden, zeige ich auf. Ich bin gemischt europäisch und asiatisch, also ein Mischling. Aber der Direktor schickt mich weg, er ist ein wenig geniert und ungehalten. Japanische Großmutter? Nein, nein, das interessiert ihn nicht. Ein wenig verdutzt verlasse ich sein Büro.

Auch im HJ-Heimabend lernen wir etwas über Rasse. Ein höherer HJ-Führer kommt zu uns, sein Thema ist England. Was ist charakteristisch für die Engländer?, will er wissen. Der Krieg ist inzwischen fortgeschritten, Bomben fallen. Wir sagen, wie aus der Pistole geschossen: die Terrorangriffe. Die »anglo-amerikanischen Terrorangriffe« sind in aller Munde. Aber nein, die Antwort ist zwar nicht falsch, aber nicht die, die er hören will. Charakteristisch für die Engländer, belehrt uns der Gast, ist die Tatsache, dass sie ein Weltreich regieren. Sie sind eben auch nordische Menschen, und diese haben das Regieren im Blut. Ich bin einigermaßen verwirrt und nehme als Moral von der Geschichte mit, dass die Deutschen unter allen nordischen Menschen natürlich die besten sind und bald auch ein Weltreich haben werden. Aber gleich danach kommen die Engländer, die zwar böse sind, aber doch nordisch.

Auch in unsere Schulklasse kommt ein Abgesandter von oben, ein hochrangiger SS-Offizier. Er hat ein Anliegen. Seine Frau hat ein Kind bekommen, und bei der feierlichen Namensgebung braucht er ein paar Jungmädeln, die singen, rezitieren und bei der Feier assistieren sollen. Er sucht sich seine Mädeln aus. Gretl Lehmann ist natürlich die erste Wahl, aber auch ich bin, wiewohl nicht nordisch, unter den Auserwählten. Er erklärt uns den Ablauf der Zeremonie. Es ist viel vom Ahnenerbe die Rede, dessen man sich würdig erweisen muss, und von der Sippe, deren Teil man ist. Es wird viel aus der Edda zitiert, und der Höhepunkt des Ganzen ist, dass die Mutter – angeblich nach altgermanischer Art – ihr Neugeborenes auf einem Schild dem Vater präsentiert, der es dann als Mitglied der Sippe akzeptieren muss.

Ich finde das alles zwar ein wenig seltsam, aber hochinteressant und erzähle zu Hause aufgeregt von der bevorstehenden Feier. Meine Mutter sagt sofort nein. Eine Namensgebung? Was ist das überhaupt? Eine heidnische Taufe? Es kommt überhaupt nicht in Frage, dass du bei so etwas mittust. Alles Bitten hilft nichts. Ich bin sehr enttäuscht. Besonders das Baby auf dem Schild hätte ich fürs Leben gern gesehen.

Da ist er wieder, der Zwiespalt und die Unsicherheit darüber, wohin ich gehöre. Wer ist »wir« und wer sind »die andern«? Ich kann mich nicht erinnern, dass jemand zu Hause klipp und klar gesagt hätte: Die Nazis sind Verbrecher, wir sind dagegen, du sollst mit ihnen nichts zu tun haben. Es sagt aber auch niemand: Wir sind dafür. Ich spüre eine vage Ablehnung, auch ein wenig Spott, und auch ich fühle mich hin- und hergerissen zwischen meinem Hang zur Bewunderung und Heldenverehrung und einem kindlichen Befremden über manches, was uns in der Schule und bei der Hitlerjugend geboten wird. Den Führer zu lieben, wie es ein deutsches Mädel sollte, fällt mir zum Beispiel schwer (»dieses G'sicht ...«). Am ehesten kann ich mich noch mit dem berühmten Bild befreunden, auf dem Adolf Hitler als Gralsritter zu Pferde dargestellt ist, in silberner Rüstung, eine Lanze in der Hand. Ritter ist immer gut.

In meiner Mädchenschule habe ich nun viele Mitschülerinnen aus dem sogenannten Altreich, Kinder von Funktionären, die in der Protektoratsverwaltung arbeiten. Ich bin stolz darauf, dass ich mich in Prag ein wenig auskenne und hier zu Hause bin. Mit meinen Kenntnissen mache ich mich vor den Neuen gern ein bisschen wichtig. Da ist es ein Schock, als wir wieder einmal eine Rede eines Parteifunktionärs anhören müssen und dieser sagt: Deutsche Mädel, vergesst nie, dass ihr hier in Feindesland seid. Feindesland? Ich bin fassungslos. Die anderen finden nicht viel dabei. Ich erzähle zu Hause, was ich gehört habe, und bin nur halb beruhigt, als meine Mutter sagt: Unsinn, du bist hier in keinem Feindesland, du bist hier zu Hause. Und ob Mařenka und Emilka etwa Feindinnen seien? Nein, natürlich nicht. Aber das Giftwort bleibt hängen und die Verwirrung auch.

Germanisches spielt jetzt eine große Rolle in unserem Unterricht und bei unserer Lektüre. Ich lese die germanischen Heldensagen und eine Auswahl aus der Edda. Meinem Vater erzähle ich von der Weltesche Yggdrasil, dem Fenriswolf, der dort wohnt, und dem Eber Gullinbursti mit den goldenen Borsten. Papi hört sich das alles eher amüsiert an, er ist kein Germanenbewunderer. Gullinbursti? Zahnibursti, sagt er. Ich muss wider Willen lachen und erschrecke gleichzeitig. Darf man das eigentlich? Sich über ein heiliges Buch lustig machen? Ist das so ähnlich wie über biblische Geschichten lachen?

Papi schenkt mir die griechischen Sagen in der Ausgabe von Gustav Schwab und meint, Odysseus sei ein viel interessanterer Held als Siegfried. Das finde ich auch. In der Nibelungensage ist nicht Siegfried mein Liebling, sondern seltsamerweise der »grimme Hagen«. Mich fasziniert, dass dieser düstere Krieger von Anfang an weiß, dass die Fahrt zu den Heunen nicht gut ausgehen wird, und sie trotzdem unternimmt. Eine Art edler Tragik liegt über dieser Figur, für so etwas bin ich empfänglich. Die griechischen Sagen zu lesen ist zwar nicht verboten, aber ich habe das unbestimmte Gefühl, dass darin etwas leicht Subversives liegt. Es darf doch nicht sein, dass irgendjemand besser ist als die Germanen. Oder doch?

Ähnlich geht es mir mit meinem absoluten Lieblingsbuch, dem »Kampf um Rom«, jener zu seiner Zeit beliebten Schwarte von Felix Dahn über die Goten in Rom. Ich lese es dreimal hintereinander. Hier sind meine Helden der letzte Gotenkönig Teja, der, als alles verloren ist, sein Grab im Vesuv findet, aber auch der elegante römische Senator Cetegus, der Inbegriff römischer Verfeinerung und Dekadenz im Gegensatz zum kraftvollen Naturburschentum der germanischen Goten. Ich habe ein schlechtes Gewissen, weil mir dieser Mann gefällt und der blondgelockte Gotenkönig Totila mich langweilt. Ich bin eben nicht wirklich germanisch, sage ich mir und frage mich, ob ich mich darüber kränken soll oder nicht.

Die Buben sind auch bei der HJ. Die Hitlerjungen tragen kurze schwarze Hosen, und es ist Mode, diese Hosen so kurz wie möglich zu halten. Je mehr Oberschenkel sichtbar ist, desto besser, auch bei den großen Burschen. Die Pimpfenuniform ist interessanter als unsere, denn zur Ausstattung gehört auch ein großes schwarzes Fahrtenmesser mit einem kleinen Hakenkreuz am Griff. Ich bin insgeheim neidisch auf dieses Utensil. Jakob hat darüber hinaus auch noch eine Trommel, eine sogenannte Landsknechtstrommel. Er hat sich zum Fanfarenzug gemeldet und darf seine Trommel auch mit nach Hause nehmen, zum Üben. Die Trommel ist fast so groß wie er. Als er mit ihr mit der Elektrischen fahren will, ruft der Kondukteur gutmütig: Hinten einsteigen, Pane Hitler.

Bin ich ein begeistertes Hitlermädel? Nehme ich ernst, was ich in der Hitlerjugend höre? Wie passt das zusammen mit meiner katholischen Erziehung? Und: Was bekomme ich mit von der Judenverfolgung? Was lerne, höre, sehe ich vom Judenhass der Nazis? Was sagen meine Eltern dazu? Beim Versuch, mich zu erinnern, fällt mir keine relevante Äußerung ein. Es ist wohl nicht viel darüber gesprochen worden. Aber Kinder spüren natürlich trotzdem, was in der Luft liegt. Man kriegt mit, dass Juden absolut out sind. Man weiß nichts und weiß doch etwas. Man ist beklommen und fragt wohlweislich nicht, was einen beklommen macht.

Ich fahre mit der Elektrischen. Der Zug ist voll. Ich sitze am Fenster. Eine alte Frau steigt ein, den Judenstern auf dem Mantelaufschlag. Wir sind von klein auf dazu angehalten worden, älteren Leuten unseren Platz zu überlassen. Ich fühle akutes Unbehagen. Was jetzt tun? Aufstehen, der Frau meinen Sitz anbieten? Darf sie sich überhaupt hierhersetzen, mitten unter die anderen Leute? Will sie das? Ich wähle einen Kompromiss. Stehe auf, tue so, als ob ich aussteigen wollte. Drücke mich auf die hintere Plattform. Ich fühle mich feige und unglücklich. Und bin erleichtert, als die Frau bei der nächsten Station aussteigt.

Vor dem Einmarsch der Deutschen haben Juden in Prag eine große Rolle gespielt, sowohl in der tschechischen als auch in der deutschen Gesellschaft. Das deutsche Theater lebte mehr oder minder vom deutschjüdischen Publikum, ebenso die deutschsprachige Presse. Franz Kafka, Franz Werfel, Max Brod waren nur drei der berühmtesten unter vielen deutschsprachigen Schriftstellern. Es gab viele jüdische Industriellenfamilien und viele elegante jüdische Geschäfte. Das größte und schönste Spielzeuggeschäft in der Stadt hieß Brandeis, und schon ein Blick in seine Auslage war für uns Kinder ein erlesener Genuss. Aber das sahen wir alles nur von außen. Die Eltern hatten ein paar jüdische Bekannte, die sie auf Gesellschaften trafen, aber keine engeren jüdischen Freunde – was freilich auch daran lag, dass sie überhaupt keine engen bürgerlichen Freunde hatten. Wie waren wir blöd, sagte meine Mutter später, warum haben wir Kafka nicht gekannt. Eine ziemlich naive Aussage, wäre eine solche Begegnung unter den gegebenen Umständen doch mehr als unwahrscheinlich gewesen.

Alle drei Brüder meines Vaters hatten jüdische Frauen geheiratet. Tante Idl war Schauspielerin, Tante Anita war Künstlerin, Tante Lilly war Fliegerin. Papi mochte sie alle nicht besonders und ließ den Kontakt zu seinen Brüdern nach deren Eheschließungen verkümmern. Die Schwägerinnen waren ihm zu exzentrisch. Oder zu jüdisch?

Ein heikler Punkt. Als unter den zahlreichen Freundinnen meines Bruders Hans Heinrich einmal eine aktuell war, die aus einer berühmten jüdischen Familie stammte, ließ unser Vater sich vernehmen, man müsse ja nicht unbedingt in die »Grande Juiverie« einheiraten. Schließlich heiratete ich selber einen Juden (freilich nicht aus der Grande Juiverie). Meine Mutter wusste es und billigte es, aber meinem Vater sagten wir vorsichtshalber nichts davon. Das war ein Thema, über das ich keine Auseinandersetzungen wollte. »Ausdiskutiert« haben wir es nie.

Eine unbefriedigende Bilanz. Ist das wirklich alles, was ich aus eigener Erfahrung über die Nazizeit weiß? Diese paar Belanglosigkeiten? Habe ich wirklich nichts mitgekriegt von Massenmord und Massenmord-Propaganda, vom Zusammenbruch aller Werte, von Hass und tödlichem Antisemitismus, obwohl all das ja den Hintergrund unseres harmlosen Kinderlebens bildete? Wenn ich ehrlich bin: nein. Kinder akzeptieren alles, was um sie herum geschieht, als normal und meinen, das müsse eben so sein. Wir sangen »Wir marschieren für Hitler durch Nacht und durch Not mit der Fahne der Jugend für Freiheit und Brot« mit der gleichen Selbstverständlichkeit wie »Wenn alle Brünnlein fließen, so muss man trinken«. Wir liefen in unseren HJ-Uniformen durch die Straßen des besetzten Prag, unbekümmert und ahnungslos. Und zu Hause war die heile Welt, in der vom Treiben draußen nicht viel zu spüren war. Was in jener Zeit wirklich geschah, habe ich erst sehr viel später erfahren, durch Bücher und Begegnungen. Hier millionenfacher Mord – und da Heilkräutersammeln und Volkstanznachmittag. Eine Kindheit unter dem Hakenkreuz.

Im Krieg

Mehr als die Naziherrschaft ist der Krieg in meiner Kindheit präsent. Mein Vater ist eingerückt, im letzten Jahr auch meine Brüder, der ältere an der Ostfront, der jüngere in Jugoslawien. Und auch in der Verwandtschaft gibt es zahlreiche Soldaten. Etliche fallen. Auf den Straßen sieht man jetzt viele Uniformen. Wir Kinder kennen sie alle: die feldgrauen der Infanterie, die bläulichen der Luftwaffe, die schwarzen der Panzertruppe. Diese Letzteren sind bei weitem die schönsten. Ich bin froh, dass mein bewunderter Bruder bei den Panzern ist und das fesche Barett trägt statt der spießigen Tellermütze. Die Flieger haben das größte Prestige. Deshalb nehmen sie sich auch das Privileg heraus, ihre Mützen zerknautscht zu tragen statt steif und glatt. Das sieht flott aus.

Wir haben jetzt ein Radio und hören damit die Wehrmachtsberichte. Oft gibt es Sondermeldungen, eingeleitet durch eine spezielle Musik, den Badenweiler Marsch. Meistens geht es da um versenkte englische Kriegsschiffe, wobei stets die Anzahl der Bruttoregistertonnen des gesunkenen Schiffs vermerkt wird. Das Wort Bruttoregistertonnen prägt sich mir unauslöschlich ein.

Im Radio gibt es auch eine regelmäßige kabarettistische Sendung gegen das sogenannte Meckern. Eine Frau, eine etwas dümmliche Plapperliese, kommt vor, die sich über irgendetwas beschwert – Lebensmittelknappheit oder unpünktliche Züge –, um dann von einem allwissenden und klugen Herrn Schmidt eines Besseren belehrt zu werden. Den stets wiederkehrenden gesungenen Refrain können wir auswendig: »Da kommt Herr Schmidt dazu / er hört sichs an in Ruh.« Und dann erklärt Herr Schmidt, warum alles so ist, wie es ist, und dass der Führer ohnehin Bescheid weiß und für Abhilfe sorgt. Die Nazipropaganda kommt an, jedenfalls bei uns Kindern. Der Kohlenklau ist ein hässliches schwarzes Männchen, es stiehlt den anderen Volksgenossen die Kohle. Und das an allen öffentlichen Orten sichtbare Plakat »Feind hört mit« zeigt uns diesen allgegenwärtigen und stets spionierenden Feind. Er hat große Ohren und trägt einen Hut.

Wir Jungmädeln sammeln für das Winterhilfswerk. In unserer Jungmädel-Uniform werden wir paarweise losgeschickt, die rote Sammelbüchse in der Hand. Das Ganze ist etwas peinlich, aber es wird dadurch gemildert, dass wir den Spendern auch etwas anzubieten haben: die berühmten WHW-Abzeichen. Sie sind bei jeder Sammelaktion anders, und manche sind wirklich hübsch: gläserne Anhänger mit verschiedenen germanischen Runen, charakteristischen Bauernhäusern aus den verschiedenen deutschen »Gauen« oder winzigen Holzpüppchen in deutschen Volkstrachten. Man kann sie sammeln. Der Erlös der Aktion, so hören wir, kommt armen deutschen Familien zugute. Ich bitte ungeniert und ahnungslos auch tschechische Passanten um Spenden. Diese müssen es als ziemliche Dreistigkeit empfunden haben, im Namen ihrer Besatzungsmacht auch noch angeschnorrt zu werden, und das zugunsten ihrer Feinde.

Je länger der Krieg dauert, desto mehr sammeln wir. Manchmal ziehen wir mit unserer Gruppe los und pflücken Heilkräuter im Wald. Aus denen werden heilkräftige Tees gemacht. Wir sammeln Pelz- und Wollsachen für die armen frierenden Soldaten in Russland. Auch aus unseren Kästen und Schränken werden alle entbehrlichen warmen Kleidungsstücke gespendet. Und wir sammeln Altwaren, die auch noch für irgendetwas zu verwenden sind. Dazu gibt es sogar ein humoristisches Lied: »Lumpen, Fetzen, Eisen und Papier / ausgeschlagne Zähne sammeln wir / Onkel Hermann braucht den Kram / für den Vierjahresplan.« Onkel Hermann ist Hermann Göring.

Die Buben bringen die Illustrierte *Signal* nach Hause. Darin gibt es Fotos von Kriegshelden, die eine ähnliche Rolle bei den Halbwüchsigen spielen wie heute die Popstars. Der Flieger Werner Mölders, der Afrika-Rommel und der U-Boot-Kapitän Günther Prien sind die beliebtesten. Günther Prien hat sich mit seinem U-Boot bis in den britischen Kriegshafen Scapa Flow vorgewagt und dort einige Schiffe versenkt. Wir Kinder kennen uns auch bestens mit den Orden aus: Ritterkreuz, Eichenlaub, Eichenlaub mit Schwertern und schließlich der höchste, Eichenlaub mit

Schwertern und Brillanten. Man kriegt diese Orden, wenn man möglichst viele feindliche Schiffe mit möglichst vielen Bruttoregistertonnen versenkt oder möglichst viele Flugzeuge abgeschossen hat.

Vom Bombenkrieg, den sogenannten Terrorangriffen, hören wir im Radio. Hin und wieder gibt es Fliegeralarm, dann geht unsere Schulklasse in den Luftschutzkeller, und der Unterricht fällt aus. Prag bleibt verschont, nur einmal fallen Bomben auf die Stadt. Das Emmauskloster der deutschen Benediktiner wird getroffen und ein paar Häuser im Bezirk Weinberge, mehr nicht. Und auch sonst bleibt das Protektorat Böhmen und Mähren, verglichen mit den meisten anderen Regionen Europas, eine Insel der Seligen. Wir haben Lebensmittelkarten, und manchmal wird das Essen knapp, aber hungern müssen wir nie. Papi hat streng verboten, dass irgendetwas auf dem Schwarzen Markt eingekauft wird. Als Jakob einmal irgendwo eine Quelle ausfindig macht, gibt es ein Donnerwetter. Aber hin und wieder schicken die Großeltern aus Breznitz einen Hasen oder eine Rehkeule. Das ist jedes Mal ein Fest.

Als das Leben in Prag schwieriger wird und unser Vater und die Brüder eingezogen sind, geht Mami mit uns Kleinen und dem Fräulein nach Breznitz. Im Städtchen hat sich inzwischen eine Berliner Schule einquartiert. Die Schüler, lauter Buben, wurden aus der von Bombenangriffen gequälten Reichshauptstadt per Kinderlandverschickung ins sichere Protektorat evakuiert, wo sie nun in der neuen Breznitzer Schule wohnen und lernen. Die Schule ist modern und schön, eine Errungenschaft der Tschechoslowakischen Republik. Die einheimischen Kinder mussten das Gebäude räumen, sie gehen nun in die alte und baufällige Schule von früher. Ich, mittlerweile in der zweiten Klasse Oberschule, finde mich plötzlich als einziges Mädchen mitten unter den Berliner Jungs aus Kreuzberg. Diese nehmen mich ganz freundlich auf, sie finden es romantisch, dass ich im Schloss wohne. Als ich einmal auf dem Bock einer Pferdekutsche vorbeifahre – der Kutscher hat mir die Zügel überlassen – und meinen Klassenkameraden begegne, ernte ich Staunen und Bewunderung. Mein Renommee ist fortan gesichert.

Wir fahren in Breznitz neuerdings viel mit dem Pferdewagen. Großpapas großer Chrysler ist jetzt mit einem Holzgasofen ausgestattet, einem unförmigen Gebilde, das aus dem Kofferraum hervorragt, raucht und stinkt und dem Chauffeur Vošahlík viel Ärger macht. Das zweite Auto, der kleine Tatra, steht aufgebockt in der Garage.

In der Berliner Schule lerne ich preußische Geschichte. Studienrat Düsterhoff erzählt uns vom Alten Fritz, und ich bin sofort fasziniert. Dieser König, der alle Schlachten gewinnt, so gut Flöte spielen kann und so viele süße Hündchen hat! Und sich sogar mit diesen begraben lässt! Papi nennt ihn »Friedrich II., den die Preußen den Großen nennen«, und bezeichnet ihn, wie Maria Theresia, als »den großen Verderber«. Ich bin wieder einmal in einem Loyalitätskonflikt. Gut nur, dass in dem Nazi-Geschichtsbuch auch »unsere« Kaiserin Maria Theresia ganz gut wegkommt.

Großpapa Pálffy ist inzwischen auch ein Deutscher geworden. Als »deutschsprachiger Tscheche« konnte er wählen, ob er sein nationales Bekenntnis ändern wollte oder seine Muttersprache. Ungern, aber doch wählte er nach langem Zögern die deutsche Staatsbürgerschaft. Besonders tschechisch war er schließlich auch vorher nicht gewesen. Er wollte vor allem sein geliebtes Breznitz behalten, und wer als Großgrundbesitzer Tscheche blieb, musste mit Zwangsverwaltung oder Enteignung rechnen. Als freilich der Blockwart erscheint und verlangt, dass Großpapa nach der großen Hasenjagd im Herbst das Wildbret an die deutschen Volksgenossen verteilt und nicht, wie gewohnt, an die tschechischen Treiber und ihre Familien, stößt er auf taube Ohren. Das wäre ja noch schöner! Unser Großvater wirft den Mann hinaus und erklärt ihm: Die Hasen sind immer noch international.

Im Mai 1942 fällt der verhasste Reichsprotektor Reinhard Heydrich einem Attentat zum Opfer. Zwei junge tschechoslowakische Offiziere aus dem englischen Exil, ein Tscheche und ein Slowake, sind heimlich mit dem Fallschirm in Böhmen abgesprungen und haben mit Hilfe der tschechischen Widerstandsbewegung Heydrichs Gewohnheiten ausgekundschaftet. Auf dem Weg zu seinem Amtssitz, den dieser im offenen Wagen zurücklegt, trifft den SS-General eine Handgranate. Einige Tage später stirbt er an seinen schweren Verletzungen. Ein starkes Zeichen des tschechischen Widerstands, organisiert von der Exilregierung in London. Diese braucht dieses Zeichen. Eine Untergrundbewegung im Lande selbst gibt es zwar, aber sie ist bisher wenig sichtbar geworden.

Die blutige Vergeltung, die jetzt folgt, erfüllt sogar mich, das zehnjährige Jungmädel, mit Grauen. Die Deutschen machen Razzien, mehr als dreitausend Menschen werden verhaftet, mehr als dreizehnhundert hingerichtet. Täglich erscheinen in den Zeitungen die Listen mit den Namen der Exekutierten. Die Dörfer Lidice und Ležáky, in denen man Helfer der Attentäter vermutet, werden dem Erdboden gleichgemacht, sämtliche männlichen Bewohner werden erschossen, die Frauen und Kinder ins KZ geschickt. Schließlich werden durch Verrat die Attentäter ausgeforscht, sie haben sich in der Prager Cyrill-und-Method-Kirche verschanzt. Wir kennen diese Kirche vom Vorbeifahren. Tagelang wird die Kirche belagert, dann wird ihr Keller geflutet. Die Attentäter verüben Selbstmord, der Pfarrer, der ihnen Unterschlupf gewährt hat, wird gefoltert und hingerichtet.

Für den toten Heydrich gibt es eine riesige Trauerfeier. Tausende Tschechen werden zu einer Loyalitätskundgebung auf den Wenzelsplatz beordert. Eine besondere Demütigung für viele, die sich über den Tod dieses »Henkers« freuen, aber nun Trauer bekunden müssen. In der Zeitung sehen wir die Fotos der Witwe und der Söhne. Sie gehen ins selbe Gymnasium wie meine Brüder.

Bei alldem sind wir wiederum nur Zuschauer. Wie die Tschechen die Ereignisse erlebt haben, erfahre ich erst viele Jahre später als Fernsehkorrespondentin in Prag. Wie man täglich zitternd die Todeslisten in den Zeitungen durchsah, auf der Suche nach den Namen von Freunden und Bekannten. Die Opferzahl unter den Intellektuellen war besonders hoch. Wie man bei jedem Läuten an der Tür zusammenzuckte. Meine Freundin Jiřina Siklová, Tochter eines Arztes, erzählt, dass ihre Mutter jeden Tag nach der Sprechstunde nachsah, ob im Wartezimmer kein Patient zurückgeblieben war. Sie rechnete damit, dass die Attentäter die Adressen von zuverlässigen Ärzten bekommen hatten, die sie bei Bedarf aufsuchen konnten. Jiřinas Vater hatte erklärt, er würde im Falle des Falles seine ärztliche Pflicht erfüllen und die Leute behandeln. Das aber hätte den sicheren Tod bedeutet, nicht nur für ihn, sondern auch für seine Familie.

Vom Attentat auf Adolf Hitler am 20. Juli 1944 erfahre ich in einem Sommerlager der Hitlerjugend. Ich bin todunglücklich dort, nicht, weil ich Waldlauf, Flaggenappell und politische Schulung missbillige, sondern weil ich als notorische Einzelgängerin das ständige Zusammensein mit vielen anderen Kindern schwer aushalte. Wir schlafen in einem großen Schlafsaal mit Stockbetten, nie ist Ruhe, und ich sehne mich nach meinem stillen Zimmer in der Bud'ánka. Als unsere Gruppenführerin uns zusammenruft und vom fehlgeschlagenen Attentat erzählt, ist mein erster Gedanke: Gottseidank, jetzt kann ich nach Hause. Wir hören die Stimme des Führers, er spricht von »ehrvergessenen Offizieren«, die ihm nach dem Leben getrachtet haben. Mich lässt das Ganze eher kalt.

Einer dieser ehrvergessenen Offiziere war übrigens mehrmals Gast bei uns zu Hause. Seit einiger Zeit kommt oft eine Gruppe junger Leute zu uns, die in Prag studieren. Es sind hauptsächlich verwundete und nicht mehr felddiensttaugliche Soldaten, die die Erlaubnis zum Studium bekommen haben, und junge Frauen, unter ihnen die Kunsthistorikerin Johanna Herzogenberg. Wir kennen sie über gemeinsame Verwandte. Hanni schleppt ihre Freunde mit zu uns, sie bringen Leben ins Haus, freuen sich über ein warmes Essen und diskutieren gern über Gott und die Welt. Ich finde sie alle wunderbar erwachsen, schön und gescheit. Unseren Vater nennen sie »Erasmus, den Weisen«. Ein paar Mal ist auch Friedrich Karl Klausing dabei, ein schmaler junger Mann, Offizier in einem Potsdamer Regiment, auch er nach einer schweren Kriegsverletzung vom Frontdienst befreit. Er wird später Adjutant des Hauptattentäters Stauffenberg und bald nach dem 20. Juli in Plötzensee hingerichtet.

Auch Papi ist mittlerweile wieder zu Hause. Man hat ihn aus der Wehrmacht hinausgeworfen, weil sein Bruder Dicky in der amerikanischen Emigration eine Anti-Nazi-Rede gehalten hat. Sippenhaftung. Die Führung des Dritten Reiches ist misstrauisch geworden und durchkämmt die Streitkräfte nach unzuverlässigen Elementen. Aristokraten sind generell suspekt. Durch den sogenannten Prinzenerlass wurden die Mitglieder der ehemals regierenden Häuser eliminiert, nach dem 20. Juli die preußischen Regimenter im Umfeld der Attentäter unter die Lupe genommen.

Für meinen Vater ist das ein schwerer Schlag. Er war gern Soldat, im Ersten wie im Zweiten Weltkrieg. »Mühsale und Entbehrungen« haben ihm nie viel ausgemacht. Er war in Russland beim Stab des Generals Ewald von Kleist stationiert, den er mochte und schätzte, ebenso wie seine Kameraden. Das waren alles Nazigegner, aber pflichtbewusste deutsche Soldaten und Patrioten, schreibt Papi in seinen Erinnerungen, Kleist ebenso wie er selber ein Bewunderer der russischen Literatur und ein bekennender Protestant. »In meinem Stab ist man evangelisch oder katholisch, gottgläubig kenn ich nicht«, beschied er einem sich nach Naziart als gottgläubig bezeichnenden Neuankömmling. Zum Abschied veranstaltete er für meinen entlassenen Vater ein großes Abendessen im Kameradenkreis.

In den Briefen meines Vaters an meine Mutter und auch in seinen nachgelassenen Erinnerungen ist viel von der Schönheit der Kaukasus-Landschaft die Rede, von der archaischen Herzlichkeit der Menschen dort, die die Deutschen zunächst als Befreier willkommen geheißen hatten, und von den preußischen Kameraden, unter denen er gute Freunde gefunden hatte. Über die Gräueltaten der Eindringlinge, der SS wie der Wehrmacht, liest man nichts. Gewusst hat unser Vater davon allerdings schon. Während eines Urlaubs erzählte er meiner Mutter, wie ich später erfuhr, unter vier Augen und unter dem Siegel der Verschwiegenheit von der Ermordung von Juden mittels der berüchtigten mobilen Gaskammern. Davon hatte er aus sicherer Quelle gehört. Trieb es ihn um? Bewog es ihn zum Zweifeln an seiner eigenen Rolle in der Besatzerarmee? Als Dolmetscher hatte er auch die Aufgabe, bei den Verhören russischer Gefangener mitzuwirken. Wie ging es ihm dabei? War er ehrlich überzeugt von dem später oft wiederholten Stehsatz »Die Wehrmacht ist sauber«? Ich weiß es nicht. Mit mir sprach er darüber nie. Und ich habe nie gewagt, ihn danach zu fragen.

Auch mein Bruder Hans Heinrich bekommt die Sippenhaftung zu spüren. Er ist in einer Offiziersschule in Deutschland und wird nach dem entsprechenden Erlass sofort an die Ostfront expediert, nicht als Fahnenjunker, sondern als gewöhnlicher Soldat. Auch ihm sagen seine Vorgesetzten, dass sie die Maßnahme bedauern. Hans Heinrich scheint die Degradierung nicht allzu viel auszumachen, er kommt auf dem Weg nach Osten über Weihnachten nach Hause und zeigt sich vergnügt und zuversichtlich. Um zehn Uhr abends soll er am Bahnhof sein, aber er weiß aus Erfahrung, dass der Zug sicher erst sehr viel später abfahren wird. Während wir alle gespannt zuhören, ruft er den Transportverantwortlichen an und meldet sich frech mit dem Namen seines Regimentskommandeurs. »Hier Major Dünsch«, sagt der achtzehnjährige Nobody mit Autoritätsstimme, bekommt seine Auskunft – ja, es ist noch Zeit genug, Abfahrt ist erst um Mitternacht – und wünscht leutselig: »Na, dann frohe Weihnachten noch.« Ich komme wieder einmal aus der Bewunderung nicht heraus.

Die Schrecken des Krieges – habe ich als Kind etwas davon mitbekommen? Den Holocaust, das Massensterben an den Fronten, die Zerbombung der Städte? Kaum. Mir fehlt es nicht an Phantasie, aber ich sehe keine Bilder von Leid und Elend, die sich mir einprägen. In der Deutschen Wochenschau, die man im Kino sieht, kommen immer die gleichen Aufnahmen: Flugzeuge, die über den Himmel preschen und Bomben abwerfen. Kleine Rauchwölkchen weit unten am Boden. Soldaten, die Geschütze bedienen, Granaten ins Rohr schieben, nachher hört man den Krach. Soldaten, denen Orden verliehen werden, sie sehen ernst und stolz aus. Militärtransporte, die über Straßen rollen. Das Äußerste sind Bilder von Verwundeten mit dem Arm in der Schlinge, sie werden von hübschen Rotkreuzschwestern versorgt.

Wir bekommen den Krieg in bekömmlichen Häppchen serviert, wir hören von Siegen und Heldentaten, später von geordneten Rückzügen. Das Grauen bleibt draußen. Für uns Kinder ist der Krieg Alltag, die Kulisse für ein mehr oder minder normales Leben. Abends beten wir routinemäßig: »Lieber Gott, gib uns den Frieden.« Aber wie dieser Frieden aussehen soll, kann ich mir beim besten Willen nicht vorstellen. »Nach dem Krieg« ist so irreal wie »in hundert Jahren«.

Ist zu Hause davon die Rede, was sein wird, wenn die Deutschen den Krieg verlieren? Spätestens nach Stalingrad gibt es nicht mehr viele Zweifel daran. Als Hans Heinrich in den Krieg zieht, ist die Ostfront schon in Schlesien. Es geht eigentlich nur noch darum, ob Prag von den

Russen oder von den Amerikanern erobert wird, die sich von Osten und von Westen her der tschechoslowakischen Hauptstadt nähern. Alle hoffen auf die Amerikaner. Viele Reichsdeutsche haben die Stadt verlassen. Wir sind inzwischen, weil Papi ja nun wieder zu Hause ist, von Breznitz in die Bud'ánka zurückgekehrt. Eine Tante, die auf dem Land lebt, schreibt uns auf einer Postkarte: »Wenn der Bolschewikus kommt, könnt Ihr bei mir im Gärtnerhaus wohnen.« Aber wir bleiben in Prag. Und warten auf den Bolschewikus.

Die Vertreibung

Am 5. Mai 1945 bricht in Prag der Aufstand los. Die alliierten Armeen rücken näher, und die tschechischen Nazigegner möchten zeigen, dass sich vor dem Einmarsch der Sieger die Stadt aus eigener Kraft befreit hat. Es beginnt damit, dass der Nachrichtensprecher des Prager Rundfunks am frühen Morgen die Sendung mit den Worten beginnt: je sechs hodin. Halb tschechisch, halb deutsch. Und von da an tschechisch weiter spricht. Im Rundfunkgebäude sind deutsche Soldaten stationiert. Der Nachrichtensprecher ruft alle Tschechen auf: Kommt zum Rundfunk. Helft uns. Viele kommen, es wird geschossen, es gibt Tote.

Wir sind an diesem Tag, bis auf Hans Heinrich, alle zusammen in der Buďánka. Mein Vater hat großes Glück gehabt: Vor kurzem hat man ihn zum Volkssturm eingezogen, jenem letzten Aufgebot von älteren Männern, die noch fünf vor zwölf die Niederlage des deutschen Reiches verhindern sollen. Er bekommt, ausgerechnet, eine braune SA-Uniform angezogen und wird einer Reiterstaffel zugeteilt, die, friedlich und völlig sinnlos, kreuz und quer durch den Prager Baumgarten patrouillieren muss. Gottseidank ist die Übung am 5. Mai zu Ende, und mein Vater darf nach Hause gehen und sich Zivil anziehen. Keine Minute zu früh: Hätte der Einsatz länger gedauert, wäre er, in der verhassten Uniform, mit einiger Sicherheit totgeschlagen worden. Denn inzwischen werden in Prag Barrikaden aufgestellt, deutsche Aufschriften heruntergerissen und tschechische Fahnen gehisst, genau wie einst 1919. In der Innenstadt wird gekämpft.

Wir müssen nicht in die Schule. Nicht nur mein Vater ist zu Hause, sondern seit kurzem auch mein Bruder Jakob, inzwischen 16 Jahre alt. Seine Flakbatterie in Jugoslawien ist zurückgenommen worden, die Luftwaffenhelfer wurden nach Hause geschickt. Sie sollen da auf ihre Einberufung zum Militär warten. Auch wir warten. Worauf? Auf das Ende des Krieges. Unser Fräulein ist inzwischen wieder ein bisschen tschechischer geworden, es macht aus einem Leintuch eine weiße Fahne und hängt diese beim Fenster hinaus. Überflüssiger Unsinn, sagt Papi, und das Fräulein muss die Fahne wieder einholen.

Am andern Morgen sehen wir plötzlich ein Hakenkreuz, mit Kreide an unsere grüne Gartentür gemalt. Heißt das: Hier wohnen Deutsche, schlagt sie tot? Sieht jedenfalls unheimlich aus. In der Nachbarschaft, sagen die Hausmädchen, meinen manche, mein Bruder Hans Heinrich sei bei der SS. Sie haben ihn in seiner schwarzen Panzeruniform gesehen, die kann man leicht mit der SS-Montur verwechseln.

Ein paar Stunden später erscheint eine Delegation des tschechischen Nationalausschusses, der sich inzwischen, ebenfalls nach historischem Vorbild, in der Stadt gebildet hat, angeführt von einem Polizisten. Die Leute sind kühl, aber korrekt. Sie suchen in unserem Haus nach Waffen, und mein Vater händigt ihnen seine Pistole aus. Es gibt einen heiklen Moment, als sie in Jakobs Zimmer eine Luftdruckpistole finden. Aber einer kennt sich mit Schießgeräten aus und winkt ab: harmlos. Nachher geht mein Vater hinunter aufs Polizeikommissariat. Dort kennt man uns seit langem als alteingesessene Bürger. Wir sind ganz gut mit den Beamten dort. Papi denkt sich, er könnte vielleicht ein Papier bekommen, das er künftigen ungebetenen Besuchern vorweisen könnte. Er will gleich wieder zurück sein. Aber er kommt nicht wieder.

Dafür bekommen wir Daheimgebliebenen neuerlich Besuch vom Nationalausschuss. Diesmal heißt es: Alle mitkommen. Zu unserer eigenen Sicherheit. Ich, stets eingedenk meiner romantischen Höhlenkinder-Vorstellungen, schnappe mir meinen Rucksack und stopfe eine Wolldecke hinein sowie mein Taschenmesser, einen kostbaren Besitz. Allzeit bereit sein! Später erweist sich, dass dies die einzigen Habseligkeiten sind, die wir gerettet haben. Ich werde für meine Umsicht gelobt. Die anderen haben gar nichts mitgenommen. Sie denken, dass wir nur kurz weg sein werden. Meine Mutter trägt leichte Hausschuhe, mit Absätzen.

Wir gehen die lange Stiege entlang des Parks hinunter nach Smíchov. Ein paar Leute aus der Nachbarschaft säumen unseren Weg. Sie schauen neugierig bis feindselig. Ich muss an das Wort jenes Nazifunktionärs denken: Feindesland. Sind wir vielleicht doch im Feindesland? Eine Frau tritt vor und haut dem siebenjährigen Michi eine Ohrfeige herunter. Dieser erschrickt, aber er bleibt tapfer und weint nicht. Die Umstehenden halten die wütende Frau zurück. Lasst die Kinder in Ruhe.

Unten angekommen, merken wir, was unser Ziel ist: die Smíchover Straßenbahnremise. Ein großer Ziegelbau aus der Zeit der Jahrhundertwende. Drinnen eine weitläufige Halle, in die nach und nach die Deutschen aus dem Viertel eingeliefert werden. Auch unser Vater taucht wieder auf. Er schiebt sich durch die Menge und küsst meiner Mutter die Hand. Große Erleichterung. Papi ist unversehrt, nur seine Ausweispapiere und seine Geldbörse hat man ihm abgenommen.

Bisher ist alles gewaltfrei abgelaufen. Aber je weiter die Zeit vorrückt, desto aufgeheizter wird die Stimmung draußen. Jetzt sieht der Pöbel seine Stunde gekommen. Die Straßen füllen sich mit aufgebrachten Leuten. Menschen, die während der Besatzungszeit brav gekuscht haben, stürzen sich plötzlich auf alles, was deutsch spricht, es wird geprügelt, gejagt, gedemütigt. Auch in unsere Remise werden jetzt übel zugerichtete Leute gebracht, einige sind blutüberströmt, andere können kaum mehr gehen. Ein Arzt ist unter uns, er versorgt die Neuankömmlinge, so gut er kann. Eine Krankenschwester hilft ihm dabei.

Die Nacht kommt. Wir horchen angespannt, was sich draußen tut. Wir hören Schüsse. Und dann nähert sich eine Volksmenge, offenbar völlig außer Rand und Band. Die Leute trommeln an die Eisentüren der Remise. Schwere Balken werden gebracht und gegen die Tore gerammt, um sie aufzubrechen. Gottseidank sind diese solide gebaut. »Wir zünden die Bude an!«, wird gerufen. In die Gaswerke mit ihnen! Gaswerke? Ein tschechischer Polizist ist bei uns, er soll uns bewachen. Ihm ist das Ganze auch nicht geheuer, aber er zuckt die Achseln. Mein Leben werde ich wegen euch auch nicht riskieren, sagt er. Wir können es ihm nicht verübeln.

Unser Doktor, der inzwischen eine Art Sprecher der Eingesperrten geworden ist, schlägt vor, dass sich die Männer in der Nähe der Eingänge postieren und die Frauen und Kinder in den hinteren Teil der Halle zurückziehen sollen. Das tun wir auch. Aber die Attacke bleibt aus. Wir kommen davon. Die Randalierer haben nach einiger Zeit genug, sie schreien noch eine Weile und verschwinden dann.

Inzwischen ist, was wir nicht wissen, klar geworden, dass es die Sowjetarmee sein wird, die Prag befreien soll. Die Amerikaner sind in der Nähe von Pilsen in Westböhmen stehen geblieben, ihren Verbündeten die Hauptstadt überlassend. Hier haben die tschechischen Aufständischen Hilfe von unerwarteter Seite bekommen. Die Truppen des ukrainischen Generals Wlassow, die zuvor an der Seite der Deutschen gegen die Sowjets gekämpft haben, sind jetzt auf die andere Seite übergegangen und haben sich gegen die SS-Verbände gewandt, die in Prag stationiert sind. Deren Befehlszentrale ist oben auf dem Hradschin. Die SS-Leute wissen, dass sie keine Chance mehr haben, und wollen nun nur noch eines: nicht den Russen in die Hände fallen. Sie verhandeln mit den Mitgliedern des tschechischen Nationalausschusses und erreichen, dass die deutschen Verbände freien Abzug zugebilligt bekommen, nach Westen.

In der Nacht zum 8. Mai erscheinen in unserer Straßenbahnremise ein tschechischer und ein deutscher Offizier und verkünden, auf Deutsch und auf Tschechisch, dass die abziehenden Deutschen nun vor dem Gebäude stehen und sich auf den Weg Richtung Pilsen machen. Wer wolle, könne sich ihnen anschließen. Vorher nach Hause gehen sei aber nicht möglich.

Was jetzt? Weggehen von zu Hause, das Land verlassen, ohne Geld, ohne Papiere, ohne Gepäck, mit nichts als mit dem, was wir am Leibe tragen? Oder abwarten und riskieren, dass wir alle miteinander der Rachelust einer entfesselten und lange gedemütigten Volksmasse zum Opfer fallen? Und was für eine Zukunft hätten wir hier zu erwarten? Bisher hatten meine Eltern sich darüber keine großen Sorgen gemacht. Wir waren vor Hitler hier, meinten sie, wir werden auch nach Hitler hier sein. Ein verhangnisvoller Irrtum! Mein Vater fragt den tschechischen Offizier, was mit denen wird, die sich fürs Hierbleiben entscheiden. Die stehen unter dem Schutz des tschechischen Gesetzes, ist die Antwort. Die Eltern sehen sich kurz an. Sie sind sich einig. Wir gehen!

Eine richtige Entscheidung, wie sich später zeigt. Denn am folgenden Tag, dem 9. Mai, rückt die Sowjetarmee in Prag ein, und jetzt geht die Hetzjagd auf die Deutschen erst recht los. In der Vorstadt stürmt die aufgebrachte Menge ein Lazarett und wirft die verwundeten deutschen

Soldaten samt Gipsverbänden in die Moldau. In der Innenstadt erwischt sie ein paar Uniformierte, hängt sie an die Straßenlaternen, übergießt die noch Lebenden mit Benzin und zündet sie an. Im ganzen Land ist der Teufel los. Zehntausende werden getötet.

An jenem letzten Morgen, den wir in meiner Heimatstadt erleben, ist prachtvolles Wetter. Es ist noch dunkel, als wir aus der Remise ins Freie treten. Ich blicke nach oben und sehe einen wunderschönen Sternenhimmel. Es ist herrlich, nach den vielen Stunden in der stickigen Halle wieder frische Luft zu atmen. Warum müssen wir jetzt eigentlich weg, frage ich meinen Vater. Seine Antwort habe ich nie vergessen. Das ist der Lauf der Geschichte, erklärt er mir. Durch die Geschichte sind wir in dieses Land hereingekommen. Und durch die Geschichte müssen wir jetzt wieder hinaus.

Der Anblick, der sich uns nun bietet, weckt in der Tat geschichtliche Vergleiche, etwa den mit dem Dreißigjährigen Krieg. Ein Heerbann wälzt sich auf der langen, staubigen Pilsner Straße aus der Stadt hinaus, Marschkolonnen von Soldaten, Fahrzeuge, dazwischen und dahinter Fußgänger, Männer, Frauen, Kinder, mit Bündeln und Packen. Wir reihen uns ein. Und während langsam der Tag heraufdämmert, marschieren wir aus meiner geliebten Stadt hinaus, Vater, Mutter, Jakob, Michael und ich. Es wird ein langer Marsch. Mami, Michi und ich dürfen immer wieder auf den Fahrzeugen der Soldaten mitfahren, Papi und Jakob legen den ganzen Weg zu Fuß zurück. Es sind mehr als achtzig Kilometer bis zur Ortschaft Rokyzan. Dort stehen die Amerikaner. Dort wollen wir hin. Ich bin diese Strecke später häufig mit dem Auto gefahren und habe mich jedes Mal an unseren Auszug aus Prag erinnert.

Anders als viele unserer Schicksalsgenossen haben wir kein Gepäck außer meinem kleinen Rucksack. Es hat etwas Befreiendes, so leicht und unbeschwert in den Morgen hineinzuwandern, das bisherige Leben hinter sich zu lassen, nicht zu wissen, was morgen sein wird. Kinder machen sich keine Sorgen, wenn sich die Eltern keine machen. Und das tun meine Eltern nicht, wenigstens lassen sie sich nichts anmerken. Mein Vater und Jakob haben einen amerikanischen Schlager aufgeschnappt, den singen sie jetzt aus voller Kehle: »Hallelujah, I'm a bum, hallelujah, bum again.«

Ich, dreizehn Jahre alt, bin die ersten Stunden auch zu Fuß marschiert, aber irgendwann beginnt die Anspannung der letzten Tage zu wirken, die Erschöpfung und die Tatsache, dass wir mehr als zwei Tage nichts gegessen haben. Ich fange an zu halluzinieren. Meine Mutter erschrickt. Ist das Kind plötzlich übergeschnappt? Ich habe mich ein bisschen in einen hübschen jungen Leutnant verliebt und bilde mir nun ein, ich sei ein Kurier mit einer wichtigen Nachricht. Die muss ich unbedingt dem General überbringen. Das erkläre ich meinem Leutnant, der mich kurzerhand auf ein Fahrzeug packt und mich aus seiner Feldflasche Wasser trinken lässt. Ich habe Fieber, liege auf dem Wagen und träume meine Heldenträume.

Der Weg ist endlos. Der Zug ist kilometerlang, wir sehen weder seinen Anfang noch sein Ende. Einmal hören wir Schüsse. Was ist los? Versprengte Wlassow-Soldaten, so heißt es, haben das Ende des Zuges überfallen. Sie haben zuletzt an der Seite der Tschechen gegen die Deutschen gekämpft und kurz vor dem Einmarsch der Sowjets in Prag Hals über Kopf die Stadt verlassen, Stalins Rache für ihre frühere Zusammenarbeit mit Nazideutschland fürchtend. Zu Recht. Sie werden später alle an die Sowjetunion ausgeliefert. Fast keiner von ihnen hat überlebt.

Wir machen kurze Rast in einer leeren Fabrik. Immer noch nichts zu essen. Der Tiefpunkt kommt, als Mamis Hausschuhe den Geist aufgeben. Diese sitzt jetzt im Straßengraben und weint, zum ersten Mal. Sie ist fix und fertig. Nie hat sie die Nerven verloren, nie Angst gezeigt. Und solange sie ruhig und heiter war, war auch für mich die Welt in Ordnung. Nun wird mir angst und bange. Was sollen wir jetzt machen? Wie soll Mami weitergehen, ohne Schuhe? Aber allmählich nähert sich das Ende des Weges. Rokyzan. Wir waren fast zwei Tage und eine Nacht unterwegs. Da taucht ein baumlanger Soldat in unserem Blickfeld auf, er ist kohlschwarz. Ich habe noch nie einen Schwarzen gesehen. Are you the Americans?, fragt Mami ihn. Sure, sagt der Soldat. Thank God, sagt Mami. Wir hätten den Mann am liebsten umarmt.

Die Amerikaner trennen jetzt Soldaten und Zivilisten, wir bekommen eine Wiese als Lagerplatz zugewiesen. Erleichtert sinken wir auf die bloße Erde. Endlich, endlich schlafen. Anderntags erscheint ein amerikanischer Major und fragt, wer Englisch spricht. Mein Vater meldet sich und wird sofort zum Chef unseres Flüchtlingslagers ernannt. Das Lager, stellt sich heraus, ist eine verlassene Fabrikhalle. Wir sind etwa zweitausend Leute, Männer, Frauen und Kinder. Jede Familie sucht sich einen Schlafplatz auf dem schmutzigen Betonboden. Wir finden ein Eck, ein paar alte Hanfseile liegen hier. Wenn man sie aufdröselt, ergibt das die Illusion eines kleinen Strohpolsters. Unsere einzige Decke drauf, und wir haben ein Bettchen für unseren mittlerweile völlig erschöpften Michi.

Die Fabrikhalle wird für die nächsten Wochen unser Zuhause. Unser Vater ist kein Kommandotyp, aber er macht als Lagerleiter seine Sache sehr gut. Er sucht sich unter den Flüchtlingen die Leute mit den nötigen Fachkenntnissen heraus, und alsbald gibt es einen Verantwortlichen oder eine Verantwortliche für die Lebensmittelverteilung, für die Lagerpolizei, für die Kinderbetreuung, die Sauberkeit des Lagers und etliches andere. Die meisten sind froh, eine Aufgabe zu haben.

Sie organisieren, was das Zeug hält, halten Sitzungen ab, diskutieren, legen Hand an, wo es nötig ist. Alles klappt vorzüglich. Papi selbst hat den Kontakt zu den Amerikanern übernommen. Täglich macht er seinen Rundgang von einer Familie zur anderen und lässt sich erzählen, wo es Probleme gibt. An seiner Seite wandelt Herr Kade, ein gutmütiger Sachse mit Boxerfigur. Er ist ein Raubein, aber ungemein tüchtig. Die beiden ergänzen einander gut. Mein Vater ist höflich, Herr Kade ist streng, gemeinsam schaffen sie es, dass es in diesem zusammengewürfelten Haufen von traumatisierten und entwurzelten Menschen kaum Streit gibt und erstaunlich viel gegenseitige Hilfsbereitschaft.

Trotzdem gibt es immer wieder Aufregungen. Zweimal versuchen Verzweifelte, sich das Leben zu nehmen. Sie schneiden sich die Pulsadern auf, der Quere, nicht der Länge nach, sie werden rechtzeitig gerettet. Einmal kommt eine tschechische Kommission ins Lager, sie holt gesuchte Kriegsverbrecher heraus. Dann wieder findet sich im Hof ein vollbeladener Lastwagen, er gehört angeblich dem geflohenen Generaldirektor. Maschinenteile sollen drinnen sein. Mein Vater lässt die Fracht öffnen. Es stellt sich heraus, dass sie Lebensmittel enthält. Sie werden an die Kranken und an die Kinder verteilt. Das erste und einzige Mal, sagt Papi später, dass er sich an fremdem Eigentum vergriffen hat.

Unser Nachbar in der Fabrikhalle ist ein eleganter Herr, der dem damals bekannten Filmstar Siegfried Breuer ähnlich sieht. Auch im Flüchtlingslager sieht er höchst distinguiert aus. Er trägt einen Kamelhaarmantel und erklärt uns, dass nur englische Zigaretten gut sind. Wir freunden uns an. Wenn wir nach Salzburg kommen, sagt er, müssen wir ihn unbedingt im Hotel Bristol besuchen, dort steige er immer ab. Aber als wir später tatsächlich nach Salzburg kommen, stellt sich heraus, dass im Bristol ein amerikanischer Offiziersclub eingerichtet ist. Natürlich keine Spur von unserem Freund.

Die Amerikaner sorgen für unsere Verpflegung. Von irgendwo haben wir ein Kochgeschirr ergattert, täglich stellen wir uns in einer langen Schlange an und bekommen eine heiße Suppe, in der Nudeln und kleingeschnittene Würsteln schwimmen. Die Würsteln sind nicht rund, sondern viereckig, damit man sie besser stapeln kann. Ich bin beeindruckt von so viel amerikanischer Effizienz. Außerdem gibt es eine Scheibe Schwarzbrot und manchmal eine Konserve aus deutschen Armeebeständen. Aber was sollen die etwa hundert Kleinkinder im Lager essen? Unser Vater geht zum Kommandanten. Der schildert das Problem seiner Truppe, und das Resultat ist, dass die US-Soldaten auf ihr Frühstück verzichten. Ein Lastwagen voll Trockenmilch und Haferflocken wird bereitgestellt, die unser Lebensmittelbeauftragter an die Babys abgeben kann.

Auch eine Gesundheitsstation gibt es in unserem Flüchtlingslager, geleitet von einem amerikanischen Militärarzt namens Doktor Mandel. Dieser holt sich unseren Jakob als Dolmetscher, Laufburschen, Assistenten und Mädchen für alles. Die Amerikaner nennen meinen Bruder Jake, sie behandeln den Halbwüchsigen mit gutmütiger Nachsicht. Sie stecken ihm immer wieder etwas zu essen zu, das bringt uns Jakob in unsere Schlafecke. Auch ein Paar Schuhe für Mami hat er aufgetrieben. Er schwebt im siebenten Himmel. Er hat ein Techtelmechtel mit einer jungen Krankenschwester angefangen, seine erste richtige Affäre. Plötzlich hat er einen Job und eine Freundin, er ist über Nacht erwachsen geworden. Und sein Schulenglisch wird von Tag zu Tag besser.

Als wir nach zwei Wochen das Flüchtlingslager, das nach Bayern verlegt werden soll, in Richtung Österreich verlassen, bleibt Jakob bei den Amerikanern. Dr. Mandel hat meinen Vater gebeten, ihm Jake als Sanitätsgehilfen anzuvertrauen. Diesem steht noch ein einigermaßen gefährliches Abenteuer bevor, das freilich gut ausgeht. Später, als wir in Österreich wieder alle zusammenkommen, erzählt er davon. Kurz nach unserer Abreise unternimmt einer der US-Offiziere, ein rothaariger Captain, einen Ausflug nach Prag und nimmt Jakob in seinem Jeep mit. Jakob bittet ihn, vor dem Haus eines der tschechischen Universitätskollegen unseres Vaters haltzumachen. Bei Professor Průšek haben wir eine Kiste mit Silbersachen deponiert, darunter ein recht wertvolles Service mit 24 Platztellern aus dem Erbteil eines russischen Vorfahren. Der Professor hat versprochen, es bei sich aufzubewahren, bis sich die Verhältnisse beruhigt haben. Er händigt es Jakob aus, mit vielen guten Wünschen, und Jakob setzt sich wieder zum Captain in dessen Jeep. Zeig her, sagt dieser. Und nimmt die Kiste dann seelenruhig an sich. Wenn das Jake nicht passe, könne dieser ja aussteigen und sehen, wie er weiterkomme. Dann fahre er, der Captain, eben allein nach Rokyzan zurück.

Jakob erzählt den Vorfall Dr. Mandel. Und dann geschieht etwas, das uns alle in Erstaunen setzt und mit Respekt vor amerikanischer Rechtsstaatlichkeit erfüllt. Dr. Mandel meldet die Angelegenheit, Jakob muss vor einem Kriegsgericht aussagen, und der Captain wird in der Folge in Unehren aus der Armee entlassen. Weil er einem Flüchtlingsbuben aus dem Land des besiegten Feindes, der noch dazu noch vor kurzem auf Amerikaner geschossen hat, etwas gestohlen hat. Freilich dürfte er auch noch anderes auf dem Kerbholz gehabt haben. Das Silberzeug verkaufen wir, der Erlös hilft uns über die erste Zeit in Österreich hinweg.

Die Eltern, Michi und ich beginnen nun die zweite Etappe unserer Reise hinaus aus der heimatlichen Tschechoslowakei und hinein nach Österreich, unser Ziel. Wir wollen auf den Grangler, das Jagdhaus meines Großvaters im Salzburger Lungau. Einer unserer Schicksalsgenossen im Flüchtlingslager ist der Rektor der Prager Technischen Hochschule. Er hat es irgendwie geschafft, ein Auto zu kaufen, darin nimmt er uns mit bis an die Grenze zu Bayern. Ein Glücksfall, denn allein durch das immer noch von antideutschen Ausschreitungen geprägte Westböhmen zu wandern, wäre wenig ratsam gewesen. Der Wagen wird bald von amerikanischen Soldaten beschlagnahmt. Ab da geht es zu Fuß weiter.

Bayern im Frühling 1945 – eine gesegnete, vom Krieg weithin unberührte Landschaft, in der freilich zahlreiche versprengte, entwurzelte, vertriebene Menschen unterwegs sind. Demobilisierte Soldaten, Evakuierte, die nach Hause wollen, ehemalige Zwangsarbeiter und ehemalige Gefangene. Alle haben kein Geld, alle haben Hunger, alle brauchen ein Nachtlager. Wer weiß, wie heute, in Zeiten des allgemeinen Wohlstands, mit Flüchtlingen und Zuwanderern umgegangen wird, muss rückblickend staunen über die Gelassenheit, mit der die Einheimischen damals auf die Fremden reagiert haben.

Unsere erste Station ist die Ortschaft Flossing. Die Eltern wissen: Jetzt brauchen wir zuallererst einmal irgendwelche Ausweispapiere. Ohne Papiere ist man verloren, man existiert praktisch nicht, und das einzige Dokument, das wir haben, ist ein amerikanischer Passierschein aus dem Flüchtlingslager. Unser Vater geht also zum Flossinger Bürgermeister, einem biederen Bauern. Dieser ist ein freundlicher Mann, er war Nazi, sagt er, und werde wohl bald von den Amerikanern abgesetzt werden. Aber jetzt verfügt er noch über alle Insignien seines Amtes, Stempel und Formulare. Bereitwillig stellt er uns alle Papiere aus, die wir brauchen: Identitätsscheine, Aufenthaltsbewilligungen, Anweisungen auf Lebensmittelkarten. Papi diktiert ihm unsere Namen und Daten, und der Bürgermeister schreibt sie auf. Er hätte auch jeden beliebigen anderen Namen aufgeschrieben, wenn er ihm diktiert worden wäre. Seine Identität zu wechseln war in jener kurzen Epoche, in der alle Ordnung zusammengebrochen war, nicht schwierig. Nicht wenige werden damals wohl von dieser Möglichkeit Gebrauch gemacht haben.

Ausweispapiere haben wir jetzt, aber sonst nichts. Wir sind Bettler. Als solche ziehen wir nun quer durch Bayern, täglich 15 bis 25 Kilometer, bitten in Bauernhöfen und Bürgerhäusern um Essen und Nachtquartier. Und fast immer wird uns geholfen. Wir schlafen in Heustadeln und manchmal auch in Betten. Wenn wir morgens auftauchen, wenn gemolken wird, gibt es bei den Bauern meistens frische Milch und auch ein

Stück Brot. Einmal bekommen wir ein Hemd geschenkt und einmal eine Jacke. Einer hat im Hof einen alten Kinderwagen stehen, den überlässt er uns. Es ist ein Weidenkorb auf einem Eisengestell, darin verstauen wir unsere wenigen Sachen, und wenn Michi müde wird vom Marschieren, darf er aufsitzen und wird ein Stück geschoben.

Ich habe unseren Bettelmarsch keineswegs in schlechter Erinnerung. Es ist Mai. Das Wetter ist herrlich. Alles blüht. Wir sehen grüne Wiesen und friedliche Dörfer, bayrische Schindeldächer und bayrische Zwiebeltürme, in der Ferne die Berge. In einem Bauernhof dürfen wir einen ganzen Tag bleiben und uns ausruhen. Der Bauer hat Kinder in unserem Alter, sie spielen mit uns im Heustadel. Wir müssen lachen, weil der Bauer zu seinem Sohn sagt: »Berni, du Saukopf.« Ein altes Fräulein in einer Kleinstadt gibt uns ihr Schlafzimmer zum Übernachten, sie überzieht für uns die Betten frisch. Sie hat eine Katze und einen Kanarienvogel, und wir fragen uns, wieso die eine den andern noch nicht gefressen hat. Nur einmal weist uns eine Pfarrersköchin barsch ab. Sie hat wohl schon genug von den vielen Flüchtlingen, die im Pfarrhaus anklopfen. Aber das Schönste ist, dass ich zum ersten Mal in meinem Leben den ganzen Tag mit meinen Eltern zusammen sein kann. Kein Fräulein, keine Lehrer. In diesen Tagen lerne ich meine Mutter erst richtig kennen. Und bin glücklich.

Die letzte Station vor der österreichischen Grenze ist Traunstein. Ein Landrat, der uns aufnimmt, warnt meine Eltern: Die Grenze ist gesperrt. Auf der Brücke vor Freilassing steht ein amerikanischer Posten, der lässt niemanden durch. Aber die Eltern beschließen: Wir versuchen es trotzdem. Wir sind aufgeregt, als wir uns mit unserem Kinderwagen der Brücke nähern und den Posten sehen. Es ist ein junger GI. Papi zeigt ihm den amerikanischen Passierschein aus dem Flüchtlingslager in Rokyzan, der Soldat besieht ihn genau und meint dann: Go ahead. Und wir sind in Österreich.

Fremdes Österreich

Österreich ist für mich, das Prager Kind, zunächst einmal die Fremde. Nicht für meinen Vater, der hier in die Schule gegangen ist und für den das Land, auch wenn es nur ein kleiner Rest seines großen Österreich ist, so etwas wie eine zweite Heimat bedeutet. Und kaum sind wir hier, beginnt auch das heimliche Netzwerk zu funktionieren, das unsere Leute, die österreichisch-ungarischen Standesgenossen, über engere Grenzen hinaus verbindet.

In Salzburg angekommen, ist meine Mutter am Ende ihrer Kräfte. Bis hierher hat sie tapfer und heiter durchgehalten. Aber jetzt, da die ärgste Anspannung vorbei ist, kann sie einfach nicht mehr. Apathisch und erledigt sitzt sie am Straßengraben. Papi läutet auf gut Glück am Gartentor einer hübschen Villa am Stadtrand. Eine weißhaarige Dame macht das Tor auf. Sie sieht meinen Vater, der in einem geschenkten alten Militärmantel und mit Mehrtagebart aussieht wie der Landstreicher, der er ja auch ist, und sagt: Kommen Sie doch herein, Sie sind willkommen. Sie macht uns einen Tee und eine große Eierspeis, ein Genuss, den wir seit vielen Wochen nicht erlebt haben. Sie ist eine baltische Baronin, wie sich herausstellt, ihre Tochter, die bei ihr wohnt, die Witwe eines der Verschwörer vom 20. Juli. Diese arbeitet als Dolmetscherin bei den Amerikanern, daher das Eipulver. Wieso sie ihn so einfach hereingelassen habe, fragt mein Vater und hört, im charakteristischen Baltendeutsch der alten Baronin: Ich werde doch noch einen Herrn erkennen. Wir dürfen ein Bad nehmen, ebenfalls das erste seit vielen Wochen, und uns ausschlafen. Ich fühle mich wie im Paradies.

Andere Bekannte, Verwandte von Verwandten und Bekannte von Bekannten werden mobilisiert. Mein Vater trifft einen ehemaligen Schulkameraden aus dem Theresianum. Dieser hört seine Geschichte, macht seinen Kleiderschrank auf und sagt: Nimm dir, was du brauchst. Papi bekommt Hemden, Socken und Unterhosen und einen Steirerjanker mit silbernen Knöpfen, den er noch jahrelang trägt. Im umgekehrten Fall, sagt der Ex-Theresianist, hättest du doch genau dasselbe gemacht. Wir werden herumgereicht und bewirtet, begrüßt und empfangen wie alte Freunde. Bei anderen Netzwerk-Bekannten gibt es nach dem Essen sogar Kaffee, die Gastgeber bereiten ihn aus dem Kaffeesatz zu, den bei ihnen einquartierte amerikanische Soldaten in die Abfallkiste geworfen haben. Er schmeckt köstlich.

Und dann machen wir uns mit unserem Kinderwagen auf den Weg in den Lungau. In Hallein findet unser Vater einen Schuster, der ihm gratis seine kaputten Schuhe wieder instand setzt. Es sind Schuhe vom Prager Edelschuster Šindelář, der die Maßschuhe für die Herren der böhmischen Gesellschaft anzufertigen pflegte. Sie haben den Marsch von Prag bis Hallein gut überstanden, erst hier sind sie durchgelaufen. Und mit neuen Sohlen schaffen sie es noch ein paar Jahre.

Wir sind inzwischen geübte Wandersleute geworden. Auf dem Halleiner Bahnhof finden wir einen Lastzug und besteigen, ohne zu bezahlen, einen Güterwagen, der uns bis Radstadt bringt. Aber jetzt ist guter Rat teuer. Zu Fuß über die Hohen Tauern? Mit dem Kinderwagen und dem kleinen Michi, den die Strapazen des Bettelmarsches schwer mitgenommen haben? Aber wieder funktioniert das Netzwerk. In Radstadt kampiert eine deutsche Kavalleriedivision, die sich den Engländern ergeben hat und jetzt aus dem Lungau abmarschiert. Wir treffen einen jungen blonden Leutnant, dessen Eltern mein Vater gekannt hat. Ein Baron Christoph Thienen. Er heiratet später meine Cousine Bella. Christoph gelingt es, uns in einem deutschen Wehrmachtsautobus unterzubringen, der uns über die Tauern nach Mauterndorf bringt. Wir sind im Lungau. Wir haben es fast geschafft. Halleluja.

Als wir im Städtchen ankommen, ist es schon Abend. Es herrscht Ausgangssperre, sogenannter curfew. Nach Einbruch der Dunkelheit darf kein Zivilist mehr auf der Straße sein. Ein britischer Offizier hält uns an. You know I could shoot you now?, sagt er zu meiner Mutter. I know you could, sagt diese, but I know you won't. Da muss der Engländer lachen und quartiert uns in einer Wirtsstube ein, wo wir auf den Bänken schlafen und die Nacht verbringen können. Und dann kommt die endgültig

»Der Grangler« nahe Mauterndorf
im salzburgischen Lungau

letzte Etappe: von Mauterndorf zum Granglerhaus im Weißpriachtal. Ziel erreicht.

Der Grangler ist ein Bauernhaus, das, wie im Salzburgischen üblich, einen Hausnamen hat, der nicht unbedingt der Name des derzeitigen Eigentümers sein muss. Wenn der Besitzer wechselt oder der Hof über eine Tochter weitervererbt wird, behält er seinen ursprünglichen Namen. Jeder im Tal kennt ihn. Der Grangler wurde von meinem Großvater als Jagdhaus genutzt, aber, typisch Großpapa, keineswegs für Herrschaften ausgebaut. Alles ist noch fast genauso wie zu den Zeiten, als hier noch der Granglerbauer lebte. Zwei große Stuben, gemütlich eingerichtet, vorn. Eine Küche. Der Herd muss das ganze Haus heizen und auch das Wasser in dem großen Container wärmen. Drei kleine Schlafzimmer im oberen Stock, über eine steile Stiege zu erreichen. Hinten, wo früher der Stadel und die Ställe waren, ist die große »Jagerkuchl«, wo nach Jagden das Wild gehäutet und die Trophäen ausgekocht wurden. In einem kleinen Nebenhaus wohnen Oberjäger Stürzl und seine Frau Mirl. Und auf der Wiese steht eine kleine Kapelle, halb Marterl, halb Kirchlein, weißgestrichen, mit einem Schindeldach und einem primitiven, aber schönen bäuerlichen Marienbild.

Der Grangler liegt am Talschluss, gleich hinter dem Haus erheben sich das mächtige Karner Eck und das spitze Gurpitscheck. Es gibt noch keine Touristenhäuser. Im Tal der Longa, einem lebhaft sprudelnden Bergbach, stehen nur ein paar einzelne Bauernhöfe, der Grangler, der Roder, der Abraham, der Schwarzenbichler. Der letzte ist der größte und schönste, er liegt im winzigen Dörfchen Weißpriach, wo sich auch die Kirche befindet und eine einklassige Volksschule.

Es ist eine wunderschöne Gegend, eine ländliche Idylle, aber ich habe dafür keinen Blick. Die strapaziöse Reise habe ich gut hinter mich gebracht, aber jetzt packt mich das Heimweh mit voller Wucht. Klagen und Jammern gibt es bei uns nicht, aber wenn mich niemand sieht, weine ich mir die Augen aus. Wo ist mein Prag? Wo ist meine Stadt? Wo ist mein Zuhause? Was soll ich, das Stadtkind, hier in dieser Einöde? Was soll aus mir werden? Wird überhaupt je etwas aus mir werden? Ich mag die Berge nicht, die mir die freie Sicht verstellen. Ich höre absichtlich nicht zu, wenn mir jemand deren Namen erklärt. Auch die Kühe mag ich nicht, die mit ihren melodisch läutenden Glöckchen überall auf den Wiesen stehen. Ihr blödes Gemampfe macht mich nervös. Manchmal stelle ich mich vor sie hin und schreie laut und wütend: blöde Kühe, blöde Kühe. Vorpubertät und Entwurzelung ergeben keine gute Mischung. Ich bin trotzig, desorientiert und unausstehlich.

Meine Eltern haben sich inzwischen in der neuen Situation eingerichtet. Mami kocht. Sie kann nicht kochen, sie hat nie im Leben auch nur ein Spiegelei gemacht. Aber sie arbeitet nach der Methode learning by doing, Mirl berät sie. Schade nur, dass unsere Lebensmittelrationen so knapp sind, dass ein zerfallender Knödel oder eine angebrannte Suppe nicht weggeworfen werden können, sondern mit Todesverachtung gegessen werden müssen. Aber Mami lernt schnell, bald wird sie eine hervorragende Köchin. Mein Vater geht einkaufen, natürlich zu Fuß, ins acht Kilometer entfernte Mariapfarr. Autobusse gibt es nicht. Das Geld fürs Notwendigste hat uns eine Netzwerk-Bekannte aus der Gegend geliehen. Jakob ist inzwischen in Linz gelandet, wo er nach wie vor für die Amerikaner arbeitet. Auch wir lernen die Amerikaner weiter von ihrer besten Seite kennen. Irgendjemand hat unsere Adresse einem amerikanischen Menschenfreund gegeben, der uns nun gelegentlich CARE-Pakete schickt. Er heißt Mister Moore und lebt in Massachusetts, und seine Pakete sind in jener Zeit, als die Lebensmittelrationen vor allem aus getrockneten Erbsen bestehen, ein wahrer Segen. Das Beste: kleine Dosen in grüner Tarnfarbe mit Ham and Eggs, für mich der Inbegriff des Luxus.

Eines Tages schaut meine Mutter aus dem Küchenfenster und sieht einen deutschen Soldaten des Weges kommen. Wieder einer, sagt sie und schaut nach, ob wir etwas für ihn zu essen haben. Demobilisierte Soldaten, die sich nach Hause durchschlagen und unterwegs um Essen bitten, sind in jenem Jahr keine Seltenheit. Der Soldat öffnet unser Gartentor und siehe da, es ist niemand anderer als unser Hans Heinrich, braungebrannt und gut aufgelegt. Ich hatte schon gehört, dass man vor Freude ohnmächtig werden kann, aber jetzt sehe ich es. Mami, die alle Fährnisse stoisch überstanden hat, klappt zusammen und liegt plötzlich der Länge nach auf dem Küchenboden.

Wir hatten von meinem Bruder seit Monaten nichts gehört, er war in den Kämpfen in Schlesien, und dass er noch lebte, war alles andere als wahrscheinlich. Sein Regiment, so hören wir jetzt, hatte sich von den Russen abgesetzt und war quer durch Schlesien und Böhmen nach Eger marschiert, um sich dort den Amerikanern zu ergeben. Diese ließen den knapp Achtzehnjährigen sofort frei und schickten ihn nach Hause. Irgendwo traf dieser Flüchtlinge, die mit uns im Rokyzaner Lager gewesen waren und wussten, wohin wir weitergezogen waren. Die Eltern lassen in der Weißpriacher Kirche eine Dankmesse lesen. Alle engen Familienmitglieder heil und gesund durch den Krieg gekommen – was wiegt dagegen, dass Hab und Gut weg sind?

Als die Sommerferien zu Ende gehen, müssen Michi und ich in die Schule. Michi geht in die Volksschule ins fünf Kilometer entfernte Weißpriach, aber oft genug schafft er den Weg nicht. Unser Jüngster ist blass und dünn und noch ziemlich verstört, er fühlt sich nicht wohl in der fremden Schule. Auf dem Schulweg setzt er sich manchmal einfach in eine Wiese und träumt. Dann klaubt ihn irgendein Vorübergehender auf und liefert ihn wieder auf dem Grangler ab.

Ich gehe in die Hauptschule in Tamsweg. Ein Gymnasium gibt es damals im ganzen Lungau noch nicht. Tamsweg ist ein nettes Städtchen, unberührt vom Krieg. Die Woche über wohne ich bei drei alten Gräfinnen Khuenburg, die miteinander in einem reizenden kleinen Stadtpalais leben. Ich habe dort ein Zimmer mit grünen Plüschmöbeln und führe mit meinen 13 Jahren das Leben einer alleinstehenden möblierten Dame. Einzelgängerin, die ich bin, taugt mir das nicht schlecht. Am Wochenende gehe ich zu Fuß nach Hause auf den Grangler, 18 Kilometer durch Wald und Feld.

Aber ich bin ziemlich allein. Enge Freunde und Freundinnen habe ich nicht. Die anderen Kinder in der Schule sind nicht unfreundlich, aber das fremde Flüchtlingsmädchen ist für sie eine Exotin. Sie können mit mir nicht viel anfangen und ich mit ihnen auch nicht. Zu verschieden sind unsere Welten. Ich bin einerseits zu schüchtern und andererseits zu arrogant. Mit meinen Flucht- und Vertreibungserfahrungen komme ich mir unter ihnen vor wie eine Erwachsene unter lauter Kindern.

Im Schuljahr 1945/46 sind die Schulen in Österreich gerade erst dabei, sich an die neue politische Situation anzupassen. Noch vor wenigen Monaten galten hier die Gesetze und der Geist des Dritten Reiches. Die Kinder waren bei der Hitlerjugend, die HJ-Führer hatten oft mehr zu sagen als die Lehrer, und der Turnlehrer war die wichtigste Person im Lehrkörper. Alle Direktoren waren Parteimitglieder. Nun ist plötzlich alles anders. Jetzt haben die Besatzungsmächte das Sagen, Demokratie wird verlangt. Die wichtigsten Nazilehrer sind ausgeschieden und durch reaktivierte Lehrer aus der Vorkriegszeit, also der Zeit des Ständestaates, ersetzt. Und die übrigen müssen schauen, dass sie sich keine Blößen geben und irgendwie damit zurechtkommen, dass sie nun ganz anders reden sollen als noch im kaum vergangenen letzten Schuljahr.

Im Geschichts- und Deutschunterricht ist jetzt Heimat angesagt.

Heimat passt zur alten und zur neuen Zeit, da kann man nichts falsch machen. Wir schreiben einen Deutschaufsatz zu diesem Thema. Als die Hefte zurückgegeben werden, bekomme ich meines nicht, sondern werde stattdessen zum Direktor bestellt. Dort erwarten mich neben diesem noch zwei ernst blickende Lehrerinnen. Ich werde einem hochnotpeinlichen Verhör unterzogen. Ich weiß nicht recht, was man von mir will, aber offenbar war mein Aufsatz ideologisch nicht korrekt. War er zu deutsch? Zu wenig österreichisch? Zu wenig heimattreu? Bin ich vielleicht ein Nazikind? Die Lehrer sagen nicht, was genau nicht in Ordnung war. Aber ich kriege mit, dass ich nun ein richtiges österreichisches und salzburgisches Alpenmädel werden soll, das stolz auf die Heimat ist und die Berge liebt. Und dann werde ich in Gnaden entlassen.

Eine schwierige Zeit für eine Dreizehnjährige. Was ist meine Zuflucht und mein Trost? Lesen natürlich. Aber was? In Tamsweg gibt es eine Pfarrbibliothek und einen netten Kaplan, der mich darin stöbern lässt. Ich lese die Romane von Enrica von Handel-Mazzetti, blutrünstige, aber farbenprächtige Geschichten aus der Zeit der Gegenreformation. Am Grangler finde ich einen Stoß Exemplare der deutschen Zeitschrift *Die Woche* von 1906. Wie kommt so was ausgerechnet in den Lungau? Deutschland als Kaiserreich. Ich sehe Bilder von Kaiser Wilhelm bei der »Kieler Woche«, Segelschiffe inspizierend. Ich lese eine Kolumne »Briefe eines modernen Mädchens« namens Lulu, mit Berliner Society-Tratsch. Berichte von den Kämpfen der deutschen Schutztruppe in Deutsch-Südwestafrika und Inserate für Sunlicht-Seife. »Auch drunten im Hereroland ist Sunlicht-Seife wohlbekannt.« Alles sehr interessant. Und im Palais Khuenburg sind regalweise gebundene Ausgaben der *Gartenlaube* aufbewahrt.

Mein Vater hat inzwischen einen Job. Es hat sich herausgestellt, dass der neu eingesetzte Bezirkshauptmann in Tamsweg ein Theresianist ist, Jahrgangskollege von unserem Onkel Ery. Rudi Stummer von Traunfels war als konservativer Nazigegner im KZ Dachau. Menschen, die keine Nazis waren, werden händeringend gesucht, die Verwaltung braucht neue Leute. Die Beamten von früher sind entweder gefallen oder in Gefangenschaft, oder sie waren Nazis. Rudi Stummer ist glücklich, Papi anzustellen, der noch dazu Englisch spricht und mit den amerikanischen Besatzern reden kann. Von Verwaltung haben die Neuen allesamt wenig Ahnung, aber irgendwie geht es. Wir bekommen eine kleine Wohnung in Tamsweg, freundliche Nachbarn versorgen uns mit dem allernötigsten Hausrat.

Ich habe nun die Hauptschule abgeschlossen und soll ins Gymnasium. Die Ursulinen in Salzburg geben mir einen Freiplatz in ihrem Internat, und ich soll, obwohl ich im letzten Jahr viel versäumt habe, in die fünfte Klasse Mädchen-Realgymnasium aufsteigen. Die Schule ist öffentlich, und eine ganze Reihe Mädchen tritt zur Aufnahmeprüfung an. Wir sitzen alle in einer leeren Klasse und warten, dass wir aufgerufen werden. Eine der Kandidatinnen ist eine hochaufgeschossene Vierzehnjährige namens Angela. Ich sehe zu, wie sie geprüft wird, ich bin als Nächste dran. Und ich sehe mit Staunen und wachsendem Entsetzen, wie sie auf keine einzige Frage eine Antwort gibt. Sie steht einfach da und schweigt. Glatter Durchfaller, denke ich. Aber die prüfende Lehrerin ist eine gute Psychologin. Sie spürt, dass hier weder Dummheit noch Ignoranz vorliegen, sondern eine tiefere Störung. Sie gibt Angela eine Chance und nimmt sie probeweise auf. Wie sich bald zeigt, ist diese die mit Abstand begabteste Schülerin in unserer Klasse. Sie wird meine beste Freundin.

Angela, die wir alle Gilli nennen, hat viel hinter sich. Sie kommt aus Wien. Ihre Mutter ist bei ihrer Geburt gestorben, sie ist bei sehr alten Großeltern aufgewachsen und später zu ihrem Vater, einem Obernazi, gekommen, der wieder geheiratet hat. Gilli hasst ihre Stiefmutter, und sie hasst ihren Vater. Sie wünscht sich glühend, nach Salzburg ins Internat zu gehen. Bei der Aufnahmeprüfung in die Schule zu scheitern wäre eine Katastrophe gewesen. Zurück zum Vater in ein Notquartier auf dem Land – eine Horrorvorstellung. Wenn sie mich nicht genommen hätten, hätte ich mich umgebracht, erzählt sie mir später. Ich bin baff. Ja, aber warum hast du dann bei der Prüfung kein Wort gesagt? Die Fragen waren doch gar nicht so schwer. Gilli weiß es auch nicht. Ich konnte einfach nicht, sagt sie. Ich konnte kein Wort herausbringen. Nicht einmal meinen Namen hätte ich sagen können.

Gilli ist brillant, aber anarchisch. Nie hat sie ein ordentliches Heft.

Sie schreibt im Unterricht ein bisschen mit, auf chaotische Zettel. In der Studierzeit im Internat lernt sie nie, sondern liest Nietzsche und Hegel. Mathematische Probleme, über denen wir anderen verzweifeln, löst sie im Handumdrehen, und ihre schriftlichen Arbeiten ragen weit über das Schülerniveau heraus. Ein verschlamptes Talent. Sie hätte eine konsequente geistige Führung gebraucht, aber an die ist im Salzburg der späten Vierzigerjahre nicht zu denken.

Dabei ist unsere Schule nicht schlecht. Auch hier ist die mittlere Lehrergeneration praktisch ausgefallen, und viele Pädagogen aus der Vorkriegszeit haben ihren Platz eingenommen. Unter ihnen sind etliche echte Originale, ein Typ, der Jugendlichen oft sehr viel mehr sagt als angepasste Durchschnittslehrer. Unsere Mathematiklehrerin etwa, dieselbe, die Gilli bei der Aufnahmeprüfung wider alle Vorschriften durchkommen ließ, ist eine skurrile Person. Sie ist abgrundtief hässlich, hat ein feuerrotes Gesicht und feuerrote Haare und trägt im Winter eine blaue Pudelmütze mit einer großen Bommel. Es heißt, dass sie zu Hause eine Ziege hat, die sie nach der Schule in Nonntal an einer Leine spazieren führt. Aber sie ist eine hervorragende Mathematikerin. Wir finden sie zwar lächerlich, aber wir schätzen sie. Der Deutschlehrer freilich ist ein hilfloser alter Mann, wir machen in seinem Unterricht, was wir wollen, und lernen so gut wie gar nichts.

Politik, überflüssig zu sagen, kommt nicht vor. Die Nazizeit ist erst kurz vorbei, aber diese Epoche wird als »die dunklen Jahre« kursorisch abgetan. Eine Art Irrtum der Geschichte. Irgendwie gilt diese Zeit nicht. Wir hören nichts über die Judenverfolgung, nichts über die KZ, nichts über die Unterdrückung Andersdenkender, über Gleichschaltung und Rassenwahn. Im Rückblick erscheint das nachvollziehbar. Wie soll man auch jungen Menschen, die die Nazizeit im Großen und Ganzen als nicht unangenehm erlebt haben, erklären, dass es sich dabei um ein Höllenregime gehandelt hat?

Der Krieg war schlecht, das ja. Väter und Verwandte waren eingerückt, viele sind gefallen. Getötet freilich von der Hand der Feinde, nicht von der Hand der Nazis.

Und das Leben an der Heimatfront? Wer keine Juden und keine

Regimegegner kannte, hatte es nicht so schlecht. Viele haben, wissentlich oder unwissentlich, vom Vermögen der Vertriebenen profitiert und sind lästige Konkurrenten losgeworden. Der Blockwart war möglicherweise ganz nett. Und das soll nun alles ein einziger Horror gewesen sein? Das entspricht einfach nicht der Erfahrung, die die Jugendlichen in ihren Familien mitbekommen haben. Es hätte genügt, uns den KZ-Film »Nacht und Nebel« zu zeigen, der in Deutschland damals so etwas wie ein Pflichtprogramm der Entnazifizierung war. Damit wäre allen klar geworden, was sich in jenen Jahren abseits von HJ-Heimabenden und Völkerball-Wettbewerben abgespielt hat. Aber das geschieht nicht. Wir wissen nicht einmal, dass es diesen Film gibt. Und so hören wir vom ganzen Thema gar nichts.

Mehr noch als in der Hauptschule wird uns jetzt im Gymnasium eingeprägt, dass Österreich unsere Heimat ist und wir mit Deutschland, zu dem wir noch vor kurzem gehört haben, absolut gar nichts zu tun haben. Auf unseren Stundenplänen und Zeugnissen steht nicht Deutsch, sondern Unterrichtssprache. Ein Begriff, den der konservative Unterrichtsminister Felix Hurdes im verzweifelten Bemühen, alles Deutsche wegzuschieben, erfunden und durchgesetzt hat.

Im Jahre 1946 wird mit großem Aplomb einer Urkunde gedacht, die vor 850 Jahren geschrieben wurde und auf der erstmals der Name Ostarrîchi vorkommt. Nicht einmal ein runder Geburtstag. Die Urkunde ist historisch völlig unbedeutend, sie bekräftigt die Schenkung eines Stücks Land im heutigen Niederösterreich an das Bistum Freising. Aber die Ortsbezeichnung Ostarrîchi wird erwähnt, für die Kulturpolitiker des Landes die Grundlage dafür, dass Österreich, und zwar das kleine Österreich, seit dem Mittelalter besteht.

Hier wird eine Tradition begründet. Nicht der Vielvölkerstaat Österreich mit seiner europäischen Dimension und seiner kulturellen Vielfalt wird zur Identitätsstiftung herangezogen und nicht die Zugehörigkeit zur reichen deutschsprachigen Kultur. Ostarrîchi, das kleine Österreich, ist unsere Heimat. Wir feiern das Jubiläum mit einer großen Schulveranstaltung, der Direktor hält eine Rede, die Politiker detto, wir schreiben einen Aufsatz darüber, die Zeitungen widmen dem Anlass würdevolle

Leitartikel. 850 Jahre Aktenlauf. 850 Jahre Provinz. Ich weiß selbst nicht recht warum, aber mir geht das Ganze mächtig auf die Nerven. Wir sind klein, unser Herz ist rein. Das ist ungefähr das Leitmotiv unserer staatsbürgerlichen Erziehung in jenen Jahren. Klein, kleiner, am kleinsten. Mehr noch als das kleine Österreich steht das kleine Bundesland Salzburg im Mittelpunkt. Wir singen die Landeshymne, in der von schneebedeckten Bergen die Rede ist und von friedlichen Dörfern am sonnigen See. Eine Idylle, weit entfernt von den Wirrnissen der Zeitläufte und den Stürmen der Geschichte. Nichts für mich, die ich von meinem Vater die Sehnsucht nach der Weite des alten Vielvölkerstaats und von meinen Nazilehrern den Abglanz der »Reichsidee« mitbekommen habe. Und auch von den Stürmen der Geschichte habe ich bereits einiges am eigenen Leib erlebt. Ich komme mir vor, als sei ich plötzlich ins Zwergenland versetzt. Ein ziemlich spießiges Zwergenland noch dazu.

Gilli und ich suchen hungrig und leidenschaftlich nach Orientierung, die uns die Schule nicht gibt. Wir sind beide Leseratten. Die Salzburger Stadtbibliothek, im Schloss Mirabell untergebracht, ist unser Jagdrevier. Allzu fündig werden wir nicht. Peter Rosegger, Ina Seidel, Paula Grogger. Die jüdischen und »entarteten« Autoren fehlen. Ob sie nie da waren oder erst in der Nazizeit entfernt wurden, ist unklar. Wir wissen ja gar nicht, dass sie existieren. Aber immerhin, wir entdecken Dostojewski und sind damit eine Weile beschäftigt.

Unser Klosterinternat liegt in der Gstättengasse, am Fuße des Mönchsbergs. Es ist ein düsterer Bau, aus dem Fenster blicken wir über die schmale Gasse hinweg auf die Felswand des Berges. Ich bin den Ursulinen dankbar, dass sie mir mit ihrem Freiplatz den Besuch einer höheren Schule ermöglicht haben. Ohne sie hätte ich es mit der Hauptschule genug sein lassen müssen. Für Taschengeld von zu Hause reicht es nicht, ich gebe vom Anfang bis zum Ende meiner Schulzeit Nachhilfestunden an jüngere Schülerinnen. Mir geht es ganz gut im Internat. Die Schwestern sind nett, sie tun ihr Bestes, aber viel haben sie uns in diesen kargen Nachkriegsjahren nicht zu bieten.

Um halb sieben in der Früh öffnet Mater Imelda die Tür zu unserem Sechsbettzimmer und ruft: Guten Morgen, Kinder, aufstehen, gelobt sei

Jesus Christus. In Ewigkeit, amen, antworten wir schlaftrunken. Waschen im eiskalten Waschraum. Frühstück, Schule, Mittagessen nach immergleichem Wochenspeiseplan. Am Montag gibt es Grenadiermarsch, am Dienstag eine Art Bohneneintopf, den wir »spartanische Blutsuppe« nennen. Dass die Spartaner Blutsuppe gegessen haben, haben wir im Geschichtsunterricht gelernt. Nachmittags Studierzeit. Einmal in der Woche dürfen wir in die Dompfarrgruppe der Katholischen Jugend. Und das ist es. Sonntags Messe in der schönen barocken Ursulinenkirche. In der Fastenzeit Exerzitien nach klassischer Jesuitenmanier.

All das ist nicht besonders inspirierend, aber die Religion ist trotzdem das Beste und das Einzige, das uns in jener Zeit wirklich zu interessieren vermag. Für mich ist es nicht der konventionell-katholische Betrieb in der Klosterschule, und es sind auch nicht die Heimabende in unserer Jugendgruppe. Dort herrschen Restbestände des triumphalistisch-militanten Geistes der Jugendbewegung der Ständestaat-Zeit, mit Liedern wie »Vivat hoch die Christusgarde« oder »Lasst die Banner wehen über unseren Reihen«.

Was mich anrührt und tröstet, ist die Begegnung mit monastischer Spiritualität, wie sie im Benediktinerorden gepflegt wird. Jeden Tag vor der Schule laufe ich hinüber ins nahe Stift St. Peter und höre die Laudes. Die Mönche halten dort ihr Chorgebet mit gregorianischem Choral, auf Latein, und die Poesie und Bildmächtigkeit der Psalmen (ich habe ein Buch mit der deutschen Übersetzung) verfehlen ihren Eindruck nie. Diese Texte werden seit tausend Jahren gesungen, hier und auf der ganzen Welt. Sie sind die Heimat der Heimatlosen. Wo sie erklingen, denke ich mir, bist du zu Hause. Der Christ braucht keine territoriale Heimat. »Meine Heimat sind deine Altäre«, habe ich irgendwo gelesen. Meine Freundin Gilli, von Haus aus evangelisch, konvertiert zum katholischen Glauben, zur Freude unserer Nonnen. Ihnen gefällt besonders, dass Gilli Angela heißt wie die Gründerin und Schutzpatronin ihres Ordens. Ich bin Gillis Taufpatin.

Im Internat bilden Gilli und ich gemeinsam mit Risa, deren Familie aus Ungarn nach Österreich geflohen ist, eine Clique. Wir haben alle drei das, was man später einen Migrationshintergrund nennen wird. Und wir sind wohl alle drei, ebenfalls mit einem später in Mode gekommenen Begriff, traumatisiert. Das verbindet. Und außerdem sind wir gute Freundinnen. Mit den eingesessenen Salzburger Bürgermädchen in unserer Schule kommen wir gut aus, aber wir stoßen auch auf Schritt und Tritt auf die Verschiedenheit unserer Erfahrungen. Einheimische und Flüchtlinge – zwei Welten.

Ich mache mir nicht viel aus Geld und Besitztümern, aber ich merke natürlich, dass ich im Vergleich zu meinen Mitschülerinnen ein armes Kind bin. Ich habe nur ein paar hoffnungslos altmodische geschenkte Sachen zum Anziehen. Mein Mantel ist aus einem alten Militärmantel umgenäht, der steife grünliche Stoff ist scheußlich. Als der »New Look« aufkommt, wadenlange, schwingende Röcke zur schmalen Taille, schneidert mir jemand einen solchen Rock aus einem billigen roten Kunststoff namens Everglaze. Ich bin selig. Dieser Rock ist mein einziges schönes Stück, und ich hüte ihn wie einen Schatz.

Im letzten Schuljahr verlässt Gilli unsere Schule und geht nach Tirol, und ich wechsle nach Gmunden, wo meine Mutter mit Michi inzwischen wohnt. Wir hausen zu dritt in einem Zimmer im Souterrain einer Villa. Unser Essen bereitet Mami auf einem Elektrokocher zu. Im Zimmer ist es meistens kalt. Michi und ich stehlen Kohlen, sooft wir können, und bringen diese stolz nach Hause. Mein Vater arbeitet in Graz, wo er in einem katholischen Bildungsheim wohnt und noch keine Wohnung für seine Familie hat. In Gmunden gibt es eine Schule der Kreuzschwestern, aber ich habe jetzt genug von Klosterschulen und absolviere die achte Klasse im Knabengymnasium. Wieder einmal bin ich das einzige Mädchen. Das ist wohl der Grund, warum man mir nachsieht, dass ich in Mathematik hoffnungslos schlecht bin. Unserem Klassenlehrer ist klar, dass an diesem Zustand nicht viel zu ändern ist, und drückt bei der Matura beide Augen zu. Und dann ist es geschafft, und ich weiß: Ich muss unbedingt raus aus der Provinz. Nur weg. Etwas Neues muss her.

Lords und Ladies

Ich sitze im Zug und fahre nach England. Meine erste Auslandsreise! Am andern Ende wartet ein Job als Au-pair-Mädchen bei einer englischen Familie. Ich bin achtzehn, ich bin erwachsen, ich bin endlich der Aufsicht der Eltern und der Internatsnonnen entronnen, und ich genieße es, allein dazusitzen, aus dem Fenster zu schauen und die Landschaft an mir vorbeiziehen zu lassen. Jetzt fängt das richtige Leben an, endlich. Ich bin glücklich. Aber nur bis zu dem Augenblick, als der Zug in Bludenz hält. Da passiert etwas Schreckliches. Ich steige kurz aus, um Wasser zu trinken. Und der Zug fährt ab, ohne mich, aber mit meinem Koffer. Viel ist nicht drin, aber es sind alle meine Habseligkeiten.

Ich nehme den nächsten Zug, aber mich quält der Gedanke, an meinem neuen Arbeitsplatz anzukommen und sofort meine Arbeitgeber um eine Zahnbürste und die nötigste Wäsche bitten zu müssen. Für mich selbst verantwortlich sein, von meiner Hände Arbeit leben, von niemandes Gunst abhängig – das war es, worauf ich mich am meisten gefreut hatte. Die Bettlerrolle habe ich mehr als satt. Und ausgerechnet in dieser finde ich mich jetzt wieder. Was werden meine neuen Arbeitgeber wohl von mir denken? Dass da eine kommt, die zu blöd ist, um ohne größere Kalamitäten allein von Österreich nach England zu reisen? Doch was hilft's. Mein Einstand wird ein wenig kleinlaut, aber meine Arbeitgeber nehmen es mit Humor. Und nach einiger Zeit taucht der Koffer auch wieder auf, von British Railways treulich abgeliefert.

Mein erstes Ziel ist Pixton Park, ein großzügiger Landsitz in der Grafschaft Somerset. Bei uns würde man dazu Schloss sagen, aber hierzulande ist auch ein Palast ein Country House. Dieses ist ein schöner klassizistischer Bau mit weißen Säulen, es gehört Lady Herbert, der Witwe des verstorbenen Earls von Carnarvon. Lady Herbert ist eine Freundin meiner Großtante Gretl Coudenhove, und diese ist es auch, die mich hierher vermittelt hat. Tante Gretl ist Halbjüdin. Kurz vor dem »Anschluss«

Österreichs ans Deutsche Reich war sie, begleitet von ihrer Kammerjungfer Betty, zu Besuch nach Pixton gefahren und gleich dort geblieben, als die Rückkehr ins besetzte Österreich nicht ratsam erschien. Aus den geplanten drei Wochen wurden viele Jahre. Tante Gretl und Betty sind inzwischen fester Bestandteil des Haushalts.

Lady Herbert ist eine massive grauhaarige Frau, mit schönen Augen und einem dröhnenden Lachen, das sie oft hören lässt. Eine große Dame in abgewetzter Strickjacke. Die Herberts sind Katholiken. Sie sind in den Zwanzigerjahren zum katholischen Glauben konvertiert, inspiriert vom Oxford Movement, dessen Leuchten die Schriftsteller Gilbert K. Chesterton und Hilaire Belloc waren. Beide waren Freunde des Hauses. Belloc, Autor des schönen Kinderbuchs »Cautionary Tales for Children«, war häufiger Gast in Pixton. Diese katholischen Intellektuellen und Aristokraten mit ihren vielfältigen Beziehungen zum Kontinent, ein wenig exzentrisch und ein wenig suspekt, waren und sind eine Art exotischer Farbtupfer in der englischen katholischen Bevölkerungsgruppe, die hauptsächlich aus armen irischen Einwanderern besteht. Die Herberts sind Säulen des Katholizismus in der Region. Am Sonntag ist es Brauch, dass man auf dem Weg in die Kirche in der Kreisstadt Taunton zwei ebenfalls katholische Weiblein aus der Umgebung im Auto mitnimmt. Lady Herbert ist eine praktische Person. Sie hat einen Sohn und drei Töchter, und zu diesen schickt sie mich nun, um auf deren Kinder aufzupassen.

Fünf Jahre nach Kriegsende hat sich das Leben in England noch immer nicht auf dem Vorkriegsniveau eingependelt. Erst im Vorjahr wurden die Lebensmittelkarten abgeschafft. Eine Labour-Regierung ist im Amt. Und für den englischen Landadel ist klar, dass die alten Zeiten mit ihren ungeheuren Privilegien für die Oberschicht und den gewaltigen Klassenunterschieden nicht mehr wiederkommen werden. Im Krieg haben alle ihren Beitrag geleistet. In den großen Landsitzen waren praktisch überall Bombenflüchtlinge aus den Großstädten einquartiert. Natürlich auch in Pixton.

Die Männer waren eingerückt, und die Frauen leisteten, verbreiteter als in Deutschland, ebenfalls verpflichtenden Kriegseinsatz, als Luftschutzwartin, als Rettungsfahrerin, in der Land Army, einer Art landwirtschaftlichem Arbeitsdienst, oder in den weiblichen Abteilungen der Streitkräfte, dem Heer, der Luftwaffe und der Marine. Had a good war?, fragt man sich gegenseitig. Ehrensache, dass man auf irgendeinen Einsatz verweisen kann. Und natürlich ist auch das unübersehbare Heer der Dienstboten zusammengeschmolzen, das vor dem Krieg in den verschiedenen Country Houses zugange war. Butler, Kammerdiener, Zofen und Gouvernanten gibt es nicht mehr. Die Lords und Ladies müssen selbst Hand anlegen, unterstützt von ein paar jugendlichen Hilfskräften wie mir.

Lady Herberts älteste Tochter heißt Gabriel, sie hat einen Franzosen namens Gérard Dru geheiratet, einen stillen Intellektuellen, und lebt mit ihm und ihren beiden kleinen Mädchen auf einem kleineren Landsitz nicht weit von Pixton. Sie sieht so aus, wie ich gern aussehen würde: blond, groß und gertenschlank, meistens in Hosen und Reitstiefeln. Im Krieg hat sie Krankentransporte gefahren, das kann sie noch aus ihrer Zeit im Spanischen Bürgerkrieg. Dorthin hat sie sich als junges Mädchen freiwillig gemeldet, aber nicht, wie viele, die ich später kennenlerne, auf der Seite der Republik, sondern auf der Seite Francos. Die meisten Katholiken standen rechts und kämpften gegen die gottlosen Kommunisten.

Ich betreue die Kinder, putze, so gut ich kann, und blamiere mich, weil ich mich erbötig mache, einen Wiener Apfelstrudel herzustellen. Ich habe so etwas noch nie gemacht, und das Resultat wird, wie man hätte voraussehen können, ein Desaster. Gabriel hat Pferde, die kleinen Mädchen sind begeisterte Ponyreiterinnen, aber an Reitjagden dürfen sie noch nicht teilnehmen. Es gibt jetzt wieder Fuchsjagden, und in Pixton versammeln sich, wie in Vorkriegszeiten, die Jäger in ihren roten Röcken mit ihrer kläffenden Hundemeute. Ich darf mit den Kindern mit unseren Fahrrädern den Reitern folgen und zuschauen, wenn diese in wildem Galopp über die Hecken setzen, dem Fuchs auf den Fersen. Es sieht aus wie ein Gemälde aus dem 18. Jahrhundert. Somerset eignet sich gut für solche Jagden. Weite, saftige, unglaublich grüne Wiesen breiten sich aus, kleine Bäche dazwischen und ein Gewirr von struppigen Hecken als Un-

terteilung, die in der schönen Jahreszeit weiß und rosa blühen. Am Ende des Sommers reichen die Drus mich an Gabriels Schwester Bridget weiter. Gerard meint, sie müssten mir für später ein Zeugnis ausstellen, und schreibt hinein: »hardworking, with much charm.«
Bridget ist Witwe, ihr Mann, Captain Tony Grant, ist im Krieg gefallen. Jetzt betreibt Bridget seine Farm allein. Ein altes graues Steinhaus in Devonshire, verwittert und gemütlich. Ställe mit Milchkühen, Hühner, natürlich Ponys für die Kinder. Hier ist nun wirklich harte Arbeit angesagt. Bridget, vor dem Krieg begehrte Debütantin in den Londoner Ballsälen, schuftet wie ein Pferd, und ich helfe ihr, so gut ich kann. Ich habe melken gelernt und gehe nun jeden Morgen mit der Melkmaschine in den Stall. Am Anfang ist es mir ein wenig unheimlich, die Saugknöpfe der Maschine an den Eutern der Kühe festzumachen und dann, möglichst gleichmäßig, den Milchstrahl in den Melkeimer zu leiten. Aber bald gewöhne ich mich an die Kühe, braune, gutmütige Tiere, kleiner als unsere in Österreich, und diese gewöhnen sich an mich.

Während ich melke, steht Robin, den ich betreuen soll, neben mir und konjugiert seine lateinischen Verben. Amo, amas, amat, intoniert er und muss dabei aufpassen, dass ihm die Kuh nicht mit ihrem Schwanz ins Gesicht fährt. Robin ist acht, ein strohblondes Kerlchen mit Haaren, die ihm nassgebürstet vom Kopf abstehen wie einem Igel. Er soll nächstes Jahr auf die Public School gehen, auf das berühmte Internat Ampleforth. Die englischen Oberschichtkatholiken schicken ihre Söhne zu den Benediktinern, entweder nach Downside oder, wie die Herberts, nach Ampleforth. Die Schule gilt als ausgezeichnet, aber schwer. Ich soll Robin darauf vorbereiten. Das ist nicht immer leicht. Wenn mein Schüler von unseren Übungen im Kuhstall genug hat oder nicht weiter weiß, läuft er einfach weg. Ich, auf meinem Melkschemel unter der Kuh festgehalten, kann ihm nicht nachlaufen.

Und nachher muss alles Melkgerät noch blitzsauber geschrubbt werden, denn Bridgets Milch hat die höchste Qualitätsmarke, und die darf auf keinen Fall gefährdet werden. »Davon leben wir«, hat Bridget mir eingeschärft. Die Milch wird in großen Schüsseln in der Milchkammer aufbewahrt und bildet dann die wunderbare Devonshire Cream, eine

Art bröckelige Rahmschicht, die man abschöpft und zum Tee reicht. Auch Kompott und überhaupt jederlei Dessert wird damit geadelt.

Ich bin als Kriegskind, was Essen angeht, nicht verwöhnt, aber ich hätte hier in England doch ganz gern mit der guten österreichischen Küche angegeben. In Anbetracht des verunglückten Apfelstrudels lasse ich das aber lieber bleiben. Englische Küche zu lernen, mache ich mir nicht die Mühe. Steak and Kidney Pie, Fleisch mit wässerigem Gemüse, Rice Pudding. Muss man nicht können. Einzig der Nachmittagstee und das Frühstück sind herrlich, vor allem bei Bridgets Mutter in Pixton, wo es noch eine Köchin gibt. Da steht beim Frühstück nicht nur das obligate Ham and Eggs auf dem Tisch, sondern jeden Tag etwas anderes, darunter seltsame Dinge wie Kedgeree, eine Art Fischrisotto, gebratene Nieren oder Bohnen mit Tomatensauce.

Robin ist das jüngste von Bridgets drei Kindern, aber in diesem Jahr ist noch ein viertes bei ihr, ihre Nichte Margaret. Diese ist eine Tochter von Bridgets zweiter Schwester Laura und dem Schriftsteller Evelyn Waugh. Waugh hat als guter Katholik sieben Kinder – der jüngste heißt folgerichtig Septimus –, aber sie machen ihn mit ihrem Lärm beim Schreiben nervös, und er verteilt sie deshalb gern auf seine Verwandten. Die zehnjährige Margaret ist ein aufgewecktes Kind, eine Leseratte und eine kleine Besserwisserin. Als ich zum ersten Mal ins Haus komme, empfängt sie mich sofort mit der Frage: Magst du Tennyson lieber oder Shelley? Ich habe keinen von beiden gelesen, aber antworte wie aus der Pistole geschossen: Shelley natürlich. Wie sich zeigt, war das die richtige Antwort. Ich habe die Prüfung bestanden und werde fortan von Margaret, der heimlichen Anführerin der Kinderschar, gnädig akzeptiert.

Evelyn Waugh ist, so finde ich noch heute, der witzigste englische Schriftsteller seiner Generation. In den Dreißigerjahren war er ein Shooting Star, seine Romane aus dieser Zeit zeichnen ein ebenso treffendes wie umwerfend komisches Bild der vergnügungssüchtigen, frivolen, anarchischen und desorientierten jungen Leute der Epoche, der Bright Young People. Später machte er, gemeinsam mit Winston Churchills Sohn Randolph auf dem Balkan eingesetzt, Furore mit einer Romantrilogie über den Zweiten Weltkrieg. Als ich ihn kennenlerne – aus der

Evelyn Waugh Anfang der Fünfzigerjahre

Perspektive des kleinen Au-pair-Mädchens –, ist er ein rundlicher kleiner Mann, der, bewusst und ein wenig demonstrativ, eine Aura der Altmodischkeit kultiviert. Moderne Technik kann er nicht leiden, ebenso wenig Journalisten, Werbung, Amerikaner und Kinder, die alles dürfen. Sein Witz ist brillant, aber gelegentlich auch schneidend. Evelyn, fragt ihn einmal während eines Besuchs in Pixton seine Schwägerin Bridget, wie kannst du nur so ekelhaft sein, wo du doch so katholisch bist? Und Mister Waugh antwortet: Meine liebe Bridget, was glaubst du, wie ekelhaft ich erst wäre, wenn ich nicht so katholisch wäre.

Natürlich lese ich sämtliche Bücher von Evelyn Waugh. Die Bibliothek in Pixton ist, im Gegensatz zu Breznitz, reichhaltig und ausgezeichnet, und auch in den Häusern von Lady Herberts Töchtern gibt es viel und gut zu lesen. Ich erwerbe so nebenbei eine gute Grundkenntnis der englischen Literatur. Bei den Drus bekomme ich einmal die Aufgabe, die

Bücher abzustauben und einzuordnen, aber ich komme damit nicht recht weiter, weil ich immer wieder bei irgendeinem Buch hängenbleibe. Gérard Dru lacht nur und sagt: Recht hast du.

Und auch von den Kindern lerne ich so manches. Wir singen gemeinsam die schönen englischen Kinderlieder und Nursery Rhymes und lesen die nicht minder schönen englischen Kinderbücher. »Doctor Dolittle«, »Alice in Wonderland« und »Winnie the Pooh« kenne ich schon von zu Hause, aber jetzt lerne ich noch viele andere kennen. Und natürlich sind die hiesigen Kinder, so wie einst auch ich, in historischen Fragen leidenschaftliche Parteigänger. Waren wir beim Siebenjährigen Krieg Anhänger der Österreicher gegen die Preußen, so sind Margaret, Robin und die anderen aus katholischen Gründen für die schottischen Stuarts gegen deren englische Feinde. Margarets Liebling ist Bonnie Prince Charlie, »the lad born to be king«, der Thronprätendent, der bei Nacht und Nebel aus Frankreich in seine Heimat zurückkehrt und in seiner Mission scheitert.

Lady Herberts einziger Sohn heißt Auberon. Bron, wie er genannt wird, diente im Krieg bei einer polnischen Einheit. Die britischen Regimenter, bei denen er sich beworben hatte, nahmen ihn wegen seiner angeschlagenen Gesundheit nicht, aber die Polen, berühmt für ihre Todesverachtung, waren über jeden froh, der mit ihnen kämpfen wollte. Die polnischen Soldaten bei den Westalliierten ernteten Ruhm bei der Luftschlacht um England und beim Feldzug in Italien, besonders bei der Schlacht um Monte Cassino. Aber als der Krieg zu Ende war, konnten und wollten sie nicht in ihre Heimat zurückkehren, die nun zum Teil von der Sowjetunion annektiert und zur Gänze von den Kommunisten dominiert war. Eine der vielen halbvergessenen kleineren Tragödien in der Folge der großen Tragödie des Krieges.

Auberon tat alles, um seinen Kameraden in und um Pixton Arbeit zu verschaffen. In den westenglischen Dörfern wimmelte es plötzlich von polnischen Veteranen, oft feschen Burschen, die hinter den englischen Mädchen her waren. Während meiner Au-pair-Zeit gibt es immer wieder Eifersuchtsdramen. Und oft höre ich Lady Herbert seufzen: Schon wieder! Brons Polen!

Auberon hat eine kleine Wohnung in London, die er nur selten benutzt, und vor meiner Abreise zurück nach Österreich darf ich ein paar Tage dort wohnen und mir die Hauptstadt anschauen. Ein junger Mann aus dem Umfeld der Familie macht sich erbötig, mir London zu zeigen. Er ist wohlerzogen und schüchtern und tut sein Bestes. Er führt mich zum Parlament und zur Westminster Abbey, in die Nationalgalerie und ins Britische Museum. Beim Abschied im Taxi macht er höfliche Konversation, aber plötzlich und ohne Warnung umarmt er mich und gibt mir einen Kuss. Ich erschrecke, er erschrickt auch, wird rot und sagt: »Oh, awfully sorry.« Ein Anbandelversuch? Nein, ein peinlicher Fauxpas. Mein Begleiter ist verlegen. Ich bin verlegen. Wir schweigen für den Rest der Fahrt. Ja, so sei das in England, erklärt mir später eine erfahrene Freundin.

Nach Wien, nach Wien!

Nach Moskau, nach Moskau!, rufen die drei Schwestern in Anton Tschechows gleichnamigem Stück. Nach Wien, nach Wien!, rufe ich, als ich von England nach Österreich zurückkomme. Ich, überzeugte Stadtbewohnerin von Kindheit an, will in die Großstadt. Stadtluft macht frei. Nur keine Provinz! Meine Eltern haben mittlerweile eine Wohnung in Graz. Ich möchte studieren, und die Eltern hätten gern, dass ich das in Graz tue. Bei ihnen wohnen könnte ich zwar nicht, dazu ist die elterliche Wohnung zu klein, aber essen könnte ich dort, und manches wäre leichter. Aber mich zieht es in die Hauptstadt.

Im Wintersemester 1951 inskribiere ich am Dolmetschinstitut der Wiener Universität. Das ist der Weg des geringsten Widerstandes. Englisch kann ich nach meinem Englandjahr sowieso, und der Beruf der Konferenzdolmetscherin bei internationalen Organisationen gefällt meinem Vater und mir auch. Meine Freundin Gilli hat dasselbe Studium gewählt. Freilich, weit kommen wir beide damit nicht. Die Sprachübungen sind zu leicht für uns und das Simultandolmetschen zu schwer. Fast niemand von unseren Kollegen schafft es, mit Ausnahme von Hansi Eberstark, einem voluminösen jungen Mann mit einem phänomenalen Gedächtnis. Er kann nicht nur anscheinend mühelos lange Vorträge blitzschnell von einer Sprache in die andere dolmetschen, er ist auch ein genialer Kopfrechner. Hansi, wie viel ist 365 mal 742?, kann man ihn fragen und erhält in Minutenschnelle die korrekte Antwort. Seufzend resignieren wir. Damit können wir nicht konkurrieren.

Aber das ist für mich auch nicht das Wichtigste am Studieren. Ich brauche eine Pause zwischen Schule und Berufsleben. Zeit, um erwachsen zu werden und einen eigenen Weg zu finden. Ich bin nicht die Einzige in diesen Jahren, die an der Universität mehr bummelt als arbeitet, mehr probiert als fertigbringt. Der Leistungsdruck späterer Studentengenerationen bleibt uns noch erspart. Verloren ist die Zeit trotzdem nicht. Für uns ist wichtig, in der Großstadt zu sein, neue Ideen zu hören, mit Gleichgesinnten zu diskutieren. Das geschieht in der Mensa, einem ungemütlichen, viel zu kleinen Raum im Hauptgebäude der Universität am Ring. Jeden Tag bin ich dort, meine Clique hat dort einen Tisch. Es wird endlos gequatscht und geraucht. Ich bestelle einen kleinen Braunen. Der muss für Stunden reichen.

Natürlich muss ich arbeiten, um mein Studium und mein Leben zu finanzieren. Ich habe einen Halbtagsjob bei der Caritas gefunden. Dafür bekomme ich fünfhundert Schilling im Monat. Das Geld ist genau eingeteilt: Die Miete für ein Untermietzimmer muss drin sein, eine warme Mahlzeit pro Tag und der kleine Braune in der Mensa. Die warme Mahlzeit ist immer die gleiche: eine Gulaschsuppe und eine Semmel in der sogenannten WÖK, der Volksküchenkette, die die Stadt Wien damals unterhält. Eine sehr gute WÖK-Filiale gibt es in der Herrengasse, nicht weit von der Universität.

Schwieriger ist die Frage des Wohnens. Am Anfang wohne ich in einem katholischen Studentinnenheim, aber dort werde ich nach einigen Monaten an die Luft gesetzt. Ich studiere nicht ernsthaft genug, findet die Direktorin. Sie hat recht. Die anderen Studentinnen, auch meine Zimmergenossin, verbringen alle Abende zu Hause über ihren Büchern. Ich fühle mich an mein Salzburger Klosterinternat erinnert. Nicht das schon wieder! Ich möchte nicht nur immerfort lernen, ich möchte auch leben, ausgehen, Freunde und Freundinnen sehen. Ich habe einen Verehrer, der mich manchmal spätabends nach Hause bringt und sich an der Tür mit einem Kuss verabschiedet. Auch das gefällt der gestrengen Heimleiterin nicht.

Jetzt heißt es also eine neue Bleibe suchen. Es beginnt ein langer Marsch durch die Wiener Untermietzimmer. In jenen Jahren sind Wohngemeinschaften für Studenten noch unbekannt, es gibt auch keine Garçonnieren und Singlewohnungen. Wohnraum aller Art ist knapp. Wer keine Familie hat – und manchmal auch, wer doch eine hat, aber wenig Geld –, wohnt in Untermiete. In den gutbürgerlichen Wohnungen in den universitätsnahen Vierteln kleben fast über jeder Türglocke etliche selbstgemalte Kärtchen mit der Aufschrift: Müller 1 Mal läuten, Meier 2 Mal läuten, Schmidt 3 Mal läuten.

Viele alleinstehende Frauen, die berühmten Hofratswitwen, bessern ihre knappe Pension auf, indem sie Teile ihrer Wohnungen vermieten. Viel adaptiert wird dabei nicht. Die Hausfrau hat sich ins Schlafzimmer zurückgezogen, Wohnzimmer, Speiszimmer, Kinderzimmer und die Dienstbotenkammer sind vermietet. Ein Bett oder ein Sofa wurde zwischen den vorhandenen Möbeln aufgestellt, das genügt. Wenn der Untermieter oder die Untermieterin Glück hat, darf sie das Bad mitbenutzen, wenn nicht, muss er oder sie eine Waschschüssel auf dem Tisch balancieren. Und am Samstag geht man ins Tröpferlbad, eine segensreiche Einrichtung, die es damals noch überall in Wien gibt.

Das Thema Küche ist ein Kapitel für sich. Manchmal darf man ein Eckchen des Kühlschranks in Beschlag nehmen und dort sein Töpfchen Milch und sein Stückchen Butter deponieren. Häufiger ist die Methode, etwaige Lebensmittelvorräte im Winter zwischen die Doppelfenster zu stellen. Im Sommer geht das nicht. Dann muss man eben auf Leichtverderbliches verzichten und die Dose mit dem Brot im Kleiderschrank unterbringen.

Besuche im Untermietzimmer? Herrenbesuche bei möblierten Damen sind meist undenkbar. Freundinnen werden manchmal geduldet, manchmal nicht. Telefonanrufe für Untermieter oder Untermieterin stören. Wohlerzogene Untermieter lassen sich deshalb nur dann anrufen, wenn es wirklich brennt. Wollen sie selbst telefonieren, legen sie Geld in ein dafür vorgesehenes Schüsselchen oder machen einen Strich auf einem bereitgestellten Schreibblock. Und selbstverständlich fassen sie sich kurz.

Man kann die Vermieterinnen verstehen. Fremde Leute in der eigenen Wohnung sind nun einmal eine Last. Es geht nur, wenn man aufeinander Rücksicht nimmt und sich an einen ausgeklügelten Benimmcode hält. Im Wien der Fünfzigerjahre ist dieser Code allgegenwärtig, und trotzdem ist Zoff zwischen Vermieter – meist ist es eine Vermieterin – und ihren Untermietern an der Tagesordnung. Das einzig Gute daran: Er bietet unerschöpflichen Stoff für Gespräche, für Klatsch und Tratsch.

Ich finde nach dem Hinausschmiss aus dem Studentinnenheim zunächst eine Art eigene Wohnung. Es ist eher ein Loch, ein ebenerdiger fensterloser Raum, der auf einen Hinterhof hinausgeht. Nebenan ist eine Tapeziererwerkstatt, der Tapezierer arbeitet draußen auf dem Hof. Oben im Haus übt jemand Klavier, der Tapezierer und ich hören stundenlang die Tonleitern und manchmal auch ein richtiges Musikstück. Ich finde diese Lokalität romantisch, ich denke an Montmartre und stelle eine Topfblume vor meine Tür. Aber das Loch lässt sich nicht heizen, und als der Herbst kommt, muss ich mir ein Untermietzimmer suchen.

Im Lauf der Zeit werden es viele. Ich arbeite mich langsam hinauf, von weniger netten zu immer besseren. Der Tiefpunkt ist ein eiskaltes Speiszimmer mit einem Esstisch für zehn Personen und einem riesigen geschnitzten Buffet aus deutscher Eiche, darüber hängt das Porträt des verstorbenen Hausherrn. Zwischen Tisch und Buffet steht eingeklemmt ein Messingbett. Eine Mit-Untermieterin muss durch das Zimmer gehen, wenn sie ihr eigenes Zimmer erreichen will, und als Waschraum dient uns die Toilette der Wohnung, angereichert durch eine winzige Waschschüssel aus Blech. Als ich es nach einigen Jahren zur ersten eigenen Bleibe bringe, komme ich mir vor wie im Himmel. Die neue Wohnung ist ganze 22 Quadratmeter groß, inklusive Badezimmer und Kochnische, sie hat schräge Wände und einen Blick auf den Donaukanal. Und eine Wohnungstür, die man hinter sich abschließen kann. Ich schaffe es sogar, in diesem Puppenheim Gäste zu bewirten.

Aber wichtiger als Studium und Wohnen ist mir schon bald meine Arbeit bei der Caritas. Der Direktor dieser kirchlichen Einrichtung ist Monsignore, später Prälat, Leopold Ungar. Er ist einer der wirklich bemerkenswerten Leute der frühen Zweiten Republik. Anfang der Fünfzigerjahre hat er gerade die Caritas übernommen, eine »bessere Suppenküche«, wie er zu sagen pflegt, die er innerhalb kurzer Zeit zu einer gewaltigen Hilfsorganisation ausbauen wird. Damals residiert sie in einer schäbigen Etage am Währinger Gürtel. Ungar ist ein charmanter und weltläufiger Mann, ein geistreicher und witziger Intellektueller aus großbürgerlichem Haus, der vor dem Krieg ein großer Anhänger und großer Kenner von Karl Kraus war und das Letztere immer noch ist. Er hatte seinen Doktor iuris gemacht und war 1938 seiner jüdischen Herkunft wegen zuerst nach Frankreich und dann nach England emigriert. In Paris wurde er katholischer Priester. Zurück in Österreich, hat er es im traditionellen kirchlichen Milieu nicht ganz leicht, in das er passt wie die Faust aufs Auge. Er hat begeisterte Anhänger und sorgenvolle Kritiker. Und oft fragen fromme Kirchgänger, gelegentlich auch mich, ob der kluge Monsignore wohl auch sicher den rechten Glauben hätte. Aber den hat er. Wenn Sammelaktionen anstehen, entwirft er meistens selber die Werbeslogans, oft auf für die damalige Zeit unkonventionelle Weise. Etwa »Caritas ist die Weltanschauung Gottes«. Oder, auf einem Plakat: »Wir schnorren, wo es geht. Wir helfen, wo es nicht mehr geht.« Leopold Ungar erfährt später viele Ehrungen, aber für sein Engagement bezahlt er einen hohen Preis. Ich erschrecke, als ich in einem Nachruf von ihm für seinen Freund, den Historiker Friedrich Heer, den Satz lese: »Du warst ein erhellendes Element in meinem dunklen und frostigen Leben.« Dunkel und frostig? Man hat es ihm nicht angesehen. Aber es wird schon so gewesen sein.

Des Monsignore zwei wichtigste Mitarbeiterinnen sind kaum weniger bemerkenswert als er. Da ist Ilona Seilern, die für die Auslandsarbeit zuständig ist. In Österreich gibt es noch viel Not und Elend, aber Leopold Ungar hat sich von Anfang an dafür eingesetzt, dass die Caritas auch international tätig wird. Die katholische Kirche ist eine Weltkirche, und die Not der Menschen ist weltweit und kennt keine nationalen Grenzen. Ilona, die Gräfin, hat von irgendwoher ein kleines Einkommen, sie lebt sehr bescheiden mit einer Freundin zusammen, aber sie arbeitet für den symbolischen Lohn von einem Schilling. Sie ist fast ständig unterwegs, im Nahen Osten, in Afrika, sie hilft Flüchtlingslager zu organisieren und treibt Geld auf. Sie ist es, die den Grundstein für eine später sehr große Abteilung legt.

Die zweite Säule der Caritas ist meine unmittelbare Chefin, das Fräulein Machatschek. Diese ist ein kleines zartes Weiblein, die weißen Haare zu einem ordentlichen kleinen Knoten aufgesteckt. Sie sieht aus wie ein sehr intelligentes Mäuschen, bewegt sich schnell und präzise und ist immer in Aktion. Ihr Lächeln ist entwaffnend. Sie legt Wert auf den Ehrentitel Fräulein. Jeden Tag um Punkt acht Uhr sitzt Fräulein Machatschek an ihrem Schreibtisch, freundlich und effizient, und bleibt dort bis lange nach offiziellem Dienstschluss. Sie organisiert die Nothilfe im Inland, hält Kontakt zu den einzelnen Pfarren, die Caritasaufgaben wahrnehmen, und muss die Ideen umsetzen, die der Monsignore am laufenden Band produziert. Sie macht eine Arbeit, für die sonst gut und gerne drei Leute nötig wären. Ohne sie geht gar nichts. Ich bin ihre Helferin und nehme ihr einen kleinen Teil der Routinearbeit ab. Caritasarbeit braucht starke Nerven. Die habe ich nicht. Unsere Caritaszentrale gibt die großen Linien der Sozialarbeit vor. Oft sehen Leopold Ungar und seine Leute früher als andere, welche gesellschaftlichen Veränderungen anstehen, etwa das Drogenproblem bei Jugendlichen oder die Flüchtlingsfrage. Da gibt es große Projekte, die viel Geld kosten. Aber oft kommen auch arme Leute von der Straße herein, die das Türschild Caritas gesehen haben und nun hier und jetzt Hilfe suchen. Am liebsten würde ich dann sagen: Hier ist ein Job, und hier ist eine Wohnung, und hier ist Geld für die Übergangszeit. Passt jetzt alles? Ist jetzt alles in Ordnung? Also dann, adieu und alles Gute. Aber das geht natürlich nicht. Wir können meist nicht viel mehr tun, als die Menschen an andere Stellen weiterschicken. Ich bleibe zurück, verwirrt und beschämt.

Warum gibt es Reiche und Arme? Was für Strukturen machen unsere Gesellschaft so, wie sie ist? Welche Kräfte wirken auf sie ein? Gibt es Rezepte, das zu ändern? Armut gibt es eben, meint Ilona, die Pragmatikerin. »Die Armen werdet ihr immer unter euch haben«, heißt es schon im Evangelium. Besser, wenigstens einigen von ihnen zu helfen, als dazusitzen und nichts zu tun und sich darüber zu grämen, dass man nicht allen helfen kann. Ja, schon. Aber trotzdem ... Ich finde plötzlich mein Dolmetschstudium irrelevant und beschließe, umzusatteln und Soziologie zu studieren. Die Soziologen müssen schließlich wissen, was es ist, das unsere Welt und unsere Gesellschaft im Innersten zusammenhält. Oder eben nicht zusammenhält.

Mein Soziologieprofessor ist August Maria Knoll. Er ist auf seine Weise kein uninteressanter Mann. Einst war er Privatsekretär des Bundeskanzlers Ignaz Seipel, er war einer der Vordenker des Ständestaates und Nazigegner. Von diesem Hintergrund wissen wir Studenten natürlich nichts. Wir kennen nur das Gerücht, dass die Taschen seines guten Anzugs angeblich mit Wachstuch ausgeschlagen sind, weil er bei offiziellen Empfängen die Sandwichs einsteckt und zu seiner Familie nach Hause trägt. Bei Knoll schreiben wir eine Seminararbeit über den spanischen Gelehrten und Politiker Donoso Cortés, den von unserem Professor geschätzten katholischen Theoretiker der Diktatur.

Im Dolmetschinstitut haben wir eine konkrete Fertigkeit gelernt, aber hier, im Bereich der Geisteswissenschaften, sind wir mit der geistigen Substanz der Wiener Universität der Fünfzigerjahre konfrontiert. Im Wesentlichen handelt es sich um eine Fortsetzung der universitären Verhältnisse im Ständestaat. Die Größen der Zeit sind Professor Hubert Rohracher in der Psychologie, dessen Vorlesung für die ganze Fakultät Pflicht ist und in der der Name Sigmund Freud nicht vorkommt, der »Integralist« Leo Gabriel in der Philosophie, der Benediktinerpater Hugo Hantsch in der Geschichte. Alle haben ihre Meriten – aber die Gegenposition, sowohl die liberale wie die linke, fehlt. Was uns ahnungslosen Studenten dargeboten wird, ist so etwas wie ein zerbrochenes Bild, von dem nur eine Hälfte übrig ist. Dafür sorgt schon der gescheite, aber ultrakonservative Unterrichtsminister Heinrich Drimmel.

Wien ist damals grau und langweilig, befinden die Menschen, die aus dem Ausland zu Besuch kommen. Ostblock. Schäbig und gestrig. Ich kann das nicht finden. Denn unter der grauen Oberfläche brodelt es, und eine neue, durchaus nicht unbegabte Generation sucht ihren Weg. Viele, die später berühmt werden, machen ihre ersten Schritte, ziemlich unbemerkt von der breiten Öffentlichkeit. An der Kunstakademie werden neue Kunstrichtungen ausprobiert, Abstraktion, Surrealismus, Realismus. Arnulf Rainer und Josef Mikl, Ernst Fuchs und Wolfgang Hutter malen ihre ersten Bilder, Alfred Hrdlicka verfertigt seine ersten Plastiken. Herbert Eisenreich, Milo Dor, Reinhard Federmann veröffentlichen ihre ersten Bücher. Helmut Qualtinger ist bereits ein Geheimtipp. Im »Strohkoffer«, der kleinen Kellerbar, in die mich manchmal jemand mitnimmt, spielt Uzzi Förster den neuesten Jazz. Niemand hat Geld. In der Kolingasse etabliert sich das Österreichische College und pflegt eine

*Mit Theodor W. Adorno
beim Forum Alpbach, 1957*

Sorte Wissenschaft, die die Universität nicht bietet. Im Sommer gibt es dazu im Tiroler Dorf Alpbach einen internationalen Kongress.

Dort arbeite ich einige Zeit als Hilfskraft, und in dieser Funktion lerne ich Ende der Fünfzigerjahre Theodor W. Adorno kennen, der in Alpbach ein Seminar leitet. Der berühmte Philosoph hat eine Schwäche für Österreich und auch für den Adel. Er entdeckt meinen Freund Andreas Razumovsky, damals Musikkritiker eines Wiener Boulevardblattes, und vermittelt ihn an die *Frankfurter Allgemeine Zeitung*, wo Andy bald zum Balkankorrespondenten aufsteigt. Und Adorno entdeckt auch mich. Ich schreibe zu dieser Zeit schon gelegentlich Artikel, und Adorno empfiehlt mich seinem Freund Karl Korn, einem der Herausgeber der *FAZ*. Ich fahre auch tatsächlich nach Frankfurt, und Korn bietet mir eine Stellung in seiner Zeitung an.

Adorno, der nicht nur Mitglieder des Adels mag, sondern auch junge Frauen, die ihn bewundern, zeigt mir sein Institut, Brutstätte der berühmten Frankfurter Schule. Seine beiden Assistenten sind Jürgen Habermas, später der führende Philosoph Deutschlands, und Ludwig von Friedeburg, der später hessischer Kulturminister wird. Alle schmunzeln ein bisschen, als Adorno mich herumführt. Mir wird es plötzlich unbehaglich. Die denken wohl: Wen hat der Alte da wieder aufgegabelt, schießt es mir durch den Kopf. In Wirklichkeit war es ihnen vermutlich herzlich egal. Aber mich verlässt der Mut. Als Protektionskind des berühmten Professors irgendwo anfangen? Ein bisschen peinlich. Ich bedanke mich höflich bei Adorno und Korn und fahre unverrichteter Dinge wieder nach Wien zurück. Habe ich eine große Chance aus Zimperlichkeit aufgegeben? Vielleicht. Vielleicht auch nicht.

Aber auch in Wien lässt es sich leben. Den Caritas-Job habe ich inzwischen aufgegeben, auf die Dauer kann ich einfach nicht von fünfhundert Schilling und einer Gulaschsuppe leben. Ich finde andere Arbeit, und obwohl ich mit dem Studium immer mehr ins Hintertreffen gerate, halte ich trotzdem daran fest. Ich wiege mich in der Illusion, trotz allem eine Studentin zu sein und nicht nur eine Teilzeit-Bürohilfe. Ich arbeite in einem Reisebüro und hole die ersten Amerikaner, die nach Wien kommen und die Stadt des »Dritten Mannes« sehen wollen, vom Flughafen ab. Ich übersetze für die Firma von Niki Laudas Vater einen Text über Magnesitgewinnung ins Englische. Ich ordne das Archiv des Österreichischen College. Und ich tippe die Radiopredigten und die Korrespondenz eines anderen klugen Monsignore, des Kunstmäzens Otto Mauer.

Dieser ist im Hauptberuf Akademikerseelsorger, aber er interessiert sich für moderne Kunst und gründet bald die Galerie St. Stephan in der Grünangergasse im Zentrum von Wien, die die jungen neuen Maler ausstellt und fördert. Meine schöne Freundin Gertie Fröhlich, selbst Malerin, arbeitet in der Galerie und schleppt ihre Freunde von der Akademie an, Arnulf Rainer, Josef Mikl, Wolfgang Hollegha und Markus Prachensky, den sie später heiratet. Die Galerie heißt nicht lange St. Stephan. Irgendjemand nimmt Anstoß an einer Ausstellung, in der ein Künstler aus der Tschechoslowakei in Pop-Manier den Kaiser Franz Joseph mit einer Schiebermütze zeigt. Das geht nicht in Wien. Bedauernd, aber doch bedeutet der Kardinalerzbischof Franz König dem Akademikerseelsorger, dass dessen Galerie nicht den Namen des ehrwürdigen Schutzpatrons der Metropolitankirche tragen könne. Jetzt ist guter Rat teuer. Schließlich kommt Alexander »Atti« Auer, einem der Organisatoren von Alpbach, die rettende Idee. »Nennt das Ding doch einfach Galerie nächst St. Stephan.« So geschieht's. Und dagegen hat auch der Kardinal nichts einzuwenden.

Die Fünfzigerjahre sind die Jahre, in denen der Kalte Krieg seinen Höhepunkt erreicht. Meine unpolitischen Freunde und mich interessiert das nur am Rande. Als es wieder einmal zu einer besonders krassen Untat des Sowjetregimes kommt, diktiert Otto Mauer mir einen Brief, in dem er dem Kunstkritiker des *Abend*, Johann Muschik, den Zutritt zur Galerie verbietet. *Der Abend* ist eine Abendzeitung, die sich im Besitz der Kommunistischen Partei Österreichs befindet. Er wünsche nicht, den Vertreter einer Organisation, die die Menschenrechte mit Füßen tritt, in seinen Räumen zu sehen, schreibt Mauer. Ich wundere mich. Ich kenne Muschik als einen gutmütigen Mann, dessen Liebe den Malern der sogenannten Wiener Schule des Phantastischen Realismus um Ernst Fuchs gehört. Monsignore, wieso tritt der Herr Muschik die Menschenrechte mit Füßen?, frage ich meinen Chef. Dieser seufzt. Ihr Jungen habt aber auch von nichts eine Ahnung, sagt er. Er hätte gern schnell die Post erledigt, aber er hat sich damit abgefunden, dass er zwischendurch seinen Amateur-Mitarbeitern immer wieder die Welt erklären muss.

Dass die Kommunisten die Bösen sind, ist für uns eine Selbstverständlichkeit, über die man nicht weiter nachdenkt. Sie führen ein Leben weitab der Öffentlichkeit und weitab von meiner Wahrnehmung. Auch die Sozialdemokraten, wiewohl keine Teufel wie die Kommunisten, leben in einer anderen Welt. Österreichische Innenpolitik interessiert meine Freunde und mich nicht im Geringsten. Wir finden das alles todlangweilig. Wir wissen gerade einmal, dass wir von einer großen Koalition regiert werden und dass der Bundeskanzler Julius Raab heißt. Als ich zum ersten Mal wählen darf, wähle ich quasi automatisch die konservative ÖVP.

Interessanter als die österreichischen Parteien ist die amerikanische Besatzungsmacht. Die Amerikaner unterhalten in Wien ein Information

Center an bester Adresse, direkt neben dem Hotel Sacher. Ich gehe gern hin und lese dort mit großer Begeisterung den *New Yorker*. Zum ersten Mal bekomme ich eine Vorstellung davon, was Journalismus sein kann. Die Amerikaner veranstalten auch Ausstellungen, darunter die große Fotoausstellung »The Family of Man«, die weit professioneller aufgemacht ist als alles, was es zu dieser Zeit in Österreich zu sehen gibt. Sie geht durch die Welt, wie auch eine Ausstellung moderner amerikanischer abstrakter Kunst. Die abstrakte Kunst, sagt der realistische Bildhauer Alfred Hrdlicka, hat die CIA, der amerikanische Geheimdienst, erfunden.

Für uns Kriegs- und Diktaturkinder ist das alles neu und faszinierend. Da können die Russen nicht mithalten. Auch sie haben ein sowjetisches Informationszentrum mit Bibliothek, aus der ich mir später einmal »Das Kapital« ausleihe. Da muss man doch wenigstens einmal hineinschauen, denke ich mir. Ich vergesse immer, es zurückzugeben. Als ich das endlich tun will, gibt es die Bibliothek nicht mehr. Der dicke Band steht immer noch bei mir zu Hause in einem Regal, immer noch ungelesen.

Aber die eigentliche Entdeckung jener Jahre ist die österreichische Literatur zwischen 1900 und 1938. Gilli und ihr Freund Rudi Schönwald, den sie später heiratet, ein Maler und Zeichner, der die Nazizeit in der Emigration nur knapp überlebt hat, schleppen unermüdlich Bücher heran, und wir lesen, lesen, lesen. Arthur Schnitzler und Robert Musil. Hugo von Hofmannsthal und Hermann Broch. Joseph Roth und Karl Kraus. Rudi kann »Die letzten Tage der Menschheit« seitenweise auswendig und trägt besonders die satirisch-wienerischen Teile brillant für uns vor. »… grüß dich Pokorny, grüß dich Powolny …« – die Zeile aus der ersten Szene des berühmten, einem »Marstheater« zugedachten Stücks wird zur gängigen Grußformel. Aber auch der skurrile »Gaulschreck im Rosennetz« von Fritz von Herzmanovsky-Orlando ist ein Lieblingsbuch, besonders die Geschichte vom Hofzwerg, der die böhmische Sprache erfunden hat, um einen Erzherzog von der Melancholie zu heilen. Das ist also auch Österreich, nicht nur Berge und Enzian, stelle ich fest und entwickle prompt einen leidenschaftlichen Österreich-Patriotismus.

Dieser bezieht sich zunächst auf Wien. Die Stadt wird meine Stadt, bald gleich geliebt wie mein unvergessenes Prag. Ich gehe durch die Straßen und entdecke auch hier immerfort Geschichte und Geschichten. Hier war die Poliklinik, in der Schnitzler arbeitete und die die Kulisse für »Professor Bernhardi« abgab. Da ist Doderers Strudlhofstiege. Hier wohnte der Mann ohne Eigenschaften. Und da sind die berühmten Kaffeehäuser, in denen alle unsere Lieblingsautoren aus und ein gingen, das Central, das Griensteidl, das Museum. Wir selber gehen ins Café Hawelka.

Aber auch für die Reize der von mir zunächst wenig geschätzten österreichischen Provinz gehen mir jetzt die Augen auf. Irgendwann erwerbe ich ein altes Auto, einen Käfer Cabrio mit mehrfach geflicktem Dach, und wir erkunden Niederösterreich, die Steiermark, das Burgenland. In schäbigen Pensionen oder bäuerlichen Fremdenzimmern kann man um ein paar Schilling übernachten. Ein Glas Wein und ein Schmalzbrot dazu können sogar wir uns leisten. Von Tourismus ist noch weit und breit keine Rede, und wir staunen über die Schönheit der Dörfer und Kleinstädte, die noch von keinen Bausünden ruiniert sind, und über die offenen Wiesen und Felder, noch gänzlich unverhüttelt. Erst jetzt bin ich wirklich in Österreich angekommen.

Und eines Tages folgt auf die scheinbar endlose Kette von prekären Gelegenheitsjobs endlich auch ein richtiger Beruf. Ich habe ein paar kleine Texte geschrieben, und mein Bruder Jakob ermutigt mich, sie an die Tageszeitung *Die Presse* zu schicken. Mit deren Herausgeber Fritz Molden, einem abenteuerlustigen jungen Mann mit roten Haaren und einer bewegten Vergangenheit im Anti-Nazi-Widerstand, ist er befreundet. Und wirklich, die Zeitung druckt meine Versuche. Schließlich, Anfang 1956, bietet Molden mir sogar einen Job in seiner Lokalredaktion an. Er fragt mich, was ich studiert habe. Etwas kleinlaut berichte ich von meinen beiden unvollendeten Studienanläufen. Aber das stört ihn nicht. Wenn Sie gesagt hätten, Publizistik, meint er, hätten Sie gleich wieder gehen können. Diese Erfahrung erhärtet mein lebenslanges Vorurteil gegen diese später höchst populär gewordene Studienrichtung. Erleichtert breche ich nun auch offiziell mein Studium ab. Ich bin jetzt Reporterin.

Schauplatz der Originale

Die Redaktion der *Presse* ist in jenen Anfangsjahren eine Etage in der Universitätsstraße. Eine Setzerei im Hause gibt es nicht. Wir schreiben unsere Manuskripte auf riesigen, laut klappernden Underwood-Schreibmaschinen, und der Redaktionsdiener, Herr Soukup, fährt damit auf seinem Moped in die Setzerei in den neunten Bezirk. Wir sitzen zu fünft in der Lokalredaktion, ich bin die einzige Frau. Gegen fünf Uhr Nachmittag, wenn sich der Redaktionsschluss nähert, wandert Herr Derka, der Lokalchef, nervös zwischen den Schreibtischen auf und ab und stößt seinen gefürchteten Klageruf aus:»Manus, Manus!« Dann heißt es schnell machen. Herr Soukup wartet.

Ludwig Derka ist ein alter Herr, ein Relikt aus der Zwischenkriegszeit, in der er bei der damaligen *Kronen Zeitung* gearbeitet hat. Er kennt viele Geschichten aus der Frühzeit des Wiener Journalismus. Zum Beispiel wie ein Kollege eine Agenturmeldung mit der Ortsangabe Lake Hurst ungelesen in den Papierkorb warf, mit dem verächtlichen Ausruf:»Ach was, Lake Hurst«, ausgesprochen wie Backe Wurst. Sein Pech: Es handelte sich um die Meldung über den Absturz des Luftschiffs»Hindenburg«, eine Weltsensation. Etwas Ähnliches unterlief noch früher einem anderen Wiener Zeitungsmann beim tödlichen Attentat auf die Kaiserin Elisabeth in der Schweiz. Die Meldung begann:»Ihre kaiserliche und königliche Majestät ...«, und behandelte den Fortgang von deren Reise in die Schweiz. Dass die Kaiserin dabei ermordet worden war, stand erst am Schluss, und so weit las der Journalist nicht. Die Moral, die Herr Derka uns mit derlei Geschichten mitgeben will, lautet: Agenturmeldungen sorgfältig lesen, und beim Schreiben das Wichtigste an den Anfang setzen.

Herr Derka ist ein braver Mann, aber auch ein alter Schürzenjäger. Während er auf unsere Berichte wartet, die über seinen Schreibtisch gehen, liest er gern die»Mutzenbacher«, den Wiener Pornoklassiker. Und wenn ich mein Manus abgebe, muss ich aufpassen, dass ich mich in gebührender Distanz halte, um eventuellen Grapschern zuvorzukommen. Unser Chef liebt auch anzügliche Bemerkungen und freut sich diebisch, wenn ich rot werde. Und auch meine Kollegen, alles nette Kerle, die der Anfängerin solidarisch beistehen, sind nicht abgeneigt, die neue junge Kollegin ein bisschen in Verlegenheit zu bringen. Das ist alles durchaus nicht böse gemeint. Es ist zu jener Zeit eben der Stil. Und auch mir liegt feministische Empörung fern. Ich bin schon froh, wenn ich nicht durch ein unbedachtes Wort in eine Falle tappe und allgemeines wissendes Grinsen provoziere.

Selbstbewusste berufstätige Frauen sind in meiner von der Nazizeit geprägten Generation noch selten. Von meiner Salzburger Gymnasialklasse haben nur vier Mitschülerinnen ein Studium abgeschlossen. Die anderen, alles patente Frauen, arbeiten zwar zunächst irgendwo, geben aber nach der Heirat sofort den Beruf auf und begnügen sich damit, für Mann und Kinder da zu sein. In der älteren Frauengeneration war das anders. Zur *Presse*-Redaktion stößt später Ilse Leitenberger, eine kleine, energische, emanzipierte Person, die bald stellvertretende Chefredakteurin wird. Und wir alle kennen Elisabeth Thury, innenpolitische Redakteurin der Austria Presse Agentur und Doyenne des Wiener Journalismus.

Frau Thury ist eine große, dicke, mächtige alte Frau mit sorgfältig frisierten dunklen Löckchen. Man sieht ihr an, dass sie einmal attraktiv gewesen ist. Keine Pressekonferenz kann beginnen, bevor sie gravitätisch wie ein Schlachtschiff hereingesegelt ist und in der ersten Reihe Platz genommen hat. Sie ist mit mehreren Ministern per Du und genießt hohes Ansehen, sowohl in der eigenen Branche als auch bei den Politikern. Dabei stand sie in den Dreißigerjahren als Angeklagte im Mittelpunkt zweier Skandalprozesse. Jedes Mal ging es um Mordversuch mit Gift. Elisabeth Thury, von Haus aus eine serbische Fürstin, hatte versucht, die Ehefrauen ihrer verheirateten Liebhaber aus dem Weg zu räumen. Sie landete im Gefängnis, kam aber nach kurzer Zeit wieder frei. Und ihr Auftritt vor Gericht war so eindrucksvoll, dass Karl Kraus in der *Fackel* schrieb, die Beschuldigte sei um vieles gescheiter als die Richter, die sie verurteilt hatten. In der Nazizeit war sie im Widerstand und kam ins KZ. Für uns Junge ist sie eine legendäre Figur.

Aber es gibt noch andere Originale in der Wiener Zeitungsszene der Fünfziger- und Sechzigerjahre. 1956, in meinem ersten Jahr dort, übersiedelt *Die Presse* von der Universitätsstraße auf den Fleischmarkt, in jenes Gebäude, in dem einmal das *Neue Wiener Tagblatt* hergestellt wurde. Nun sind wir in einem richtigen Zeitungshaus mit einer eigenen Setzerei. Dort regiert Herr Häuser, der Umbruchsredakteur. Er sieht aus wie ein Heldentenor, und auch sein Auftreten würde jeder Opernbühne zur Ehre gereichen. Groß und stattlich, mit wehendem weißem Haar und einem karierten Cape, das er nach Künstlerart über die Schultern geworfen hat. Dazu trägt er einen breitkrempigen Hut à la Makart.

In der Setzerei waltet er seines Amtes mit Donnerstimme. Einmal bin ich Zeugin, wie der Chefmetteur bei einem der berüchtigten Häuser-Ausbrüche seelenruhig erklärt: Herr Häuser, wenn Sie so schreien, macht mich das so nervös, dass mir das Schiff aus der Hand fallen könnte. Das Schiff ist der Rahmen mit dem Bleisatz der fertig umbrochenen Zeitungsseite. Wenn es zu Boden fällt, gibt es einen sogenannten Blattsalat. Eine Katastrophe, denn das bedeutet, das alles neu umbrochen werden muss und der Andruck versäumt wird. Von Stund an ist Herr Häuser ruhig und höflich.

Ich liebe die Setzerei und bin froh, wenn ich zum Spätdienst eingeteilt werde. Der Spätdienst-Redakteur muss bis zum Andruck im Haus bleiben und im Fall einer Sensation, die am Abend ausbricht, das Blatt mutieren. Es gefällt mir in der großen düsteren Halle. Die Setzmaschinen rattern, es riecht nach Blei und Druckerschwärze. In einem Glasverschlag sitzt der Korrektor mit seinem Duden und überprüft alles auf Rechtschreibfehler. Er ist in dieser Hinsicht strenger und wohl auch gebildeter als der Chefredakteur. Ich lerne die Branchensprache. Lokalspitzen sind kleine Meldungen, die man einschieben kann, wenn irgendwo ein Text zu kurz ist. Garmond, Petit und Nonpareille sind die Schriftgrößen. Ein Hurenkind ist eine Zeile, die über die Spalte überhängt. Dann muss man den Text kürzen und dafür sorgen, dass das Hurenkind verschwindet.

Wenn ich spätabends von der Setzerei nach Hause in mein Untermietzimmer gehe, führt mein Weg durch die Kärntner Straße. Dort ist zu diesem Zeitpunkt das Nachtleben in vollem Gange. Die damals eleganteste Wiener Einkaufsstraße ist auch die Rotlichtzone. An den Ecken zu den Seitengassen stehen die einschlägigen Damen und warten auf Kundschaft. Bei der Annagasse, wo es mehrere Nachtlokale gibt, hat eine große Blonde mit einem Hündchen ihren Standplatz. Wir kennen einander jetzt schon vom Sehen. Wenn ich vorbeigehe, nicken wir uns freundlich zu. Zwei Frauen, die um diese Zeit arbeiten müssen. Verrucht und gefährlich ist das nächtliche Wien in diesen Jahren nicht, jedenfalls nicht in der Kärntner Straße.

Die großen Kaliber der *Presse*-Redaktion bekomme ich als jüngstes Mitglied und kleinstes Rädchen in der Zeitungsmaschinerie nur selten zu sehen. Aber manchmal nehme ich doch an der Redaktionskonferenz teil, und das ist jedes Mal ein Erlebnis. Leiter der Innenpolitik ist Hans Mauthe, ein knorriger Nationalliberaler, Vater des Schriftstellers und späteren Stadtrats Jörg Mauthe. Er sitzt meist grantig dabei und hört zu, wie die anderen diskutieren. Man sieht ihm an, dass er das Meiste, das gesagt wird, für Blödsinn hält. Und einmal steht er auf, sagt: Leckts mich doch alle am Arsch, und verlässt das Zimmer. Milan Dubrovic, damals Chefredakteur, läuft ihm auf den Gang nach und ruft: Mauthe, Mauthe, jetzt sei doch nicht so.

Dubrovic ist ein Mann von großem Charme, er sieht, dalmatinischer Gentleman, der er ist, hinreißend aus und ist einer aus der schwindenden Schar jener, die noch die große Zeit der Wiener Literatencafés und deren Besucher erlebt hat. Die für uns schon ins Mythische entrückten Größen von damals, Joseph Roth und Franz Werfel und Milena Jesenská, Kafkas Briefpartnerin, kannte er alle persönlich.

Er ist auch ein enger Freund des Schriftstellers Friedrich Torberg. Als dieser 1951 aus der Emigration nach Wien zurückkehrte, war es Dubrovic, der seinen Empfang in Torbergs ehemaligem Stammcafé, dem Herrenhof, inszenierte. Torbergs erster Weg führte natürlich ins Kaffeehaus. Und dort begrüßte ihn der Ober, es war noch derselbe wie vor dem Krieg, als sei der Gast erst gestern dagewesen. Guten Morgen, Herr Torberg, *Die*

Presse und einen kleinen Schwarzen wie immer? Als wäre nichts gewesen. Und als könnte man wieder genau dort anfangen, wo man 1938 aufgehört hatte.

Eine nette Geschichte, aber für mich auch ein bisschen beklemmend. Denn natürlich ist nichts so, wie es gewesen war. Und natürlich hat man auch nicht dort wieder angefangen, wo man aufgehört hat, nicht zuletzt deshalb, weil das Personal von Grund auf gewechselt hat. In der *Presse*, dem einstigen »Judenblatt«, arbeitet kein einziger Jude mehr. Und genau wie in der Volksschule, im Gymnasium, auf der Universität ist auch in der *Presse* die Nazizeit kein Thema. Unsere Themen sind andere: der Wiederaufbau, der wachsende Wohlstand, die Konsolidierung der bürgerlichen Welt. Der österreichische Staatsvertrag ist unter Dach und Fach. Oper und Burgtheater spielen wieder. Der Opernball ist ein großes Ereignis. Die ausländischen Diplomaten sind wieder da, und in den diversen Botschaften und Gesandtschaften entwickelt sich ein reges gesellschaftliches Leben.

Wir bringen eine Serie über die ausländischen Vertretungen in Wien. Ich werde ausgeschickt, um den Konsul eines kleinen lateinamerikanischen Landes zu interviewen. Es zeigt sich, dass es ein älterer jüdischer Geschäftsmann ist, der in jenem Land in der Emigration war und dieses jetzt in Österreich vertritt. Was ich und auch mein neuer Lokalchef Thomas Chorherr von diesem Interview erwarten, ist eine Geschichte über glänzende Diplomatenempfänge, die Schönheit Wiens, die guten Beziehungen Österreichs zum Land des Konsuls und zur Welt im Allgemeinen. Aber dazu ist mein Gesprächspartner nicht ganz der Richtige. Er blickt mich ein bisschen skeptisch an und denkt vermutlich, wie einst Otto Mauer: Ihr Jungen habt wirklich von nichts eine Ahnung. Und erzählt ein wenig vom »Anschluss« Österreichs, von Hitlers Empfang auf dem Heldenplatz, vom Novemberpogrom, von den brennenden Synagogen und von den Wiener Juden, die die Straßen waschen mussten. Ich bin starr. Das habe ich alles so noch nie gehört. Dass es diese Ereignisse gab, weiß ich wohl, aber nur vage und gleichsam abstrakt. Plötzlich sind sie real und haben ein Gesicht, das Gesicht des älteren Herrn, der mir da gegenübersitzt. Und meine vorbereiteten Fragen kommen mir auf ein-

In der Lokalredaktion der Wiener Tageszeitung Die Presse *1958: Thomas Chorherr (links) und Hans Zerbs*

mal unsäglich banal und albern vor. Ist mein Interview je erschienen? Ich weiß es nicht mehr.

Ich bin jung, ich bin eine Frau, und Herr Derka teilt mir die sogenannten weiblichen Themen zur Berichterstattung zu. Ich schreibe über eine Hundeausstellung, über durchreisende Filmschauspieler, über neue Kindergärten. Aber einmal ist der zuständige Reporter nicht da, und ich werde zu einem Straßenbahnunfall geschickt, bei dem der Fahrer zu Tode gekommen ist. Bei den Wiener Blättern ist es üblich, dass man in solchen Fällen zur Familie geht und ein Foto des Verunglückten erbittet. Ich tue das und erkenne zu meinem Entsetzen, dass die Frau des Straßenbahners vom Tod ihres Mannes noch nichts weiß. Ausgerechnet ich, die neugierige Reporterin, bin es, die ihr diese Nachricht überbringen muss. Wir sitzen gemeinsam in der Küche der Gemeindewohnung, die Straßenbahnerfrau und ich, und heulen. Und ich denke mir: Nie wieder so was.

Mit Politik haben wir Lokalreporter nichts zu tun. Das tut mir nicht leid. Unsere Kollegen von der Innenpolitik können nicht einmal davon träumen, den Politikern kritische Fragen zu stellen oder politische Entwicklungen zu hinterfragen. Erst Bruno Kreisky führt Jahre später ein, dass die Journalisten nach dem Ministerrat den Regierungsmitgliedern spontan Fragen stellen dürfen. In den Fünfziger- und Sechzigerjahren ist ein Interview mit dem Bundeskanzler eine Gnade, die auserwählten Journalisten gewährt wird; die Fragen müssen vorher schriftlich eingereicht werden.

Aber im Jahre 1956 gibt es ein politisches Ereignis, das uns alle elektrisiert: der Aufstand in Ungarn. Atemlos verfolgen wir am Radio, wie die Intellektuellen vom Petőfi-Klub Meinungsfreiheit verlangen und durchsetzen, wie der verhasste Parteichef Rákosi gestürzt wird, wie es eine kurze Weile nach Reform aussieht und wie schließlich die Russen intervenieren und alles kaputt schießen. Unser Chefredakteur Fritz Molden, in jungen Jahren ein Abenteurer, ist jetzt wieder in seinem Element. Er fährt nach Ungarn und liefert spannende Reportagen. Er interviewt den später hingerichteten Revolutionshelden Pál Maléter und erlebt das Einrücken der sowjetischen Panzer. Ich wäre liebend gern nach Ungarn gefahren, doch das kommt natürlich gar nicht in Frage. Aber ich darf über die Hilfe berichten, die den ungarischen Flüchtlingen in Österreich zuteil wird. Und die ist wirklich beachtlich.

Leopold Ungar und seine Caritas übertreffen sich selbst. Scharen von Freiwilligen melden sich und schwärmen aus, an die Grenze, ins große Flüchtlingslager Traiskirchen, in zahllose Hilfsstellen, wo Essen, Kleidung und Medikamente ausgegeben werden. Plötzlich wird deutlich, wie viele Menschen es in Wien gibt, nicht zuletzt in den Kreisen der sogenannten Gesellschaft, die aus familiären Gründen Ungarisch sprechen. Und alle wollen helfen, nicht immer sehr professionell. Eine junge Frau aus meinem Bekanntenkreis telefoniert von einer Auffangstation an der burgenländisch-ungarischen Grenze aus mit einer Freundin in Wien. Sie hat die ganze Nacht gearbeitet und ist todmüde. Jetzt wünsche ich mir nur noch ein Bett, sagt sie. Die Freundin versteht »Fett«. Und am nächsten Tag steht ein Kombiwagen mit Schmalzpaketen vor der Tür.

Wer kann, bringt Säcke mit warmer Kleidung. Und wer Platz hat, nimmt Flüchtlinge in seiner Wohnung auf.

Die ungarischen Flüchtlinge sind das Tagesgespräch in Wien. Alle bewundern den Freiheitskampf der Ungarn. Alle bemitleiden die Flüchtlinge, die oft bei Nacht und Nebel und ohne Gepäck über die Grenze gekommen sind. Auch in der Wohnung, in der ich jetzt in Untermiete wohne, ist jedes Eckchen belegt. Meine Wirtin hat ungarische Verwandte, die zunächst bei ihr Unterschlupf gefunden haben. Margit ist total erschöpft und möchte sich jetzt vor allem ordentlich ausschlafen. Dénes ist charmant und abenteuerlustig und lacht sich in Blitzesschnelle eine österreichische Freundin an. Und Etelka ist auch in geschenkten Kleidern todschick. Sie ist eine ausgezeichnete Bridgespielerin und bald in allen Wiener Clubs zugange. Sie gewinnt immer und lebt von dem Geld, das sie dabei verdient. Jetzt gehe ich in die Arbeit, sagt sie, wenn sie zum Bridgespielen aufbricht.

Wir alle lieben und bewundern die ungarischen Freiheitskämpfer, und wir hassen die Kommunisten, die deren Revolution so grausam niedergeschlagen haben. Die Kommunistische Partei war schon vorher, während des Kalten Krieges, geächtet. Nach dem Ungarnaufstand ist sie, wenn es noch eines weiteren Anlasses bedurft hat, endgültig das Ärgste vom Ärgsten. Und ausgerechnet die Kommunisten wagen es kaum drei Jahre später, ihre Weltjugendfestspiele in Wien abzuhalten, der Hauptstadt des neutralen Österreich und Nachbarland des schwergeprüften Ungarn. Diese »Festspiele der Jugend und der Studenten« sind den Olympischen Spielen nachempfunden und vereinen jugendliche Sportler aus verschiedenen Ländern, nicht zuletzt aus Asien, Afrika und Lateinamerika. Natürlich sind auch die kommunistisch regierten Länder Osteuropas stark vertreten und die Länder, in denen die kommunistischen Parteien stark sind wie Frankreich und Italien. Die österreichischen Zeitungen mit Ausnahme der kommunistischen *Volksstimme* einigen sich darauf, dieses Ereignis zu ignorieren. Man wird darüber einfach nicht berichten.

Große Diskussion in der Redaktionskonferenz. Denn es heißt, dass auch Jean-Paul Sartre, damals Sympathisant der Kommunistischen Partei Frankreichs, nach Wien kommen wird. Was sollen wir da machen?

Sartre ist eine Weltberühmtheit. Ihn auch ignorieren? Ja, ist die einhellige Meinung. Und was, wenn er ausgerechnet in Wien eines Tages von der Straßenbahn überfahren werden sollte? Schwierige Frage. Dann hat jemand die rettende Idee. Wir schreiben eine Lokalmeldung: »Der Schriftsteller Jean Paul S. wurde am Donnerstag in der Westbahnstraße von der Straßenbahn der Linie 49 überfahren und verletzt.« Und fertig. Das Dilemma bleibt uns erspart. Sartre kommt am Ende doch nicht.

Die Kommunistenfestspiele sind schlecht, aber soll man die vielen jungen Leute, die da in ein freies Land kommen, auch ignorieren? Die Jugendorganisationen planen Gegenveranstaltungen, in denen Demokratie propagiert werden soll. Und es wird eine Anti-Festivalzeitung herausgegeben, in mehreren Sprachen, die an die Teilnehmer gratis verteilt werden soll. Sie wird bei uns im Pressehaus produziert. Junge Journalisten aus Amerika bilden die Redaktion, unter ihnen auch eine schöne Blondine namens Gloria Steinem. Sie wird später die Frontfrau der amerikanischen feministischen Bewegung.

Es gibt Kommunisten im friedlichen Österreich, aber es gibt auch Rechtsradikale. Im Jahre 1959 jährt sich zum zweihundertsten Mal der Geburtstag von Friedrich Schiller, dem deutschen Freiheitsdichter. Die deutschnationalen Verbände im Lande nehmen das zum Anlass für eine große Manifestation. Man will zeigen, dass man sich der deutschen Nation zugehörig fühlt und mit dem neueingeführten verhassten Begriff der österreichischen Nation nichts am Hut hat. Es wird eine große Sache. Die Ringstraße ist abgesperrt. Und in langem Zuge marschieren Männer und Frauen daher. Man sieht viele Kriegsorden. Und viele Hakenkreuze. Es ist alles sehr zackig. Die »Schillerfeier« sieht einer Nazidemonstration verdammt ähnlich.

Ich soll darüber berichten und gehe mit einigen meiner Künstlerfreunde hin. Wir staunen. Und wir sind empört. Ich schreibe meine Geschichte und suche sie am nächsten Tag in der Zeitung. Ich habe eine große Aufmachung erwartet. Tausende Rechtsradikale auf der Ringstraße, denke ich mir, das ist schon etwas. Aber nein. Ich finde meinen Bericht, stark zusammengekürzt, als bescheidenen Zweispalter im Inneren des Blattes. Auf der Lokalseite.

Die Presse ist durchaus kein Naziblatt. Aber es entspricht dem Stil der Zeit, über kontroverse politische Themen lieber nicht zu diskutieren. Es ist Kalter Krieg, das ist Politik genug. Da weiß man wenigstens klar, wer der Feind ist. Über alles andere schweigt man besser. Die Nazizeit ist noch nicht so lange her, zu viele gibt es, die ihr nachtrauern. Wozu in Wunden herumstochern, Ressentiments herausfordern, unangenehme Fragen stellen und womöglich schmerzliche Antworten geben müssen. Das große Schweigen regiert. Und es wird noch dauern, bis es gebrochen wird.

Wie man Nazis macht

Im Juni 1962 findet im Großen Schwurgerichtssaal des Wiener Landesgerichts ein Prozess statt. Angeklagt sind einige junge Leute, die einen Brandanschlag gegen das Parlament verübt haben. Sie sind militante Neonazis und erbitterte Feinde der parlamentarischen Demokratie in Österreich. Ich arbeite mittlerweile bei der Wiener Tageszeitung *Kurier* und soll über das Verfahren berichten. Der Auftrag ist ein Schnellkurs in politischer Bildung.

Die Angeklagten sind alle um die zwanzig, ordentlich angezogen mit Anzug und Krawatte. Schnurgerade Scheitel. Brav sitzen sie auf ihren Plätzen. Ihre Anwälte sind Herren mit Schmissen im Gesicht, offensichtlich schlagende Burschenschafter. Ihre Strategie geht dahin, die Tat ihrer Mandanten als Bubenstreich darzustellen, ausgeführt in jugendlichem Übermut. Nicht wirklich ernst zu nehmen. Die Richter sind nur allzu bereit, dieser Darstellung zu folgen. Man will keine Märtyrer schaffen. Und man will auch nicht allzu viel über Motive und Hintergründe der Aktion wissen. Schließlich ist dabei niemand zu Schaden gekommen. Möglichst schnell will der Vorsitzende die Sache hinter sich bringen, je weniger von Politik die Rede ist, desto besser.

Aber da hat er nicht mit dem Angeklagten Gerd Honsik gerechnet. Dieser junge Mann will unbedingt Auskunft geben über das, was ihn dazu bewogen hat, eine Bombe gegen den Sitz der österreichischen Legislative zu schleudern. Er wollte ein Zeichen setzen, erklärt er. Er wollte seine Verachtung für die »Marionettenregierung« zeigen. Er wollte sein Bekenntnis zum Deutschtum und zum Nationalsozialismus kundtun. »Alles, was österreichisch ist, ist mir verhasst«, sagt er, nicht zur Freude seines Anwalts. Diesem ist am Gesicht anzusehen, was er jetzt denkt. Junge, du redest dich um Kopf und Kragen. Aber er kann den Angeklagten nicht stoppen. »Ich werde alles tun, was in meinen schwachen Kräften steht, um das österreichische Staatsgefüge zu vernichten«, sagt Honsik. Und ja, er steht zu Adolf Hitler. »Wenn Hitler auch hundert Millionen Juden ermordet hätte, so hat er doch die Ketten von Saint Germain gesprengt.«

Es geht nicht anders, die Richter müssen ihn verurteilen. Honsiks zurückhaltendere Mitangeklagten kommen glimpflich davon. Einer von ihnen, Günther Kümel, steht übrigens einige Jahre später neuerlich vor Gericht. Er hat bei einer anderen Demonstration einen Gegendemonstranten tödlich verletzt. Das mit den hundert Millionen Juden hat Gerd Honsik später relativiert. Er hat bestritten, dass Hitler überhaupt Juden ermordet und dass es überhaupt Gaskammern gegeben hat. Er wird als »deutscher Freiheitsdichter« zu einer führenden Figur der internationalen Naziszene, schreibt ein Buch »Freispruch für Hitler«, geht ins Exil nach Franco-Spanien und wird später wegen Wiederbetätigung neuerlich verurteilt. Diesmal, nach seinem ersten Auftritt in der Öffentlichkeit, fasst er vier Jahre Gefängnis aus.

Mir geht die Sache nicht aus dem Kopf. Wer ist dieser Bursche, der achtzehn Jahre nach dem Ende des Naziregimes immer noch dessen Ideen nachhängt? Er war zwei Jahre alt, als Hitler im Berliner Führerbunker Selbstmord beging. Und hält diesem immer noch die Treue. Er ist im Nachkriegsösterreich aufgewachsen, in mehr oder minder demokratischen Verhältnissen. Was waren das für Verhältnisse? Was hat diesen jungen Bombenwerfer geprägt? Was waren seine Vorbilder? Wer hat ihn erzogen? Und ist er eine Einzelerscheinung, oder laufen da draußen noch viele seinesgleichen herum? Was geht eigentlich vor unter diesen Jungen und was in den Schulen, aus denen sie kommen? Stoff für eine Reportage. Ich fange an zu recherchieren.

Die persönlichen Angaben, die beim Prozess bekannt geworden sind, sagen nicht allzu viel aus. Vater gefallen. Der Bub ging in Wien in die Volksschule, später ins Realgymnasium. Mit vierzehn hat er Lernschwierigkeiten, die Mutter schickt ihn in die Bundeserziehungsanstalt in Waidhofen an der Thaya. In der siebenten Klasse wechselt er wieder die Schule, er kommt ans Realgymnasium in Klosterneuburg. Zur Matura bringt er es aber nicht, er kriegt Krach mit den Lehrern und bricht die Schule ab. Und schlägt sich dann als Maturaschüler und Chauffeur durch.

Ich finde einen Mitschüler aus Honsiks Zeit in der Unterstufe des Realgymnasiums Wien V. Eine normale Wiener Mittelschule. Und normal war wohl auch der Ton, der dort herrschte. »In der Turnstunde wurde exerziert«, sagt mein Gewährsmann. »Rechtsum, linksum, Augen geradeaus. Und im Deutschunterricht haben wir die Sachen von Hans Grimm gelesen. Der Professor hat immer gesagt: Das ist zwar angeblich nazistisch, aber doch ein großes Kunstwerk.«

Entscheidend für Gerd Honsiks Entwicklung scheint aber die Zeit in Waidhofen gewesen zu sein. Ich fahre hin.

Waidhofen ist ein idyllisches Städtchen im Waldviertel. Das Bundeskonvikt ist ein imposantes Gebäude. Bundeskonvikte sind Einrichtungen der Republik, ursprünglich gegründet, um begabten Kindern vom Land den Besuch einer Höheren Schule zu ermöglichen. Wie kann es sein, dass aus ihnen Neonazis hervorgehen? Honsik ist übrigens nicht die einzige Naziberühmtheit, die im Waidhofener Internat erzogen worden ist. Auch Amon Göth, der KZ-Kommandant von Plaszów bei Krakau, Hauptfigur in Steven Spielbergs Film »Schindlers Liste«, war hier Zögling. In Plaszów liebte er es, beim Rasieren vom Badezimmerfenster aus vorübergehende jüdische Häftlinge zu erschießen. Nur so, zum Spaß.

Heute ist das Konvikt keine Nazischule. Das sehe ich gleich. Über dem Eingang hängt ein Täfelchen mit der Aufschrift »Der Herr segne dieses Haus«. Und die Atmosphäre ist stockkonservativ. Und ziemlich miefig. Die meisten Lehrer sind CVer, Alte Herren der katholischen Studentenverbindung Rugia. Die meisten Schüler gehören zur gleichnamigen Mittelschülerverbindung. Der Ständestaat lässt grüßen. Ich bitte um Zutritt zur Bibliothek und blättere das Bücherverzeichnis durch. Schulklassiker, Heimatdichter und, natürlich, Mirko Jelusich und Will Vesper. Hier hat sich seit der Nazizeit nicht viel geändert.

Gespräch mit dem Direktor. Ein rundlicher Beamtentyp, der nicht begeistert ist, dass Journalisten hier auftauchen. Nachher kann ich gut verstehen, dass dem jungen Honsik hier nach Rebellion zumute war. Der Schulleiter schüttelt den Kopf, als ich nach dem Schüler Gerd Honsik frage. Kein Wort über mögliche Motive, Hintergründe, Ursachen der Tat.

Keinerlei Hinterfragen der Erziehungsmethoden im Internat. Keinerlei Selbstzweifel. So was Ungeschicktes, sagt der Mann nur, der Bursch verdirbt sich ja die ganze Karriere.

Ich spüre Zorn in mir hochsteigen. Hättest du Dumpfbacke ihm was Vernünftigeres beigebracht, denke ich mir. Plötzlich ist mir der junge Rechtsradikale sehr viel sympathischer als dieser selbstgerechte Spießer. Ob nach Honsiks Verhaftung und Verurteilung einmal mit den Schülern über den Fall gesprochen worden sei? Der Direktor ist überrascht. Nein, wieso? Honsik sei ja nicht mehr Zögling im Konvikt. Und mit der Schule hatte das Ganze ja nichts zu tun. Die Worte »Damit haben wir nichts zu tun« höre ich später noch öfter.

Ich suche Schüler, die Gerd Honsik gekannt haben. Ein hochaufgeschossener Sechzehnjähriger namens Stefan läuft mir über den Weg. Er ist Fuchsmajor bei der Markomannia, der Schülerverbindung, die Honsik einst an der Schule gegründet hat. Stefan hat den Älteren bewundert und hofft, nun dessen Nachfolger als Sprecher der Gruppe zu werden. Ein netter Junge, Apothekersohn aus der Gegend. Höflich und hilfsbereit. Die Markomannia ist eine schlagende Burschenschaft, ihr berühmtestes Mitglied war der SS-General Otto Skorzeny, einst der Befreier Mussolinis. Sie ist seit jeher stramm deutschnational, eine Tradition, die hier im Waldviertel immer gepflegt wurde. Nicht weit von hier hat einst Georg von Schönerer, um die Jahrhundertwende Führer der Alldeutschen und radikaler Antisemit, in seinem Schloss Rosenau residiert.

Sein Geist scheint bei diesen Gymnasiasten noch immer lebendig zu sein. Stefan führt mich zur »Bude« der Markomannen und zeigt mir deren Schatz, die sogenannte Liederfibel der Verbindung. Fast ehrfürchtig nimmt er das Buch in die Hand. Es ist ein abgeschabter, in Leder gebundener Band. Einer der Alten Herren hat es den Jung-Kommilitonen geschenkt. Das Bundeslied der Verbindung, das die Burschen oft inbrünstig singen, geht so: »Den deutschen Ahnen, Bundesbrüder, dem deutschen Geiste, unserm Hort, den deutschen Farben unsere Lieder, der deutschen Treue unser Wort. Der deutschen Ehre, Markomannen, dem Blühen unserer deutschen Saat, dem Vaterlande der Germanen, der deutschen Freiheit unsere Tat.«

Bin ich hier wirklich im 20. Jahrhundert? In Waidhofen an der Thaya, 1962? Es kommt mir vor, als sei für diese Jungen die Zeit stehengeblieben. Ich blättere weiter. »Schart euch, Brüder, um die Fahnen, folget kühn des Banners Ruf, als wollt zum Heldentode mahnen Odin selbst, der euch erschuf. (…) Wollen nur nach Rache streben, fallen, in der Faust das Schwert. Markomannias Söhne geben Vätern, euch, was ihr begehrt.« Hat Gerd Honsik an dieses Lied gedacht, als er in Wien seine Bombe warf? Wollte er seinen eigenen Vater rächen? Honsik senior war SS-Mann. Im Krieg war er aber in einer Fallschirmjägereinheit der Wehrmacht gewesen und gegen Kriegsende in Italien gefallen. Nach dem Krieg hatte die Familie Schwierigkeiten, eine kurze Zeitlang schien es fraglich, ob sie die Hinterbliebenenrente bekommen würde. Euer Vater war ein Mörder, hörte Gerd als Kind einmal jemanden sagen. Für ihn war der Vater ein Held, ein verklärtes Idol. Dieser sei Ritterkreuzträger gewesen, erzählte er seinen Freunden. Das hatte er von seiner Mutter gehört, aber es stimmte nicht. Wie ein Kriegskamerad berichtete, hatte Vater Honsik sich auch nur deshalb zu den Fallschirmjägern gemeldet, weil er hoffte, wegen der langen Ausbildung das Kriegsende noch in der Heimat zu erleben und nicht mehr an die Front zu müssen. Eine vernünftige Überlegung, von der sein heldensüchtiger Sohn freilich nichts erfuhr.

Im Waidhofener Internat hat der junge Gerd Honsik die deutschnationale Markomannia in bewusster Opposition zur die Schule dominierenden katholischen Rugia und im Rückgriff auf bestehende lokale Traditionen wiedergegründet. Natürlich hat man auch Verbindungsnamen. Stefan heißt Eidulf, andere Kommilitonen heißen Hagen, Totila, Werwolf. Gerd hieß und heißt Teja. Mein Teja! Der tragische Gotenkönig! Alle haben offensichtlich ihren »Kampf um Rom« gelesen und verinnerlicht. Dieser alte Germanenquatsch. Hört denn das nie auf?, frage ich mich einigermaßen resigniert. Neulich habe ich das Buch, das ich als zwölfjähriges HJ-Mädel so liebte, irgendwo liegen gesehen und aus Nostalgie hineingeschaut. Ich schlage auf gut Glück irgendeine Seite auf. »Sagt euren Weibern«, sagt da der weise alte Hildebrand zum jungen König, »dass sie niemals einen Römer umarmen dürfen und nie einen Römling.« So weit Autor Felix Dahn.

Ich sehe mich um in der Markomannen-Bude. Noch einen Schatz birgt sie: einen Satz Schläger, die Waffe der schlagenden Burschenschafter. Auch dies ein Geschenk der Alten Herren, Waidhofener Honoratioren, die die Jungen wohlwollend fördern. Diese Alten Herren der Markomannia Waidhofen, fünfunddreißig an der Zahl, waren enttäuscht, als ihre Verbindung nach dem Krieg keinen Nachwuchs mehr hatte. Und sie waren froh, als der damals fünfzehnjährige Gerd Honsik auftauchte und sie wieder aufbauen wollte. Sie halfen ihm mit Rat und Tat und auch mit großzügigen Geldspenden. Sie bezahlten nicht nur die Schläger, sondern sie finanzieren auch die Bude und das Bier, das dort getrunken wird. Ich bitte Stefan, mich zu ihnen zu führen.

Eine gutbürgerliche Wohnung. Der Hausherr ist ein pensionierter Tierarzt. Schmisse im Gesicht, wie es sich gehört. Ein Esszimmer in deutscher Eiche, das mich an eins meiner alten Wiener Untermietzimmer erinnert. Über dem Buffet ein Porträt unseres Gastgebers, die stahlblauen Augen in weite Fernen gerichtet. Warum nur bilde ich mir ein, dass hier früher ein anderes Bild eines anderen Herrn mit stahlblauen, in die Ferne gerichteten Augen gehangen ist?

Markige, aber misstrauische Begrüßung. Stefan hat seinem Gönner gesagt, dass ich Journalistin bin. »Diese Zeitungen – jüdisch, katholisch, kommunistisch – schreiben ja immer so gehässig über uns«, meint der Doktor. Aber an den Gerd kann er sich erinnern, selbstverständlich. »Ein schmissiger Bursche. Repräsentieren konnte er, wissen Sie, reden – wie ein Alter.« Als er verhaftet wurde, schloss die Verbindung ihren Gründer allerdings augenblicklich aus. »Wir haben gleich gesagt: Damit wollen wir nichts zu tun haben. Da wollen wir nicht hineingezogen werden.«

Da ist es wieder, dieses »Damit haben wir nichts zu tun«. Seit meiner Volksschulzeit höre ich das. Immer und immer wieder. Ein österreichisches Leitmotiv. Schnell vergessen, was war, woran man einst geglaubt, woran man sich einst eifrig beteiligt hatte. Nicht nachdenken. Nicht nachfragen. Man ist jetzt, zumindest nach außen, wieder braver Staatsbürger. Das muss reichen. Die Ziele der Markomannia? Nun, man pflege deutsche Kultur, deutsches Brauchtum. Die Jungen sollen zu aufrechten deutschen Männern erzogen werden. Und die Lüge von der österreichischen Nation soll widerlegt werden.»Natürlich ist uns ein Bayer lieber als ein Jude oder ein Katzelmacher.«

Ich solle übrigens ja nicht glauben, dass die Markomannen in der Gegend nicht fest verankert seien. Der Tierarzt hat einen Brief vom Bürgermeister, den kann er mir zeigen, in dem die Bemühungen der Alten Herren um die Jugend ausdrücklich gewürdigt und gelobt werden. Und beim letzten Stiftungsfest waren mehrere Hochschulprofessoren aus Wien da. Und mehrere Abgeordnete der Freiheitlichen Partei. Es war sehr schön.

Gerd Honsiks letzte Schuletappe im Klosterneuburger Realgymnasium dauert nur ein paar Wochen. Irgendwann stellt ihn ein Lehrer wegen einer Verspätung zur Rede, und der Schüler Honsik flippt aus. Er wirft dem Lehrer einen Sessel an den Kopf. »Ich lasse mir diese ewigen Verfolgungen nicht mehr gefallen«, ruft er dabei aus. Und muss die Schule verlassen. War denn niemand da, frage ich mich, der diesem Burschen etwas anderes gezeigt hat als reaktionären Heimatmief und deutschnationalen Germanenkitsch? Kein Vorbild? Kein bisschen Aufklärung? Offenbar nicht.

Der Schulabbrecher wirft sich nun ganz auf die Politik und verfasst eine »Kampfschrift« nach der anderen. »Österreicher, Preußen, Brüder! Schulter an Schulter werden wir die deutsche Erde freikämpfen! Besinnt euch der Helden unseres Volkes: Armin, Otto der Große, Gneisenau, Hitler ... Stürmt hinan zum Parlament und jagt das Diktatorenkollegium der Nationalräte zum Teufel.«

Und eines Tages kommt der Bombenanschlag, die Verhaftung, das Gefängnis. Und im Folgenden eine Karriere als Berufsnazi. Und wieder das Gefängnis. Ein verpfuschtes Leben. Aber es kann niemand etwas dafür. Praktisch alle, die den jungen Teja in seinen Entwicklungsjahren begleitet haben, sagen: Damit haben wir nichts zu tun.

Ich rede mit einem seiner Lehrer am Klosterneuburger Gymnasium. Er ist einer der wenigen, die versucht haben, mit dem Schüler zu reden, wenn auch vergeblich. Ich frage ihn, wie viele Jugendliche in Österreich wohl ähnliche Ideen haben wie der Parlamentsbomber. »Nach meiner Erfahrung«, sagt der Professor, »in jeder Schulklasse zwei bis drei.« Gerd Honsik war nur ein wenig konsequenter als die anderen.

Hier marschieren Demokraten

Das Hauptquartier der Sozialistischen Partei Österreichs liegt in der Löwelstraße, gleich hinter dem Burgtheater. Ich soll Redakteurin bei der *Arbeiter-Zeitung* werden, dem Zentralorgan der Sozialdemokraten, und muss mich beim obersten Chef vorstellen, dem neuen Parteivorsitzenden Bruno Kreisky, der Anfang 1967 in einer Kampfabstimmung und gegen einigen parteiinternen Widerstand gewählt wurde. Ich bin ein bisschen aufgeregt, denn Kreisky geht jetzt schon ein großer Ruf voraus. Ein österreichischer Politiker, heißt es, der ganz anders ist als die Politiker, die wir kennen. Deshalb bin ich auch hier.

Kreisky, mit seinem Maßanzug und seinen roten Löckchen, empfängt mich freundlich. Der oberste Sozialdemokrat zeigt sich nett und charmant. Er freut sich, sagt er, dass ich zur *AZ* will. Ob ich denn Mitglied bei der SPÖ bin? Nein, sage ich. Und das will ich eigentlich auch nicht werden. In seiner Zeitung arbeiten, ja, gern. Aber Parteimitglied? Das nun wieder nicht. Kreisky nimmt es gelassen. Gut, sagt er, dann machen wir eben im Parteivorstand einen entsprechenden Beschluss. Ich staune und bin geschmeichelt. Ein Beschluss im Parteivorstand? Wegen mir kleiner Redakteurin? So wichtig bin ich? Das war sicher ein Schmäh, sagt mir später ein erfahrener Redaktionskollege. Typisch Kreisky. Er weiß eben, wie man Leute motiviert.

Nicht-Parteimitglieder ins Team zu nehmen gehört aber auch zur Strategie des neuen SPÖ-Chefs. Er hat gleich von Anfang an Liberale, sozial engagierte Christen, fortschrittlich gesinnte Bürgerliche und alle, die den herrschenden Mief in der heimischen politischen Landschaft satt haben, eingeladen, »ein Stück des Weges mit uns zu gehen«. Viele sind der Einladung gefolgt. Der ganze Stil der Partei soll anders, offener, jünger und einladender werden, heißt es, und die *Arbeiter-Zeitung* soll dabei eine wichtige Rolle spielen. Eine österreichische *Süddeutsche Zeitung* sollt ihr machen, sagt der Nationalratsabgeordnete Karl Czernetz. Er meint: eine linksliberale Zeitung. Czernetz liebt Zeitungen, nicht zuletzt der Zeitungen wegen hat er später das berühmte Café Landtmann gerettet, das verkauft und einem anderen Zweck zugeführt werden sollte. Und auch Kreisky ist ein Zeitungsfreund. Chefredakteur der *Arbeiter-Zeitung* wollte er selbst einmal werden.

Ich komme vom *Neuen Österreich*. Dieses Blatt, das »Organ der demokratischen Einigung«, war als erste österreichische Zeitung gleich nach Kriegsende gegründet worden und gehörte den drei »demokratischen« Parteien, ÖVP, SPÖ und KPÖ. Erster Chefredakteur war der Kommunist Ernst Fischer. Die Kommunisten schieden aus, als sie bei der ersten demokratischen Wahl nicht mehr ins Parlament kamen. Das *Neue Österreich* war nicht schlecht, viele später bekannte und angesehene Journalisten haben dort begonnen. Aber es war klar, dass seine Konstruktion auf die Dauer nicht bestehen konnte. Eine Zeitung im Eigentum von zwei politischen Parteien, ÖVP und SPÖ, die je nach ihrer Stärke im Parlament den Chefredakteur und dessen Stellvertreter stellten – das ging nicht mehr. Das Blatt wurde 1963 an einen privaten Eigentümer verkauft, schwächelte bald und sollte eingestellt werden.

Daraufhin entschloss sich die Redaktion zu einem kühnen und einigermaßen verrückten Schritt: Selbstverwaltung. Eine Zeitung im Eigentum derer, die sie machten. So etwas gab es in Frankreich, hatten wir gehört, bei der berühmten Zeitung *Le Monde*. Mehrere Redakteure des *Neuen Österreich* steckten eigenes Geld in das Projekt. Ich nicht, denn ich hatte keines, durfte mich aber trotzdem als Zeitungsmiteigentümerin fühlen. Treibende Kraft des Ganzen war Hans Mann, unser Kommunalredakteur. Er betrieb im Nebenberuf einen von seinen Eltern geerbten Eissalon im Wiener Bezirk Döbling.

Hansl gehörte zur Spezies der journalistischen Originale, jüngere Version. Kugelrund, durch nichts aus der Ruhe zu bringen und herzensgut. In seinem Eissalon bedienten während der Saison Prostituierte aus dem Bordell in Steyr. Ihnen täte eine Auszeit gut, fand unser Kollege, und diese übersiedelten ganz gern im Sommer nach Wien. Sie waren freundlich und höflich. Wir gingen nach der Arbeit gern zu Hansl und seinen Damen auf ein Eis.

Redaktion der Arbeiter-Zeitung *1970 mit Chefredakteur Paul Blau (vierter von links sitzend) und Barbara Coudenhove-Kalergi (erste von rechts sitzend)*

Natürlich scheiterte das Selbstverwaltungsexperiment nach kurzer Zeit. Meine Kollegen verloren ihr Geld und wir alle unseren Job. Anfang 1967 wurde das *Neue Österreich* endgültig eingestellt, und ich bewarb mich bei der *Arbeiter-Zeitung*.

Und nun bin ich AZ-Redakteurin im Auslandsressort. Eine österreichische *Süddeutsche Zeitung* wird unser Blatt nicht, das wird bald klar. Kreisky lässt seinen Journalisten viel freie Hand, aber als unsere Kollegen aus der Innenpolitik anfangen, die SPÖ-Linie von links zu kritisieren, zieht er die Grenze. Wir leisten uns keine eigene Zeitung, damit sie mit uns schimpft, bedeutet er den Redakteuren. Das besorgen schon die anderen. Ihr sollt den Leuten erklären, was unsere Politik ist, und nicht, was sie sein sollte.

Mir gefällt es trotzdem gut bei der *Arbeiter-Zeitung*. Das Beste an ihr ist ihr Haus. Unsere Redaktion befindet sich im historischen Gebäude des Vorwärts-Verlags auf der Rechten Wienzeile. Es ist ein stolzes Monument der alten Arbeiterbewegung. Die Skulptur eines muskulösen Arbeiters über dem Eingang. Der Chefredakteur Paul Blau sitzt in dem Büro, in dem einst Otto Bauer saß, einer der Großen der alten Sozialdemokratie. Die Möbel, schwarzes Holz mit Messingbeschlägen, sind noch alle original. Die meisten Redakteure haben ein eigenes Zimmer. Sie sind Individualisten und sollen Ruhe haben zum Dichten. Auch ich habe ein winziges Zimmerchen mit einem schönen Schreibtisch aus den Zwanzigerjahren und einem sogenannten Amerikaner, einem Bücherschrank mit aufklappbaren Glasfronten. Heute zahlt man für so etwas beim Antiquar viel Geld.

Wien war und ist bis zu einem gewissen Grade noch immer eine Stadt der geschlossenen Milieus. In meiner neuen Stellung lerne ich nun das sozialdemokratische Milieu kennen, das für mich und meine Freunde bisher Terra incognita war. Die prominenten Sozialdemokraten kennen einander meistens von Jugend auf, waren gemeinsam bei den Roten Falken oder der Sozialistischen Jugend. Viele sind auch miteinander verwandt. Man bleibt am liebsten unter sich. Und dort, im eigenen Milieu, wird auch diskutiert. Mit den anderen eher nicht. Wer von außen kommt, wird zunächst ein bisschen misstrauisch angeschaut.

Österreich wird bis 1966 von einer großen Koalition aus ÖVP und SPÖ regiert. Kein Wunder, dass das politische Leben langweilig ist. Viel Diskussion gibt es nicht. Entsprechend gleichgültig ist denn auch die Öffentlichkeit, inklusive mir und meinem Freundeskreis. Sozialdemokraten? Das sind doch die, die für die Krankenkassa und das Arbeitsamt zuständig sind. Brave Leute, aber total uninteressant. Im geistigen Leben der Stadt sind sie mir noch nie aufgefallen. Auf der Universität ist der Verband Sozialistischer Studenten eine kleine Minderheit. Dominierend ist dort die Gruppe der ÖVP-nahen Hochschüler, und an zweiter Stelle steht, stark und lautstark, der Ring Freiheitlicher Studenten.

Die heutigen Sozialdemokraten interessieren uns nicht besonders, wohl aber die Sozialdemokraten in der Ersten Republik. Wir wissen vom Roten Wien, von den Gemeindebauten, dem Bürgerkrieg von 1934. Deshalb lieben wir, als historisches Relikt, auch den 1. Mai. Seit ich in Wien bin, lasse ich ihn mir nie entgehen. Rote Fähnchen mit den drei Pfeilen an allen Fenstern der Gemeindebauten, dazwischen hie und da ein trotziges rotes Fähnchen ohne Pfeile. Da weiß man: Hier wohnen Kommunisten. Jahr um Jahr versammeln sich alle, die sich zur Linken zählen, pünktlich auf der Ringstraße und besehen sich den Maiaufmarsch, der in jenen Jahren noch groß und imposant ist. Er ist übrigens auch heute noch eine Sehenswürdigkeit, eine Wiener Spezialität, die in Europa nicht ihresgleichen hat. In den Nachkriegsjahren war er überwältigend. Die Abordnungen der einzelnen Bezirke, viele mit sorgfältig bestickten Traditionsfahnen. Die Mitglieder des ASKÖ, des Arbeitersportklubs, auf ihren Fahrrädern, die Speichen mit Girlanden aus rotem Krepppapier umwunden. Der Block der feschen Krankenschwestern aus den Spitälern der Gemeinde Wien in ihrer Tracht und die Abordnung der noch fescheren Kindergärtnerinnen. Und im letzten Block trägt der Schlussmann ein Plakat mit der Aufschrift »Hier marschieren Demokraten, hinter uns die USIATEN«. Denn hinter den Sozialdemokraten marschieren am 1. Mai traditionsgemäß die Kommunisten; die USIA-Betriebe waren in der Zeit der Besatzung die verstaatlichten Betriebe unter sowjetischer Verwaltung, entsprechend stark war dort die Kommunistische Partei vertreten. Auch ihren Vorbeimarsch schauen wir uns an. Eines ihrer Transparente gefällt mir besonders gut. »Wenn Hietzing auch viel Villen hat, so braucht es doch ein Tröpferlbad.« Während die SPÖ ihre Kundgebung vor dem Rathaus abhält, findet diejenige der Kommunisten vor dem Parlament statt. In den Sechzigerjahren haben diese die Hoffnung noch nicht aufgegeben, eines Tages dort wieder vertreten zu sein. »Kommunisten wieder ins Parlament« lautet deshalb ihre Losung. In späteren Jahren kommt zu den Marschierern auch noch das kleine Häuflein der Maoisten dazu, die ihren Stand vor dem Maria-Theresien-Denkmal errichtet haben. Nach dem Aufmarsch trifft sich alles, von halblinks bis ganz links, auf der Terrasse des Café Landtmann.

Freilich, Maiaufmarsch oder nicht, die Sozialdemokraten der Vor-Kreisky-Zeit sind eher trübe Gesellen. Der Verband Sozialistischer Akademiker gibt eine Zeitschrift namens *Die Zukunft* heraus. Außer den

Funktionären liest sie niemand. Aber im Jahre 1962 erscheint in dieser Zeitschrift ein Artikel des jungen sozialdemokratischen Funktionärs Heinz Fischer, des späteren Bundespräsidenten, der aufhorchen lässt. Er stützt sich auf die Mitschriften, die ein Student namens Ferdinand Lacina in der Vorlesung des Professors an der Hochschule für Welthandel, Taras Borodajkiewicz, gemacht hat. Diese strotzt vor antisemitischen Auslassungen. Der Professor ist ein Nazi, daraus macht er gar kein Hehl. Fischer nennt seine Quelle nicht, denn Lacina ist mit seinem Studium noch nicht fertig und Fischer will ihm nicht schaden. Es kommt zu einem kleineren Skandal, aber Borodajkiewicz passiert nichts. Erst drei Jahre später folgt die Fortsetzung. Lacina, später Finanzminister, hat sein Studium jetzt abgeschlossen und sagt vor Gericht aus. Und nun wird aus der Geschichte die »Affäre Borodajkiewicz«, die, endlich, endlich, die Auseinandersetzung des Landes mit seiner Nazivergangenheit einläutet.

Die Sozialistischen Studenten gehen auf die Straße und verlangen die Abberufung des Naziprofessors, unterstützt von vielen bisher Unpolitischen, die über dessen »wissenschaftliche« Bemerkungen entsetzt und empört sind. Ich nehme auch teil und kriege mit, dass plötzlich Gegendemonstranten auftauchen. Sie kommen vom RFS, dem Ring Freiheitlicher Studenten, der Studentenorganisation der FPÖ. Es gibt Krach, Hiebe, Tumult. Die Polizei greift ein. Und am Schluss liegt ein alter Mann schwerverletzt auf dem Pflaster. Er heißt Ernst Kirchweger, war einst Matrose im Ersten Weltkrieg, Sozialdemokrat, Widerstandskämpfer, KZ-Häftling und ist jetzt Mitglied der Kommunistischen Partei. Einige Tage später erliegt er seinen Verletzungen. Er hat nicht einmal an der Demonstration teilgenommen, sondern stand nur am Straßenrand.

Der Täter wird ausgeforscht. Es ist ein alter Bekannter, Günther Kümel. Er war seinerzeit bei dem Neonazi-Bombenattentat auf das Parlament dabei. Das Begräbnis von Ernst Kirchweger wird eine Riesensache. 25 000 Menschen folgen dem Sarg, unter ihnen die Spitzen der Regierung plus Bundespräsident. Sozialdemokraten und ÖVPler gehen Seite an Seite mit den Kommunisten, die ihrem Genossen die letzte Ehre erweisen. Und viele, viele junge Leute gehen mit. Es ist die größte antifaschistische Kundgebung der Zweiten Republik, schreiben die Zeitungen.

In Deutschland hat das entscheidende Ereignis der »Vergangenheitsbewältigung« schon zwei Jahre früher, 1963, begonnen: der Auschwitzprozess in Frankfurt, der insgesamt über zwei Jahre dauert. Als ich in dieser Zeit einmal in Frankfurt bin, setze ich mich einen Tag lang in den Verhandlungssaal des Gallus-Hauses, wo der Prozess stattfindet, höre zu und berichte später darüber. Es ist ein Routine-Verhandlungstag in dem Riesenverfahren, Zeugen werden einvernommen. Ich brauche als Zuhörerin eine Weile, bis ich mich einigermaßen orientiert habe. Der Saal hier ist modern, er hat nicht die Aura des Großen Schwurgerichtssaals im Wiener Landesgericht, wo die Angeklagten separat ihre Plätze haben und leicht auszumachen sind. Hier sitzen alle durcheinander, man könnte auf den ersten Blick meinen, in einem Seminar oder auf einem Kongress zu sein. Und die Angeklagten, Mitglieder der SS-Wachmannschaft, denen zahlreiche Morde vorgeworfen werden, sehen auch nicht anders aus als die übrigen Leute im Saal.

In der Pause stehen alle zusammen in einem Vorraum, trinken Kaffee oder rauchen eine Zigarette, Richter, Angeklagte, Anwälte, Journalisten. Plötzlich merke ich, dass ich nur wenige Meter entfernt von dem Angeklagten Wilhelm Boger stehe. Dieser Mann wurde »die Bestie von Auschwitz« genannt. Er hat die sogenannte Boger-Schaukel erfunden, eine Stange zwischen zwei Pflöcken. Häftlinge wurden beim Verhör mit den Kniekehlen auf diese Stange gehängt, Hände und Füße zusammengebunden, und dann erbarmungslos geschlagen, manchmal bis zum Tod. Er hat nachher nicht mehr ausgesehen wie ein Mensch, sagte ein Zeuge über einen so Behandelten. Und dieser Boger steht jetzt neben mir. Ein unauffälliger Kleinbürgertyp, eine Kaffeetasse in der Hand.

Nach der Pause sagt ein Zeuge aus, der Fahrer in Auschwitz war. Er lenkte den Lastwagen, auf dem Häftlinge in die Gaskammer transportiert wurden. Es geht darum, wer den Befehl dazu gegeben hat. Der Zeuge schildert umständlich, dass er natürlich eine Fahrerlaubnis gehabt hatte, ein Dokument, das jeder vorweisen musste, der ein lagereigenes Fahrzeug benutzte. Der Mann ist ganz indigniert. Der Verdacht, dass er ohne ordentlich gestempelte Papiere mit einem Auto gefahren sein könnte, regt ihn viel mehr auf als die Tatsache, dass in diesem Auto Menschen in den Tod gefahren worden waren. Bei uns hat alles seine Ordnung gehabt, sagt er. Da hätte es nichts gegeben.

Ich treffe beim Prozess den Österreicher Hermann Langbein, den ich aus Wien kenne. Er war Häftling in Auschwitz und Lagerschreiber. Er hat viel dazu getan, dass dieser Prozess überhaupt stattfinden kann. Jetzt ist er jeden Tag hier und notiert penibel alles, was gesagt wird. Ich frage mich, wie er es aushält, das ganze Grauen nun noch einmal aufgerollt zu sehen. Aber es ist dieser Prozess, weit mehr als seinerzeit der große Kriegsverbrecherprozess in Nürnberg, der den Deutschen die Schrecken der Naziherrschaft wirklich bewusst macht. Und es ist wichtig, dass es deutsche Richter sind, die hier verhandeln und urteilen.

Wir sind im Umfeld des Sturmjahrs 1968, und eine protestierende Linke, bisher eher marginal, rückt plötzlich ins Zentrum der politischen Auseinandersetzung, in Deutschland, in Frankreich, in Italien, in den USA, in Lateinamerika, in Polen, in der Tschechoslowakei, in China. Und auch in Österreich. Es ist eine neue Linke, die außerhalb der traditionellen Parteien entstanden ist, aber auf diese zurückwirkt. Der Vietnamkrieg beflügelt sie. Und in Deutschland und Österreich beginnt eine neue Generation zu fragen, was ihre Eltern in der Nazizeit eigentlich getan und nicht getan haben. Kritische Sozialdemokraten sind dabei, kritische Bürgerliche, kritische Christen. Und kritische Kommunisten, die die Dogmen des Stalinismus in Frage stellen. Ich habe in der *Arbeiter-Zeitung* die Möglichkeit, darüber zu schreiben. Die Zeit des Schweigens und Verschweigens ist vorbei.

In Österreich hat sich die Atmosphäre in den letzten Jahren grundlegend verändert. Daran ist der Wind des Wandels schuld, der durch ganz Europa weht, aber auch die Person von Bruno Kreisky. Nicht, dass er den neuen jungen Linken kritiklos zustimmt. Aber er hört ihnen zu, nimmt sie ernst, redet mit ihnen. Was sie wollen, weiß er nicht zuletzt deshalb recht genau, weil sein Sohn Peter an vorderster Front mit dabei ist. Peter ist auch einer der jungen Wissenschaftler, die Anfang der Siebzigerjahre unter dem Titel »Vietnam und die Sozialisten. Materialien zum Konflikt in Indochina« eine Broschüre herausgeben. »Materialien« ist zu jener Zeit ein Modewort, entstanden in den Seminaren der linken

Studenten in Deutschland. Autoren sind unter anderem Helmut Kramer, später Politologieprofessor an der Universität Wien, Erich Schmidt, später Minister, und Josef Hindels, der ewige Linksaußen der SPÖ. Mich haben sie dazugeholt, um das Bändchen zu redigieren und die Einleitung zu schreiben.

Keine leichte Aufgabe. Ständig kommen in den Texten, die ich korrigieren soll, die Wörter »Klassenkampf«, »Imperialismus«, »Faschismus« vor. Vergeblich versuche ich, im Hinblick auf die Leser, die wir erreichen wollen, den Ton ein bisschen zu mildern. Könnt ihr nicht auch einmal Interessenkonflikt schreiben statt Klassenkampf? Aber da komme ich bei meinen Kollegen schön an. Nein, nein, höre ich, das muss Klassenkampf heißen. Wir wollen, dass unsere »Materialien« in den Sektionen der SPÖ verteilt und diskutiert werden und natürlich auch auf dem nächsten Parteitag. Dazu brauchen wir den Segen des Parteivorsitzenden. Dieser hat inzwischen die Nationalratswahlen gewonnen und sitzt als Chef einer SPÖ-Minderheitsregierung im Bundeskanzleramt.

Wir sind alles andere als sicher, dass er unseren Wunsch erfüllen wird. Die öffentliche Meinung ist zu dieser Zeit einhellig auf Seiten der USA gegen die kommunistischen Kämpfer des Vietkong. Die offizielle SPÖ selbstverständlich auch. Nur ein paar Junge halten zu den Vietnamesen. Wir lassen uns von Kreiskys Sekretärin Margit Schmidt einen Termin geben und marschieren ins Kanzramt, unsere Broschüre unter dem Arm. Die Räume des ersten sozialdemokratischen Bundeskanzlers seit Karl Renner haben sich nicht viel verändert, seit dieser hier eingezogen ist. Das Vorzimmer ist noch immer im Handelskammer-Barock seiner Vorgänger gehalten, mit Hunderten kleinen Bundesadlerchen auf den Brokatvorhängen. Das Kanzlerbüro ist noch immer im »Herrenzimmer«-Stil dunkel getäfelt. Ein modernes Bild von Rudolf Hausner, das Kreisky aufgehängt hat, sieht darin ein wenig seltsam aus.

Der Kanzler blättert unser Büchlein durch, liest das Inhaltsverzeichnis, liest die Einleitung, brummt: Hm. »Die Herausgeber hoffen, daß in der SPÖ und in der österreichischen Öffentlichkeit ein Prozeß des Umdenkens beginnt, der zur Überprüfung des eigenen Standpunkts führt«, habe ich geschrieben. »Österreich hat selbst Krieg und fremde Besatzung erlebt. Die Herausgeber sind der Meinung, daß der 26 Jahre währende Kampf eines anderen kleinen Volkes um seine Selbstbestimmung der aktiven Solidarität aller anständigen Menschen und vor allem aller Sozialisten bedarf.« Und siehe da, Kreisky, der wenig später den US-Präsidenten in Österreich empfangen wird, gibt uns sein Imprimatur. Das ist in Ordnung, meint er. Als wir weggehen, habe ich das Gefühl: Der versteht uns. Und Peter Kreisky, der mit seinem Fahrrad ständig unterwegs ist, um Texte, die ihm wichtig sind, unter die Leute zu bringen, fängt gleich mit dem Verteilen an.

Bruno Kreisky schafft es, mit den verschiedensten Menschen verschiedenster politischer Richtungen ein Einvernehmen zu finden, ohne seinen eigenen Standpunkt zu verlassen. Diese Kunst, scheint mir, ist das Geheimnis seiner absoluten Mehrheiten. Er kann, was die meisten seiner Parteifreunde nicht können: Parteigrenzen überspringen, die Werte und Traditionen anderer verstehen und respektieren und, von diesen ausgehend, Gemeinsamkeiten finden. Diplomaten, die ihm vorgestellt werden, erzählen, dass er bei diesen Gelegenheiten stets fragt, ob der Betreffende während oder nach Kreiskys Zeit im Außenministerium eingestellt worden ist. Im ersteren Fall sagt er nach alter Außenamt-Tradition Du, sonst Sie. Menschen, die Wert auf Manieren alter Schule legen, schätzen das.

Beim Forum Alpbach in Tirol habe ich Burschenschafter aus dem Ring Freiheitlicher Studenten getroffen, militante Deutschnationale. Einige von ihnen verließen später mit der freiheitlichen Politikerin Heide Schmidt die FPÖ und gingen zu dem von dieser gegründeten Liberalen Forum. Auch sie waren von Kreisky beeindruckt. Er hatte mit ihnen über die bürgerliche Revolution von 1848 diskutiert, dem gemeinsamen Ausgangspunkt für Sozialisten, Liberale und Nationale. Und Kreisky, überzeugter Agnostiker, sucht auch den Kontakt mit dem Wiener Erzbischof Kardinal Franz König, einem aufgeschlossenen Christen, der als erster Kirchenfürst eine Rede vor dem österreichischen Gewerkschaftsbund hält. KKK sagt man damals und meint das Trio Kreisky-König-Kirchschläger. Der Letzte ist Bundespräsident, ein Parteiunabhängiger, der von der SPÖ aufgestellt worden war.

1976 begeht mein Onkel Richard Coudenhove-Kalergi den fünfzigsten Jahrestag des ersten Paneuropäischen Kongresses in Wien. Das war damals, im Jahr 1926, ein recht spektakuläres Ereignis, Spitzenpolitiker mehrerer bis vor kurzem verfeindeter Nationen waren dabei und hielten Reden. Inzwischen ist die Paneuropa-Union bedeutungslos, aber es gibt sie noch immer. Onkel Dicky will anlässlich des Jubiläums den Vorsitz der Organisation an Otto von Habsburg übergeben. Er ist kein Monarchist, aber er schätzt Otto Habsburgs europäische Orientierung. Und Bruno Kreisky erkennt sofort: Das ist die richtige Gelegenheit, um das leidige Habsburg-Trauma zu beenden, das fast sechzig Jahre nach dem Ende der Monarchie immer noch das Klima in der Gesellschaft beeinflusst. Viele Sozialdemokraten hassen die Habsburger aus tiefstem Herzen. Und für viele konservative Habsburg-Anhänger sind Sozialisten, jüdische noch dazu, nach wie vor des Teufels.

Ich bin auch eingeladen, als es im Bundeskanzleramt zum »historischen« Handschlag zwischen Bruno Kreisky und Otto Habsburg kommt. Es wird nicht viel geredet dabei, aber niemand tritt in ein Fettnäpfchen, und das Wichtigste ist erreicht: ein Foto, das fortan das sichtbare Zeichen der Versöhnung des modernen Österreich mit seiner Geschichte ist. Dass diese vor einer paneuropäischen Kulisse geschieht, nimmt dem Ereignis die Schärfe. Die Paneuropa-Union ist eine respektable Adresse, liberal-konservativ, anti-nazistisch, international, Kreisky war als Jugendlicher selbst einmal dabei. Auf diesem Boden kann man sich treffen.

Und als im Club 2, der wichtigsten Diskussionssendung des österreichischen Fernsehens, Kreisky auf Ottos Sohn Karl trifft, findet er in der heiklen Frage der Anrede wiederum eine salomonische Lösung. Herr Habsburg? Das würde die Konservativen ärgern. Kaiserliche Hoheit? Eine Provokation für Sozialdemokraten. Karl Habsburg leistet gerade seinen Dienst beim Bundesheer ab. Kreisky nennt ihn folgerichtig »Herr Fähnrich«. Damit können sowohl unverdrossene Monarchisten wie militante Republikaner leben.

Diese liberale Breite gefällt vielen Außenstehenden, aber den sozialistischen Kernschichten mutet sie einiges zu. Als die nächste Bundespräsidentenwahl ansteht, stellt die Sozialistische Partei den parteilosen Diplomaten und praktizierenden Katholiken Rudolf Kirchschläger auf.

Während des Wahlkampfs findet irgendjemand heraus, dass dieser berufsbedingt einmal Mitglied des ÖAAB war, der Arbeitnehmerorganisation der ÖVP. In der Redaktion der *AZ* herrscht Konsternation. Ist der Kandidat der SPÖ womöglich ein halber Schwarzer? Das kommt davon, wenn man jemanden aufstellt, der nicht im eigenen Stall großgeworden ist! Niemand will die peinliche Enthüllung kommentieren. Ich finde die Sache nicht so schlimm. Schließlich haben die österreichischen Sozialdemokraten mit dem k. u. k. General Theodor Körner als Bundespräsidenten schon einmal gute Erfahrungen gemacht, sage ich. Und die deutschen mit dem Liberalen Gustav Heinemann. Meine Kollegen bleiben skeptisch. Aber sie sagen: Na gut, dann schreib das halt. Und ich schreibe zum ersten und einzigen Mal im Zentralorgan der SPÖ einen innenpolitischen Leitartikel. Rudolf Kirchschläger wird einer der angesehensten Präsidenten der Zweiten Republik.

1974 bricht Bruno Kreisky zu einer Fact Finding Mission in den Nahen Osten auf. Er tut das als Vertreter der Sozialistischen Internationale. Die Siebzigerjahre sind das »sozialdemokratische Jahrzehnt«, und das Dreigestirn Willy Brandt aus der Bundesrepublik Deutschland, Olof Palme aus Schweden und Bruno Kreisky aus Österreich genießt in ganz Europa Respekt. Wenn die Sozialistische Internationale versucht, im seit Jahr und Tag festgefahrenen Konflikt zwischen Israelis und Palästinensern vermittelnd tätig zu werden, wird das weltweit mit Interesse verfolgt. Ich darf als Berichterstatterin der *Arbeiter-Zeitung* die Reise mitmachen.

Dass die Sozialdemokraten Nahostpolitik machen, interessiert viele Österreicher. Aber noch viel mehr interessiert sie die Tatsache, dass Kreisky, der Anführer der Mission, jüdischer Herkunft ist. Seit seinem ersten Wahlsieg ist diese Herkunft Thema an allen Stammtischen des Landes. In der Öffentlichkeit wird nicht allzu viel davon gesprochen, aber umso mehr im Wirtshaus, im Betrieb, in der Familie. Einen burgenländischen Bauern habe ich einmal äußern gehört: Die einen sagen, er is a Saujud. Und die andern sagen, er tut was fürs Volk. Wie soll ich mich da auskennen? Und ein Wiener Heurigenwirt meinte, halb anerkennend, halb resigniert: Diese Leut – gemeint waren die Juden – haben halt ein dreitausend Jahre älteres Hirn als wie mir.

Kreisky selbst macht kein Hehl aus seiner Herkunft, aber er mag es nicht, wenn er, von Antisemiten wie von Philosemiten, darauf reduziert wird. Er will von den einen nicht in die jüdische Ecke geschoben und von den andern nicht vereinnahmt werden. Er will nicht »der Jud vom Ballhausplatz« sein. Ich bin der österreichische Bundeskanzler, sagt er. Das reicht. Und im Fall der Nahostmission der Vertreter der Sozialistischen Internationale. Ich gehe ihm vermutlich auf die Nerven, als ich beim Anflug auf Jerusalem von ihm wissen will, ob der erste Besuch in dieser Stadt für ihn etwas Besonderes ist. Für mich, die ich schon in Israel war, ist das »Heilige Land« etwas sehr Spezielles und Jerusalem, die Stadt der Propheten und die Stadt Jesu, schon gar. Aber Kreisky winkt ab. Die Klagemauer und der Felsendom sind Sehenswürdigkeiten, sagt er. Wie das Kolosseum oder die Pyramiden. Nicht anders. Aber irgendwann auf dieser Reise meint er doch, zu mir gewandt: Was glauben Sie, weshalb ich mir das Ganze überhaupt antue? Offenbar deshalb, weil er nicht will, dass es in dieser Region eines Tages womöglich einen zweiten Holocaust gibt.

Seine jüdische Herkunft verfolgt ihn während der ganzen Reise. Auf der arabischen Seite machen die Menschen, die Politiker wie die Leute auf der Straße, soweit wir Journalisten mit ihnen zu tun haben, kein Geheimnis aus ihrer Genugtuung, dass ausgerechnet ein jüdischer Politiker Verständnis für ihre Sache zeigt. Ein Taxler in Kairo ist ganz begeistert von »Mister Kraxi«. In Israel ist es umgekehrt. In Tel Aviv meint ein Kellner, als er erfährt, dass wir in Kreiskys Gefolge reisen, entrüstet: Euren Kreisky könnt ihr behalten. Einer von uns, und küsst den Arafat!

Auslandsreisen mit Kreisky sind für die mitreisenden Journalisten immer auch Bildungsreisen. Ich finde eine Tagebuchnotiz von einem Kreisky-Staatsbesuch in Belgrad aus dem Jahr 1980. »Das in Belgrad akkreditierte ausländische Pressecorps, das bei der Schlusspressekonferenz auch dabei war, konnte gar nicht genug kriegen. Kreiskys Pressekonferenzen sind ja längst keine bloßen Pressekonferenzen mehr, sondern Erzählungen eines sehr gescheiten, sehr erfahrenen und sehr witzigen alten Mannes aus einem Leben voll Politik. Plötzlich fragen die Reporter nicht mehr nach den aktuellen Themen in Sachen Staatsbesuch, sondern nach

Kreiskys Meinung zu allem, was interessant ist. Und sie bekommen auch keine diplomatischen Nullachtfünfzehn-Antworten, sondern ehrliche Überlegungen und freimütige Aperçus, eine Art politischen Nachhilfeunterricht.

Über die jugoslawische Minderheitenpolitik: Sie tun das nicht, um uns zu sekkieren, sondern der Zusammenhalt dieser vielen Völker ist die Existenzgrundlage dieses Staates, etwas, an dem das alte Österreich gescheitert ist. Über den amerikanischen Boykott der Olympischen Spiele in Moskau: Man kann nicht zuerst einer Olympiade in einem kommunistischen Land zustimmen und dann fragen: Mama, was ist ein Leutnant? Über Indira Gandhi: Sie hat unseren Freund Fernandez eingesperrt, aber wenn ich nicht so ein unverbesserlicher Demokrat wäre, hätte ich ihn auch eingesperrt.

Irgendwann wird jemand auch einmal über Kreisky als Erzieher schreiben müssen – als Erzieher einer ganzen Generation von Journalisten, Diplomaten, Beamten, Funktionären, die von ihm den politischen Fundus der Zwischenkriegszeit vermittelt bekommen hat. In Österreich, wo ja eine ganze Generation ausgefallen ist – durch Krieg, KZ, Emigration –, fehlt den Jüngeren weitgehend die Bildungstradition jener Zeit. Die Welt der Arbeiterbewegung, aber auch die Welt von Mahler und Wittgenstein, Freud und Reich, Schlick und Schumpeter. All das sind Dinge, die man in Büchern nachliest, aber gemeinhin kaum durch lebendige Menschen tradiert bekommt. Kreisky hat hier die Funktion des Missing Link übernommen.« So weit mein Tagebuch.

Irgendwann trete ich übrigens doch der SPÖ bei. Ich bin keine besonders militante Feministin, aber als Kreisky gleich vier Frauen als Staatssekretärinnen in die Regierung holt und sein Justizminister Christian Broda die Abschaffung des berühmten Paragraphen 144 durchsetzt, finde ich, dass das belohnt gehört. Der Paragraph 144 ist das Verbot der Schwangerschaftsunterbrechung. Seit Jahrzehnten hat die Frauenbewegung dagegen gekämpft. Seit Jahrhunderten haben die Frauen darunter gelitten. Es gibt erbitterten Widerstand gegen seine Abschaffung, vor allem von der katholischen Kirche. Meiner Kirche. Ich werde demonstrativ SPÖ-Mitglied.

Allerdings nicht für lange. Nach Kreiskys Ablösung an der Spitze der Partei droht die sozialdemokratische Führung der Bauarbeitergewerkschaft, gegen die jungen Leute auszurücken, die in der Hainburger Au gegen ein neues Wasserkraftwerk an der Donau demonstrieren. Sie sind Studenten und Umweltaktivisten, die Vorläufer der Grünen. Arbeiter gegen Intellektuelle aufbieten – das ist von jeher ein probates Mittel in Diktaturen, nicht zuletzt in denen des Ostblocks. Ich bin wütend. Und als die SPÖ-Zentrale meinen Mitgliedsbeitrag einmahnt und mich wissen lässt, dass ich bei Nichtzahlung ausgeschlossen werde, schreibe ich zurück: Bitte sehr, nur zu. Ich wähle noch manchmal SPÖ, aber von Parteimitgliedschaften aller Art bin ich ein für alle Mal geheilt.

Die Liebe meines Lebens

Wir sitzen in Georg Eislers Zimmer und hören zu, wie auf dem Grammophon »Die Maßnahme« gespielt wird, die Oper von Hanns Eisler und Bert Brecht. Es ist eine seltene Aufnahme, der Komponist singt den Part des bösen chinesischen Kapitalisten selbst. »Ich weiß nicht, was ein Mensch ist, ich kenne nur seinen Preis«, intoniert er, hochmusikalisch, mit ein wenig krächzender Stimme. Hanns Eisler ist der Vater unseres Gastgebers. Spiel noch einmal den krächzenden Vater, sagt Alfred Hrdlicka, der auch manchmal dabei ist. Wir können nicht genug kriegen vom krächzenden Vater. Auch das »Einheitsfrontlied« gibt es in dessen Gesangsversion. »Und weil der Mensch ein Mensch ist, drum braucht er was zum Essen, bitte sehr!« Und das »Solidaritätslied«: »Vorwärts und nicht vergessen, worin unsere Stärke besteht! Beim Hungern und beim Essen, vorwärts und nie vergessen: die Solidarität!« Agitprop vom Feinsten.

Gillis Freund und späterer Ehemann Rudi Schönwald ist mit Georg Eisler befreundet. Rudi, der Zeichner, Georg, der Maler, und Alfred, der Bildhauer, kennen einander von der Kunstakademie her und bilden einige Jahre lang mit ihrem Kollegen Fritz Martinz ein linkes Künstlerquartett, bis Rudi sich aus politischen Gründen mit dem Brachial-Linken Alfred Hrdlicka zerstreitet. Für mich ist Georg in jenen frühen Jahren so etwas wie ein Sendbote aus der großen Welt der Kommunisten.

Sein Vater war der engste Kompagnon des großen Bert Brecht. Sein Onkel Gerhart Eisler war in den Zwanzigerjahren Beauftragter der Kommunistischen Internationale in China und in der Anfangszeit der DDR deren Rundfunkchef. Seine Tante Elfriede Eisler, bekannt unter dem Namen Ruth Fischer, war Mitbegründerin der Kommunistischen Partei Österreichs, kurzzeitig Vorsitzende der KPD und wurde später eine erbitterte Kritikerin Stalins. Kommunistischer Hochadel, sagt Rudi. Georg ist als Kind vor den Nazis nach England in Sicherheit gebracht worden

*Hochzeit von Rudi und Gilli Schönwald – von links:
Alfred Hrdlicka, Rudi Schönwald, Peter Kubelka, Gilli,
Markus Prachensky, Georg und Alice Eisler, 1966*

und hat dort bei Oskar Kokoschka Malerei studiert. Er ist ein massiver junger Mann, zugleich witzig und schüchtern. Er liebt alles, was englisch ist. In Wien ist seine eigentliche Heimat die Kommunistische Partei. Wir machen uns ein bisschen lustig über unseren Freund, samt seiner berühmten Verwandtschaft, aber wir mögen ihn gut leiden.

Eines Tages im Jahr 1964 kündigt Georg an, nicht ohne Stolz, dass er den Genossen Franz Marek zusammen mit uns eingeladen hat. Dieser ist in KP-Kreisen eine Legende, hochdekorierter Kämpfer in der französischen Résistance, Herausgeber des theoretischen Organs der Partei, *Weg und Ziel*, Mitglied des Politbüros, Chefideologe. Ich bin gespannt. Franz kommt, redet wenig, bringt etwas zu essen mit. Georg empfängt ihn mit für seine Verhältnisse ungewohntem Respekt. Ich, immer bereit zur Heldenverehrung, bin sofort fasziniert. Dieser Mann, um einiges älter als ich, mit einer Biographie, die von der meinigen nicht verschiedener sein könnte, wird die große Liebe meines Lebens. Einige Zeit später sind wir ein Paar, und irgendwann heiraten wir.

Der große englische Historiker Eric Hobsbawm hat 2009, lange nach Franz' Tod, in einer Umfrage der Zeitung *Guardian* Franz Marek als den Mann genannt, den er in seinem Leben am meisten bewundert hat: »Franz Marek, österreichischer Kommunist, Kind galizischer Flüchtlinge, geboren als Ephraim Feuerlicht, hat die üblichen Heldentaten in der französischen Résistance überlebt [...] Aber das ist nicht der Grund, weswegen ich ihn als meinen Helden gewählt habe.

Als ich diesen untersetzten, skeptischen, lakonischen, beeindruckend intelligenten Mann kennenlernte, war er noch ein führendes Mitglied in der Partei, der er 1934 beigetreten war. Selbst beim Wandern im Wienerwald strahlte er eine Art selbstloses Charisma aus. Aber er gehörte schon damals zu der verlorenen Generation der reformorientierten ›Eurokommunisten‹, deren letzte Überlebende Gorbatschow und der derzeitige Präsident Italiens sind. Nach dem Prager Frühling 1968 wurde er aus der Partei gedrängt und verlor die einzige bezahlte Stellung, die er seit seinem 20. Lebensjahr innegehabt hatte, die des ›Berufsrevolutionärs‹. Dafür hatte er seine wissenschaftlichen Ambitionen aufgegeben. Die Komintern hatte ihm seine erste neue Jacke und seine ersten neuen Hosen geschenkt, denn für Kinder von bildungshungrigen galizischen Juden ohne Geld waren solche Luxusgüter unerschwinglich. Die nächsten elf Jahre verbrachte er mit falschen Papieren.

Franz Marek wurde bald Leiter der Untergrundaktivitäten der jetzt illegalen Kommunistischen Partei. Er war offensichtlich ein Naturtalent für diese Arbeit. Sie machte ihm Freude, erfüllte sein Leben und blendete, wie er später feststellte, alles andere aus. [...] ›Es brauchte den Schock von 1956‹, sagte er, ›um mich für starke Gefühle zu öffnen, einschließlich der Liebe.‹ Er arbeitete noch immer an der Verbesserung der Welt, als er mit 66 Jahren an einem lang erwarteten Herzinfarkt starb. Alle seine irdischen Güter passten in zwei Koffer. Ein Held des 20. Jahrhunderts? Ich denke: ja.«

Ich denke das auch.

Die Kommunisten sind in Wien in den Fünfziger- und frühen Sechzigerjahren absolute Outcasts. Kurz nach dem Krieg gab es im Zeichen der Ablehnung der Naziherrschaft eine Periode der Zusammenarbeit –

Franz Marek

die Zeitung *Neues Österreich* war ein Symbol dafür –, aber damit war bald Schluss. Der Kalte Krieg kannte nur Freunde und Feinde. Die KPÖ existierte unter dem Schutzmantel der sowjetischen Besatzungsmacht, was ihre Unbeliebtheit noch steigerte. Nach dem Staatsvertrag und dem Abzug der Besatzungsmächte fiel dieser Schutzmantel weg. Der blutig niedergeschlagene Ungarnaufstand tat ein Übriges, um die verhasste »Russenpartei« endgültig zu isolieren.

Und jetzt stehen deren Mitglieder quasi unter Quarantäne. Was sie auf intellektuellem Gebiet treiben, wird nicht zur Kenntnis genommen. Der Schriftsteller Friedrich Torberg hat durchgesetzt, dass Bert Brecht auf österreichischen Theatern nicht gespielt wird. Die Scala, das Theater, das der KPÖ gehört, besucht man nicht, obwohl dort immer wieder großartige Aufführungen stattfinden. Einmal kommt Brecht selbst nach Wien, um »Mutter Courage« auf die Bühne zu bringen, praktisch unter Ausschluss der Öffentlichkeit. Berühmte Scala-Schauspieler wie Karl Paryla und Otto Tausig haben später lange keine Chance an anderen Theatern. Sie sind Publikumslieblinge und leidenschaftliche Wiener, aber sie haben nach der Schließung der Scala keine andere Wahl, als nach Deutschland zu gehen. Und Ernst Fischer, der bekannteste Intellektuelle der Partei und nach 1945 in der ersten Regierung Renner Unterrichtsminister, ist in der österreichischen Öffentlichkeit eine Unperson.

Es gibt noch einen Grund, warum die Kommunisten in jenen Jahren eine Art geschlossenes Biotop bilden: Die Intellektuellen unter ihnen sind fast ausschließlich Juden. Viele österreichische Emigranten wären nach Kriegsende gern in die nunmehr von der Naziherrschaft befreite Heimat zurückgekehrt. Sie merkten aber schnell, dass sie dort nicht willkommen waren. Das Land war arm, die Ressourcen waren knapp. Die österreichische Regierung hatte wenig Interesse an einer Rückflut vertriebener Juden. Eine Menge Leute, die ihr gestohlenes Eigentum zurückhaben wollen, ihre arisierten Wohnungen, ihre Positionen? Und womöglich Genugtuung und Bestrafung der Schuldigen verlangen? Eine Horrorvorstellung. Schwer zu finanzieren und ein Schlag ins Gesicht für die Riesenschar von ehemaligen Nazis, deren Wählerstimmen die politischen Parteien jetzt dringend brauchten. Besser, ihr bleibt, wo ihr seid, wurde den Rückkehrwilligen bedeutet, nicht zuletzt von der SPÖ. Bundespräsident Renner begründete die Errichtung eines gemeinsamen Restitutionsfonds mit der Notwendigkeit,»ein massenhaftes, plötzliches Zurückfluten der Vertriebenen zu verhüten (ein Umstand, der aus vielen Gründen sehr zu beachten ist)«.

Einzig die KPÖ tat alles, um ihre Leute zurückzuholen. Es gab eine Weisung an die emigrierten Mitglieder: Zurückkommen und in der Heimat den Sozialismus aufbauen! Mancher, der sich in der Fremde schon eine Existenz geschaffen hatte, wäre lieber dort geblieben und trat aus Parteidisziplin die Rückreise an. Auch Franz wäre gern in Frankreich geblieben. Aber Parteiauftrag war Parteiauftrag. Und so bildet man nun nolens volens eine geschlossene Gruppe, auf sich selbst zurückgeworfen. Man kennt einander, verkehrt miteinander, streitet miteinander und hat wenig Kontakte mit der Außenwelt. Die KPÖ ist eine Art Reservat des

*Kundgebung der KPÖ zum 1. Mai 1949 vor dem Wiener Parlament:
Franz Marek (dritter von links), Ernst Fischer (heller Mantel, Mitte), Johann
Koplenig (rechts daneben), Friedl Fürnberg (vierter von rechts)*

ansonsten verschwundenen Wiener jüdischen Bildungsbürgertums der Vorkriegszeit.

Erst in den Sechzigerjahren beginnt das Eis langsam zu schmelzen. Die neue junge Linke sucht zögernd Verbindung mit der alten Linken. In der Kommunistischen Partei regen sich nach der Geheimrede Nikita Chruschtschows über die Verbrechen Stalins die Kräfte, die für eine Aufarbeitung der Vergangenheit und für eine Wiederentdeckung demokratischer Werte eintreten. In Wien entsteht die Paulus-Gesellschaft, die Diskussionen zwischen Christen und Marxisten veranstaltet. Günther Nenning, Sozialdemokrat und Chefredakteur der Zeitschrift *Forum*, ist der Spiritus Rector. Das *Forum*, einst von Friedrich Torberg als leidenschaftlich antikommunistische Monatsschrift gegründet, ist jetzt ein Sprachrohr der neuen Linken. An den Paulus-Dialogen nehmen von der katholischen Seite unter anderen die Theologen Karl Rahner und Johann Baptist Metz teil, von der kommunistischen der Franzose Roger Garaudy und der Österreicher Franz Marek.

Für mich ist all das neu und interessant. Ich habe seit meiner Klosterschulzeit einen Weg hinter mich gebracht, der sukzessive nach links führte. Von der großbürgerlich-konservativen *Presse* zum gemäßigtliberalen *Kurier*, zum *Neuen Österreich*, dem »Organ der demokratischen Einheit«, zur sozialdemokratischen *Arbeiter-Zeitung* und schließlich, weil sich hier die meisten Möglichkeiten boten, zu Radio und Fernsehen. Auslöser dafür war die Auseinandersetzung mit dem Nationalsozialismus. In der Öffentlichkeit ist davon in jenen Jahren wenig die Rede. Weder auf der Universität noch in den Redaktionen, in denen ich arbeite, kommen die Ereignisse zwischen 1938 und 1945 vor, oder wenn, dann nur unter den Codebegriffen »diese dunkle Epoche« oder auch »die Kriegszeit«. Judenverfolgung? Denunziationen? Arisierungen? Auschwitz? Mauthausen? Die Österreicher, die an all dem beteiligt waren? Fehlanzeige.

Ab und zu geschieht etwas, das mich und andere aus meiner Generation mit der Nase auf die Tatsache stößt, dass vor gar nicht langer Zeit in unserem Land die Hölle los war und dass es gar nicht so wenig Leute gibt, die noch heute dieser Hölle nachtrauern. Der Kameradschaftsbund samt seiner SS-Fraktion feiert Nostalgietreffen. Ein Holocaust-Überlebender beschwert sich darüber, dass Blutrichter aus der Nazizeit noch immer im Amt sind, wird von diesen verklagt und landet im Gefängnis. Bei einem Prozess gegen einen ehemaligen KZ-Aufseher, einem der letzten, werden überlebende KZ-Insassen, die als Zeugen aussagen, vom Publikum angepöbelt. Ich lese die ersten Bücher, die sich mit jener »dunklen Epoche« beschäftigen, darunter Eugen Kogons »Der SS-Staat«. Und ich lerne Menschen kennen, die als Juden vertrieben wurden und zurückgekehrt sind. Meistens stehen sie links, und oft sind sie Kommunisten. Georg Eisler ist einer davon.

Ich erfahre Dinge, von denen ich bisher keine Ahnung hatte, und lerne Menschen kennen, derengleichen ich nie gesehen hatte. An der Spitze den KP-Funktionär Franz Marek. Der Bub aus dem Wiener Judenviertel war als Jugendlicher linker Zionist. Noch als Schüler hatte er den Februar 1934 in Wien erlebt und danach in Deutschland den Aufstieg der Nazis. Er schloss sich den Kommunisten an. Jetzt wollte er nicht mehr nach Palästina, sondern hier, in Europa, den Kampf aufnehmen, zuerst in Österreich und nach 1938 in Frankreich. Bis zum Kriegsende lebte er mit falschen Papieren als illegaler »Berufsrevolutionär«. Er wusste, dass er sich auf ein Himmelfahrtskommando einließ. Die illegale französische KP betraute den blutjungen Österreicher mit der Leitung der »travail anti-allemand«. Die meisten seiner Mitstreiter überlebten diese Arbeit nicht. Franz schrieb darüber später: »Jeder Tag schien mir ein gewonnener Tag, als ein geglückter Dienst, der mich immer mehr und jeden Tag überzeugter sagen ließ: Auch wenn es heute aus ist, ist mein Pensum bereits zufriedenstellend, meine Arbeit bereits sinnvoll gewesen. Heute scheint es mir gewiß, daß mein ganzer Habitus, mein ganzer Lebensstil, weitgehend durch die Tatsache geprägt war, daß die Jahre die Illegalität die glücklichste Zeit meines Lebens waren. Ich dachte oft an die prominenten deutschen Kommunisten – Albert Norden, Bruno Köhler, Alexander Abusch –, die ich 1940 in Frankreich getroffen hatte, auf der Flucht nach Lateinamerika, um sich ›aufzuheben‹. Wofür? Wozu leben die eigentlich, fragte ich mich. Und was ist das für eine internationale Solidarität, die die Franzosen allein bluten läßt? Auch ich hatte ein kubanisches Visum, von meiner Schwester Netti unter schweren Opfern gekauft, aber ich dachte nicht daran, davon Gebrauch zu machen.«

Franz' »Habitus«, durch den illegalen Kampf geprägt, war Bedürfnislosigkeit, völliges Desinteresse an Hab und Gut, fast asketisch. Aber euer Kampf ging doch um die Freiheit, frage ich, wie konnte es sein, dass ihr einem Diktator wie Stalin gefolgt seid? Ja, wir waren unmenschlich, sagt Franz. Aber wir waren auch unmenschlich zu uns selber. Wie früher die Jesuiten, denke ich bei mir. Die müssen auch versprechen, sich vom Papst überallhin schicken zu lassen, wo sie gebraucht werden. Und zu den Opfern, zu denen sie sich verpflichten, gehört auch das Sacrificium Intellectus.

»Später habe ich mich oft gefragt«, schreibt Franz in seinen Erinnerungen, »ob sich die vielen Opfer, die wir hatten – bis zu 150 hatte ich einmal gezählt – ›ausgezahlt‹ haben. Noch immer bin ich der Ansicht, daß, wenn auch der unmittelbare ›Nutzen‹ nicht immer sehr groß, auch kaum wägbar war – es war immerhin ein kleiner Sektor eines großen

Kampfes, der den deutschen SD beschäftigte und also auf jeden Fall eine militärische Aufgabe erfüllte, nicht weniger als ähnliche Aufgaben, die sich jede Armee in ähnlicher Form gestellt hat. Nur riskanter. Viele unserer Mitarbeiter waren glücklich, wenn wir sie zu den Partisanen des F.T.P. ziehen ließen, weil der Kampf dort weniger ›unheimlich‹ war. Freilich, unsere harte Linie, die faktisch jeden Genossen, jede Genossin unter moralischen Druck stellte, sein Leben einzusetzen – das war unverantwortlich. Einen Kollegen haben wir wegen Feigheit ausgeschlossen. Er hat später ganz nette Karriere in der DDR gemacht.«

Franz schafft es, »mit strengster Konspiration und mit Riesenglück«, wie er sagt, mit seiner unmittelbaren Widerstandsgruppe bis 1944 auszuhalten, ohne gefasst zu werden. Aber dann fliegt die Gruppe durch Verrat auf. Die Gestapo schlägt zu, Franz kommt ins Gefängnis nach Fresnes bei Paris. Sein Schicksal scheint besiegelt. Das Todesurteil ist schon ausgesprochen. Aber im letzten Augenblick bricht der Aufstand in Paris aus, die Deutschen versuchen nicht mehr, ihn niederzuschlagen, und ziehen ab. Die Gefangenen lassen sie zurück. Später hat irgendjemand die Botschaften gesammelt, die die Häftlinge in der Todeszelle von Fresnes auf die Wände gekratzt haben, und in einem Gedenkbuch der französischen Résistance unter dem Titel »Les murs de Fresnes« publiziert. Nach Franz' Tod schenkt mir Toni Lehr, eine seiner engsten Mitarbeiterinnen, dieses Buch. Ich finde darin seine vermeintlich letzten Worte. »Franz Feuerlicht, communiste autrichien, fusillé 18 août 1944.«

Nicht wenige der österreichischen Kommunisten, die ich kennenlerne, haben eine Widerstandsgeschichte. Die KPÖ jener Jahre ist eine buntgemischte Gesellschaft, sie umfasst hartgesottene Stalinisten und liberale Eurokommunisten, Arbeiter, die aus der Sozialdemokratie kommen und nach dem Februar 1934 enttäuscht zu den Kommunisten gegangen sind, und Intellektuelle mit bürgerlichem Hintergrund.

Franz nimmt mich mit zu seinem Freund Ernst Fischer und dessen Frau Lou. Die Fischers wohnen in einer alten, einigermaßen baufälligen Villa in der Rustenschacherallee im Prater. Es war nach 1945 die Politik der Partei, ihre Mitglieder möglichst konzentriert im zweiten Wiener Gemeindebezirk anzusiedeln, in der Hoffnung, dass sich in dieser

Gegend bei den Parlamentswahlen ein Grundmandat ausginge. Ernst und Lou waren viele Jahre ihres Lebens Emigranten, Ernst in Moskau, Lou in Hollywood. Und auch ihre Wiener Wohnung verströmt noch ein bisschen Emigrantenatmosphäre. Viele Bücher und Zeitschriften, Lithographien von Fernand Léger mit Reißnägeln an die Wand gepinnt. Es ist gemütlich, aber ein wenig provisorisch.

Als ich Ernst Fischer zum ersten Mal begegne, ist mein erster Gedanke: Das soll ein Kommunist sein? Das gibt's doch nicht. Der Offizierssohn aus Graz entspricht, anders als Franz, so gar nicht dem erwarteten Muster. Ernst ist ein Gentleman alter Schule, hochgewachsen und mager, das Tweedsakko sitzt locker auf seinen Schultern, von altmodischer Höflichkeit und einem sehr österreichischen Charme. Und Lou ist immer noch der Typ der Berliner Salondame aus den wilden Zwanzigerjahren, die sie einmal war. Sie stammt ursprünglich aus Ungarn, ist klein und beweglich und trägt meist lila. Der einst bekannte Schlager »Es trägt die Lou lila, selbst die Dessous lila« ist für sie geschrieben worden.

Lou, frage ich, trägst du wirklich lila Dessous? Ja, wenn ich sie kriege, sagt Lou, aber beim Palmers haben sie keine. Lou, wie oft warst du eigentlich verheiratet? Viermal, antwortet Lou, aber den Ersten musst du dir nicht merken, der war nicht wichtig. Nummer vier ist Ernst Fischer, Nummer drei war Hanns Eisler und Nummer zwei war Franz Jolesch, der Neffe von Friedrich Torbergs im gleichnamigen Buch verewigter Tante Jolesch. Franz Jolesch war laut Torberg »des Kaisers schönster Leutnant«.

Lou ist wütend auf Torberg, den sie aus gemeinsamen Jugendjahren kennt. Sie nimmt ihm den österreichischen Brecht-Boykott übel. Sie kannte Brecht und dessen Frau Helene Weigel im kalifornischen Exil, sie und ihr damaliger Mann Hanns Eisler waren mit den beiden gut befreundet. Aber mindestens ebenso sehr ärgert es sie, dass Torberg in seiner »Tante Jolesch« deren Krautfleckerln lobte und die Taktik, von diesen immer zu wenig zu machen, damit sie den Gästen umso delikater erschienen. Meine Schwiegermutter, sagt Lou, hat nie im Leben Krautfleckerln gemacht. Sie war eine Dame, sie hatte natürlich eine Köchin.

Die Fischers haben wegen des Kommunistenboykotts außer uns nur wenige österreichische Freunde. Die Schriftstellerin Hilde Spiel und ihr Mann Hans Flesch-Brunningen, beide Remigranten aus England, gehören dazu und der Zukunftsforscher Robert Jungk mit seiner Frau. Hilde Spiel teilt Lous Abneigung gegen Friedrich Torberg, auch er ein Jugendfreund, der sie in seinem *Forum* wegen ihrer Kommunistenfreundlichkeit manchmal angreift und sie dabei boshafterweise »Hulda Spitz« nennt. Wir essen sonntags öfters alle miteinander im Wirtshaus »Zur schönen Aussicht« auf dem Döblinger Pfarrplatz zu Mittag. Einmal kommt Elias Canetti, der kurz in Wien ist und Ernst von früher kennt, dazu. Der kleine Mann, später mit dem Literaturnobelpreis ausgezeichnet, sitzt unter einem großen Kastanienbaum, heftig Funken schlagend, polemisierend und diskutierend. Wenige Wochen später trifft ein Blitzschlag den Kastanienbaum und spaltet ihn in der Mitte entzwei. Passt irgendwie zu Canetti, sagt Lou.

Die Fischers sind Nobel-KP. Sie sind nicht reich und wohnen, nachdem die Prater-Villa abgerissen worden ist, in einer biederen Gemeindewohnung. Trotzdem kommen Lous Allüren bei den meisten Wiener Kommunisten nicht gut an. Diese pflegen einen bescheideneren Lebensstil. Ihr größter Luxus ist eine Dauerkabine im städtischen Strandbad Gänsehäufel. Dieses Inselbad mit seinen großen Wiesen und seinen Turmbauten aus den Zwanzigerjahren ist ein Relikt des Roten Wien. Eine proletarische Idylle. An Sommersonntagen sieht man am Weststrand, wo die Stammgäste ihre Kabinen haben, viele Badegäste mit der *Arbeiter-Zeitung* in der Hand, neben sich die eingepackten Schnitzel und den Gurkensalat im Einmachglas. Und gar nicht wenige mit der *Volksstimme*, der Tageszeitung der Kommunisten. Georg Eisler nennt die Zeile mit den Dauerkabinen »die Straße des Grundmandats«.

Hier residieren Herbert Steiner, der Gründer des Dokumentationsarchivs des österreichischen Widerstandes, Poldi Spira, ehemaliger Spanienkämpfer, Kurt Regner, der Parteianwalt, mit ihren Familien und etliche andere. Oft sieht man im Gänsehäufel auch den Nationalökonomen Kurt Rothschild, ebenso gelehrt wie charmant, der es erst spät im Leben zu der Universitätsprofessur bringt, die er längst verdient hätte, und dessen Kollegen Teddy Prager, Wirtschaftsexperte bei der Wiener Arbeiterkammer.

Ernst Fischer mit seiner zweiten Frau Lou Eisler-Fischer, 1962

Auch Toni Lehr hat eine Dauerkabine. Sie ist eine Wiener Großbürgerstochter, die als junge Frau nach Berlin ging und dort enge Mitarbeiterin von Georgi Dimitroff in der Kommunistischen Internationalen wurde. Sie emigrierte rechtzeitig nach Frankreich und arbeitete dort an exponierter Stelle in der Résistance, zeitweise zusammen mit Franz. Eine Zeitlang betrieb sie in Südfrankreich ein Restaurant. Die Partei schickte sie während des Krieges zurück nach Wien, wo sie unter falschem Namen, getarnt als elsässische Zwangsarbeiterin, Untergrundarbeit leistete. Sie flog auf, kam nach Auschwitz und Ravensbrück, überlebte knapp. Sie schaffte es in einem Todesmarsch nach Westen, um nach ihrer Befreiung zu erfahren, dass ihr Lebenspartner von der Gestapo hingerichtet worden war. Nachher war sie jahrelang die rechte Hand der österreichischen Parteiführung.

Toni ist eine lustige Person, eine hervorragende Köchin und lacht gern. Auf Außenstehende macht sie den Eindruck einer Frau, die keine Sorge auf der Welt hat. Toni, wie hast du das alles überstanden?, frage ich sie. Ach weißt du, sagt diese, ich hab ja gewusst, auf was ich mich einlasse

*Franz Marek im
Strandbad Gänsehäufel in Wien*

und warum. Am schlimmsten war das Lager für die ganz Jungen und für die, die überhaupt nicht gewusst haben, wieso sie auf einmal von heute auf morgen aus einem normalen Leben in die Hölle gestoßen worden sind. Jetzt lädt Toni jedes Jahr einige ihrer ehemaligen Mitgefangenen zu sich nach Wien ein, Französinnen, Polinnen, Belgierinnen. Die alten Damen, die Auschwitz-Nummer auf dem Unterarm, sitzen im Gänsehäufel auf der Terrasse, trinken Kaffee, plaudern und spielen Bridge.

Die Sechzigerjahre sind auch für die Wiener Gänsehäufel-Kommunisten eine Zeit der Hoffnung und des Optimismus. Franz Marek hat es geschafft, im Politbüro der kleinen KPÖ eine Mehrheit zu organisieren, die sich voll hinter das tschechoslowakische Experiment des »Sozialismus mit menschlichem Gesicht« stellt. Jetzt sucht er Verbündete in den anderen westeuropäischen kommunistischen Parteien, vor allem in der Kommunistischen Partei Italiens. Die KPI ist die größte kommunistische Partei Westeuropas. Unter ihrem neuen Vorsitzenden, dem sardischen Grafen Enrico Berlinguer, strebt sie einen »historischen Kompromiss« an, der die jahrzehntelange unversöhnliche Spaltung des Landes zwischen Christdemokraten und Kommunisten überwinden soll. Viele hoffen damals auch für das gespaltene Europa auf einen solchen historischen Kompromiss: mehr Demokratie im Osten, mehr soziale Gerechtigkeit im Westen.

Franz hat viele Freunde unter den italienischen Kommunisten. Einer von ihnen ist der Historiker Ernesto Ragioneri, Abgeordneter und Mitglied des Zentralkomitees der KPI. Wir verbringen ein paar Ferientage bei ihm und seiner Familie in Florenz. Und ich muss wieder einmal staunen, denn die Ragioneris sind das, was ich mir immer unter einer typischen italienischen Bildungsbürgerfamilie vorgestellt habe. Jeden Sonntag gehen alle, Vater, Mutter und zwei halberwachsene Kinder, zur Nonna, der Großmutter, mittagessen. Pünktlich wie das Amen im Gebet. Ernestos Frau Giulia spielt Klavier, Sohn Rodolfo singt. Uns zu Ehren gibt er mit seinem schönen Bariton Schuberts »Winterreise« zum Besten, die Mama begleitet ihn am Piano. Am Wochenende führen uns unsere Gastgeber, Kunstliebhaber und leidenschaftliche toskanische Lokalpatrioten, auf den Spuren ihres Lieblingsmalers Piero della Francesca zu dessen schönsten Bildern, nach Arezzo, nach Monterchi, nach Sansepolcro.

Die Ragioneris wohnen in einem gutbürgerlichen Viertel der toskanischen Hauptstadt. Ich frage Ernesto, der gut Deutsch spricht, wieso die Leute hier ihn, den Kommunisten, immer wiederwählen. Weil sie schon meinen Vater gewählt haben, ist die Antwort. Dieser war liberaler Republikaner. Dem Großvater gehörte die große Apotheke an der Ecke. Und ein Ahnherr war Obergärtner beim späteren Kaiser Leopold II., Spross der toskanischen Linie der Habsburger. Ich denke im Stillen, dass daher Ernestos auffällige Ähnlichkeit mit Kaiser Franz I. kommen könnte. Unser Gastgeber ist denn auch auf die toskanischen Habsburger nicht schlecht zu sprechen. Auf meine Frage, was denn von ihnen in der Stadt noch übriggeblieben sei, antwortet er: die Wasserleitung. Und als ich enttäuscht bin – keine großen Kunstwerke? –, meint er tröstend: Eine funktionierende Wasserleitung ist auch was wert.

Die KPI wird zu jener Zeit von der großen Mehrheit der italienischen Arbeiter gewählt, aber auch von großen Teilen des aufgeklärt-laizistischen Bürgertums, als dessen Erbin sie sich versteht. Das merken wir auch in Rom, wo Franz unter anderen den späteren Staatspräsidenten Giorgio Napolitano trifft, den »Aristokraten« unter den italienischen Politikern. Und Rossanna Rossanda, die Königin der radikalen Linken, die sich mit ihrer kleinen, aber feinen Tageszeitung *Il Manifesto* von der KPI losgelöst hat und eine eigene, leidenschaftlich antistalinistische Gruppierung anführt.

Sie lädt uns zum Essen in ihre Wohnung im römischen Nobelviertel Parioli ein, wo sie mit ihrem polnisch-französischen Lebensgefährten lebt. Eine vornehme italienische Dame, nicht mehr jung. Alles hier ist schön, einfach, edel und von erlesener Qualität. Ich kenne Spaghetti nur vom Supermarkt, aber was wir hier bekommen, sind hausgemachte hauchzarte Nudeln. Hausgemachte Nudeln?, frage ich beeindruckt. J'ai une petite femme …, sagt Rossanna. Die petite femme ist eine perfekte Haushälterin in weißer Schürze, die auch serviert. Radikale Linke, Luxusversion.

Die Rossanda kommandiert einen jungen *Manifesto*-Redakteur ab, der Franz interviewen und uns die Redaktion zeigen soll, die natürlich im eleganten Dachgeschoss eines Palazzos liegt. Der Journalist ist aus Südtirol, heißt Franz Kössler und wird bald ein enger Freund. Ich finde, er würde gut in den Österreichischen Rundfunk passen, wo ich zu dieser Zeit arbeite. Aber Gerd Bacher, genannt der »Tiger«, damals Generalintendant, kann alles Linke nicht ausstehen. Ich bitte den ORF-Korrespondenten in Rom, Alfons Dalma, seinem Freund Bacher zu erklären, dass *Il Manifesto* zwar links, aber eine seriöse Zeitung ist. Dalma ist noch konservativer als Bacher, aber er hat, wie dieser, Respekt vor Qualität. Franz Kössler, »der andere Franz«, geht nach Wien und macht beim österreichischen Fernsehen Karriere.

Das Spektrum der Kommunisten der Sechzigerjahre ist bunt und viel-

Siebzigster Geburtstag von Barbaras Vater Gerolf, 1966

fältig. Es gäbe Stoff für Soziologen ab. Franz Marek könnte vom Typ her von seinen italienischen Nobel-Genossen nicht verschiedener sein. Aber sein selbstloses Charisma wirkt auch auf meine Mutter, eine Frau, die geistig von einem anderen Planeten stammen könnte. Mami, die Überkritische, mag ihn auf Anhieb. Wenn sie uns in Wien besuchen kommt, lässt sie sich von ihm die Welt auf Marxistisch erklären. Aber sie denkt an meinen Vater und seufzt: Ach Gott, warum bist du nicht ein katholischer Fürst?

Wir sagen Papi nicht, dass wir geheiratet haben, aber er erfährt es doch. Ausgerechnet aus dem Almanach de Gotha, dem Adelslexikon, in dem alle Eheschließungen verzeichnet werden. Angeblich soll er daraufhin geäußert haben: Die Juden sollen Operettenlibrettos schreiben, das können sie, aber nicht meine Tochter heiraten. Ich bin ab sofort böse und rede jahrelang nicht mit meinem Vater. Erst nach Mamis Tod kommen wir wieder zusammen. Papi lebt nun in Wien, in der Familie meines Bruders Jakob. Jeden Sonntag hole ich ihn zum Mittagessen ab. Wir reden über Gott und die Welt, das heikle Thema meiner Ehe berühren wir nicht. Aber irgendeinmal sagt Papi: Es ist ja nur, weil mich niemand gefragt hat. Da bin ich gerührt und denke: Damit hat er ja auch wieder recht.

Ein katholischer Fürst ist Franz wahrhaftig nicht, sondern das vierte Kind armer jüdischer Zuwanderer aus Galizien, aufgewachsen auf der Wiener »Mazzesinsel«, sieben Leute in Zimmer, Küche, Kabinett. Ab seinem Eintritt in die illegale Kommunistische Partei lebte er unter einem Decknamen. Warum hast du dir diesen faden Namen Marek ausgesucht und nicht etwas Interessanteres wie Willy Brandt?, frage ich ihn. Es musste schnell gehen, sagt Franz, ich brauchte einen falschen Pass. Wir sind gerade an einem Greißlergeschäft am Salzgries vorbeigegangen, und das hieß Marek. Also heißt der Genosse Feuerlicht jetzt Marek.

Den Namen Marek hat übrigens Rudi Dutschke im Gedenken an Franz für seinen zweiten Sohn als Vornamen bestimmt (der erste heißt Hosea Che, nach dem Propheten und dem Revolutionär; dieser Mann liebt große Vorbilder). Dutschke haben wir in Berlin kennengelernt. Franz ist zu jener Zeit viel unterwegs, er wird von allerhand linken Gruppen eingeladen. Der junge Rudi Dutschke, damals vielbewunderter Studentenführer, mit seiner heiseren Stimme und seiner verhaltenen Leidenschaft, schließt sich sofort an Franz an. Er erkennt in dem Älteren offensichtlich einen verwandten Zug. Immer wieder ruft er in Wien an, verlangt Franz und sagt, er wolle »nur mal quatschen«. Dutschke stirbt zu Weihnachten 1979, ein halbes Jahr nach Franz; sein Sohn Marek kommt erst nach seinem Tod zur Welt.

Ich lasse mir von Franz liebend gern von dessen Kindheit im Wiener Ostjudenmilieu erzählen. Wie zu Yom Kippur die Praterwirtshäuser, vor allem der »Walfisch«, zu Bethäusern umfunktioniert werden, weil die regulären Synagogen nicht reichen. Wie die Großmutter, die noch die Pogrome in Russland erlebt hat, nachts Albträume hat, wähnt, ihr Lieblingssohn werde ermordet, und laut ruft: Man harget Nathan! Wie die Buben Löcher in den Zaun des Fußballplatzes bohren, um zuschauen zu können, wenn der jüdische Club Hakoah spielt. Wie zu Hause, wenn ausnahmsweise einmal Geld da ist, sofort Bücher gekauft werden, gebrauchte Gesamtausgaben von Goethe und Heine. Franz' Geschwister haben alle den Holocaust überlebt, Bruder Yitzchak als Universitätsprofessor und Schwester Netti als Oberärztin in den USA, Franz' Zwillingsschwester Lotti in einem Kibbuz in Israel.

Als guter Kommunist ist Franz schon früh aus der Israelitischen Kultusgemeinde ausgetreten, aber er hat als Kind vorschriftsmäßig Hebräisch gelernt und seine Bar Mitzwa gemacht. Das kommt ihm zugute, als die Kinder der Wiener assimilierten jüdischen Kommunisten in den Siebzigerjahren plötzlich ihr Judentum entdecken und die jüdischen Feiertage halten wollen. Ihre Eltern, seit mindestens zwei Generationen dem religiösen Judentum entfremdet, haben keine Ahnung, wie das geht. Noch ist es lange nicht so weit, dass die Israelitische Kultusgemeinde in Wien sichtbar und selbstbewusst auftritt und jüdisches Gemeindeleben wieder öffentlich stattfindet. Auch unsere Freunde Peter und Lotte Smolka sehen sich eines Tages mit dem Wunsch ihrer Söhne konfrontiert, mit ihren Eltern und ihren kleinen Kindern richtig Pessach zu feiern.

Peter Smolka ist ein eindrucksvoller Mann. Auch er, assimilierter Großbürgersohn, war als Jugendlicher in Wien wie Bruno Kreisky Anhänger der Paneuropa-Union meines Onkels Dicky, ging dann nach links und emigrierte mit seiner jungen Frau nach England. Als Korrespondent der *Times* kam er nach dem Krieg nach Österreich zurück und musste feststellen, dass er an multipler Sklerose erkrankt war. Was jetzt tun? Als Journalist zu arbeiten war ab sofort unmöglich. Peter, schon schwer gehbehindert und danach jahrelang im Rollstuhl, übernahm – was er bis dahin stets abgelehnt hatte – die rückgestellte Fabrik seines Vaters und machte sie zu einem erfolgreichen Unternehmen. Er baute ein Haus, das nicht nur architektonisch interessant, sondern auch nach neuesten Erkenntnissen behindertengerecht angelegt war.

Wir sind gern bei den Smolkas eingeladen. Die Gespräche dort sind so anregend, der Hausherr ist so souverän und gelassen, dass man als Gast schnell vergisst, dass er vollständig gelähmt ist und bei Tisch von seiner Frau, nonchalant und selbstverständlich, gefüttert werden muss. Und jetzt soll also eine Pessachfeier stattfinden. Wo jemanden hernehmen, der sich da auskennt? Ausgerechnet Franz, Agnostiker und Oberkommunist, wird zu Hilfe gerufen. Und so erlebe ich mit, wie der kleine Enkel fragt: Warum ist dieser Tag anders als andere Tage?, und Franz, ganz jüdischer Hausvater, auf Hebräisch die Hagadah singt, die Geschichte vom Auszug der Kinder Israels aus Ägypten.

Um diese Zeit ist der Traum vom Sozialismus mit menschlichem Gesicht, von der Verbindung von Sozialismus und Demokratie und von dem »Wandel durch Annäherung« von Ost und West schon ausgeträumt. Der Eurokommunismus ist mausetot. In der österreichischen wie in der tschechischen kommunistischen Partei hat mit den Siebzigerjahren die »Normalisierung« Platz gegriffen. Man marschiert wieder im festen Gleichschritt mit der Sowjetunion, die ihrerseits ihrem Ende entgegengeht. Die Eurokommunisten Franz Marek und Ernst Fischer gelten nun als Verräter. 1969 hat Franz bei einem dramatischen Parteitag noch ein letztes Mal das Wort vor seinen Genossen ergriffen und dabei einen großen Teil der Delegierten überzeugt: Als Fischer und er danach aus der KPÖ ausgeschlossen werden, legt die überwältigende Mehrheit der Intellektuellen, der Gewerkschafter und der Jungen in der Partei ihre Parteibücher zurück und geht mit ihnen.

Was den »Revisionisten« bleibt, ist die einstige Kulturzeitschrift der KP, das *Wiener Tagebuch*. Franz ist der Chefredakteur, Toni Lehr die Geschäftsführerin. Beide arbeiten gratis. Die Zeitschrift hat wenig Geld. Aber in diesem Blatt schreiben viele wichtige Intellektuelle aus ganz Europa, und einige junge österreichische Autoren, die später bekannte Schriftsteller werden, finden hier ihre erste Plattform: Martin Pollack, Erich Hackl, Karl-Markus Gauß. Das *Tagebuch* wird zu einem Kristallisationspunkt der unabhängigen Linken.

Franz diskutiert gern mit den Jungen. Ein paar gute Jahre sind ihm noch beschieden. Wir erleben eine glückliche Zeit. Für Franz ist es nicht mehr das Glück des Kampfes für eine vermeintlich gerechte Sache, von keinem Zweifel angekränkelt. Spießerglück ist auch Glück, sage ich zu ihm. Genieß es. Das tut er auch, aber ganz heilt die Wunde nie. Es ist Franz schwer gefallen, sich von der Partei zu lösen, der er in jungen Jahren sein Leben geweiht hat. Möglich, dass ihm dieser Bruch letztlich das Herz gebrochen hat. Sein Freund Ernst Fischer schreibt ein Buch, das 1973 posthum erscheint. Der Titel: »Das Ende einer Illusion«.

1968 – eine Illusion und ihr Ende

Im Juni 1968 herrscht herrliches Frühlingswetter. Ich fahre mit Franz nach Prag, mitten hinein in den blühenden, fröhlichen, pulsierenden, spannungsgeladenen Prager Frühling. Die Stadt, früher grau und mieselsüchtig, ist wie verwandelt. Wir kommen uns vor wie im Süden. Vor dem Jan-Hus-Denkmal auf dem Altstädter Ring sitzen junge Leute, spielen Gitarre, singen, nicht laut und besoffen, sondern leise, glücklich, verliebt. Viele lächelnde Gesichter. Wildfremde Leute sprechen einander an. Ist es nicht schön hier?, fragen sie einander. Schönen Tag noch! Ich kenne meine grantigen Prager nicht wieder.

Kann es sein, dass Politik eine ganze Stadt verzaubert?

Seit Jänner gibt es einen neuen Vorsitzenden der allmächtigen Kommunistischen Partei, einen freundlichen Slowaken namens Alexander Dubček. Er ist kein großes Kirchenlicht, aber die Leute mögen ihn, weil er, zum Unterschied zu seinen Vorgängern, redet wie ein normaler Mensch, manchmal stottert und manchmal auch sagt: Das weiß ich nicht. Wichtiger ist, dass die Zensur aufgehoben ist und die Zeitungen plötzlich nicht mehr nur Phrasen zu bieten haben, sondern wirkliche Nachrichten und wirkliche Meinungen.

Wir treffen unseren Freund Antonín »Tonda« Liehm, den Chefredakteur der Literaturzeitschrift *Literární Listy*. Es ist eine anspruchsvolle Zeitschrift, aber jetzt verkauft sie jede Woche 100 000 Exemplare. Die Menschen sind auf einmal leidenschaftliche Zeitungsleser geworden. Tonda, der die wichtigsten Werke von Jean-Paul Sartre ins Tschechische übersetzt hat, führt uns in den Filmklub, und wir sehen dort die neuen tschechischen Filme, einer besser, witziger, kritischer als der andere. Jetzt kommt eine Talentexplosion, sagt Tonda, wartet nur. Und dabei sind wir erst am Anfang!

Wir treffen den Germanistikprofessor Edvard »Eda« Goldstücker. Er ist, ebenfalls seit kurzem, der Präsident des Schriftstellerverbandes. Ein nachdenklicher, zartgliedriger Mann, Kafkakenner, der ausgezeichnet deutsch spricht. Der Kongress des Schriftstellerverbandes hat vor einigen Monaten das Signal für die neue Meinungsfreiheit gegeben. Die Autoren haben ohne Tabus diskutiert, Gedankenfreiheit, ein Ende von Zensur und Gängelung verlangt. Und sie sind damit durchgekommen. Als wir in Prag sind, hält der Professor an der Karlsuniversität eine Vorlesung über die Verantwortung des Schriftstellers. Er nimmt uns mit. Der Hörsaal ist gesteckt voll, die Studenten sitzen auf den Fensterbrettern, auf dem Boden, zwischen den Bänken. In der Diskussion dreht sich alles darum, dass man jetzt endlich, endlich die Wahrheit hören und die Wahrheit sagen will. Schluss mit der Propaganda! Schluss mit den Lügen!

Wir haben einen Termin bei Ota Šik, dem Wirtschaftsprofessor und Vater des neuen Wirtschaftsprogramms. Das Programm fordert unter anderem Wettbewerb und individuelle Verantwortung der Betriebe. Šik ist Mitglied des Zentralkomitees der KPTsch, er freut sich, in Franz einen gleichgesinnten führenden Genossen einer Bruderpartei aus dem Westen kennenzulernen. Ich bin als Berichterstatterin der *Arbeiter-Zeitung* dabei. Ich kenne Audienzen bei kommunistischen Größen und bin beeindruckt vom anderen Stil, der hier herrscht. Professor Šik redet offen und ungeschminkt. Ja, die Menschen in den Betrieben haben die ineffiziente Kommandowirtschaft satt und sind bereit für etwas Neues, sagt er, aber um wirklich weiterzukommen, braucht man neue Betriebsleiter. Neue Leute müssen her, überall, sonst haben Reformen keine Chance. Er ist ein wenig pessimistischer als die Kulturleute. Šik lädt uns zum Mittagessen ins Gartenrestaurant Barrandov ein. Er wird erkannt. Ständig kommen Leute an unseren Tisch, wollen dem Hoffnungsträger die Hand geben, sagen: Machen Sie weiter! Lassen Sie sich nicht entmutigen!

Wir sitzen in unserem Hotel beim Frühstück, als einer unserer Prager Freunde hereingestürmt kommt, die *Literární Listy* in der Hand. Dort und in einigen anderen Zeitungen steht das später berühmt gewordene »Manifest der 2000 Worte«, in dem siebzig bekannte Wissenschaftler und Künstler sich »an alle« wenden. Jetzt komme es darauf an, gemeinsam mit den Reformern unter den Kommunisten den »herrschsüchtigen Egoisten« und »skrupellosen Feiglingen« die Macht aus der Hand zu nehmen, in den Betrieben, in den Bezirken, in den Landkreisen neue, anständige Leute zu wählen. Angeblich gehören die Betriebe uns, den Bürgern, sagen die Autoren des Manifests. Beweisen wir es, nehmen wir die Verfassung beim Wort! Gründen wir Bürgerausschüsse, heißt es darin. Organisieren wir Komitees, fordern wir Rechenschaft! Auf allen Ebenen. Jetzt beginnt der Kampf der »Demokratie gegen die Futtertröge«. Wir sind begeistert. Für Franz ist das alles so etwas wie die Verwirklichung eines Lebenstraums.

Zurück in Wien. Auch hier ist der Prager Frühling in aller Munde. Die Konservativen sind sicher: Die Demokratiebewegung in der Tschechoslowakei kann nicht siegen. Wenn es die Tschechen wirklich ernst meinen mit der Demokratie, und das tun sie offensichtlich, dann werden die Russen das niemals zulassen. Die Linken sind anderer Meinung, sie glauben an den Sieg der Demokraten. Franz sagt, so bescheuert können nicht einmal die Russen sein, dass sie eine Kommunistische Partei, die endlich einmal wirklich populär ist und bei freien Wahlen mühelos gewinnen würde, zerschlagen. Wir fahren auf Urlaub nach Italien. Und wir sitzen am 21. August wiederum irgendwo beim Frühstück, als wir in der Zeitung die Schlagzeile sehen: Panzer in Prag! Wir trauen unseren Augen nicht. Also doch. Die Konservativen haben recht gehabt.

Im Eiltempo zurück nach Wien. Ich habe ein gültiges tschechoslowakisches Visum und versuche mit dem Auto ins Land zu kommen. Bei mir im Wagen sitzt meine Prager Freundin Věra Fischelová mit ihrem kleinen Sohn Dominik. Věra ist Psychoanalytikerin und hat ein paar Monate in einem Wiener psychiatrischen Krankenhaus gearbeitet, auch das eine Errungenschaft des Prager Frühlings. Die halbe letzte Nacht sind wir zusammengesessen und haben überlegt, ob Věra in ihre besetzte Heimat zurückkehren oder in Wien bleiben soll. Wieder in der alten Diktatur leben? Oder ins Exil gehen? Der achtjährige Dominik gibt schließlich den Ausschlag. Er will nach Hause, zu seinen Freunden. Wir fahren von einem Grenzübergang zum anderen. Überall weisen mich die Grenzbeamten zurück, Visum hin oder her. Endlich gebe ich es auf. Věra und Dominik dürfen einreisen, ein tschechisches Auto nimmt die beiden mit. Wir umarmen uns. Es dauert 21 Jahre, bis wir uns wiedersehen werden.

Für die Tschechen, aber auch für die Sympathisanten der tschechischen Demokratiebewegung in ganz Europa ist die kurze Zeit der Hoffnung zu Ende. Es beginnt die bleierne Zeit der sogenannten Normalisierung. Viele unserer tschechischen Freunde verlieren ihre Parteimitgliedschaft und ihre Arbeit, sind plötzlich Verräter und Volksfeinde. Eda Goldstücker geht ins englische Exil, zum zweiten Mal. Das erste Mal ist er vor den Nazis geflohen, jetzt vor seinen eigenen Genossen. Ota Šik wählt die Schweiz. Und Tonda Liehm geht nach Frankreich. Auf dem Weg macht er bei uns Station und schläft auf dem Sofa in unserem Wohnzimmer. Eine Epoche ist zu Ende.

Das Jahr 1968 sieht nicht nur das Ende des Prager Frühlings, auch die Studentenbewegung in Frankreich, der »Pariser Mai«, wird niedergeschlagen. Und auch die deutsche Studentenrevolte findet irgendwann ihr Ende, besonders, als sie nach dem gewaltsamen Tod des Studenten Benno Ohnesorg bei einer Demonstration in Berlin ebenfalls gewalttätig wird. Ich habe als Berichterstatterin der *Arbeiter-Zeitung* in Paris die Studentenversammlungen im Odeon besucht und die Demonstrationen gesehen, ebenso wie die besetzten Hörsäle und die Dauerdiskussionen in Berlin. Die Ziele sind ähnlich, aber die Atmosphäre ist verschieden. Die französische Bewegung ist leichtfüßiger und poetischer. »Die Phantasie an die Macht« und »Unter dem Asphalt ist der Strand« lauten die Losungen. Die deutsche ist ernsthafter und grimmiger: »Macht kaputt, was euch kaputt macht«, »Es gibt kein richtiges Leben im falschen«. Alle wollen ein neues, ein richtiges Leben. Und bei den Deutschen spielt auch die Abrechnung mit der alten, nazi-affinen Elterngeneration eine große Rolle.

Die deutschen revolutionären Studenten, unter ihnen Rudi Dutschke, kommen in diesem Jahr auch nach Prag, um dort ihre ebenfalls unruhigen tschechischen Kommilitonen zu treffen. Aber man redet aneinander vorbei. Die Deutschen können, bei aller Sympathie, nicht verstehen, warum die Tschechen nicht an ihrem sozialistischen System festhalten wollen, das bei all seinen Fehlern ihrer Meinung nach eben doch das bessere ist. Und die Tschechen halten die Verachtung der Deutschen für die

»repressive Toleranz« im Kapitalismus für verrückt. Wenn wir eine solche repressive Toleranz nur hätten!, sagen sie. Eure Sorgen möchten wir haben! Zu einem Schulterschluss der Jungen kommt es nicht.

Ein Jahr später findet in Kuba ein internationaler Kulturkongress zum Gedenken an Ernesto Che Guevara statt, der, ebenfalls im ereignisreichen Jahr 1968, in Bolivien den Tod gefunden hat. Che, wie ihn alle nennen, wollte die kubanische Revolution dorthin und in weiterer Folge nach ganz Lateinamerika tragen. Auch das eine zerschlagene Hoffnung. Aber Che ist indessen der Held der Linken in der ganzen Welt. Sein Bild, mit dem Barett, der Zigarre und dem hinreißend sexy Lächeln, hängt in Studentenzimmern von San Francisco bis Wien. Und auch das Foto, auf dem er aufgebahrt daliegt, eine moderne Version des klassischen Jesus-Motivs von der Kreuzabnahme.

Ich darf für die *Arbeiter-Zeitung* vom Kongress in Havanna berichten. Es ist eine Art letztes Klassentreffen von allem, was bei den Linken Rang und Namen hat. Hans Magnus Enzensberger ist da, heiter und elegant, er spricht fließend Spanisch und kennt alle. Giangiacomo Feltrinelli, der italienische Verleger und Millionär, in Designerjeans und Maßhemd, der später bei einem Bombenanschlag zu Tode kommt. Er lädt alle, inklusive das Fußvolk der Journalisten, jeden Abend großzügig zu zahlreichen Margheritas ein, den kubanischen Drinks aus Rum und Minze. Eric Hobsbawm, der englische Historiker, vielsprachig, umfassend gebildet, mit dem Aussehen eines ewigen Studenten. Und viele andere.

Wir hören Fidel Castro reden, nur zwei Stunden lang. Das ist für seine Verhältnisse gar nichts, sagen uns die Kubaner. Die meisten von uns verstehen fast nichts, aber dem Charme des Commandante, seinen Grimassen und Gesten können wir uns nicht ganz entziehen. Charisma hat er, das muss man ihm lassen. Eines Abends gibt es bei einem Empfang einen Wirbel. Der mexikanische Maler David Alfaro Siqueiros fliegt plötzlich quer durch den Saal. Was ist passiert? Eine junge französische Trotzkistin hat dem berühmten Mann einen kraftvollen Tritt in den Hintern verpasst, als Strafe für die Rolle, die der Kommunist Siqueiros bei der Ermordung von Leon Trotzki in Mexiko gespielt hat. Es sind eben alle

Fraktionen der Linken hier in Havanna versammelt, und die sind, außer in ihrer Sympathie für das revolutionäre Kuba, alles andere als einig.

Wir entdecken Havanna, diese hinreißend fröhliche Stadt mit ihren schönen alten Bürgerhäusern und Palais und ihren allgegenwärtigen Musiklokalen. Alles ist ziemlich vergammelt und heruntergekommen, aber die Sonne scheint, und die Menschen lächeln uns an. Kuba ist arm, das ist nicht zu übersehen. Trotzdem überbieten sich die Gastgeber darin, uns zu verwöhnen. Wir Journalisten fahren im Land herum. In Havanna bekommen wir Autos zur Verfügung gestellt, mit denen dürfen wir zum Strand fahren. Ein junger englischer Kollege ist der Erste, der sich über diesen Luxus empört. Autofahren ist für normale Kubaner meistens unerschwinglich, und wenn sie Autos haben, dann sind es uralte nordamerikanische Klapperkisten. Wir sagen den Veranstaltern höflich, dass wir keine Autos wollen. Diese sind darüber gar nicht erfreut.

Kuba ist das Land der Revolution, es atmet immer noch karibische Fröhlichkeit, aber es ist ein Polizeistaat. Jemand nimmt mich mit zu dem Schriftsteller Miguel Barnet. Sein Buch »Biografía de un cimarrón«, die wahre Geschichte eines entlaufenen Sklaven, hat auch in Europa viel Aufmerksamkeit erfahren. Barnet war von Anfang an ein leidenschaftlicher Anhänger der Revolution, aber nun hat er genug. Die Freiheit, die er gemeint und die er sich so sehnlich gewünscht hat, hat sie nicht gebracht, sagt er uns. Er ist bitter und traurig. Wenig später verlässt er die Insel und geht ins Exil. Und auch ich fahre nachdenklich nach Hause. Revolutionäre Paradiese ohne Schlange scheint es nicht zu geben.

In Maos Reich

Ein Inserat im *Kurier*, im Jahr 1971: Das Österreichische Verkehrsbüro bietet eine Gesellschaftsreise nach China an. Nach China? Ich muss zweimal hinschauen, bevor ich es glaube. In China tobt seit vier Jahren die Kulturrevolution. Das Land ist für alle Reisenden aus dem Westen hermetisch geschlossen. Wie wir heute wissen, war diese Epoche eine Zeit der schlimmsten Repression, sie forderte zahllose Tote und verursachte unsagbares menschliches Leid. Davon ahnte man damals kaum etwas. Die angesehensten Journalisten der angesehensten Medien der Welt bemühen sich seit Jahr und Tag vergeblich um Einreisebewilligungen, um einen Blick in Mao Tse Tungs revolutionsgeschütteltes Reich zu werfen. Keine Chance. Und hier wird, zwischen Reisen nach Mallorca und Caorle, nun eine Fahrt quer durch China ausgelobt? Ausgerechnet vom Österreichischen Verkehrsbüro, das normalerweise preiswerte Urlaube für Familien und Pensionisten im Angebot hat? Die Reise ist nicht einmal teuer. Ich melde mich an.

Zwei Tage später habe ich ein Ticket und ein Visum und dazu gratis auch gleich das Kleine Rote Buch mit den wichtigsten Merksätzen aus der Lehre des Großen Vorsitzenden Mao Tse Tung. Ich nehme auch noch die Gesammelten Werke des Autors mit. Es gibt sie bei der Chinesischen Botschaft in Wien auf Deutsch zu kaufen, drei Bände broschiert. Sie kosten ein paar Schilling.

Ich beginne ein Reisetagebuch, das ich heute mit Staunen wieder lese: »Kanton. Dass in China alles anders ist, merken wir schon auf dem Flughafen. Ein Empfangskomitee ist ausgerückt. Wir nehmen auf weißbezogenen Fauteuils im VIP-Raum Platz und bekommen erst einmal einen Vortrag über die Errungenschaften der Revolution serviert. Und wir hören, was wir im Laufe der Reise noch öfters hören werden: Wir seien geschätzte Freunde Chinas, wir sollten Kritik üben an dem, was wir zu sehen kriegen würden, man wolle von uns, den Ausländern, lernen. Und wir, eine ganz gewöhnliche Reisegruppe, zusammengesetzt aus österreichischen Durchschnittsbürgern, scheinen tatsächlich so etwas wie die Avantgarde der ›geschätzten Freunde Chinas‹ zu sein. Versuchskaninchen bei der Öffnung zum Westen. Etwas seltsam kommen wir uns in dieser Rolle vor. Im Hotel sind wir die einzigen Gäste. Auf jeden von uns kommt eine ganze Brigade von Personal, das sich lächelnd verbeugt, wenn wir vorbeigehen. Niemand nimmt Trinkgeld. Als ich ein Paar zerrissene Socken wegwerfe, bekomme ich sie am nächsten Tag, sauber verpackt, wieder zurück. Und auf den Straßen werden wir angestarrt und bestaunt wie Besucher von einem anderen Stern. Kinder zupfen an unseren Jacken. Sie wollen nicht betteln, sie wollen nur wissen, was das für Jacken sind, die so anders aussehen als ihre eigenen.

Es ist kein Zufall, dass die erste Station unserer Reise ein Dorf ist, eine Volkskommune im Süden des Landes. Das Dorf, hören wir, ist die Zukunft, dort schlägt das Herz der Kulturrevolution. Unser Dorf liegt in fruchtbarer Gegend, umgeben von grünen Reisfeldern. Die Landwirtschaft in China wurde schon in den Fünfzigerjahren kollektiviert. Die Kulturrevolution sollte auf dem Lande vor allem das ›kollektive Bewusstsein heben‹ und die leitenden Gremien ›demokratisieren‹. Die Leitung hat immer ein Militär.

In der Volkskommune Tsinhua, in der mehrere Dörfer zusammengefasst sind, ist Tseng Tsun Yen der Leiter. Er ist nicht nur der Vorsitzende des Revolutionskomitees, sondern auch Kommandeur einer Division Volksmiliz und Chef der Schul-, Spitals- und Justizverwaltung. Ein jovialer Typ mit Bürstenfrisur. Er lädt uns ins Versammlungshaus zu einem ländlichen Mittagessen ein und legt uns nach chinesischer Gastgebersitte eigenhändig die besten Bissen in unsere Reisschüsselchen. Nachher reichen Kommunemädchen allen ein heißes Frotteehandtuch. Das Essen ist wunderbar, frische Fische aus eigenen Teichen und frisches Gemüse aus eigenem Garten.

In diesem Saal findet, wenn nicht gerade gegessen wird, das tägliche Mao-Tse-Tung-Studium statt. Eine Einrichtung, die, wie die Bibellektüre bei frommen Protestanten, seit der Kulturrevolution zum täglichen

Pflichtritual der Chinesen gehört. In Tsinhua wie in allen Volkskommunen im ganzen Reich ist der aktuelle Text derzeit vor allem die Mao-Weisung ›Lernt von Dadsai‹. Dadsai ist eine Volkskommune im Norden, die sich schon früh in ihrer Produktion vom Staat unabhängig gemacht hat. Auch in Tsinhua ist man nicht nur in der Lebensmittelversorgung autark, sondern versucht, viele Industrieprodukte selbst herzustellen. Die Werkstätten wie die Maschinen sehen primitiv aus – aber sie erfüllen anscheinend ihren Zweck.

Am meisten staunen wir über die Dreschmaschinen. Eine solche Maschine ist eine Art Holzkiste mit einer Stachelrolle im Inneren, die mit einem Fußpedal à la Nähmaschine bedient wird. 1500 Stück sind derzeit in der Volkskommune in Betrieb. Auch sie sind eine eigene Erfindung und somit ›ein Werk der Massen‹, wie die Chinesen sagen.

Der Sinn der Aus-eigener-Kraft-Politik liegt auf der Hand. Wenn jede Region sich mit den wichtigsten Gütern selbst versorgen kann, sind die Versorgungsschwierigkeiten im Fall eines Krieges minimalisiert. Kein Zufall, dass diese Losung ausgegeben wurde, als der Bruch mit der Sowjetunion kam und die sowjetischen Maschinenlieferungen eingestellt wurden. Selbst wenn weite Gebiete (etwa die Küste mit den großen Städten) in die Hand des Feindes fielen, könnten die Provinzen im riesigen Landesinneren dennoch weiter funktionieren und als Basen dienen, bis die Kräfte neu gesammelt sind.

Die Autarkie der Volkskommunen entlastet außerdem den Transport und vereinfacht die Verteilung. Besser hölzerne Dreschkisten, die auch wirklich da sind, als hochkomplizierte Mähdrescher, auf die man lange warten muss. Und wenn etwas kaputt geht, kann es problemlos am Ort repariert werden.

Auch das kommuneeigene Krankenhaus ist ›selbstgemacht‹, ebenso wie die Medizin, die dort praktiziert wird. Der Leiter ist ein kleiner Mann vom Typ Wurzelsepp namens Sü. Herr Sü war vor elf Jahren noch Bauer, interessierte sich aber schon immer für Medizin. Er dokterte auf eigene Faust an seinen Nachbarn herum, weil, wie er sagt, die Leute doch niemanden hatten, der sie behandelte. Inzwischen hat Sü eine medizinische Grundausbildung mitgemacht und führt jetzt ein kleines Spital mit

53 Mitarbeitern. Sü ist ein Barfußdoktor, das ist jetzt in China der letzte Schrei.

Süs Sprechzimmer ist spartanisch eingerichtet. Eine Liege, ein rohgezimmerter Tisch, ein Medikamenten- und ein Geräteschrank. Aber hier hat er angeblich schon eine Klumpfußoperation und mehrere komplizierte Hauttransplantationen vorgenommen. Natürlich hat auch Sü seinen Mao parat. Er zitiert die Weisung des Vorsitzenden aus dem Jahr 1964, den ›Schwerpunkt der Gesundheitspolitik hinaus in die Dörfer zu verlegen‹.

Und noch ein Mao-Wort hat, so hören wir, die Gesundheitspolitik revolutioniert: der Satz von der ›Schatzkammer der chinesischen Medizin‹, die nutzbar gemacht werden soll. Aus dieser ›Schatzkammer‹ stammt vor allem die mehr als tausendjährige chinesische Kunst der Akupunktur, die seither von Ärzten weiterentwickelt worden ist und in allen chinesischen Spitälern praktiziert wird. Weniger bekannt sind die alten chinesischen Heilkräuter, aus denen ebenfalls seit unvordenklichen Zeiten Hausmittel gewonnen worden sind. Die Heilerfolge sind ausgezeichnet, wird uns versichert.

Ob das stimmt? Ich bin jedenfalls entschlossen, mich auf dieser Reise über nichts mehr zu wundern.

Nächste Station ist Peking. Endlich Kunst! Wir haben Glück: Seit Juli ist die ›Verbotene Stadt‹, der Kaiserpalast hinter dem ›Tor des himmlischen Friedens‹, wieder fürs Publikum geöffnet. Wie alle alte Kunst in China sind auch die Schätze des Kaiserpalastes neu arrangiert und im Einklang mit Maos Weisungen mit neuen Texten und Erklärungen versehen worden. Unser Pekinger Dolmetscher gibt auf unsere Fragen zu, dass übereifrige Rotgardisten in den Tagen des Großen Sturms da und dort Kunstwerke ruiniert haben, aber, wie er sagt, nicht im Kaiserpalast. Der Fremdenführer schildert den Verlauf der Ereignisse so: Die Studenten der Pekinger Kunstakademie seien damals in den Palast eingedrungen. Sie hätten (ähnlich wie ihre italienischen Kollegen bei der Biennale 1968) mit den Museumswärtern heftig diskutiert und Vorschläge gemacht, wie man die Kunst der Vergangenheit in revolutionärer Weise präsentieren solle. Das Resultat ist eine große rote Tafel mit dem Mao-

Zitat: ›Das Volk ist die bewegende Kraft der Geschichte‹, und viele erklärende Texte in den Ausstellungssälen. Sie führen aus, dass auch die Kunstwerke der Kaiserzeit letztlich die Leistung des arbeitenden Volkes waren. Die Lösung ist erträglich – man sieht, dass hier einigermaßen verständige Leute am Werk waren und keine Banausen.
Das war offensichtlich nicht überall der Fall. Im Sommerpalast etwa, einer hübschen Gartenanlage aus der Zeit der Jahrhundertwende vor den Toren Pekings, hängen in den zierlichen Pavillons große Bilder stürmender Rotgardisten und Ussuri-Kämpfer, nach Art der meisten neuchinesischen Kunstwerke in ziemlich schlimmem Stalin-Stil gemalt. Sie passen in die höfisch-verspielte Umgebung wie die Faust aufs Auge.

Tatsächlich scheint das Verhältnis Chinas zu Kunst und Kultur der Vergangenheit aber auch in allerjüngster Zeit eine Veränderung erfahren zu haben. Seitdem die Kulturrevolution ihren Höhepunkt überschritten hat, wird überall ein Mao-Wort groß herausgestellt, das von der Verpflichtung spricht, das Kulturerbe Chinas zu bewahren und in Ehren zu halten. Der Spruch ist überall. Er ist wohl als Schuss vor den Bug allzu bilderstürmerischer Ultraradikaler gedacht, die die seinerzeitige Parole ›die vier Alten zerstören‹ (alte Kultur, alte Gedanken, alte Bräuche, alte Gewohnheiten) allzu wörtlich nahmen.

Dass diese Tendenz noch relativ neu ist, glaube ich der Reaktion unserer beiden Dolmetscherinnen zu entnehmen. Beide sind gescheite junge Frauen mit Universitätsausbildung. Befragt, wie ihnen die Kunstwerke gefallen, antworten sie eher unsicher: ›Nicht besonders‹, ›Wir machen uns nichts aus solchen Sachen‹, ›Modernes ist schöner.‹

Außerhalb des Palast- und Gartenviertels wirkt Peking ein wenig grau und staubig. Das kommt auch daher, dass an allen Ecken und Enden gebaut wird. Überall werden die kleinen grauen Steinhäuser des alten China mit ihren reizvollen Innenhöfen, den niedrigen Mauern und geschwungenen Eingangstürchen abgerissen. An ihrer Stelle entstehen Wohnblocks im Allerweltsstil, nüchtern, hässlich und praktisch. Die Zehnmillionenstadt braucht Wohnungen – und sie baut sie auf typisch chinesische Weise: mit den bloßen Händen. Auf einer riesigen Baustelle im Ostteil der Stadt sehen wir kaum Maschinen, dafür aber einige tausend Arbeiter, die mit dem Spaten den Grund ausheben. Schon nächstes Jahr soll hier ein neues Wohnviertel stehen.

Der Stolz des neuen Peking ist die riesige Kongresshalle auf dem Tiananmen-Platz. Wir sehen Säle, Salons und Ruheräume für die Abgeordneten, jeweils mit Kunstprodukten der einzelnen Provinzen geschmückt, darunter ein ganzer Elefantenzahn mit einer minutiös geschnitzten Szene des Kantoner Aufstands. Alles zeugt von großartiger Handwerkskunst und ziemlich schlechtem Geschmack.

Im großen Pekinger Warenhaus, einem neuen, ebenfalls an russische Vorbilder gemahnenden Gebäude an der Hauptstraße, gibt es alles Notwendige und nichts Überflüssiges. Kurz entschlossen kaufe auch ich mir einen blauen Mao-Anzug und ziehe ihn gleich an. Ich habe es satt, in meinen West-Sachen ständig angestarrt und bezupft zu werden. Der Anzug trägt sich bequem, wie ein Schlosseranzug in grober Baumwolle. Aber wie lange, denke ich bei mir, werden es die chinesischen Frauen hinnehmen, niemals etwas Schickes zu besitzen und sich niemals ein bisschen hübsch machen zu dürfen.

Wer in Peking abends ausgehen will, hat nicht allzu viele Möglichkeiten. Wir hören ein Konzert, das uns unsere Dolmetscherinnen als Errungenschaft der Kulturrevolution angekündigt haben. Wieder erleben wir eine Überraschung: Das ›revolutionäre‹ Musikstück ist ein pseudoromantisches Konzert für Klavier und Orchester, melodisch und schmissig, das jedem bürgerlichen Salonorchester zur Ehre gereichen würde. Ausgerechnet das Klavier – Sinnbild bürgerlicher Musikkultur im Westen – ist in China mit der Kulturrevolution populär geworden.

Der Pekinger Beihai-Kindergarten liegt in einem hübschen alten Haus, einst wohl die Villa eines Mandarins, mit großem Garten. Wir bekommen eine Kostprobe revolutionärer Vorschulerziehung, charmant und beklemmend zugleich. Die Kinder malen eine rote Sonne. Das Bild heißt ›Der Osten ist rot‹. Sie malen amerikanische Flugzeuge, die von vietnamesischen Panzern beschossen werden. Sie malen Maos Geburtshaus und Szenen aus den Revolutionsstücken der Peking-Oper. Sie rechnen: Wenn von zwei Soldaten der israelischen Aggressoren einer von den tapferen Verteidigern erschossen wird, wie viele bleiben dann übrig? Am

Schluss kommt eine Revue: Die Kinder, als Arbeiter, Bauern und Soldaten kostümiert, tanzen ›Die Kulturrevolution entfaltet ihren Glanz‹. Sie schwingen kleine Holzgewehre und singen dazu: ›Langes Leben dem Vorsitzenden Mao‹. Mao sei die Sonne, heißt es in dem Lied weiter. Das alles wird mit Anmut und erstaunlicher Verve ausgeführt. Trotzdem bleibt uns der Beifall fast im Halse stecken. Diese stramm disziplinierten ›Kleinen Roten Soldaten‹ (der Name für Chinas Kinderorganisation) sind reizend, aber sie sind auch ein wenig zum Fürchten. Sogar die Pose des mutigen Vorwärtsstürmens, die wir von Denkmälern her kennen, haben die Kinder drauf. Werden sie bei der nächsten Kulturrevolution ihren Lehrern diese Bilder und Texte um die Ohren schlagen? Fast hoffe ich es.

Shao Tsung, unsere Dolmetscherin, deren kleiner Sohn auch im Kindergarten ist, erzählt uns, dass jeder Kindergarten ein ›Verbindungsbuch‹ führt. Dort wird wöchentlich aufgezeichnet, ob das Kind brav war. ›Wenn mein vierjähriger Sohn mit einem Tadel nach Hause kommt, geniert er sich so, dass er mich gar nicht anschauen mag‹, sagt Shao Tsung. Aber sie lächelt dabei. Sie sieht nicht aus wie eine strenge Mutter, meint aber offensichtlich, es sein zu müssen.

In einem Pekinger ›Arbeiterclub‹, einer Art großem Kino, sehe ich zum ersten Mal eine Vorstellung der Peking-Oper. Gegeben wird an diesem Abend ›Du Juan Shan‹, ein Stück aus dem Bürgerkrieg. Der Saal ist ausverkauft. Die Leute tragen Arbeitskluft, man sieht Rotarmisten, Arbeiter, Schüler, Großmütter mit Kleinkindern. Ein Opernbesuch ist hier kein festliches Ereignis, sondern ein volkstümliches Vergnügen für die ganze Familie. In der Oper wie im Theater wie in der Literatur und auch bei den Liedern, die gesungen werden, gibt es offensichtlich einen beschränkten Kanon von zugelassenen Werken. Diese aber sind im ganzen Land Allgemeingut. Auch ›Du Juan Shan‹ gehört dazu.

Als der Vorhang aufgeht, sieht man zunächst eine romantische Waldschlucht. Der Held Lei Gang, ein Bauer, ist seinem Gutsbesitzer entflohen und sinnt mit seinen Schicksalsgenossen auf Revolte. Sie wollen sich gegen die Unterdrückung zur Wehr setzen, wissen aber nicht recht, wie sie das anstellen sollen. Prompt erscheint die Vertreterin der illegalen

Kommunistischen Partei, eine schöne, etwas burschikose Person, dem Typ nach eine Mischung aus Jeanne d'Arc, Emma Peel und Oberlehrerin. Sie führt die Bauernrevolutionäre in den Kampf. Im Folgenden zeigt das Stück, wie die Partei die tapferen, aber oft verwirrten und unter falsche Einflüsse geratenen Bauern leitet und orientiert, sie erzieht und ihnen siegen hilft. Am Schluss vereinigen sich Bauern, Arbeiter und Soldaten zu einer großen Armee unter Führung der Partei. Im Finale schwenken unter einer wehenden roten Fahne alle das Mao-Buch und singen das Lied vom Großen Steuermann.

Im Stil erinnert das Ganze an ein populäres Ritterstück, spannend wie ein Western und mindestens ebenso blutrünstig. Die Feinde werden erschossen, erschlagen, aufgespießt und von Klippen gestürzt. Die Bösen sind durch bleiche Schminke und tückisches Aussehen von vornherein als solche kenntlich – der Verräter ist ein schmächtiger Intellektuellentyp, während die Guten robuste und rotbackige Proletariergestalten sind.

Am lebendigsten sind die Kampfszenen. Alle Schauspieler sind perfekte Tänzer und Akrobaten, sie schlagen Purzelbäume, liefern einander choreographisch großartige Duelle mit Schwert, Dreschflegel und Pistole, wirbeln meterweit durch die Luft, springen mit Salto einen Meter rückwärts auf einen hohen Felsen. Das Publikum geht sichtlich begeistert mit, obwohl die meisten das Stück schon kennen. Beim Hinausgehen pfeifen manche die Hauptmelodie.

Auch wir applaudieren, aber einem unserer Mitreisenden, einem mittelständischen Unternehmer aus Vorarlberg, reicht allmählich die antikapitalistische Agitation. Wie komme er dazu, beschwert er sich, ständig als Ausbeuter und Arbeiterfeind bezeichnet zu werden? Er arbeite schließlich auch hart und behandle seine Leute anständig. Wir sehen in Maos Werken nach und finden dort die Unterscheidung zwischen ›Kleinbauer‹ (gut), ›Großbauer‹ (schlecht) und ›Mittelbauer‹ – einer, der andere für sich arbeiten lässt, aber auch selber zupackt – (akzeptabel). Fortan stellt sich Herr Zumtobel überall als ›Mittelbauer‹ vor.

Vom Pekinger Hauptbahnhof – einem Riesenbau im altchinesischen Stil – geht es per Schlafwagen weiter nach Nanking. Die Wagen sind geräumig und bequem, mit ihren weißen Spitzendeckchen und den Lämpchen mit rosa Seidenschirm umgibt sie ein Hauch von Jahrhundertwende. Zur klassenlosen Eisenbahn hat sich auch das neue China noch nicht aufgeschwungen.

Service und Kundendienst – wenigstens im Abteil für uns ausländische Touristen – sind Spitzenklasse. Im Speisewagen bekommen wir ein kulinarisches Wunderwerk von Abendessen serviert, dazu für jeden ein kleines Fläschchen Rotwein.

Als meine österreichischen Reisegefährten noch mehr Wein bestellen wollen, gibt es zunächst ratlose Gesichter, denn in China trinkt man relativ wenig und mäßig Alkohol. Dann aber hat der Ober eine Idee. Er ruft vom Zug aus den nächsten Bahnhof an. Dort hat man zwar auch keinen Wein lagernd, aber jemand holt mit dem Fahrrad rasch welchen aus der Stadt. Außer Fahrplan hält der Expresszug wenige Minuten später in dem kleinen Provinzbahnhof, zwanzig Bouteillen werden aufgeladen, und die Gäste, denen das Ganze mittlerweile schon ein bisschen peinlich ist, kommen zu ihrem Abendschluck. Offensichtlich ist die Losung ausgegeben worden, den ›geschätzten Freunden aus dem Ausland‹ jeden Wunsch zu erfüllen.

Die ganze Zeit haben wir von den glorreichen Errungenschaften der Kulturrevolution gehört, die das Land in seinen Grundfesten erschüttert hat. Aber wie war diese wirklich? Auf der langen Eisenbahnfahrt nach Schanghai, als die anderen schlafen, bringe ich endlich unsere Dolmetscherin Tsung Sung Tschien, eine sympathische und kluge junge Frau, dazu, mir zu erzählen, wie sie die Umwälzung in ihrer eigenen Familie erlebt hat. ›Zwei Jahre lang‹, sagt sie, ›haben mein Vater und meine Brüder nicht miteinander gesprochen.‹

Der alte Tsung Yang Yi arbeitete im Elektrizitätswerk in Tschangscha, der Hauptstadt der Provinz Hunan. Ursprünglich stammte er aus Schanghai, aber als in Tschangscha das neue Werk gebaut wurde, wurden erfahrene Facharbeiter aus anderen Städten dorthin versetzt. Vater Tsung, ein alter Kommunist, war dabei.

Als die Kulturrevolution ausbrach, war er zunächst entsetzt. Damals klebten die jungen Arbeiter – unter ihnen sein eigener Sohn – den ganzen Fabrikhof voll mit Wandzeitungen, in denen Liu Schao Tschi, Maos moderater und reformwilliger Rivale, und die Parteileitung erbittert kritisiert wurden. Tsung Sung Tschien: ›Mein Vater hat gesagt, diese jungen Taugenichtse ruinieren noch die ganze Partei. Sie sollen lieber arbeiten, statt so viel zu kritisieren.‹ Einer der wildesten Rebellen war der junge Tsung. Er malte ein Plakat, das ein riesiges Hosenbein zeigte und einen kleinen Mann, der sich krampfhaft daran festhielt. Darunter stand: Tsung Yang Yi kann das Hosenbein von Liu Schao Tschi nicht loslassen. Gemeint war: Vater Tsung ist ein Anhänger des in Ungnade gefallenen Mao-Rivalen. Der ganze Betrieb lief zusammen, um das Plakat zu betrachten. ›Mein Vater kränkte sich sehr und war sehr böse‹, erzählt Tsung Sung Tschien. Er gründete eine ›Schutztruppe Diktatur des Proletariats‹ und ging mit der Armbinde dieser Schutztruppe durch die Stadt.

Die Spaltung ging damals mitten durch die Familie. Tsung Sung Tschiens Mutter und die jüngere Schwester hielten zum Vater, Tsung Sun Tschien – damals schon Germanistikstudentin in Peking und begeisterte Rotgardistin – und die beiden Söhne standen auf der Seite der Kulturrevolutionäre. ›Es war damals furchtbar ungemütlich zu Hause‹, erinnert sich unsere Dolmetscherin. ›Mein Vater verbarrikadierte sich hinter seiner Zeitung, und die Brüder schwiegen. Meine Mutter weinte viel. Ich sagte nichts, wenn gestritten wurde, aber ich sprach manchmal allein mit meinem Vater. Er ist ein guter, ehrlicher Mensch, aber er hatte eben nicht begriffen, dass die Partei die Revolution brauchte.‹

Der schlimmste Moment für den alten Tsung kam, als die jungen Arbeiter in seinem Betrieb beschlossen, ihn aus der Partei auszuschließen – ihn, der in den schweren Zeiten des Bürgerkriegs und nachher beim Aufbau des Werks so große Opfer für die Partei gebracht hatte. Er beschloss, nach Peking zu fahren und sich direkt beim Zentralkomitee über die Vorgänge in Tschangscha zu beschweren. Das alles konnte doch unmöglich im Sinne des Großen Vorsitzenden Mao sein! Aber aus der Beschwerde wurde nichts. Tsung Yang Yis älterer Sohn trat dazwischen und machte seinem Vater klar, dass er nicht ›über die Köpfe der Genossen zu Hause‹ hinweg handeln könne. Verbittert und erzürnt fuhr der alte Mann nach Hause.

Mehrere Monate hörten die Geschwister nichts von ihm. Sie zogen durchs Land, als Agitatoren der Kulturrevolution. Dann kam ein Brief, der alle Kinder nach Hause beorderte. Der alte Tsung hatte eine Familiensitzung einberufen und beschlossen, Selbstkritik zu üben. Während alle erwartungsvoll um den Tisch herum Platz nahmen, entfaltete er ein eng beschriebenes Papier. Die Tochter: ›Fünf Bogen hat mein Vater vollgeschrieben. Er gab zu, dass er die Linie des Vorsitzenden Mao nicht voll verstanden hatte. Aber er kritisierte auch das anarchistische Verhalten meiner Brüder.‹

Das war 1969. Seither hängt der Haussegen bei den Tsungs wieder gerade. Ich aber frage mich insgeheim: Hatte Vater Tsung wirklich ›seinen Irrtum eingesehen‹? Oder haben ihn die Jungen einfach fertiggemacht? Ich bin ziemlich sicher: das Letztere.

Liebe, Flirt und Sex sind Begriffe, die im chinesischen Leben fast gar keine Rolle zu spielen scheinen. Zuerst kommt die Politik, dann die Arbeit, dann lange nichts – und dann erst das Privatleben. Ich frage alle unsere meist jungen Begleiter und Begleiterinnen ziemlich indiskret nach ihren Beziehungen. ›Wenn wir hier nur Liebe und Sex im Kopf hätten wie anderswo, kämen wir nicht weit‹, höre ich. Auch unsere beiden Dolmetscherinnen, beide um die dreißig, beide Mütter eines kleinen Kindes, finden nichts dabei, um politischer Aufgaben willen monatelang von ihren Familien getrennt zu sein. Ehepaare werden grundsätzlich an verschiedene Orte geschickt. Die Kinder werden in den Kaderschulen betreut. Und in den Stücken der Peking-Oper gibt es auch nicht die leiseste Andeutung einer Liebesgeschichte. Held und Heldin, wiewohl jung und schön, reden miteinander ausschließlich über Revolution und Aufbau. Dass sie sich eines Tages auch privat finden werden, kann man nur hoffen.

Das Dorf Tung Ti, unser nächstes Ziel, ist wunderhübsch: alte Häuser, wie in Italien entlang winkeliger Gassen und an Kanälen eng aneinandergebaut. Hier haben wir zum ersten Mal Gelegenheit, uns mit chinesischen Bauern zu unterhalten.

Wir versuchen es in einem neuen Haus, das jedoch ganz nach altem Vorbild gebaut zu sein scheint. Yang Chin Min, der etwa vierzigjährige

Hausherr, und seine Frau – er übersprudelnd, sie still und lächelnd – bieten uns nach der Sitte aller Bauern der Welt sofort etwas zum Essen an: Tee, Sonnenblumenkerne und aromatische walnussgroße Miniorangen, die man mit der Schale isst, alles appetitlich in kleinen Schüsselchen angerichtet.

Stolz zeigt uns Yang sein Haus und vor allem das Prunkstück, ein riesiges reichgeschnitztes Himmelbett mit gestickten Vorhängen und seidenbespannten Paneelen, mit Vögeln und Blumen bemalt. Das sei sein Hochzeitsbett, erklärt unser Gastgeber, offenbar einer der Spitzenverdiener im Dorf. Yangs Vater war Landarbeiter beim Gutsbesitzer. Als es einmal keine Arbeit gab, erzählt er, mussten in einem Hungerjahr seine Eltern seinen jüngsten Bruder verkaufen. Bei dieser Geschichte nimmt Frau Yang spontan ihren kleinen Sohn auf den Schoß und steckt ihm einen Sonnenblumenkern in den Mund. Dich, sagt die Geste, verkaufen wir nicht. Früher habe es immer wieder Hungerzeiten gegeben, und auch das Verkaufen von Kindern sei keine Seltenheit gewesen.

Ich gehe sehr nachdenklich weg. Wenn die chinesische Revolution nichts anderes zustandegebracht hätte, als den Hunger abzuschaffen und das Kinderverkaufen – hätte sie sich da nicht schon gelohnt? Trotz aller Schwächen?

In Schanghai, traditionell das intellektuelle Zentrum Chinas, dürfen wir endlich auch einen Blick in eine Mittelschule und eine Universität werfen. Im Bildungssystem hat die Kulturrevolution die größte Erschütterung gebracht. Manche sagen auch: Sie hat es ruiniert. In der Schule erklärt uns ein junger Kader, vor der Kulturrevolution seien hier bürgerliche Intellektuelle ausgebildet worden, losgelöst von den Massen der Arbeiter und Bauern. Jetzt, nachdem das Proletariat die Leitung übernommen hat, will man das Bewusstsein der jungen Leute verändern. Sie sollen gleichermaßen Theorie und Praxis lernen und am Ende gebildete Arbeiter sein.

Noch deutlicher wird dieses Prinzip an der Universität. Die Tung Si ist die berühmteste Architekturfakultät des Landes. Tung Si heißt ›gegenseitige Hilfe‹, die Einrichtung wurde 1907 von Deutschen gegründet. Ein großer moderner Campus, mit Forschungslaboratorien, Ateliers, Seminarräumen, gruppiert um eine Parkanlage mit einem Mao-Denkmal in der Mitte. Hier war während der Kulturrevolution einer der am heißesten umkämpften Frontabschnitte, eine Bastion der ›Revisionisten‹ um Liu Schao Tschi, die im Intellektuellenzentrum Schanghai traditionell stark waren.

Erst im Sommer 1967, ein ganzes Jahr nach dem Startschuss der Kulturrevolution, wurde an der Tung Si das erste ›Komitee der revolutionären Lehrer, Studenten und Arbeiter‹ gegründet. Auch heute, sagt der massige Offizier, der als Rektor fungiert, gebe es hier noch Elemente, die sich der Mao-Linie widersetzten. Auf gar keinen Fall soll die Bildungselite wiedererstehen, die man während der Kulturrevolution eliminiert hat. Denn auf der Tung Si ist auch der Lehrkörper ›proletarisiert‹ worden. Er besteht aus Arbeitern, die sich weiterqualifiziert haben, und aus einigen wenigen Dozenten von früher, die in der Produktion ›umerzogen‹ wurden und ihre alten Irrtümer eingesehen haben. Klingt alles ziemlich schauderhaft.

Es dauert eine Weile, bis ich einen solchen umerzogenen Altintellektuellen finde. Ich erkenne ihn gleich. Professor Fu Scheng Schi ist ein schmaler mittelgroßer Mann von zweiundfünfzig Jahren, mit einem klugen, etwas bedrückten Gesicht. Er hält sich im Hintergrund und lässt lieber die Jungen reden. ›Ich gehörte auch zu denen, die kritisiert wurden‹, sagt er schließlich, als ich nicht locker lasse. Man sieht ihm an, dass er viel mitgemacht hat. Nur ganz wenige Professoren, erfahre ich später, ›weniger als fünf Prozent‹, haben sich geweigert, ihren ›Irrtümern‹ abzuschwören. Sie sind irgendwo in der ›Produktion‹ verschwunden. Zweifler, Skeptiker, Individualisten haben hier keine Chance. Das neue China, das wird klar, hasst Intellektuelle.

Auf der großen Uferstraße in Schanghai sehe ich ein Tatsebao, eine Wandzeitung, mit einer drastischen Illustration zum Thema chinesische Literatur: Drei riesige rote Schreibfedern spießen einen kleinen Mann auf, der sich auf dem Boden windet. Der Mann ist der Schriftsteller Tschen Yang, und der Begleittext ist eine rabiate Verurteilung von dessen Bearbeitung der ›Auferstehung‹ von Tolstoi für das Theater. Dem Stück wird ›bürgerlicher Humanismus‹ vorgeworfen. Tschen Yang, Anfang der

Sechzigerjahre stellvertretender Minister für Kultur, war früher ein bekannter und progressiver Autor. Jetzt soll er als Ausgestoßener in Peking leben. Wer das Tatsebao verfasst hat, frage ich. Antwort: die Massen. Ich tippe eher auf einen Funktionär aus dem Kulturapparat.

Das Thema Literatur ist – wie die kulturelle Szene überhaupt – eines der düstersten Kapitel im neuen China. Ich habe nicht den Eindruck, dass sich die Lage seit dem Ende der Kulturrevolution verbessert hat. Eher im Gegenteil. An die Stelle der revolutionären Übertreibungen am Anfang scheint eine engstirnige Gleichschaltung getreten zu sein. Einige wichtige Aufsätze, die Liu Schao Tschis ›revisionistische‹ Linie auf kulturellem Gebiet kritisieren, sind ins Englische übersetzt worden. Die Lektüre dieser Aufsätze ist deprimierend. Bis in die Formulierungen hinein (›winselnde Schakale‹, ›Renegaten‹, ›Verräter‹, ›feindliche Agenten‹, ›Speichellecker des Imperialismus‹) erinnern sie fatal an die Polemiken der Stalinzeit in der Sowjetunion.

Über die zeitgenössische Literaturproduktion kann man sich in der Zeitschrift *Chinesische Literatur* informieren, die auch auf Englisch und Französisch erscheint. Jede Nummer bringt Gedichte, Erzählungen und Reproduktionen moderner Bilder. Alle haben den Aufbau und das Leben in Volkskommunen und Betrieben zum Gegenstand, kunstlose Werkchen mit leicht fasslicher Lesebuchmoral. Da ist etwa die Geschichte von ›Tschen Siu Kin, Tochter der Partei‹. Die Jungkommunistin hilft in ihrer Heimatbrigade, die Revisionisten zu entlarven, riskiert ihr Leben, um aus dem Ozean Algen zur besseren Düngung der Maulbeerbäume zu holen, und wird tödlich verletzt, als sie einen Brand in der brigadeeigenen Baumschule zu löschen versucht. ›Ihre Augen scheinen etwas zu suchen. Plötzlich leuchten sie auf und bleiben am Bilde des Vorsitzenden Mao hängen. Noch einmal hört man sie leise sprechen. ‚Zündet die Lampe an, ich will noch einmal die Drei Schriften studieren.‘ Langsam schließen sich ihre Augen. Sie lächelt und hört auf zu atmen.‹«

So weit mein Reisetagebuch. In ihrer ganzen Furchtbarkeit habe ich als China-Touristin die Früchte der Kulturrevolution nicht erkannt. Aber wenigstens bin ich der Propaganda nicht zur Gänze auf den Leim gegangen.

»Das rosarote Kerzlweiberl«

Die Abtei St. Gabriel ist eine alte Burg auf einem Hügel bei Pertlstein in der Südsteiermark. Weinberge und Wald rundherum, unten im Tal fließt, windungsreich und unreguliert, die Raab. Benediktinerinnen sind hier zu Hause. Die gelb verputzten Mauern sind über und über mit wildem Wein bewachsen, und auf dem schmalen Weg zur Kapelle muss man sich zwischen den üppig wuchernden Hortensien und dem andrängenden Klosterwald regelrecht durchschlängeln. Noch eine Weile, sage ich zu Schwester Gregoria, der Pfortenschwester, und man wird euch gar nicht mehr finden, wie Dornröschen in ihrem zugewachsenen Schloss. Aber es gibt uns noch, sagt Gregoria. Heuer gibt's uns noch.

Ich bin als Gast nach St. Gabriel gekommen. Es ist das Jahr 1979, Franz ist tot, und ich kann mir noch nicht vorstellen, wie ich ohne ihn zurechtkommen soll. Ich brauche eine Auszeit, fern von der gut gemeinten Anteilnahme der Freunde, die mich partout auf andere Gedanken bringen wollen. Ich möchte allein sein, aber doch nicht ganz allein. Ich will nicht mit Fragen gelöchert werden, aber mich gleichzeitig gut aufgehoben fühlen. Als »rosarotes Kerzlweiberl«, wie mich Franz genannt hat, habe ich von St. Gabriel schon gehört. Das könnte passen. Ich schreibe der Äbtissin und melde mich an. Diese bringt mich zunächst im klostereigenen Gästehaus unter, aber schon bald darf ich in die Klausur übersiedeln und das Leben der Schwestern teilen. Wieder lerne ich eine neue Welt kennen.

Die Nonnen von St. Gabriel gehören zum ältesten Orden der Christenheit, aber ihre Kommunität ist relativ neu. Sie sind kurz nach dem Ersten Weltkrieg von ihrem Ursprungskloster in Prag nach Österreich gekommen, weil die deutschsprachigen Schwestern in der jungen Tschechoslowakei keine Zukunft für ihr Kloster sahen. Eine von ihnen, die spätere Äbtissin, entstammte der böhmisch-österreichischen Familie Schwarzenberg, der die steirische Burg gehörte. Die Schwarzenbergs

*Schwester Basilia OSB, Abtei St. Gabriel
bei Pertlstein in der Südsteiermark*

schenkten den Nonnen, damals 85 an der Zahl, das alte Gemäuer. Heute sind es keine zwanzig mehr. Die Burg ist viel zu groß für die kleine Schar und viel zu unpraktisch. Lange, offene Wehrgänge hinter Schießscharten, im Winter eiskalt. Das ganze Haus kaum zu heizen. Aber schön.

An St. Gabriel ist die Modernisierungswelle der letzten Jahre, die auch viele Klöster erfasst hat, vorbeigegangen. Die Schwestern tragen nach wie vor den alten Habit, bodenlang, mit weißem Brustschleier. Bei kaltem Wetter ziehen sie zum Chorgebet die Kukulle über, den schwarzen, hinten kompliziert gefältelten Umhang. Vor Jahrhunderten muss jemand dieses Kleidungsstück entworfen haben, der viel von Schnitttechnik verstand. Meine Schwestern sind die schönsten, sagt Mutter Cäcilia, die Äbtissin. Sie ist eine »gotische« Äbtissin, hochgewachsen und schmal, streng und allen Eitelkeiten abhold. Aber was Schönheit ist, weiß sie ganz genau.

Ich wohne in einer winzigen Zelle mit herrlichem Blick über die Weinberge. Bett, Tischchen und Stuhl, ein Waschtisch, ein kleiner Schrank für die notwendigsten Habseligkeiten. Das muss genügen. Nach einer

Woche sagt die Äbtissin nebenbei: Du hättest eine ganz gute Nonne abgegeben. Ich wundere mich. Wie das? Pünktlich und schweigsam, sagt Mutter Cäcilia. Diese Antwort ist in ihrer Nüchternheit und Sachlichkeit typisch benediktinisch, merke ich später.

Pünktlich und schweigsam sind die Schwestern wirklich. Um fünf Uhr dreißig läutet die Glocke zur Matutin, dem ersten Gebet des Tages, zu dem sich alle im Chor, der Klosterkapelle, versammeln. »Domine, labia mea aperies«, singt die Kantorin. Und der Konvent antwortet: »Ut os meum annuntiabit laudem tuum.« Herr, öffne meine Lippen, damit mein Mund dein Lob verkünde.

Und so geht es den ganzen Tag weiter. Nach der Matutin gibt es eine kurze Pause. Um sieben Uhr folgen die Laudes, um zwölf die Mittagshore – Sext und Non –, um siebzehn Uhr die Vesper samt Choralamt und nach dem Abendessen die Komplet. Dann versinkt das ganze Haus in Schweigen.

Zuspätkommen ist undenkbar. Wenn die Glocke ertönt, hat man alles stehen und liegen zu lassen und in den Chor zu eilen, getreu dem Wort des Ordensgründers Benedikt: »Operi Dei nihil praeponitur.« Dem Werk Gottes ist nichts vorzuziehen. Der Spruch steht in der »Statio«, dem Vorraum zur Kapelle, an der Wand. Das Gebet ist die Hauptbeschäftigung, sozusagen der Hauptberuf dieses Ordens, auch wenn dazwischen schwer gearbeitet wird. Die Mönche und Nonnen, so steht es in der Ordensregel, müssen von ihrer Hände Arbeit leben. Ora et labora. Am Latein wird eisern festgehalten. Und es ist wichtig, dass der gregorianische Choral wie vor tausend Jahren so fachgerecht und so schön wie möglich gesungen wird. Es braucht jahrelange Übung, sagt die Kantorin, damit es so klingt, wie es klingen soll.

Hat das alles Sinn? Ist es vorstellbar, dass es im 20. Jahrhundert Leute gibt, die ihr ganzes Leben lang praktisch nichts anderes tun als beten? Gar nichts Nützliches? Irgendwann stellt sich diese Frage nicht mehr. So ist es hier eben, sagt sich der Gast, auch wenn er oder sie mit Glauben und Kirche sonst nicht viel anfangen kann. Wenn es dir nicht passt, komm nicht her. Aber mir passt es ohnehin. Eine Zeitlang.

Schwester Renate, promovierte evangelische Theologin und später katholische Nonne geworden, weiß eine fundiertere Antwort auf die Frage nach dem Sinn des monastischen Lebens. Sie zeigt mir eine Stelle beim Propheten Ezechiel: »Vor ihren Augen brich dir ein Loch in die Wand und dann steige dort hinaus. Vor ihren Augen sollst du deine Schultern beladen, in finstrer Nacht sollst du von dannen ziehen. Dein Angesicht sollst du verhüllen, damit du das Land nicht siehst, denn ich mache dich zum Wunderzeichen für das Haus Israel.« Der Mönch und die Nonne, sagt Schwester Renate, sind dem Propheten im Loch in der Wand vergleichbar – noch nicht im Himmel, nicht mehr auf der Erde, ohne Heimat, Pilger, ganz und gar auf das Kommende ausgerichtet. Spricht's und geht in die Küche, das Abendessen vorbereiten. Es soll Eiernockerln mit Salat aus dem Klostergarten geben.

Das Ursprungskloster St. Gabriel in Prag ist ein pompöses neoromanisches Gebäude, das im 19. Jahrhundert im Zuge der »Beuroner Erneuerung« erbaut worden ist. Damals suchten manche eine Rückkehr zu den Wurzeln des Mönchtums, entdeckten die Liturgie neu und führten den gregorianischen Choral zu neuer Blüte. Das süddeutsche Männerkloster Beuron wurde zum Zentrum der Bewegung. In der Prager St.-Gabriel-Kirche findet man heute noch Fresken im Beuroner Stil, eine Mixtur aus Historismus und Jugendstil. Viel Gold ist dabei. Die Kunsthistoriker schreiben Bücher darüber.

Das steirische St. Gabriel ist karger und einfacher, aber ein paar Sachen haben die Schwestern doch aus ihrer alten Heimat mitgebracht. Die Stühle im Refektorium zum Beispiel. Sie sind kunstvoll geschnitzt und extrem unbequem. Nur ein schmales Hinterteil hat auf der Sitzfläche Platz. Auch die Bronzeskulptur des Erzengels Gabriel im Klostergarten kommt aus Prag, sie hat ursprünglich die Fassade der großen Kirche geziert. Jetzt steht der Engel auf einem Sockel, der von Kletterrosen überwuchert ist.

Die Dreißigerjahre, Blütezeit der das Zweite Vatikanische Konzil vorwegnehmenden liturgischen Bewegung in Österreich, und die unmittelbare Nachkriegszeit waren auch die Blütezeit des Klosters. Damals kamen die Frauen, deren prägende Persönlichkeiten den Ruf von St. Gabriel in Insiderkreisen begründeten. Heute sind diese Ordensfrauen alt. Aber ich bin froh, dass ich noch rechtzeitig gekommen bin, um sie kennenzulernen. Denn ich spüre: Lang wird es diese Schwesterngemeinschaft wohl nicht mehr geben.

Mutter Cäcilia, die Äbtissin, gehört zu dieser Gruppe. Die studierte Altphilologin ist nach der Regel des Ordensgründers die höchste Autorität im Haus. Sie wurde in geheimer Wahl vom Konvent gewählt. Alle sind ihr gegenüber zum Gehorsam verpflichtet. Freilich, und auch das steht in der uralten Ordensregel, muss der Abt oder die Äbtissin vor jeder wichtigen Entscheidung alle Brüder oder Schwestern hören und sich bewusst sein, dass möglicherweise der jüngste Novize oder die jüngste Novizin recht haben könnte und alle anderen unrecht. Mutter Cäcilia strahlt eine natürliche Autorität aus. Ich stehe automatisch auf, wenn sie das Zimmer betritt. Ihre Zelle ist ein wenig größer als die der anderen, von dort aus regiert sie den Konvent. Ihr Fenster geht hinaus auf den Klosterwald. Sie ist, unter anderem, eine erfahrene Ornithologin und kann alle Vogelstimmen erkennen, auch die des seltenen Pirols. Im Pertlsteiner Wald habe ich diesen schönen gelben Vogel zum ersten Mal im Leben zu Gesicht bekommen.

Mutter Maria Antonia, die Priorin, marschiert bei den Mahlzeiten mit einem Wägelchen durch das Refektorium und sammelt die schmutzigen Teller ein. Das ist eine ziemlich untergeordnete Arbeit, aber es gehört zu den Ordensprinzipien, dass es hier keine »niedrigen« Arbeiten gibt. Jede Arbeit ist gleich viel wert. Und es gibt auch keinen Ruhestand. Man arbeitet, so lange man kann, und wenn man, wie die Priorin, schon alt ist, dann räumt man eben das gebrauchte Geschirr weg. Dem Ansehen und der Stellung im Konvent tut das nicht den geringsten Abbruch.

Mutter Maria Antonias Anblick erinnert mich an einen israelischen Kibbuz, den ich einmal mit Franz besucht habe. Wir waren mit dem ehemaligen israelischen Botschafter in Wien verabredet, der als Junger in der gleichen linkszionistischen Jugendorganisation war wie Franz. Der Diplomat war hochdekorierter General und jahrelang Parlamentsabgeordneter. Nach seiner Pensionierung war er wieder in seinen Kibbuz zurückgekehrt, zu dessen Leitungsteam er gehörte. Als wir nach ihm fragten, wurden wir in den Speisesaal gewiesen, und siehe da, da war der

Herr Botschafter, schob ein Wägelchen vor sich her und sammelte die Teller ein, genau wie hier die Priorin von Pertlstein.

Wäre so etwas auf das normale Leben übertragbar?, frage ich mich. Kann man vielleicht von diesen Leuten etwas lernen? Muss es sein, dass man als leitender Angestellter oder Chef mit Erreichung des Pensionsalters automatisch von einem Leben der hektischen Betriebsamkeit in ein Leben des totalen Nichtstuns entlassen wird? Muss, wer einmal Chef war, auch als Chef in Pension gehen? Könnte er nicht auf einen anderen, weniger stressigen und weniger verantwortungsvollen Platz wechseln, ohne dass dies einer Degradierung und Demütigung gleichkäme? Und natürlich weniger verdienen? Vermutlich nicht. Mir macht niedrige Arbeit nichts aus, aber wenn mich mein Arbeitgeber von heute auf morgen als Hilfskraft in die Kantine expediert hätte, wäre ich böse gewesen. Die an sich vernünftige Praxis, dass man im Beruf unten anfängt, langsam aufsteigt und dann, wenn die Kräfte nachlassen, allmählich wieder absteigt, geht vermutlich nur in Einrichtungen, in denen Geld keine Rolle spielt.

Mutter Maria Antonia jedenfalls ist nach wie vor eine verehrte Figur im Kloster, ist für die Liturgie zuständig und genießt hohes Ansehen. Sie ist eine deutsche Aristokratin aus großem Haus, muss einmal sehr hübsch gewesen sein und leitete früher, als es eine solche noch gab, die Landwirtschaft des Klosters.

Als die Nazis kamen, sperrten sie die Abtei sofort zu. Die Schwestern wurden über das ganze Land verteilt, Maria Antonia kam in ein Lazarett, das später von der sowjetischen Besatzungsmacht übernommen wurde. Mit den Sowjetsoldaten kam sie gut aus. Ich mag die Russen, sagt sie, sie haben ein großes Herz. Nur wenn sie besoffen sind, geht man ihnen besser aus dem Weg. Zum Abschied schenkte ihr der sowjetische Kommandant Pferd und Wagen. Mit diesen kutschierte sie, mit wehendem Schleier, durch halb Österreich zurück nach Pertlstein, das nach Kriegsende wieder eröffnet wurde. Dort zogen die Russenpferde die nächsten Jahre den klostereigenen Heuwagen.

Die originellste Person im Hause ist aber ohne Zweifel Schwester Miriam, von den Mitschwestern zärtlich »Mirimaus« genannt. Sie ist ein kleines altes Weiblein mit einem bezaubernden Lächeln, das hohe Intellektualität mit einem fast kindlichen Glauben verbindet. Schwester Miriam ist eine renommierte Alttestamentlerin und war vormals Lehrerin an der progressiven Neulandschule in Wien. Heute noch unterrichtet sie Altes Testament am Priesterseminar in Graz. Neulich war der Regens da, um sie für ein weiteres Semester zu verpflichten. Die Äbtissin sagte ja, machte aber diskret darauf aufmerksam, dass Schwester Miriam jetzt schon gelegentlich einiges durcheinanderbringt. Nicht die Könige und Propheten der Bibel, die hält sie perfekt auseinander. Aber im Kloster kann es schon vorkommen, dass man einmal einen Löffel in der Sakristei findet und das Gebetbuch neben der Abwasch in der Küche. Und einmal kam eine Mitschwester abends in ihre Zelle, fand vor ihrem Bett zwei winzige Pantöffelchen und in dem Bett die schlafende, ebenfalls winzige Schwester Miriam. Wie bei Schneewittchen und den sieben Zwergen. Wer hat in meinem Bettchen geschlafen? Miriam hatte die Türen verwechselt. Den Leuten vom Priesterseminar macht das nichts aus. Wir werden schon gut auf sie aufpassen, sagt der Regens. Die Seminaristen lieben die kleine, gescheite alte Nonne und wollen sie unbedingt wieder als Referentin haben.

Schwester Miriam ist jüdischer Herkunft. Als die Nazis kamen, konnten die Mitschwestern sie gerade noch rechtzeitig in einem belgischen Kloster unterbringen. Zu mir sagt sie: Drüben musst du unbedingt meinen Vater kennenlernen. Der wird dir gefallen.»Drüben« ist der Himmel, in den sie eines Tages so selbstverständlich hinübergehen will, wie man von einem Zimmer ins andere geht. Kurz vor ihrem Tod habe ich Schwester Miriam noch einmal besucht. Sie war meistens geistig abwesend, hatte dazwischen aber immer wieder klare Momente, in denen sie Besucher erkannte. In einem dieser Momente meinte sie, mit einem Ausdruck freudiger Spannung: Mit mir geht es ja jetzt erst richtig los.

»Mirimaus« ist ein Original, aber eigentlich ist jede der Schwestern hier eine Persönlichkeit. Die schöne und tüchtige Schwester Michaela, die die Obstplantagen managt. Steirische Äpfel mit Gütesiegel. Schwester Basilia, eine an der Kunstakademie ausgebildete Malerin, die sich auf Glasfenster spezialisiert hat. Diese sind in der ganzen Steiermark gefragt und bilden eine wesentliche Einkommensquelle für das Kloster, in dem Geld immer äußerst knapp ist. Schwester Gregoria an der Pforte mit ihrer Adlernase und ihrem lauten ansteckenden Lachen. Sie kommt aus einer bekannten Wiener Gelehrtenfamilie, kümmert sich um die vielen jungen Leute, die als Gäste hierherkommen, und sagt: Das ist ja schauderbar, wenn jemand von den Unbilden der Welt draußen erzählt.

Schwester Renate, überzeugte Feministin, kommt aus Norddeutschland und Schwester Martina, die es fertigbringt, auch noch im Nonnengewand schick auszusehen, aus Ungarn. Schwester Martha, die ehemalige Laienschwester, werkt unermüdlich im Garten und ist von der vielen Arbeit schon ganz krumm. Schwester Martha, sage ich, machst du denn gar nie eine Pause? Sie sieht mich nur kurz an und sagt: Bei uns wird entweder gearbeitet oder gestorben.

Arbeit ist wichtig im Kloster. Und die Benediktregel sagt, dass man das Arbeitsgerät genauso sorgfältig behandeln muss wie das Altargerät. Aber zu wichtig darf die Arbeit auch wieder nicht werden. Man will hier keine Fachidioten. Wer zu sehr in seiner Arbeit aufgeht und wer sich zu sehr mit dieser identifiziert, der soll anderswohin versetzt werden, denn das Allerwichtigste soll für den Mönch und die Nonne eben doch seine und ihre eigentliche Aufgabe sein, das Beten.

Gibt es gar keine Reformen in Pertlstein? Doch, eine Neuerung hat das Zweite Vatikanische Konzil dem tausendjährigen Orden der Benediktiner und Benediktinerinnen gebracht: Es gibt keine Unterscheidung mehr zwischen sogenannten Chorfrauen und sogenannten Laienschwestern. Alle Klassenunterschiede sind aufgehoben und alle Schwestern gleich. Das bedeutet unter anderem, dass die feinen Damen, die ins Kloster gehen, dort auch die schwere Dreckarbeit machen müssen und die Bauernmädchen Latein lernen. Schmunzelnd zeigt mir Mutter Maria Antonia auch eine Art Deponie für kaputtes Werkzeug, die die Schwestern das »Culpagrab« nennen. Früher musste, ebenfalls nach mittelalterlichem Brauch, jede, die ein Arbeitsgerät beschädigte, sich dafür vor dem ganzen Konvent mit einem feierlichen »mea culpa« entschuldigen. Das war denn doch ein bisschen zu viel der Ehre für Sachen, die man heute in jedem Baumarkt nachkaufen kann.

Nicht verändert haben sich die Bräuche bei den Mahlzeiten. Man sitzt stumm an den großen Tischen im Refektorium, eine Schwester geht herum und schöpft die Suppe in die gelben Tonschüsseln, die man vor sich stehen hat. Beim ersten Mal ließ ich ahnungslos ein paar Löffel Suppe stehen. Zu meinem Schaden, denn in diese Schüsseln wird nachher heißes Wasser nachgegossen, und darin spült man sein Besteck. Wenn nicht alles bis auf den letzten Tropfen aufgegessen ist, ist das Spülwasser fettig-trüb und daher eher eklig. Abgetrocknet wird mit einem Tuch, das jede in einer Schublade unter der Tischplatte aufbewahrt. Einmal in der Woche wird es gewechselt. Ein gewöhnungsbedürftiges Ritual, das vermutlich aus Zeiten und Gegenden stammt, in denen Wasser kostbar war.

Während wir essen, tritt vorn am Lesepult Friedl Resseguier auf den Plan. Nach alter benediktinischer Sitte wird bei den Mahlzeiten nicht geplaudert, sondern einer geistlichen Lesung gelauscht. In Pertlstein ist zurzeit eine Biographie der Hildegard Burjan dran, der Politikerin und Gründerin der Caritas Socialis. Friedl ist die Witwe eines Botschafters und einstigen Kabinettchefs von Bruno Kreisky während dessen Zeit als Außenminister, die sich als agnostisch bezeichnet und mit Kirche und Christenglauben nichts im Sinn hat. Trotzdem lebt sie sechs Monate des Jahres in Pertlstein, während der übrigen sechs reist sie in der Welt herum und besucht ihre Freunde. Sie ist mit der Äbtissin befreundet und hat sich mit dieser auf den Status einer Oblatin geeinigt, einer permanenten Bewohnerin des Klosters, die aber nicht dem Konvent angehört. Warum tust du das?, frage ich Friedl und höre: Weil das Leben hier menschenwürdiger ist als das Leben einer alleinstehenden Pensionistin in der Großstadt. Bei den Mahlzeiten fungiert sie mit ihrer melodischen Burgtheaterstimme als Lektorin. Manchmal vertritt sie auch Schwester Gregoria an der Pforte. Sie trägt dabei ein selbstentworfenes Kostüm, eine Mischung aus Maria Stuart und Witwe Bolte.

Meine Schweigsamkeit hat die Äbtissin deswegen gelobt, weil im Kloster wenig geredet wird. Man spricht untertags nur das Nötigste. Für Gespräche ist die tägliche Rekreation da, eine Stunde nach dem Mittagessen. Das reicht. Und auch da gibt es eine strikte Regel: kein Gerede über Krankheiten. Für eine Gemeinschaft von überwiegend alten Frauen, von

*2008 haben die letzten Benediktinerinnen
die Abtei St. Gabriel verlassen*

denen vermutlich jede irgendein Wehwehchen hat, finde ich das eine bemerkenswerte Leistung.

Ich fühle mich wohl in Pertlstein. Und auch für die Gäste, von denen viele jedes Jahr für eine oder zwei Wochen herkommen, im Gästehaus wohnen und bei Schwester Gregoria an der Pforte essen, ist die Burg in den Weinhügeln eine Art zweite Heimat geworden. Sie gehen in der schönen südsteirischen Landschaft wandern, lassen sich die berühmte Pertlsteiner Apfelmarmelade mit den großen Apfelstücken schmecken, die es nirgendwo anders gibt, plaudern mit Schwester Gregoria, helfen ein bisschen im Garten und zahlen für all das sehr wenig. Man nimmt als

Klostergast natürlich auch an der Vesper und am schönen gesungenen Choralamt teil und schmunzelt ein bisschen, wenn Schwester Irmengard, die für die Bienen zuständig ist, bei den Fürbitten für warmes Wetter beten lässt und Schwester Michaela sich für ihre Äpfel Regen wünscht. Gäste gibt es im Sommer genug. Aber Klosternachwuchs keinen.

Wir wissen insgeheim alle, dass diese Abtei ein Auslaufmodell ist. Schön als Kulisse und schön als Zufluchtsort für eine Weile. Aber kein Modell mit Zukunft. Ich komme in den folgenden Jahren noch öfter nach Pertlstein und sehe jedes Mal, wie die Kommunität kleiner und kleiner wird. Beim letzten Mal gehe ich über die Obstplantage, die mittlerweile verpachtet ist, hinüber zum Friedhof. Er liegt abgeschieden unter hohen Bäumen. Ich muss Gras und Gesträuch mit den Händen von den Grabsteinen wegschieben, um die Inschriften lesen zu können. Es hat niemand mehr die Zeit und die Kraft, um diesen Friedhof in Ordnung zu halten. Hier gibt es jetzt mehr Gräber als Nonnen im Konvent. Ich suche auf den überwachsenen Steinen die Namen der Frauen, die mir liebgeworden sind. Cäcilia und Basilia, Maria Antonia und Gregoria, Miriam und Martha. Sie sind, so hoffe ich, jetzt alle »drüben«.

Inzwischen gibt es die Abtei St. Gabriel nicht mehr. Die wenigen verbliebenen Nonnen sind in ein kleines, modernes Haus weggezogen. Die Burg ist verkauft. Sie soll in Zukunft für touristische Zwecke genutzt werden. Und auch der Sockel, wo einst der Bronzeengel aus Prag stand, ist jetzt leer. Den Erzengel Gabriel haben die letzten Pertlsteiner Schwestern in ihr neues Domizil mitgenommen.

Die Tage von Danzig

September 1980: Ich sitze in der Redaktion des ORF Hörfunks, wo ich jetzt arbeite, und lese die neueste Fernschreiber-Nachricht von der Streikbewegung in Polen. Jetzt, steht auf dem Telex, streikt auch die Leninwerft in Danzig. Und unter den Forderungen der Streikenden ist neben der nach mehr Lohn auch die nach freien Gewerkschaften. Bei mir klingelt eine Alarmglocke. Neulich war ich nämlich in Polen, beim ersten Besuch des polnischen Papstes Johannes Paul II. in seiner Heimat, und habe dort auch Adam Michnik getroffen, einen der bekanntesten Dissidenten des Landes. Und dieser meinte, was er und seine Freunde jetzt anstrebten, sei nichts weniger als dieses: freie Gewerkschaften.

Ich hielt das damals für einen utopischen Wunschtraum. Das ist wohl das Allerletzte, wozu sich ein kommunistisches Regime bereitfinden würde, dachte ich bei mir. War doch die Funktion der Gewerkschaften als »Transmissionsriemen« der Partei eines der ehernen Dogmen des sogenannten realen Sozialismus. Adam, du träumst. Und jetzt steht hier schwarz auf weiß: Die Arbeiter eines der größten polnischen Betriebe streiken, um in ihren Vertretern nicht länger Funktionäre der allmächtigen Staatspartei sehen zu müssen, sondern unabhängige Repräsentanten ihrer selbst.

Am nächsten Tag sitze ich im Flugzeug nach Polen. Das ist das Wunderbare an meinem neuen Job: Ich kann endlich das tun, was ich immer wollte, nämlich reisen und berichten, ohne lange bitten und ohne jeden Schilling zweimal umdrehen zu müssen. Seit zwei Jahren ist Gerd Bacher, nach seiner Abwahl 1974, wieder Generalintendant von Rundfunk und Fernsehen. Für ihn sind Auslandsberichterstattung und insbesondere Berichterstattung aus Osteuropa wichtig, dafür öffnet er gern sein Medium, »die größte Orgel des Landes«, wie er es nennt. Die Zeiten sind vorbei, wo ich als Zeitungsredakteurin nur dann ins Ausland kam, wenn es galt, einen österreichischen Staatsbesucher dorthin zu begleiten, und darum kämpfen musste, einen oder zwei Tage anhängen zu dürfen, um über das zu berichten, was mir an jenem Land wirklich interessant erschien.

Streiks in Polen sind in jenem Jahr 1980 nichts Besonderes. Am Ruder ist die Regierung Edward Gierek, der vor allem anderen daran gelegen ist, die Arbeiterschaft ruhig zu halten. Vielerorts wurde schon gestreikt, die Leute verlangten mehr Geld und bekamen es meistens auch. Dass sie nun auch politische Rechte verlangen, ist neu. Und das Allersensationellste: Sie bekommen diese Rechte auch. In jenem September wird in Danzig Geschichte geschrieben, das Anfangskapitel der langen Geschichte vom Fall des Staatssozialismus sowjetischer Prägung. In meinem Tagebuch liest sich das so:

»Achtzehn hektische Tage. Es waren Tage, die mich an den Prager Frühling erinnert haben, auch an den Pariser Mai – wenn plötzlich Hoffnung in der Luft liegt, alle über sich selbst hinauswachsen, Wildfremde miteinander reden wie alte Freunde, die große Freundlichkeit ausbricht. Wir haben die Streiktage, als die Riesenwerft von den Arbeitern besetzt war, erlebt wie im Fieber, bis alle Forderungen durchgesetzt waren: freie Gewerkschaften, Aufhebung der Zensur, Freilassung aller politischen Gefangenen. Und nachher haben wir einander alle umarmt wie die Verrückten.

Bilder, die im Gedächtnis haften bleiben: die Kantine der Danziger Leninwerft, ein großer kahler Saal mit vielen langen Tischen. An der Stirnseite ein kleinerer Tisch, dort tagt das Streikkomitee in Permanenz. Die übrigen Arbeiter kommen und gehen, schauen nach, wie die Lage aussieht. Täglich gibt es eine Vollversammlung. Vorsitzender: der schnurrbärtige Elektromonteur Leszek Wałęsa. Er verkündet, welche Betriebe in der Ostseeregion sich dem Streik angeschlossen haben, in Stettin, in Gdingen, in Gnesen. Jeden Tag werden es mehr. Es gibt jetzt ein überbetriebliches Streikkomitee.

Die Delegierten diskutieren die Frage, welche Betriebe streiken sollen und welche nicht. Jedes Wort wird über Lautsprecher nach draußen übertragen. Im Hof stehen die Arbeiter, Tausende an der Zahl, hören mit und entscheiden mit. Wenn ihnen etwas nicht passt, greifen sie ein.

Man entscheidet: Die Bäcker sollen trotz aller Solidarität weiter arbeiten, damit die Versorgung nicht gefährdet wird. Die Arbeiter einer großen Zündholzfabrik aber sollen streiken, obwohl die Zünder im Lande schon knapp werden. Wenn die Miliz in einen Betrieb kommt, lautet ein weiterer Entschluss, soll es keinen Widerstand geben, wohl aber zivilen Ungehorsam. Jeder soll sich, wenn nötig, aus dem Betrieb hinaustragen lassen.

Im großen Saal steht links eine Leninstatue, rechts ein Kreuz – von Leszek Wałęsa persönlich angebracht –, in der Mitte der polnische Adler. Irgendjemand regt an, aus der Leninstatue ein Denkmal für die 1970 hier erschossenen streikenden Arbeiter zu machen. Der Vorschlag wird mit gutmütigem Lachen abgelehnt. Das Denkmal soll kommen, aber Lenin darf bleiben. Schließlich hat er seinerzeit die Arbeiterräte erfunden.

Die Disziplin auf dem riesigen Werksgelände ist vorbildlich. In diesem Land der begeisterten Säufer wird während achtzehn Tagen Werftbesetzung kein Tropfen Alkohol getrunken. Die Arbeiter bauen Schutzgitter um die werkseigenen Blumenbeete, damit die Fotografen, die jetzt in Massen eintreffen, die Blumen nicht zertrampeln. Jeder Zigarettenstummel wird sorgfältig aufgehoben und penibel entsorgt. Die Frauen machen Wurstbrote. Die jungen Aktivisten drucken Flugblätter in der Druckerei des Betriebes. Draußen vor dem Werkstor drängen sich die Danziger, bringen Esspakete, Blumen, reißen den Arbeitern die Flugblätter aus der Hand, besonders die Streikzeitung *Solidarność*.«

Ein Flugblatt habe ich aufgehoben und später rahmen lassen. WYTRZYMAMY!!! steht darauf. Wir halten durch! Es hängt heute noch neben meinem Schreibtisch. Der Zeitungstitel *Solidarność*, mit Filzstift auf ein Stück Papier geschrieben, mit den fröhlich marschierenden Buchstaben und dem polnischen Wimpel mittendrin, ist ein spontan entstandenes kleines graphisches Meisterwerk. Er geht um die Welt und wird später zum Namen der ersten unabhängigen Gewerkschaft.

»Es wird von früh bis spät diskutiert, abgestimmt, Demokratie praktiziert. Leszek Wałęsa, der mir beim Vorbeirennen nach polnischer Art stets höflich die Hand küsst, ist überall. Er reißt alle mit, mit seiner Spontaneität, seiner Dynamik, seinem politischen Naturtalent. Immer

*Faksimile des ersten Flugblattes
beim Streik auf der Danziger Werft, 1980*

wieder staunen wir über seine Nerven und sein Rückgrat. Als kurz nach der Werftbesetzung die Direktion fast alle materiellen Forderungen erfüllt hat, entscheidet das Streikkomitee, die Arbeit wieder aufzunehmen. Wałęsa ist dagegen. Er will die Forderungen auf politische Fragen ausdehnen, insbesondere freie Gewerkschaften. Aber er bleibt in der Minderheit. Die Verhandlungen gehen zu Ende, schon melden die Agenturen: Streik beendet. Man verlässt den Saal. Die Arbeiter, die draußen im Hof warten, fragen Wałęsa: Und du, wie hast du abgestimmt? Dieser sagt, er sei fürs Weiterstreiken gewesen, aber er stehe natürlich hinter dem Mehrheitsbeschluss. Darauf erklären die Arbeiter: Das genügt uns, alles wieder zurück, wir streiken weiter.

Jetzt trifft eine Regierungsdelegation in Danzig ein, um mit den Besetzern zu verhandeln. Die Verhandlungsteams sitzen in einem Clubraum, der durch eine Glastür vom Saal getrennt ist. Wir Reporter drücken uns die Nasen platt an der Tür. Wir können jede Phase dieser wahrhaft historischen Verhandlungen live mitverfolgen. Da sitzen auf der einen Seite die Regierungsleute, angeführt vom Vizepremier Mieczysław Jagielski, einem kühlen, nicht unsympathischen Mann im korrekten Anzug, begleitet von seinen Experten. Und auf der anderen Seite Leszek Wałęsa im verschwitzten Ruderleiberl mit seinen Experten, der Blüte der polnischen Intelligenzija. Tadeusz Mazowiecki ist da, der melancholische Aristokrat, die ewige Zigarette im Mundwinkel. Bronisław Geremek, der Historiker, Spezialist für europäische Geschichte des Mittelalters, verbindlich, vielsprachig, umfassend gebildet. Und der Ökonom Tadeusz Kowalik mit seinem Gesicht eines altgewordenen Studenten, der mir einmal gesagt hat: Ich bin der letzte Marxist in Polen. Das Bündnis zwischen Arbeitern und Intellektuellen, in vielen früheren polnischen Aufständen immer angestrebt, fast nie erreicht – hier ist es plötzlich. Das Abkommen, das am Schluss unterschrieben wird, so kühn erkämpft wie klug und zäh verhandelt, ist eine Frucht dieses Bündnisses.«

Mazowiecki wird später der erste nichtkommunistische Ministerpräsident in Polen. Ich kenne ihn vom Papstbesuch her. Er ist der Präsident des Klubs der katholischen Intelligenz und Mitglied der katholischen Bewegung »Znak« (Zeichen), für die er Abgeordneter im Sejm war. Er und seine Freunde hatten, als der Streik anfing, eine Tasche mit den nötigsten Sachen gepackt und waren nach Danzig gefahren. Sie suchten Wałęsa auf und stellten sich ihm, falls er das wolle, als Berater zur Verfügung. Etwas misstrauisch fragte der Elektromonteur, wie lange die Herren aus Warschau denn zu bleiben gedächten. Und bekam die Antwort: bis zum Ende.

»Am Sonntag gibt es eine feierliche Messe auf dem Werksgelände. Der Pfarrer der benachbarten Kirche hält sie, Tausende Werftarbeiter knien nieder und empfangen die Kommunion. Die Fürbitten spricht Leszek Wałęsa, gefolgt jeweils von einem Ave Maria. Ein Ave für die Streikenden, eins für die Kollegen in den anderen Betrieben, eins für die Solidarität.

An den folgenden Tagen werden improvisierte Beichtstühle aufgestellt, die Leute stehen Schlange davor. Eine der Streikforderungen lautet: Im polnischen Radio muss ab jetzt die Sonntagsmesse übertragen werden. Sind die Danziger Arbeiter so fromm? Eigentlich nein, sagt später der Bischof. Was da ablief, sei ›ein Wunder Gottes‹ gewesen.

Als aufgrund des Streiks die halbe Regierung zurückgetreten ist und Parteichef Edward Gierek im Radio gesprochen hat, wird die Internationale gespielt. 500 Delegierte im Saal springen von den Sesseln auf, erheben die Faust und singen wie aus einem Munde, die Internationale übertönend, die polnische Nationalhymne. Ich muss an Franz denken. Das hätte ihn getroffen.

So gut wie alle Punkte des Abkommens sind mittlerweile unter Dach und Fach. Die Regierungsvertreter drängen auf das Kommando ›Streik aus‹. Die Russen drohen bereits unverblümt mit Einmarsch – da beweist Leszek Wałęsa wiederum seine begnadete Sturheit und erklärt seelenruhig: Es ist erst Freitag. Wir haben noch viel Zeit. Erst buchstäblich in letzter Minute schließt er ab – und gewinnt auf der ganzen Linie.«

Einige Monate später, ich arbeite mittlerweile für das Fernsehen, mache ich ein Interview mit Wałęsa, der sich jetzt nicht mehr Leszek nennen lässt, sondern Lech und inzwischen eine internationale Berühmtheit geworden ist. Er sitzt in seinem rosenkranzgeschmückten Büro und führt sich auf einmal genauso pampstig auf wie ein konventioneller Gewerkschaftsboss. Schaut während des Gesprächs die Post an, gibt hoheitsvolle Anweisungen an seine Untergebenen, genießt die Kamera, die auf ihn gerichtet ist. Die nette Frau seines Stellvertreters Andrzej Gwiazda, die auch dabei ist, flüstert mir zu: Seit dem Abkommen ist er ein anderer Mensch. Schade. Wieder einer, denke ich bei mir, der den plötzlichen Ruhm nicht verkraften kann.

Für mich sind die Tage von Danzig ein Crashkurs in der Arbeit für elektronische Medien. Als Hörfunk-Reporterin bin ich auf funktionierende Leitungen angewiesen. Hörfunkleitungen gibt es in Danzig nicht, die Telefonleitungen sind unzuverlässig und qualitativ mangelhaft. Ich finde also einen Taxifahrer, der mich in seinem klapperigen Polski-Fiat jeden Morgen von meinem Warschauer Hotel drei Stunden nach Danzig fährt und gegen Abend wieder zurück. Dann mache ich meine Berichte. Und am nächsten Morgen geht es wieder von neuem los.

Eines Abends finde ich ein Fernschreiben vor: Die Zentrale will für den nächsten Tag und für alle folgenden einen Fernsehkommentar für die Abendnachrichten. Polen ist plötzlich Top-News in ganz Europa geworden, und der ORF ist froh, jemanden am Ort zu haben. Alsbald taucht ein Kamerateam auf. Ich soll nun auch Fernsehberichte machen. Ich habe keine Ahnung vom Fernsehen und weiß kaum, wo bei einer Kamera vorn und hinten ist. Gottlob ist der Kameramann nett und erklärt mir die Grundbegriffe.

Als ich, ziemlich erledigt, wieder nach Wien komme, winkt ein Karrieresprung: Der Generalintendant hat große Pläne. Er will eine Osteuropa-Redaktion aufbauen, die eine Ost-West-Drehscheibe für ganz Europa werden soll – und ausgerechnet ich soll sie leiten. Ich mache erste Schritte im neuen Job und lerne staunend die Ameisenhaufen-Welt eines Riesenunternehmens kennen, mit seinen Hierarchien, offenen und heimlichen, seinen Prestige-Ritualen und Hackordnungen, seinen Rivalitäten und Ängsten und seinen Prioritäten, die oft um ganz nebensächliche Dinge kreisen. Kaum zu glauben, um was für Blödsinnigkeiten begabte und hochqualifizierte Menschen lange Diskussionen führen können.

Beispiel: die Größe der Büros. Wer etwas gilt, hat ein Zimmer von mindestens zwei, wenn nicht drei Modulen. Ein Modul entspricht einer Fensterbreite. Die Wände kann man je nach Bedarf einziehen. Ich habe aus den acht Modulen unserer Redaktion drei Räume machen lassen, je einen großen für die beiden Reporter und das Sekretariat, einen kleinen Ein-Modul-Raum für mich. Es gab verwunderte Blicke. Und wohlwollende Kollegen sagten: Sei nicht blöd, nimm dir zwei Module. Sonst hast du keinen Status.

Ein weiteres Statussymbol ist ein Zimmer, das nur durchs Sekretariat, aber nicht vom Gang aus oder durch ein Konferenzzimmer betretbar ist. In der Dokumentationsabteilung haben die beiden Vizechefs nun zwar, um Chefambitionen vorzubeugen, Zimmer mit je drei Türen (niedriges Prestige), aber die Türen haben keine Klinken und gehen von außen nicht auf (also doch Chefzimmer). Herzmanovsky-Orlando, schau oba!

Sich im Dschungel der Abteilungen zurechtzufinden, alle durch unverständliche Abkürzungen bezeichnet, ist eine Wissenschaft für sich. Jedes Stück Papier muss schriftlich angefordert werden, mit vier Durchschlägen, an GO5 über FS1 cc Herrn X, Y, Z. Auch das Haus, ein Architekturwunder aus Beton, ist ein Labyrinth, in dem ich mich ständig verirre und plötzlich verloren zwischen Musikstudios und Komparsenräumen stehe.

Gottlob sind alle freundlich und helfen gern. Überhaupt sind die meisten hier als Einzelpersonen durchaus nette und vernünftige Menschen – nur im Ganzen steckt irgendwo der Wurm. Alle schimpfen aus Leibeskräften aufs Unternehmen, arbeiten entweder viel zu viel oder gar nicht, und das Intrigieren – Rot gegen Schwarz, Schwarz gegen Rot, Abteilung gegen Abteilung, jeder gegen jeden – floriert. Über Inhalte wird in den Konferenzen wenig gesprochen. Die Technik auf der einen und die Parteipolitik und das Budget auf der anderen Seite dominieren alles.

Ich kriege die Mitarbeiter nicht, die ich mir wünsche. Ich bin im Ausland unterwegs, wenn wichtige Sitzungen anstehen. Ich bin nicht gut im Netzwerken und in Teamarbeit. Alsbald werde ich abserviert – und bin insgeheim erleichtert, den Job los zu sein. Ich heiße jetzt »Chefreporterin« und mache mich wieder auf nach Polen.

Dort ist die Euphorie der Streiktage verflogen, und die Mühen der Ebene haben begonnen. Die in Danzig geborene freie Gewerkschaft Solidarność ist zwar stark, aber das Regime ist noch lange nicht geschlagen. Die Streiks haben die Wirtschaft geschwächt. Die Versorgungslage, schon vorher schlecht, ist jetzt miserabel. Wir drehen eine Magazin-Geschichte über eine Arbeiterfamilie und darüber, wie sie die Ereignisse erlebt hat. Der Vater ist Autobuschauffeur in Warschau und war bei der Gewerkschaftsarbeit unter den Mitarbeitern der Verkehrsbetriebe aktiv. Ein Bild in *Życie Warszawy* zeigt ihn in Revolutionärspose, mit erhobener Faust an der Seite von Lech Wałęsa vor dem Wojwodschaftsgericht, das die Gewerkschaft registriert hat.

Im richtigen Leben ist Franciszek Kosiacki ein ruhiger, sympathischer Mann, kein junger Hitzkopf, sondern ein Familienvater von Mitte fünfzig, mit der Besonnenheit und Erfahrung eines alten Arbeiters, der – eine

Seltenheit in diesem Bauernland – schon in der dritten Generation Arbeiter ist. Wir haben ihn in der Remise gefilmt, an seiner Seite seine hübsche Tochter Monika, selbst eine große Aktivistin, die als Helferin und Sekretärin in einer turbulenten Gewerkschaftssitzung dabei war, in der es darum ging, die Diebereien der Direktoren und den unnützen Materialverbrauch aufzudecken und abzustellen. Der 18-jährige Sohn Alexander, ein etwas schwieriger kleiner Träumer, sagt, dass jetzt in der Berufsschule alles anders ist. Die Lehrer diskutieren plötzlich mit den Schülern über Politik, und die Meister im Betrieb sind auf einmal höflich. Und die kleine 16-jährige Elżbieta meint, sie sei selbst erstaunt, was sie sich jetzt alles traut, in der Schule und in der Arbeit.

Der Clou ist die Mama, die kocht und putzt und tröstet, strahlt, wenn es allen schmeckt, und uns mit der Freundlichkeit und Gastlichkeit einer Bäuerin – die sie von Haus aus ist – in der winzigen Wohnung empfängt und bewirtet. Die Wohnung ist ein Schock: Sechs Erwachsene inklusive Monikas Mann Krzysztof, der zurzeit beim Militär ist und nur sonntags kommt, wohnen in Zimmer, Küche, Kabinett, je zwei in einem Bett. Der Vater muss für die Arbeit um drei Uhr früh aufstehen, die Kinder müssen um acht in der Schule sein. Richtig zum Schlafen kommt niemand.

Wir gehen mit Wiktoria Kosiecka einkaufen. Wir brauchen gute vier Stunden, bis wir das Sonntagsmittagessen zusammenhaben: Brot, Gemüse – Butter gibt's nicht –, Nudeln und Fleisch. Fürs Fleisch stelle ich mich an, zweieinviertel Stunden für ein ziemlich armseliges Stück, von dem Frau Kosiecka später sagt, dass es nur für Suppe taugt.

In einem Laden gibt es einen Auflauf. Empörte Hausfrauen sind dagegen, dass Ausländer filmen, wie schlecht es den Polen geht. So offen und unverblümt man auf die Regierung und die miesen Zustände schimpft, gegenüber den Fremden regt sich der Stolz, und alle bilden eine Mauer des Zusammenhaltens. Hanka, unsere Dolmetscherin, und ich haben Mühe, die Leute zu beschwichtigen.

Auch beim Schlangestehen kommt es zu einem beklemmenden Zwischenfall: Eine alte Frau schreit plötzlich unseren jungen polnischen Beleuchter an, ob er sich nicht schämt, für Deutsche zu arbeiten. Sie weint und tobt, und als ich zu ihr gehe, zeigt sie mir ihre verkrüppelte Hand.

Sie war drei Jahre in Ravensbrück, die SS-Wachen haben den Hund auf sie gehetzt, und auch die Nieren haben sie ihr kaputt geschlagen. Als sie uns deutsch reden hörte, war plötzlich alles wieder da. Auch der Anblick von Franzi Goess, dem baumlangen Kameramann, sehr blond und sehr blauäugig, hat wohl Erinnerungen geweckt. Erst als ich ihr sage, dass wir Österreicher sind (auch nicht besser), dass Franzis Vater im KZ war und mein Mann auch von den Nazis eingesperrt, beruhigt sie sich wieder. Aber mir ist etwas flau zumute, als wir weitermachen und wissen, dass wir nachher im Hotel so viel fürs Mittagessen ausgeben werden, wie diese Leute in der Woche verdienen.

Die Versorgungslage ist schlecht, in der Politik gibt es eine wacklige Balance zwischen Partei, Gewerkschaft und Kirche, immer noch ist nicht wirklich klar, ob die Sowjetunion all die Umwälzungen auf die Dauer dulden wird – aber die Zivilgesellschaft blüht auf. Wir reisen durch das Land und lernen, wie dieses bei uns weithin unbekannte Polen funktioniert.

Krakau ist die Stadt des neuen polnischen Papstes. Eine Million Menschen waren da, als Johannes Paul II. bei seinem ersten Besuch in der Heimat seine einstige Bischofsstadt besuchte, und seine Predigt vor den begeisterten Massen war eher ein Dialog zwischen alten Bekannten als ein Monolog des Gastes. Als der Dąbrowski-Marsch erklang, die Nationalhymne, mit der Textzeile »Marsch, marsch, Dąbrowski, von Italien nach Polen, unter deiner Führung vereinigen wir uns mit dem Volk«, nahmen das alle als prophetische Voraussage. Praktisch jeder Krakauer, den wir treffen, sagt uns stolz, dass er den Papst persönlich kennt.

Nicht zuletzt die Mitglieder der Szlachta, des polnischen Adels. Ich lerne, dass in Polen Adelstitel nicht viel gelten, weil sie meist von den Okkupationsmächten verliehen worden sind. Wichtiger ist die Familiengeschichte und die Rolle der Familie in der von Aufständen und Freiheitskämpfen durchzogenen Geschichte des Landes. Als nach Ausrufung des Kriegsrechts viele Unterstützer der Solidarność festgenommen werden, erzählt einer, in seiner Familie sei seit hundertfünfzig Jahren noch in jeder Generation einer im Gefängnis gesessen. Ein Köfferchen mit dem Nötigsten stehe für diesen Fall immer bereit.

Das Regime ist immer noch da – aber viele seiner Diener gehorchen ihm nicht mehr. Die Agentur Interpress ist einem Ministerium unterstellt, aber ihre Angestellten unterstützen uns, wo sie können. Zuständig für die deutschsprachigen Korrespondenten ist Czesław Lisowski, ein hochgebildeter, etwas skurriler älterer Junggeselle. Er hat eine Leidenschaft für alles, was mit polnischer Geschichte zusammenhängt, und eine leise Schwäche für Österreich. Von den drei Okkupationsmächten war Österreich im Vergleich zu Russland und Preußen noch die erträglichste. Czesław besteht darauf, mich auf den historischen Powązki-Friedhof zu führen und mir das Grab meiner Ururgroßmutter Maria Kalergi zu zeigen. Diese war die Tochter des damaligen russischen Gouverneurs Graf Nesselrode, sympathisierte aber mit den polnischen Aufständischen. Es gibt eine Geschichte, derzufolge die russische Geheimpolizei auf der Suche nach einem verräterischen Dokument ihre Räume durchsuchte. Sie fand nichts. Maria hatte das gesuchte Papier in eine offene Hutschachtel gelegt – dort vermutete niemand etwas Verfängliches.

Das Grab ist eine pompöse Anlage, gekrönt von einer weißen Marmorbüste des alten Nesselrode. Darunter steht auf Deutsch: »Bei ihm ruht seine Tochter Marie Moukhanoff-Kalergis.« Czesław und unser Fahrer Jurek lassen es sich nicht nehmen, eine Menge Kerzen und Blumen zu kaufen und vor dem Grabstein aufzustellen. Maria Kalergi (die weibliche Form des griechischen Namens Kalergis) ist in Polen eine berühmte Figur. Weil sie von dem polnischen Schriftsteller Norwid verehrt wurde und mit dem polnischen Freiheitskampf verbunden war, gehört sie zum patriotischen Pantheon. Die Polen sind ein dankbares Volk. Sogar der Schriftsteller Jerzy Putrament, ein regimetreuer alter Kommunist, den ich irgendwo kennenlerne, küsst mir zeremoniös die Hand und begrüßt mich, als er meinen Namen hört, mit den Worten »Vous êtes pour moi, madame, un objet de la vénération et de la piété.«

Was die Leute in diesem Jahr freilich wirklich bewegt, ist die immer schlechtere Versorgungslage und die Tatsache, dass die Errungenschaften, die die Solidarność im Voraus erreicht hat, langsam wieder zurückgedreht werden sollen. Wir haben die Erlaubnis, in eine Kohlengrube einzufahren und stehen schon in Bergarbeiterkluft, mit Helm und Lampe, am Schachteingang, als die Frühschicht ausfährt. Ich frage die Leute ein bisschen über den freien Samstag aus, der wegen der Kohlenkrise abgeschafft werden soll – und das Resultat ist ein Zornausbruch, der den anwesenden Direktor bleich werden lässt. Die Bergarbeiter, junge, magere Burschen mit blassen Gesichtern unter dem Kohlenstaub, schreien ihre Empörung hinaus: Wir haben nichts zu essen, schauen Sie nur her, mit einem Margarinebrot als Jause müssen wir einfahren, seit dem Krieg arbeiten wir Samstag, Sonntag, und jetzt wollen sie uns auch den freien Samstag wieder wegnehmen, hier ist der Bergmann der letzte Dreck.

Der Direktor weigert sich daraufhin, uns einfahren zu lassen. Er könne für nichts garantieren, sagt er, ein Funke könnte das Pulverfass zur Explosion bringen. Proteste und Bitten helfen nichts, der Bergwerksleiter hat wohl Angst, unten im engen, finsteren Stollen diesen zornigen Leuten entgegenzutreten.

In der Nebengrube hatte es in den letzten Tagen einen Streik gegeben, ein Solidarność-Funktionär war verhaftet worden, und nur mit der Drohung eines Generalstreiks hatten seine Kollegen ihn wieder freibekommen. Es ging um manipulative Berichterstattung im polnischen Fernsehen. Wir haben den Mann nachher interviewt, einen netten, ruhigen Schlesier. Diese Leute sind ja wirklich alles andere als Revoluzzer. Es ist ein Wunder, dass es nicht schon früher einen Aufstand gegeben hat gegen diese mittelalterliche Sechs- bis Siebentagewoche unter Tag, unter mörderischen Sicherheits- und Arbeitsbedingungen. Jetzt hängt in jedem Zechenhaus im Revier der Spruch: Von Montag bis Freitag fürs Vaterland, Samstag für die Familie, Sonntag für Gott.

Irgendwann zieht die Partei die Notbremse, man fürchtet einen Einmarsch der Sowjetunion wie 1968 in der Tschechoslowakei, das Kriegsrecht wird ausgerufen, die Solidarność-Gewerkschaft wird verboten, die wichtigsten Funktionäre und Unterstützer werden für einige Zeit interniert.

Der 16. Dezember 1982 in Danzig. Vor einem Jahr waren wir dabei, als das große Denkmal für die erschossenen Arbeiter von 1970 vor dem Tor der Lenin-Werft eingeweiht wurde. Es war eine berührende Zeremonie. Der Schauspieler Daniel Olbrychski, ein Publikumsliebling, verlas einen nach dem anderen die Namen der Toten, und die Werftarbeiter antworteten im Chor: Er ist mit uns. Die Polen, möglicherweise geschult durch die Liturgie der katholischen Kirche, sind Meister im Umgang mit Gesten und Symbolen.

Diesmal hat die Untergrund-Solidarność zu einer Gedenkkundgebung mit Lech Wałęsa aufgerufen – aber Wałęsa wurde Stunden zuvor festgenommen. Ich bin gerade in der Brigittakirche, der Pfarrkirche der Werft, als Wałęsas Leibwächter ganz aufgelöst hereingestürzt kommt und ruft: Sie haben ihn wieder geschnappt. Uns erblickend, schreit er zornig: Ihr vom Fernsehen, nie seid ihr da, wenn man euch braucht.

Die Kundgebung findet trotzdem statt. Die Sonderpolizei ZOMO, furchterregend anzusehen mit ihren Schildern, Visieren, Gummiknüppeln, hat den ganzen Platz ums Denkmal abgesperrt und vom Werkstor bis zur Hauptstraße nur einen schmalen Gang freigelassen, durch den die Arbeiter nach der Schicht durch ein Polizeispalier hinausgehen sollen. Rundum überall Panzerfahrzeuge und Wasserwerfer. Meine Dolmetscherin Hanka und ich haben einen alten Werftpensionisten aufgetan, der uns in eine Wohnung direkt gegenüber vom Werkstor führt. Vom Fenster aus haben wir einen fabelhaften Blick auf die Ereignisse. Punkt drei Uhr plötzlich: Sturmangriff der Werftarbeiter. Sie pressen sich dicht aneinander, bilden einen geschlossenen Keil, durchbrechen wie ein Rammbock den Polizeikordon und stürmen zum Denkmal. Die überraschte ZOMO läuft davon. Und dann gibt es Sprechchöre, Gebet, Gesang – unvergessliche Bilder.

Die alte Frau, in deren Wohnung wir hereingeplatzt sind, lässt sich übrigens nicht im Geringsten aus der Ruhe bringen. Ab und zu geht sie zum Fenster und gibt fachmännische Kommentare ab über die Stärke der Polizei. Sie hat dergleichen in ihrem Leben oft gesehen. Nachher bringt sie Kuchen, und der alte Arbeiter schleppt Wodka herbei. Er will mit mir unbedingt auf »Bolschewiken an den Galgen« anstoßen. Ich möchte lieber auf die Solidarność trinken, und die alte Frau stimmt mir bei: Ja, ja, wir zwei trinken auf die Solidarność.

Wenn Hanka nicht für uns arbeitet, werkt sie an einem sogenannten »Punkt«, einer Hilfsstelle für arbeitslose Solidarność-Aktivisten, die sie, der Freigeist, ausgerechnet in einem Kirchenkeller organisiert hat. Momentan ist sie unglücklich über Frau S., die Frau eines unserer ausländischen Korrespondentenkollegen. Diese hat einen Hilfstransport aus ihrem Heimatland hierhergebracht und will nun als Lady Bountiful gefeiert werden. Die Helfer am »Punkt« passen ihr nicht, sie möchte die Gaben unbedingt selber verteilen. Sie kann aber kein Wort Polnisch und muss daher ständig von einer Hofdame betreut werden. Frau S. erwartet pausenlos Dank und Verehrung und bekommt diese von Hankas schwer arbeitenden Mitarbeitern natürlich überhaupt nicht. Nun ist sie beleidigt und droht, mit all ihren Gütern abzuziehen und diese über ihre Botschaft anderweitig zu verteilen. Wohltäter können mühsam sein – aber andererseits sind die Polen tatsächlich keine befriedigenden Hilfsobjekte. Sie sind weder gerührt noch devot und liefern für Hilfspakete wenig Gegenleistungen in Form von Tränen in den Augen oder überschwänglichen Dankesbezeugungen. Da sie selber großzügig sind, finden sie fremde Hilfe selbstverständlich. Schwierig, schwierig.

Im Frühjahr 1988 jährt sich zum 45. Mal der Aufstand im Warschauer Ghetto. Es gibt Diskussionen, wie dieses Ereignis zu feiern ist. Und plötzlich rückt ein Thema für mich in den Vordergrund, das inmitten all der Turbulenzen der letzten Jahre untergegangen ist: die über drei Millionen polnischen Juden, die in den Jahren der deutschen Okkupation ermordet oder vertrieben wurden und nun im Lande fehlen.

Abschied vom Stetl

Die Gedenkfeier zum Ghettoaufstand wird eine etwas mühsame Angelegenheit. Eine Delegation des Jüdischen Weltkongresses ist da und wird von polnischen Regierungsvertretern empfangen. Man überpurzelt sich in Imagepflege und einem dick aufgetragenen plötzlichen Philosemitismus. Ein Witz lautet: Was trägt man jetzt in Warschau? Die Juden auf Händen. Adam Michnik sagt: Die Regierung glaubt, die Juden sind eine internationale Finanzmacht und werden Kredite springen lassen, wenn die Polen eine aufwendige Ghettofeier machen. Peinlich nur, dass der einzige Überlebende der damaligen Anführer des Aufstands, der Kardiologe Dr. Marek Edelman, sich weigert, an den offiziellen Feierlichkeiten teilzunehmen. Er sagt, er und seine Freunde hätten damals für die Freiheit und die Menschenrechte gekämpft – und die seien heute in Polen, wo die Solidarność-Gewerkschaft nach wie vor verboten ist, nicht garantiert.

Marek Edelman ist ein hochgewachsener Mann, schmal und grau, Arzt am Krankenhaus in Łódź. Er ist kein frommer Jude und auch kein Zionist, sondern war als Jugendlicher Mitglied des Algemejnen Jidischen Arbeterbund in Lite, Pojln un Russland, kurz »Bund« genannt, einer linken Organisation, die im eigenen Land für mehr Arbeiterrechte eintrat. Edelman kann falsches Pathos nicht leiden und auch nicht die Verklärung des Aufstands im Nachhinein durch Leute, die damals keinen Finger für die Juden gerührt haben. Und er mag es auch nicht, wenn man den von vornherein zum Scheitern verurteilten Aufstand der Ghettokämpfer als positives Beispiel dem widerstandslosen Sterben der Juden gegenüberstellt, die sich »wie Schafe zur Schlachtbank« in die Vernichtung treiben ließen. Als wir ihn interviewen, sagt er, was er schon in anderen Interviews gesagt hat: Wir haben uns halt eingebildet, dass wir schießend sterben müssen. Das ist leichter, als einen Viehwaggon nach Treblinka zu besteigen. Ihm gefällt auch das offizielle Ghettodenkmal mit seinen reich. Der alte Schauspieler Michał Szwejlich erzählt uns von seinem Vater, einem galizischen »Bronfenbrenner«, einem Branntweiner. Der polnische Bürgermeister im Dorf hatte ihm seine Konzession weggenommen. Daraufhin fuhr Vater Schwejlich nach Wien, ließ sich beim Kaiser anmelden, trug ihm sein Anliegen vor und bekam prompt recht. Eine Geschichte, die von Joseph Roth sein könnte.

Ein ganzer Film lässt sich freilich aus all diesen Bruchstücken nicht machen, das wird uns bald klar. Wenn wir die Menschen des Stetls zeigen wollen, müssen wir nach Israel fahren. Dorthin hat der letzte Exodus sie geführt. Die Frommen finden wir in Mea Shearim, dem ultraorthodoxen Viertel von Jerusalem.

Mea Shearim – das ich bisher nur aus der Touristenperspektive flüchtig kannte – ist ein osteuropäisches Stetl im Orient. Alle paar Schritte eine neue »Region«: Galizien, Warschau, Weißrussland, die Bukowina, Ungarn. Alle paar Schritte eine »Schul«. Alte und Junge sitzen hier nebeneinander auf harten Bänken, ein Glas Tee und ein Buch vor sich, dem Lernen hingegeben und dazwischen gelegentlich ein Schläfchen riskierend – wie ich durch einen verstohlenen Blick von außen feststelle. Als Frau darf ich natürlich nicht hinein, trotz langärmeliger Jacke und Kopftuch.

Mein Kontakt zu Mea Shearim waren die Lubawitscher, die Anhänger des Lubawitscher Rebbe. Dessen Nachfolger sitzt in New York, aber die Bewegung hat auch einen Vertreter in Wien. Die Lubawitscher sind eine kuriose Mischung aus Osteuropa und Amerika. Wie einst im Stetl erbitten sie den Rat des Rebbe in allen möglichen Lebenslagen – Heiraten, Geschäft, Lebensweise –, aber wie in Amerika verfügen sie auch über ein wohlorganisiertes Publicity-System. Der Jerusalemer Vertreter der Lubawitscher ist ein ehrwürdiger bärtiger Herr, Rabbi Nathan Wolf, der schönstes Deutsch spricht. Seine vielen Söhne sind etwas weniger ehrwürdig. Sie teilen den Strom der Petenten ein und organisieren die weitverzweigten Lubawitscher Unternehmungen, Schulen, Kindergärten etc. Umgangssprache ist saftiges Jiddisch.

In der Jeshiva, der Talmudschule, geht es übrigens tatsächlich zu wie in der sprichwörtlichen Judenschule. Auf den ersten Blick – den ich, als

Frau, natürlich wiederum nur von der Tür aus auf den Saal werfen kann, während das Team dreht – sieht man nichts als allgemeines Gewackel und hört nichts als einen Heidenlärm. Auf den zweiten Blick erweist sich das vermeintliche Durcheinander aber als höchst konzentriertes Lernen. Den Lehrer, der zunächst unsichtbar scheint, entdeckt man schließlich, er sitzt unauffällig in einem Eck. Er wird um Rat gefragt, wenn sich jemand nicht auskennt. Die Schüler diskutieren mit ihm, zu zweit oder einzeln. »Vortrag« scheint es nicht zu geben. Man »lernt« jeweils zu zweit. Zwei Schüler (Bocher) sitzen einander gegenüber und lesen laut und »schockelnd« (wackelnd) ihre hebräischen Texte singend vor. Vorher haben sie natürlich ihre »Tefillin« (Gebetsriemen) angelegt. Gelegentlich gibt es hitzige Diskussionen, wenn sich zwei über die Bedeutung eines Textes nicht einig sind. Ein großes Kaffeehaus, in dem sich alles um den lieben Gott dreht.

Obwohl Gespräche mit fremden Damen wohl nicht ganz im Sinne des Curriculums sind, gerate ich dann doch mit ein paar Schülern ins Reden. Einer hat den Charme eines Brooklyner Straßenjungen (der er vermutlich auch ist) und antwortet auf meine Frage, wie denn die Zukunftsaussichten all dieser fleißigen Talmudschüler aussähen, die ja doch wohl nicht alle Rabbiner werden können, nur mit einer geringschätzigen Handbewegung. Wer die Thora lernt, meint er, könnte wohl ein Geschäft mit Leichtigkeit nebenher betreiben. Ich muss an Leopold Trepper denken, den großen Spion und Chef der »Roten Kapelle« in der Nazizeit. Er gründete, als das Geld der Komintern ausblieb, in Paris eine Textilfirma, die ihn sofort zum Millionär machte. Nur als Nebenjob, denn das Geschäft als solches interessierte ihn überhaupt nicht. Ihm ging es nur darum, Geld für seine kommunistische Spionagetätigkeit aufzutreiben.

Das heilige Lernen, die uralte Liebe zum Buch der Bücher, die auch noch die ungläubigen Generationen beseelt und befruchtet hat – hier erlebe ich es an seinem Ursprung. Das jüdische »Lernen« ist offensichtlich etwas ganz anderes als unsere christliche »Bibelarbeit« mit ihrer Aura von protestantischer Pflichterfüllung, und schon gar nicht ähnelt es dem katholischen Katechismus-Drill. Es ist dem Gebet verwandt, aber auch dem leidenschaftlichen Lesen »for pleasure«, etwas, von dem man sichtlich nicht genug kriegen kann und auch nicht soll. Isaac Bashevis Singer schildert in seinen Büchern die frommen Talmudisten, die von früh bis spät lernen, möglichst ohne Pause. Nicht als Kasteiung, sondern aus unersättlicher, begeisterter Liebe zur Thora. Diese kleinen, ziemlich ungewaschenen Jeshive-Bocher von heute sind ihre Nachkommen.

Die Thorarollen werden zu Beginn des Unterrichts von allen geküsst. Unser christlicher Kuss des Evangelienbuchs, so nehme ich an, kommt wohl von daher. Und auch das christliche Chorgebet der Ordensleute mit seinem Wechsel von Aufstehen und Hinsetzen ist vermutlich dem jüdischen Beten und Lernen verwandt. Nur ist an die Stelle des jüdischen Geschockels römische Zackigkeit getreten.

Lernen ist ganz offensichtlich in der jüdischen Welt das Wichtigste und das, was einen Menschen recht eigentlich zum Menschen macht. (Auch Franz hatte diese Einstellung noch. Er lernte, also las und studierte, täglich, und das Verdikt: »Er lernt nicht«, bezogen etwa auf einen Politiker wie Kreisky, war aus seinem Mund die ärgste Verdammung.) Und folgerichtig ist der Gelehrte, nicht der Reiche und Mächtige, der Angesehenste in der Gemeinde.

Wir drehen eine chassidische Hochzeit. Der Bräutigam ist ein gelehrter Talmudist aus Amerika. Er heiratet ein Mädchen aus Jerusalem, und der Brautvater, ein wohlhabender Mann, rechnet es sich zur Ehre an, den Schwiegersohn zeitlebens »auf Kost« zu nehmen, also auszuhalten.

Die Hochzeit ist festlich und trotz der angereisten New Yorker Verwandtschaft wohl nicht viel anders, als so etwas einst in Galizien gewesen sein muss. Braut und Bräutigam haben sich vorher noch nie allein gesehen. Ein »Schadchen« hat das Ganze arrangiert. Männer und Frauen feiern und tanzen getrennt, und vom Hochzeitsessen muss die ganze Gemeinde satt werden. Bei dieser Gelegenheit wird mir wieder einmal klar, dass orthodoxes jüdisches Leben nur für Männer interessant ist. Für Frauen, mit ihrer Beschränkung auf Essen und Haushalt und Verwandtengeschichten, muss es ziemlich öd sein.

Unser junger israelischer Tonmeister Gidi leidet übrigens bei alldem Qualen. Wie die meisten modernen Israelis kann er die Frommen nicht leiden. »The black crows« nennt er sie. Und als ich den Söhnen des Rabbi Wolf für die Vermittlung hundert Dollar in die Hand drücke – sie nehmen sie eher angeekelt entgegen –, wird Gidi direkt böse. »Don't give them money«, sagt er. »They don't deserve it.«

Wie bei den superfrommen Katholiken sehen wir auch bei den ultraorthodoxen Juden in Mea Shearim manch düsteren Fundamentalismus und manch pfäffische Selbstgefälligkeit. Aber auch heitere fromme Menschenfreundlichkeit. Ein netter Dozent der Hebräischen Universität, ein säkularer Jude und einer der wenigen jüngeren Israelis, der sich für die alte Welt des Stetls und die jiddische Sprache interessieren, führt uns in eine kleine Schusterwerkstatt in Mea Shearim. Ein winziges Häuschen. Ein düsterer Verschlag, darin der bärtige Herr Dreiberg an der Schuster-Nähmaschine. Seine neun Kinder sind alle in diesem Häuschen aufgewachsen.

Herrn Dreibergs Tageslauf steht dem eines Benediktiners nicht nach – nur dass er dabei auch für eine große Familie sorgen muss. Jeden Tag um fünf Uhr früh geht er hinüber in die »Schul« zum Lernen. Studieren und Beten gehören zusammen. Danach wird geschustert, dann wieder gelernt und gebetet. Sein Tag endet um elf Uhr abends. Frage: Kann man denn überhaupt so viel lernen? Reb Dreibergs Antwort: Die Thora ist so hoch wie der höchste Berg und so tief wie das tiefste Meer. Da hört das Lernen nie auf.

Am Schluss lässt er sich – nach Rücksprache mit seiner bärbeißigen Frau, einer »Klafte«, wie Franz gesagt hätte – dann doch nicht filmen. »Nisch fir ins.« Aber gleichsam zum Trost repariert er voller Freundlichkeit und höchst kompetent meine kaputten Sandalen, wobei er die Tatsache, dass er dafür kein Geld nehmen will, vor seiner Frau geflissentlich verschweigt.

Neben den Frommen, die auf den Messias warten, treffen wir auch ihre säkularisierten Brüder, die Zionisten und die Revolutionäre. Etwa den alten Kibbuznik Schlomo Atir. Er stammt aus frommem Haus, aber er und seine Freunde, sagt er, wollten »selber der Messias sein« und gingen von Galizien aus ins damals noch unwirtliche und gefährliche Palästina. Herr Atir spricht voller Liebe und Stolz von seinem Großvater Reb

Itzele Schoner, einem gelehrten Talmudisten. Itzele Schoner heißt so viel wie Itzele, der Lerner. Aber der Enkel ließ sich als »Chaluz« (Pionier) in der Landwirtschaft ausbilden. Er zeigt uns Fotos: der Vater in k. u. k. Uniform, er selbst als stolzer Jungzionist im Schlosseranzug, seine Braut, bezopft und jugendbewegt, im Ernteeinsatz.

Schlomo Atir stammt aus Kutno, der Heimatstadt des Schriftstellers Schalom Asch, Autor des bekannten Romans »Motke Ganev«, Motke, der Gauner. Die Figur des Motke war einem wirklichen Gauner aus Kutno nachempfunden, erzählt uns Herr Atir. Als der inzwischen berühmte Schalom Asch eines Tages nach Kutno zurückkommt, meldet sich der Original-Motke bei ihm und verlangt Tantiemen. Schließlich hatte er die Gaunerstücke im Roman ausgeheckt. Herr Atir, der beide noch kannte, sagt, Asch hätte das auch eingesehen, und bezahlt.

Und die Revolutionäre? In Tel Aviv finden wir in einer schmuddeligen Seitengasse noch ein Büro des »Bund«, ein letzter, rührender Rest der einst mächtigen und heroischen jüdischen Arbeiterorganisation. Eine kleine Bibliothek mit marxistischen Klassikern und Arbeiterromanen auf Jiddisch und Polnisch. Ein schäbiger Aufenthaltsraum, in dem ein paar Veteranen Tee trinken, Schach spielen und von alten Zeiten reden. Der Bibliothekar ist ein alter Textilarbeiter aus Łódź. Er erzählt von den Streiks in den Zwanziger- und Dreißigerjahren, von den Sweatshops dort und von dem Tag, an dem er in seiner Eigenschaft als »Delegat« (Betriebsrat) mit seinen Kollegen am Vorabend des Sabbat zum frommen jüdischen Fabrikanten Belinski gegangen war, um den Wochenlohn einzufordern. Mit der Drohung, sonst den gedeckten Sabbat-Tisch mitsamt der bereits aufgetragenen Nudelsuppe beim Fenster hinauszuwerfen. Gottlob zahlte Belinski.

Für die meisten modernen Israelis ist auch dieser Teil ihrer Vergangenheit inklusive der jiddischen Sprache ziemlich fremd und durchaus nicht beliebt. Unser Gidi, ein ausgesprochen netter Bursche, Nachkomme russischer Juden und aufgewachsen in einem Kibbuz, hat begreiflicherweise von all diesen Generationen von Lernern, Betern, Umstürzlern mehr als genug. Diese neue Generation will kein Jiddisch mehr hören, sie wartet auf keinen Messias und keine Revolution, sie zieht weg von den Kibbuzim und möchte vor allem eins haben: ein ganz normales, friedliches Land. Theodor Herzls Traum vom »Volk wie andere auch« ist in Erfüllung gegangen – aber die Utopie daran ist weg. Ob das gut ist oder schlecht, wage ich nicht zu sagen.

Der letzte Jude von Frauenkirchen

Irgendwo habe ich von den »Sieben heiligen Gemeinden« im Burgenland gelesen. Jüdische Gemeinden. Ich möchte wissen, was es mit diesen auf sich hat und schlage im österreichischen »Handbuch der historischen Stätten« nach. Beim Wallfahrtsort Frauenkirchen wird auch eine Judenansiedlung kurz erwähnt. »Eigenes Ghetto ... Rabbiner ... Lehrer ... 1696 zählt die Judengemeinde 100 Seelen.« 1696. Aber was war nachher? Hinfahren und nachschauen.

Und jetzt stehe ich auf dem Marktplatz von Frauenkirchen, das Buch in der Hand. Breit und still liegt der Platz da, vorn die Kirche, rechts das Wirtshaus, links das Franziskanerkloster. Dort, wo jetzt die Tankstelle ist, muss früher der Anger gewesen sein. Aber wo haben die Juden gewohnt? Aus dem Handbuch habe ich erfahren, wie viele Juden es gegen Ende des 17. Jahrhunderts hier gegeben hat. Wie viele es 1938 gewesen sind, sagt das Handbuch nicht. Und das Einzige, was ich bisher von Juden gesehen habe, ist das Deckenfresko in der barocken Wallfahrtskirche. Unter anderem ist darauf der zwölfjährige Jesus im Tempel zu sehen, umgeben von Pharisäern und Schriftgelehrten mit gewaltigen Nasen, grimmigen Blicken und hebräischen Schriftrollen in den Händen.

Ich kaufe mir in der Trafik eine Zeitung und frage nach den Juden von Frauenkirchen. Ja, früher hat es hier eine Menge Juden gegeben. Die reichen Juden haben in der Hauptstraße gewohnt und die armen in der Judengasse. Und auch jetzt, sagt die Trafikantin, gibt es einen Juden im Ort. Ein Kunde geht eigens mit mir vor die Haustür und zeigt mir, wo »der Jud« wohnt. Rosenfeld heißt er. Dort drüben in dem gelben Haus. In der Nähe war früher der Judentempel, aber den gibt es nicht mehr.

Ich gehe durch die Hauptstraße, vorbei am Konsum, an der Apotheke, an der Raiffeisenbank. Niedrige Häuser, die Fassaden neoburgenländisch modernisiert. Ein freundlicher, vom Fremdenverkehr nicht allzu sehr berührter Ort, halb Dorf, halb Städtchen. Nur im Sommer kommen die Touristen vom Neusiedlersee herüber, schauen die Basilika an, kaufen sich im Stadtcafé ein Eis und fahren wieder weg.

Wie es wohl früher hier ausgeschaut hat, als es noch das große Judenviertel gab? Und wie war das, als die Nazis kamen? Hier, wo jeder jeden kennt, muss es unmöglich gewesen sein, »nichts gesehen und nichts gewusst« zu haben. Offenkundig ist einer aus der alten Judengemeinde zurückgekommen. Was ist aus den anderen geworden? Und wie ist es heute, »der Jud« zu sein in einem Ort wie Frauenkirchen?

Ich läute an dem gelben Haus. Ich lerne den Landesproduktenhändler Paul Rosenfeld und seine Frau Malka kennen. Wir reden. Ich komme an den folgenden Tagen wieder. Ich läute auch an anderen Häusern im Ort, lerne andere Frauenkirchner kennen und frage, wie es hier früher war. Und wie es war, als die hiesige Judengemeinde unterging. Ich frage und frage. Und langsam entstehen in meinem Kopf ein Bild und eine Geschichte.

Wenn ich jetzt an der Kreuzung Franziskanerstraße – Hauptstraße stehe und die Augen zumache, kann ich einen ziemlich genauen virtuellen Plan des alten Frauenkirchen zeichnen, so, wie es die alten Einwohner – Jud und Christ – im Gedächtnis behalten haben. Gleich oben an der Ecke stand zum Beispiel das Baumaterialiengeschäft Fried, »der Fried-Jud«. In dem geräumigen Hof war Bauholz gestapelt, das war der beliebteste Spielplatz der Kinder. Weiter unten an der Hauptstraße: das Lebensmittelgeschäft Rechnitzer, das größte im Ort, »der Rechnitzer-Jud«. Die Gemischtwarenhandlung Levine. Das Eisenwarengeschäft Fischer, wo die Bauern nach einem größeren Einkauf manchmal eine Pferdedecke als Zugabe geschenkt bekamen. Der Schnittwarenhändler Deutsch und das Kaffeehaus vom Weiss Dori, genannt das Judencafé, wo es für die Gäste neben der Lokalzeitung auch die *Neue Freie Presse* zu lesen gab. Es existierte noch ein weiteres Kaffeehaus, wo auch Christen verkehrten, ein Kino, noch zwei Lebensmittelläden, Schey Isidor und Fischer Siegfried gehörend, die Textilgeschäfte von Weiss Sandor und vom »Popper-Jud« und mehrere sogenannte Fruchthändler – darunter auch der »Rosenfeld-Jud« –, die Getreide und Landesprodukte kauften und verkauften. Die alten Frauenkirchner sagen alle noch nach unga-

*Der Getreidehändler Paul Rosenfeld
vor dem großteils verwüsteten jüdischen Friedhof
im burgenländischen Frauenkirchen*

rischer Art den Familiennamen vor dem Vornamen. Bis 1922 gehörte das Burgenland zu Ungarn. Alle diese kleineren und größeren Ladenbesitzer gehörten, neben den drei Ärzten, zu den sogenannten »reichen Juden« im Ort.

Hinter dem Haus, in dem jetzt die Apotheke ist: der Tempel, ein schlichter, weiß gekalkter Bau, daneben das Studierhaus (»die Judenschul«) und die Mikwe, das rituelle Bad. Alle diese heiligen Häuser lagen versteckt, gleichsam geschützt durch die profanen Gebäude des Judenviertels, im Ghetto von Frauenkirchen, in der Judengasse. Dort wohnten in armseligen Häuschen die Armen, die sogenannten Binkeljuden.

Die Binkeljuden, sagt der Selchermeister Jancsi Kiss, sind mit der Meterware durch die Ortschaften gegangen. An allen Ausgangsstraßen des Bezirks war am Sabbat ein Seil gespannt, ein Hinweis für die Frommen, wie weit sie gehen konnten, ohne nach jüdischem Gesetz »Haus und Hof« zu verlassen und damit die Sabbatruhe zu verletzen. Tausend

Schritte betrug die erlaubte Distanz. Von den Binkeljudenhäusern steht keines mehr, ebenso wenig wie Tempel, Schul und Mikwe.

Als 1938 das Ende der Judengemeinde kam, lebten in Frauenkirchen bei einer Gesamteinwohnerzahl von 3311 336 Juden, das waren elf Prozent. Frauenkirchen war eine der »heiligen sieben Gemeinden« des Burgenlandes. Die anderen waren Eisenstadt, Deutschkreutz, Mattersburg, Lackenbach, Kobersdorf und Kittsee. Sie alle genossen seit dem 17. Jahrhundert besondere Privilegien, darunter administrative und rechtliche Autonomie.

Waren die Frauenkirchner Juden überhaupt fromm? Ja und nein, sagt Paul Rosenfeld. Wir sitzen in seinem behaglichen Wohnzimmer. Auf dem Regal eine Menora, der siebenarmige Leuchter, an der Tür die Mesuse, die kleine Kapsel mit dem Ersten Gebot des Gesetzes. Herr Rosenfeld ist ein freundlicher, stattlicher Mann, vom Typ her mehr Macher als Grübler. Ihn selbst, erfahre ich, hat es als Bub eher auf den Fußballplatz gezogen als ins Bethaus. Aber auch in seinem Elternhaus war man natürlich orthodox, feierte die Feste, hielt die Vorschriften ein. Es wäre ganz ausgeschlossen gewesen, etwa am Sabbat das Geschäft offenzuhalten. Kaftan und Käppchen trugen in Frauenkirchen nur noch ein paar alte Herren, die Schläfenlocken – von den Dorfkindern »Lausrutschen« genannt – dagegen fast alle.

Aber es gab auch wirklich fromme Familien. Der frömmste Jude im Ort, so weiß es Herr Rosenfeld noch heute, war der Lederhändler Moses Tauber. Der alte Tauber war eine Leuchte jüdischer Gottesgelehrsamkeit, seine Söhne Abi und Amron taten es ihm nach. Wenn am Fest Simchat Thorah, dem Fest der Gesetzesfreude, die Reihe an den alten Tauber kam, die heiligen Schriftrollen tanzend durch den Tempel zu tragen, dann strahlte sein Gesicht vor Seligkeit, zur Erbauung der ganzen Gemeinde.

Die Feiertage hielten auch die Nicht-so-Frommen. In den Tagen des Laubhüttenfestes stand in jedem Hof der Hauptstraßenhäuser eine Laubhütte, in der die Familie während der ganzen Woche die Mahlzeiten einnahm. In der Judengasse gab es keine Höfe, da standen die Hütten mitten auf der Straße. Zu Purim, dem Gedenkfest an die Errettung der Juden Persiens durch die schöne Königin Esther, trugen die Kinder Masken, und man spielte »Tenderle«, ein Würfelspiel mit Preisen. Und der Sabbat war ein Fest für alle. Auch bei den Rosenfelds wurden am Vorabend die Kerzen angezündet, und beim Festtagsessen saß immer ein Armer mit am Tisch, weil an diesem Tag niemand einsam und hungrig bleiben soll.

Nach dem Gottesdienst war Korso. Da gingen die Mädchen, schön herausgeputzt, eingehängt zu dritt und zu viert, auf der Hauptstraße spazieren, hinauf bis zum Fried-Eck, wo das Seil gespannt war, und wieder zurück. Das war aber auch das einzige Vergnügen, das für ein anständiges jüdisches Mädchen erlaubt war. Tanzen gehen, Rendezvous – unmöglich. Die Burschen mussten ihre Liebesabenteuer anderswo suchen. Paul Rosenfeld glaubt, dass es deshalb in der Gegend eine Menge heimliche Nachkommen der Frauenkirchner Juden geben muss.

An die jüdischen Festtage erinnern sich auch die anderen Frauenkirchner. Am Sabbat, sagt Resi Kiss, die Fleischhauersfrau, riefen die jüdischen Hausfrauen oft die Dorfkinder ins Haus, zum Lichtanzünden, eine »Arbeit«, die den Frommen an diesem Tag verboten war. Als Lohn gab es dafür oft einen »Berches«, einen Sabbatstriezel. Manche Leute riefen den Kindern zu: »Geht's da nicht hinein, die stechen euch ab.« Niemand glaubte das, aber ein kleines bisschen unheimlich war es trotzdem.

Manche Kinder waren auch verwegen genug, am Sabbat in die Judengasse zu schleichen und das Ohr an die Wand des Judentempels zu halten. Seltsame Gesänge drangen da heraus. Auch »Lavahüttenschauen«, die Laubhütten besichtigen, war bei den Frauenkirchner Kindern beliebt. »Schlechte Buben«, sagt Frau Kiss, warfen mitunter Steinchen hinein. Und der Korso? Ja, diesen Anblick ließ man sich auch nicht entgehen. Die Frauenkirchner Hauptstraßen-Mädchen sprachen ungarisch, das galt als vornehm. »Das waren Damen.« Die jüdischen Burschen gingen nicht spazieren, die saßen im Kaffeehaus oder standen an den Ecken und schauten. Auch der fromme Abi Tauber, erinnert sich Paul Rosenfeld, riskierte manchmal einen Blick.

Gab es Kontakte zwischen Juden und Christen, damals, in den Jahren, bevor Hitler kam? O ja, durchaus. Man kannte sich. Man grüßte sich. Man lebte eher nebeneinander als miteinander, aber man kam eigentlich ganz gut miteinander aus. Die Kinder spielten zusammen, vor allem auf dem Lagerplatz des Holzhändlers Fried. »Jud, Jud, spuck in' Hut / sag der Mutter, das ist gut«, sangen die Christenkinder. Oder auch: »Aus an süßen Sauerkraut / ham die Juden den Tempel baut«. Grausam? Nicht wirklich, meint der Selchermeister, der später Bürgermeister wurde. Es war nicht bös gemeint. Man war nachher schnell wieder gut.

Auch außerhalb des Judenviertels bekam man mit, was sich in der Judengemeinde abspielte, und nahm Anteil daran. So etwa an der Aufregung, die herrschte, als Heini Deutsch eines Tages in die Mikwe pinkelte. Ein wirklich schlimmer Frevel, vergleichbar der Tat eines Ministranten, der in den Weihwasserkessel spuckt. Der Rabbi wurde gerufen. Er veranstaltete unter den jüdischen Buben eine hochnotpeinliche Untersuchung. Warum hatte Heini so etwas Verwerfliches getan? Dessen kleinlaute Antwort: weil ich so dringend müssen hab. Nächste Frage: ob der verhängnisvolle Strahl »gerade« gekommen war oder »im Bogen«. Einhellige Antwort: im Bogen. Damit war Heini überführt. Er hatte nicht »dringend müssen«. Diese scharfsinnige Schlussfolgerung wurde bewundert und erregte Staunen und Anerkennung bei Jud und Christ. Der Rabbi, das war klar, war ein weiser Mann.

Manche alte Frauenkirchner kennen sich auch ganz gut aus mit jüdischen Bräuchen. Die Bauerntochter Resi Kiss war in den Dreißigerjahren im Dienst beim Lebensmittelhändler Fried Isidor an der Hauptstraße. Am Freitag wurde im Hause Fried Scholet gemacht, das traditionelle Sabbat-Essen. Frau Kiss weiß heute noch genau, wie das geht: Bohnen ins Wasser, einen gestopften Gänsehals hinein, gut würzen, Deckel drauf und zubinden. Dann wurde die Schüssel zum »Judenbäck« gebracht, der sie mit den anderen Scholet-Schüsseln über Nacht in den warmen Backofen stellte. Feuer machen ist den Juden ja am Feiertag verboten. Anderntags war die Speise gar.

Zweimal in der Woche war in jenen Jahren in Frauenkirchen Markttag. Am Mittwoch war »Kleiner Markt«, am Freitag »Großer Markt«. Die Alten erinnern sich noch gut an das Treiben von damals. Aus allen Dörfern im Seewinkel, aus Wallern, aus Andau, aus Pamhagen, kamen die Bauern mit ihren Pferdewagen und ihren Produkten. Kukuruz, Rüben, Eier, Geflügel. Die ganze Franziskanerstraße entlang standen sie, »alles wegen unseren Judengeschäften«. Frauenkirchen sei damals ein Einkaufszentrum gewesen. Heute, da die jüdischen Läden weg sind, gehe alles nach Neusiedl.

Fanny Haidecker, die Wirtin vom Bahnhofsgasthof, damals ein halbwüchsiges Mädchen, ging auch zum Markt, unter jedem Arm zwei lebende Gänse. Frau Levine vom Hauptstraßen-Lebensmittelgeschäft Levine kaufte nur bei ihr. Du bist die Teuerste, sagte sie oft zu Fanny, aber deine Gänse sind auch die schönsten. Fannys Gänse hatten lange Schnäbel, gut geeignet zum Stopfen.

Die Rosenfelds kauften und verkauften vor allem Weizen. Neun jüdische Fruchthändler gab es damals in Frauenkirchen. Man kaufte bei den Bauern die Ernte »am Halm«, wenn diese schlecht ausfiel, lag das Risiko beim Händler. Und wer mit dem Geld nicht auskam, borgte »beim Juden« auf die nächste Ernte. Es wurden ordentliche Preise gezahlt. Ein vorteilhaftes Arrangement für beide Teile. Aber mancher, der Schulden hatte, schimpfte und fand in »dem Juden« die Erklärung für alle Übel dieser Welt. Manche Händler gingen, wie die Frauenkirchner erzählen, auch »ins Grundbuch«, zur Empörung der lokalen Antisemiten. Dann wurde aus Bauerngrund »Judengrund«.

Der Getreidehandel spielte sich in der Fruchtbörse ab, dem prächtigen Gebäude in der Taborstraße in Wien. Es steht heute noch, beherbergt aber keine Börse mehr, sondern unter anderem das Odeon-Theater. »Eine Tratschzentrale«, sagt Paul Rosenfeld. Man traf einander, tauschte Informationen aus, redete über Geschäftliches und über Privates. Jüdische Kaufleute waren hier praktisch unter sich.

Paul war eines von drei Kindern einer wohlbestallten Familie. Er ging in Frauenkirchen in die Volksschule, dann ins Realgymnasium in Eisenstadt, der bedeutendsten unter den sieben jüdischen Gemeinden. In der Unterstufe wohnte er im Internat als einer von nur zwei Juden in der Klasse. Der Rest war »halb christlichsozial, halb deutschnational«. In der Oberstufe nahm ihn ein freundlicher jüdischer Oberlehrer im Eisenstädter Ghetto in seine Familie auf. Paul legt 1936 die Matura ab, leistet in der Neusiedler Kaserne seinen Militärdienst und tritt dann ins väterliche Geschäft ein. Er kann sich ganz gut durchsetzen, weil er ein guter Fußballspieler und ein netter Kerl ist, aber andere Frauenkirchner erinnern sich: Bei der Assentierung ist keiner mit dem Juden gegangen.

Im gleichen Jahr trifft die Familie ein schwerer Schicksalsschlag: Pauls jüngerer Bruder Laci kommt bei einem Motorradunfall ums Leben. Laci war ein lustiger Geselle, der sich um die strengen Verhaltensvorschriften der jüdischen Gemeinde nicht allzu sehr kümmerte. Er spielte Fußball in einer nichtjüdischen Kaffeehausmannschaft, bei der auch spätere Nazis aktiv waren. Er ging mit Mädchen. Er ging tanzen. »Er hat bei keinem Ball gefehlt«, erinnert sich Fanny Haidecker. Alle mochten ihn. Laci war auch der Erste im Ort, der ein Motorrad hatte. Seine NSU war sein ganzer Stolz. Über den Sabbat wurde sie bei einem Bauern am Ortsrand eingestellt, um die Frommen in der Gemeinde nicht zu schockieren. Das geliebte Motorrad wurde seinem Besitzer zum Verhängnis: Eines Tages, während seiner Militärzeit, krachte der Achtzehnjährige mit der schweren Maschine gegen das enge Hainburger Stadttor, jede Hilfe kam zu spät.

Lacis Begräbnis auf dem alten jüdischen Friedhof war ein Ereignis, wie es Frauenkirchen noch nie gesehen hatte. Seine Kameraden aus der Kaserne, in Uniform, trugen den Sarg. Die Militärkapelle spielte »Ich hatt' einen Kameraden«. Nicht allen in der Gemeinde war das recht, aber auch die Frommen hatten den jungen Rosenfeld gern gehabt und ihm seine Eskapaden nachgesehen. Juden und Christen trauerten damals gemeinsam um Laci, den Charmeur aus dem Ghetto. Vielleicht, sagt dessen Bruder Paul heute, war es gut, dass Laci so früh gestorben ist. Für ihn, mit seinen vielen christlichen Freunden, wäre das, was nachher kam, besonders schmerzlich gewesen.

Tradition oder Emanzipation? Festhalten am Althergebrachten oder Assimilation? Stetl-Kultur oder Öffnung zur Welt? Konservativ leben oder liberal? Was damals in den Großstädten viele Juden der jüngeren Generation bewegte, ergriff in jenen Jahren auch die festgefügte Welt der jüdischen Gemeinden im Burgenland. In der Familie des Holzhändlers Fried in Frauenkirchen zum Beispiel gab es einmal in jedem Monat einen »Jour«. Die Frau des Hauses hatte diese Form der Geselligkeit den emanzipierten Damen in Wien abgeschaut. Der älteste Sohn der Frieds spielte dann Klavier, es gab eine gute Jause, und jeder musste etwas Heiteres vortragen. Und während in Österreich die Nazibewegung erstarkte und der Antisemitismus stieg, gab es bei den Friedschen Jours eine zögernde Annäherung der jüdischen an die nichtjüdische Gesellschaft. Das Ganze war nicht ohne Komik, was den jüngeren Familienmitgliedern auch durchaus bewusst war.

Die Schwester des Hausherrn, eine witzige und spottlustige junge Frau, schrieb dazu manchmal Gelegenheitsgedichte. »Liebe Trude, die Frisur / passt doch nicht zu unserem Jour. / Außer Rudis Kameraden / sind auch Christen eingeladen / und wenn so dich jemand sieht / hält man dich für unsolid / folgst du mir, so nimmst du nix / als das kleine Kruzifix / schau zu Boden, lache wenig / halt dich viel beim Doktor König / denn in meiner Auskunftei / blüht für ihn ein Liebesmai. / Und der kleine Herr im Hause / interessiert sich für die Jause / und wie ein Napoleon / inspiziert er den Salon. / ›Wärs nicht gut, mein Rosaleben / die Mesuse wegzugeben? / Manchen Leuten ist das nei / und wozu die Fragerei.‹ / ›Glaubst du, Moritz, dass das geht? / Verletzt das nicht die Pietät? / Muss denn auch die Pietät / grade sein in diesem Zimmer? / Gib sie in den Chiffonär / morgen hängst sie wieder her. / Die Gesellschaft ist illuster / ein Baron, ein Intendant / und sogar ein Leutenant. / Und sapperlot, was seh ich dort? / Den Kassier vom Christenhort! / Was will dieser Pfaffenstreber / hier im Reich der Gänseleber?‹«

Wussten oder ahnten die Frauenkirchner Juden in den ausgehenden Dreißigerjahren eigentlich, welche Wolken sich über ihnen zusammenballten? Erkannten sie die Gefahr, die von Hitlerdeutschland auch für sie ausging? Nein, sagt Paul Rosenfeld sehr entschieden. Man war besorgt, man spürte, dass »etwas in der Luft lag«, aber man wähnte sich einigermaßen sicher. »Wir haben den Kopf in den Sand gesteckt.« Der 11. März 1938, der Tag von Bundeskanzler Schuschniggs Abschiedsrede im Radio, war ein Freitag. Noch am Vortag, dem Donnerstag, hatte Vater Rosenfeld Weizen gekauft. Die Familie saß am Abend beim Sabbat-Essen, als draußen auf der Hauptstraße ein Nazi-Demonstrationszug vorbeimarschierte. An der Spitze, eine Hakenkreuzfahne in der Hand, ein Lagerarbeiter aus der Firma. Man war betroffen. Der Josef – ein Nazi? Nie hätte man das gedacht. Kurz darauf gingen im ganzen Ort die Fensterscheiben jüdischer Geschäfte zu Bruch. Der Untergang der Judengemeinde von Frauenkirchen nahm seinen Anfang.

Auch die Wirtin Fanny Haidecker erinnert sich an diesen Abend und diese Nacht. Die Leute waren außer Rand und Band, besonders diejenigen, die Schulden bei den Juden hatten. Eine Nachbarin, die im Lebensmittelgeschäft Rechnitzer immer anschreiben ließ, schleuderte einen Pflasterstein gegen die Auslagenscheibe, die klirrend zersplitterte. Frau Haidecker sieht das Bild noch heute vor sich. Die Glasscherben überall, die Frau, die immer wieder laut kreischte: »So zahl ich dir die Rechnung, gstunkener Jud.«

Die folgenden Tage brachten den Einmarsch der deutschen Truppen, Hitlers Auftritt auf dem Wiener Heldenplatz, den »Anschluss« Österreichs an das Deutsche Reich. In Frauenkirchen brachten sie vor allem einen unkontrollierten Raubzug durch die jüdischen Läden und Wohnungen. Im Dokumentationszentrum des österreichischen Widerstandes befindet sich die eidesstattliche Erklärung eines ehemaligen Vorstandsmitglieds der Frauenkirchner Kultusgemeinde, eines Kaufmanns, die nur mit dem Anfangsbuchstaben »M« gezeichnet ist. »Leute kamen in die Geschäfte und unter dem Deckmantel des Borgens nahmen sie mit: Radioapparate, Schreibmaschinen, Autos, Motorräder etc.«, berichtet Herr M. »Andere nahmen Decken, Strohsäcke, Bettlaken etc., angeblich für das neugegründete KZ. Aber das wenigste wurde abgeliefert. Mindestens neunzig Prozent davon wurden gestohlen.«

Das »neugegründete KZ« war ein Anhaltelager, das in einem der aufgelassenen Esterházyschen Meierhöfe eingerichtet wurde. In diesen Meierhöfen hatten früher, wie in Ungarn üblich, die Landarbeiter der großen Güter gewohnt. Dorthin brachte man die zehn wohlhabendsten Bürger des Ortes samt ihren Familien. Aber vorher hatte man ihnen noch alles abgepresst, was sie besaßen.

Herr M. erzählt, wie Gestapoleute in Zivil in seinem Geschäft erschienen, die Kassa öffnen ließen und alles Geld, Schmuck und Wertsachen mitnahmen. Das Gleiche wiederholte sich in seiner Wohnung. Auch die Uhr musste er abgeben, die Brieftasche bis auf den letzten Groschen leeren. Die Bitte, wenigstens fünf Schilling behalten zu dürfen, um am nächsten Tag für die fünf kleinen Kinder etwas zu essen zu kaufen, wurde mit einem höhnischen Lachen abgeschlagen. »Du musst mir deine sämtlichen Geldwerte angeben. Wenn du nur das Geringste verheimlichst, wirst du auf der Stelle erschossen.« Allen Verhafteten wurde ein Schriftstück zur Unterschrift vorgelegt, in dem stand: »Ich verzichte auf mein Vermögen zugunsten des Reiches und verlasse das Land innerhalb von 48 Stunden.« Wer zögerte, wurde grausam geschlagen.

Herr M. fragte, wie er ohne Ausreisebewilligung und ohne Geld mit seiner großen Familie wegreisen sollte. Das reichte. »Wahllos sausten seine Hiebe auf mich herab, in die Augen, auf die Nase. Weil er schon vom Schlagen erschöpft ist, ruft er einen Kollegen zu Hilfe. Blutüberströmt falle ich zu Boden. Beide stellen sich auf Leib und Brust und beginnen zu treten und zu trampeln. Einer hat sogar eisenbeschlagene Bergsteigerschuhe an.«

Auch die armen Juden aus der Judengasse kommen an die Reihe. In Fanny Haideckers bäuerlichem Elternhaus taucht die kleine Tochter einer Familie auf, die bei Fannys Mutter sonst immer die Milch holte. Sie weint. Jeden Abend holten sie den Vater, erzählt sie, und schlügen ihn. Er sollte sagen, wo er das Gold aufbewahrt habe. Aber sie hätten doch nichts. Das einzig halbwegs Wertvolle im Haus, die Sabbatleuchter, hatten die Schläger ja schon bei ihrem ersten Besuch mitgenommen.

Präsident der Frauenkirchner Kultusgemeinde war zu dieser Zeit Dr. Ernst Weiss, ein Arzt. Alle, die man fragt, sprechen in den höchsten Tönen von ihm. »Ein feiner Mann und ein guter Arzt«, sagt der Fleischhauermeister Kiss. »Wenn man ihn gebraucht hat, ist er auch in der Nacht gekommen.« Und Fanny Haidecker, die Wirtin: »Die Armen hat er umsonst behandelt.« Dr. Weiss ist ein fortschrittlicher Mensch, er glaubt an gesunde Ernährung. In seiner Familie wird vegetarisch gekocht. Manchmal stecken Nachbarn seinem kleinen Sohn ein Stück Hendl zu, damit er wenigstens manchmal »etwas Ordentliches« zu essen bekommt.

Auch von Dr. Weiss gibt es einen schriftlichen Bericht über die Ereignisse, der im Dokumentationszentrum aufbewahrt wird. Weiss erleidet dasselbe Schicksal wie der Kaufmann M. »Die Drangsalierungen nahmen ein solches Ausmaß an, wie wir es uns nie vorgestellt hätten.

Durch die unbarmherzigen Hiebe auf Kopf und Glieder war ich drei Tage wie gelähmt und konnte mich überhaupt nicht rühren. Drei Wochen war ich unfähig, überhaupt zu denken.« Der Gemeindevorsteher wird gezwungen, die Ausreise aller Frauenkirchner Juden innerhalb von vierzehn Tagen schriftlich zu garantieren. Wie soll das gehen? Er weiß, dass es praktisch unmöglich ist, haben doch inzwischen die meisten Länder ihre Grenzen für Juden geschlossen. Aber was bleibt ihm übrig? Was bleibt den Gemeindemitgliedern übrig?»Die Gestapo trieb uns dazu, das Land auf ungesetzlichem Weg zu verlassen.« Die Menschen flüchten über die grüne Grenze in die Tschechoslowakei oder nach Ungarn. Der Bericht von Dr. Weiss endet mit dem Satz:»So haben die Juden unserer Gemeinde bis 30. 6. 1938 ihre burgenländische Heimat, Haus und Hof, bettelarm verlassen.«

Genau 260 Jahre hat die Frauenkirchner Judengemeinde, die größte im Burgenland, bestanden. Ihre Geschichte endete mit einer Vertreibung, und sie begann mit einer Vertreibung. 1678 waren die Juden, samt Rabbi und»Judenrichter«, in den Ort gekommen, vertrieben aus dem wenige Kilometer entfernten Dorf Mönchhof. Die Pfarre Mönchhof gehörte damals wie heute zum Stift Heiligenkreuz. Dort hatten die Juden, ursprünglich aus Wien und Niederösterreich vertrieben, unter dem Schutz der Zisterziensermönche Duldung gefunden. In jenem Jahr aber überfielen Esterházy-Husaren aus Raabau den dortigen Judenhof und plünderten, prügelten und brandschatzten. In einer Chronik findet sich der Bericht eines P. Maurus an den Abt Clemens von Heiligenkreuz. Die Husaren hätten»den Brandtweinbrenner, der kaum möcht aufleben, den Rabbiner und andere 5 jamerlich gehautt, silber, golt, leinwat undt alle besten sach hinwekgenommen ...« Anderthalbhundert»hussar« seien es gewesen,»mit gewer und waff« seien sie herangestürmt, und Geld und Gut im Wert von mehr als dreihundert Gulden hätten sie erbeutet. Der Abt protestierte in einem Brief»ad generalem Montecuculi« gegen die Übergriffe, schaffte aber gleichzeitig die Juden ab, was so viel heißt wie: Er vertrieb sie. Die Opfer mussten büßen.

Die Mönchhofer Juden wandten sich vergeblich in einer Bittschrift an den Abt und wiesen darauf hin, dass sie sich»jederzeit ohne manigliches

Klagen getreu, from, ehrlich und aufrecht erhalten, auch noch ferner zu erhalten gedenken«. Aber der Abt ließ sich nicht erweichen, trotz Intervention des Erzbischofs von Gran. »Zur Verhütung viller Ungelegenheiten« mussten die Juden aus Mönchhof fort. Aufnahme fanden sie beim Fürsten Esterházy in Frauenkirchen. Die Esterházys waren wie die anderen westungarischen Magnaten, die Batthyánys und die Pálffys, den Juden nicht übelgesonnen. Sie konnten sie brauchen. In einer Gegend, wo die Bevölkerung fast durchwegs aus Analphabeten bestand, waren die Juden mit ihren sprachlichen, handwerklichen und geschäftlichen Fähigkeiten und ihren internationalen Kontakten gut einsetzbar. Und außerdem konnte man von ihnen Steuern einheben. Die Frauenkirchner Juden zahlten dem Fürsten fünfzig Gulden Toleranztaxe.

Ihre Nachkommen kamen nicht so glimpflich weg. Gleich nach der ersten Pogromnacht musste die Judengemeinde, laut dem Bericht von Herrn M., einen »horrenden Betrag« aufbringen und bei der Gestapo hinterlegen, unter dem zynischen Vorwand, diese müsse »den Juden vor den Plünderungen des Pöbels Schutz gewähren«.

Die nächsten Tage und Wochen vergehen mit verzweifelten Versuchen, wenigstens irgendetwas von den verbliebenen Habseligkeiten zu Geld zu machen. Die Geschäfte sind versiegelt. Reisen außerhalb des Orts sind nur mit einer Genehmigung der Polizei möglich. Jeder Verkehr zwischen Juden und Nichtjuden ist untersagt. Manche Frauenkirchner sind nach Wien zu Verwandten gegangen, in die berüchtigten »Sammelwohnungen« im zweiten Bezirk. Resi Kiss bringt Frau Fischer, ihrer ehemaligen Dienstgeberin, ein paar Sachen dorthin. Diese hätte ihr gern ihre neuen Möbel verkauft, spottbillig natürlich. Aber Resi braucht sie nicht, nur ein wenig Geschirr nimmt sie. Die Judenhäuser wechseln die Besitzer. Die Arisierer bekommen sie um einen Pappenstiel.

Ich frage auch im Franziskanerkloster nach der Anschlusszeit. Vier Patres sind da, sie betreuen die schöne Basilika, eine Esterházysche Patronatskirche. Ein weiß gekalkter Gang neben der Kirche, eine Empore für die Fürstenfamilie. Ja, das war eine schlimme Zeit damals, sagt Pater Josef. Der Obernazi, in jenen Jahren Ortsgruppenleiter und Bürgermeister und später immer noch ein angesehener Mann im Ort, sei »ein Hundling« gewesen. Aber der sei inzwischen gestorben, Pater Josef hat ihn versehen. Auch die Fronleichnamsprozession habe der Hundling damals verbieten wollen, sie sollte nur am Kirchenplatz stattfinden. Aber damit sei er nicht durchgekommen. Die Frauen haben ihn mit ihren Besen verfolgt, über den ganzen Kirchenplatz. Und was war mit den Juden? Den Wirbel damals habe er nicht gesehen, nur davon gehört, sagt Pater Josef. »Ich bin kein neugieriger Mensch.« Aber dem Dr. Weiss habe man vom Kloster aus einen Laib Brot und einen Laib Käse heimlich in sein Gefängnis geschickt.

Von Paul Rosenfeld höre ich die schlimmen Details über die Zeit nach dem »Anschluss« nicht. Er möchte daran wohl am liebsten gar nicht denken, und in der Vergangenheit seiner Mitbürger herumstochern möchte er schon gar nicht. Er verteidigt seine Frauenkirchner sogar. »Wer weiß, wie ich an ihrer Stelle gehandelt hätte«, sagt er. Und was die Exzesse am 11. März betrifft – die ärgsten Rabauken waren gar nicht die Leute aus dem Ort, sondern Golser, Menschen aus der Nachbargemeinde. Auch ein »harmloses Element« habe es bei der Sache gegeben. Bei Deutsch Markus sei am nächsten Tag der Glasermeister erschienen, er wollte die eingeschlagenen Fenster reparieren. Bei der Randale am Vorabend waren die Glaser-Buben dabei gewesen. Er lasse die Scheiben nicht erneuern, sagte Herr Deutsch, »ihr schlagt sie mir sowieso wieder ein«. Darauf der Glasermeister: »Markus, wenn du sie jetzt richten lässt, garantiere ich dir: Sie bleiben heil.« Und schließlich, meint Rosenfeld, haben die Leute hier ja auch allerhand durchgemacht. Der Krieg. Die vielen Gefallenen. Und dann die Russen.

Die Rosenfelds retten sich nach Ungarn. Im Städtchen Miskolc ist Magdi, Pauls Schwester, verheiratet. Ein paar Jahre können sie sich dort halten, dann rollt die Vernichtungsmaschine auch über die ungarischen Juden hinweg. 1944, nach dem Einmarsch der Deutschen, werden Hunderttausende verhaftet und in die KZ gebracht. Pauls Eltern, Magdi, ihr Mann und ihre Kinder landen in Auschwitz. Keiner von ihnen kommt zurück.

Paul überlebt wie durch ein Wunder. Auf einem Todestransport durch Österreich in Richtung Mauthausen gelingt ihm die Flucht. Er verschafft sich falsche Papiere, schlägt sich nach Linz durch und ergattert unter falschem Namen einen Job als Ungarisch-Dolmetscher in einer deutschen Artilleriekaserne. Nach dem Zusammenbruch Hitlerdeutschlands geht er zurück nach Ungarn. Die Budapester Juden sind mehrheitlich vom Holocaust verschont geblieben. Paul hat einen Onkel in Budapest, der dort eine kleine Fabrik besitzt. Bei ihm arbeitet Paul. 1946 heiratet er seine Malka. Als Ungarn 1948 kommunistisch wird, verliert Onkel Vilmos, »Vilmos bacsi«, die Fabrik. Paul und Malka nehmen sich vor, nach Australien auszuwandern. Sie haben schon die notwendigen Papiere, aber vorher will Paul seiner jungen Frau noch seinen Heimatort zeigen. Sie fahren nach Frauenkirchen. Malka gefällt es hier. Und Paul denkt: Was soll ich in Australien? Sie beschließen zu bleiben.

Die Rosenfelds haben keine Kinder. 1957 baut Paul ein Haus. Entschädigung hat er keine bekommen, nur zweimal fünftausend Schilling aus dem jüdischen Vermögensfonds. Das Grundstück, wo früher der Tempel stand, hat er gekauft. Er will nicht, dass dort irgendetwas anderes hingebaut wird. Er hat den Tempelgrund eingezäunt und Bäume darauf gepflanzt. Sie gedeihen nicht. Gern würde er dort eine Gedenktafel anbringen. Aber die Kultusgemeinde einladen und das Ganze mit viel Brimborium einweihen? Das möchte er auch nicht. Er kann sich vorstellen, wie manche Frauenkirchner darauf reagieren würden. Man wird sehen.

Die Rosenfelds fahren oft nach Wien, besuchen Veranstaltungen der Kultusgemeinde. Gelegentlich wollen sie »jüdische Luft atmen«. Auf meine alten Tage, sagt Herr Rosenfeld, werde ich immer jüdischer. Einmal im Jahr reisen sie nach Israel und treffen dort jene einstigen Mitbürger, die es dorthin verschlagen hat. Der alte Doktor Weiss lebt noch, er ist jetzt Ehrenbürger von Jerusalem. Manchmal kommen die ehemaligen Frauenkirchner auch auf Besuch ins Städtchen zurück. Sie gehen dann durch die Hauptstraße und betrachten von außen ihre Häuser, in denen jetzt die Arisierer sitzen. Sie lassen sich den Judenfriedhof aufsperren und suchen die Gräber ihrer Familien.

Dieser Friedhof ist der einzige Platz in Frauenkirchen, an dem die Modernisierungs- und Wohlstandswelle der letzten Jahre spurlos vorübergegangen ist. Das Verwalterhaus ist verfallen. An der Friedhofsmauer lehnen alte Röhren, ein ausgedienter Autobus liegt da und anderes Gerümpel. Ich steige auf einen Schutthaufen und luge über die Mauer. Hohes Gras. Umgestürzte Grabsteine. Wenn die Besucher aus Israel das sehen, schütteln sie die Köpfe.

Neulich, erzählt Herr Rosenfeld, war Amron Tauber da, der Sohn des alten Tauber, der ebenfalls nach Israel gegangen ist. Wie kannst du hier leben?, fragte Amron seinen Jugendfreund. Aber Paul Rosenfeld lebt gern hier. Er beschäftigt sich zwar, mehr als früher, mit jüdischen Dingen, aber hauptberuflich beschäftigt er sich, wie vor ihm sein Vater und sein Großvater, mit burgenländischem Weizen, burgenländischen Rüben und burgenländischem Kukuruz. »Ich mag die Leute hier«, sagt er. »Wenn das nicht so wäre, könnte ich hier nicht leben.«

Spricht's und geht hinüber ins Wirtshaus, zu seiner allwöchentlichen Tarockpartie mit dem Müller und dem Guardian der Franziskaner.

Die sanfte Revolution

Das Denkmal des heiligen Wenzel auf dem Prager Wenzelsplatz ist für die Tschechen seit eh und je das Symbol nationaler Identität und gerechter Regierung. Der Przemyslidenherzog sitzt auf seinem Pferd, umgeben von den anderen böhmischen Landespatronen Adalbert und Prokop, Ludmilla und Agnes. Mit seinen Rittern, sagt die Sage, schläft er im Berg Blanik. Und wenn die Not am größten ist, werden sie alle aufwachen, angesprengt kommen und ihr Volk retten. In den Tagen der sanften Revolution von 1989 ist das Denkmal der Mittelpunkt des Geschehens.

Ich gehe immer schon am Vormittag hin und schaue, welche Veränderungen das Monument seit dem Vortag erlebt hat. Am Nachmittag geht das nicht mehr, denn da ist der Platz gesteckt voll mit Demonstranten. Ein Meer von Blumen bedeckt das Pflaster vor dem Reiter, dazwischen Fahnen und Kerzen. Die Bilder aller guten Geister der tschechischen Geschichte tauchen nach und nach auf: Jan Hus, der Reformator und Märtyrer, Jan Komenský, der Humanist und Emigrant, Tomáš Masaryk, der erste Präsident der Republik, Alexander Dubček, der Vater des Prager Frühlings von 1968, und schließlich Václav Havel, der neue Held der Revolution. Und am Schluss schließlich die Krönung: ein Transparent mit der Forderung »Freie Wahlen«. Wie ein Banner weht es hoch oben von der Lanze des Heiligen herab. Mir ein Rätsel, wie es ohne Kran dort angebracht werden konnte. Das Ganze sieht aus wie eine Mischung aus Wallfahrtsaltar und Popkunstwerk.

Begonnen hat alles mit einer legalen Studentendemonstration am 5. Oktober 1989, dem 50. Jahrestag einer Demonstration, mit der die Prager Hochschüler einst gegen den Einmarsch Hitlerdeutschlands in der Tschechoslowakei protestiert hatten. Der Student Jan Opletal war damals ums Leben gekommen. Jedes Jahr gibt es deshalb eine Gedenkkundgebung. Eine traditionelle Feier im Geist des Antifaschismus. Etwas, das die Behörden beim besten Willen nicht verbieten können.

Wir sind mit der Kamera dabei, als sich die Studenten vor dem Gebäude der Medizinischen Fakultät versammeln. Die Stimmung ist aufgeladen. Es ist klar, dass sich diese Demonstration auch und vor allem gegen das gegenwärtige Regime richtet und dass man zum Wenzelsplatz marschieren wird. Alle wichtigen Kundgebungen der tschechischen Geschichte haben auf diesem Platz stattgefunden. Polizeilich bewilligt ist aber nur ein Zug zum Grab Jan Opletals auf dem historischen Friedhof Višehrad weit draußen vor der Stadt. Der Wenzelsplatz ist von der Polizei hermetisch abgesperrt. Wir drehen die Demo auf dem Friedhof, fahren zum Fernsehgebäude, um unsere Geschichte für die Abendnachrichten wegzuschicken, und kehren, wie mit den Studenten vereinbart, in die Stadt zurück. Aber wir kommen nicht mehr durch. Wir treffen auf Jugendliche, die durch die Straßen laufen, viele mit blutigen Köpfen. Sie prügeln wie verrückt, rufen sie, und meinen die Polizei.

Das ist der Funken, der den seit Jahren aufgestauten Unmut der Menschen zur Explosion bringt. Am nächsten Tag strömen Tausende zum Wenzelsplatz, diesmal sind es Erwachsene. Sie sind empört. Sie wehren sich gegen die Polizeibrutalität gegen ihre Kinder. Gerüchte schwirren durch die Stadt. Von Schwerverletzten ist die Rede, sogar von einem Toten. Die Nerven sind zum Zerreißen gespannt. Zorn liegt in der Luft. Und man will am andern Tag weiterdemonstrieren. Noch ein Tag, und es sind Zehntausende, die sich auf dem Platz versammeln. Dann Hunderttausende und schließlich eine Million. Längst ist der riesige Wenzelsplatz zu klein geworden, die Kundgebungen finden am Ende auf der Letna statt, der Hügelkette am linken Moldauufer. In den ersten Tagen hat die Polizei noch versucht, die Leute mit Wasserwerfern auseinanderzutreiben. Vergeblich. Dann gibt sie es auf. Die Masse ist einfach zu groß.

Und nun erleben wir jeden Abend eine Theateraufführung, die den Platz in eine riesige Freilichtbühne verwandelt. Das Stück, das hier gespielt wird, ist einmal rührend, einmal begeisternd, einmal komisch. Und die ganze Stadt spielt mit. Regie führt Václav Havel, der mundtot gemachte Theaterautor, der in der breiten Öffentlichkeit zunächst noch völlig unbekannt ist.

Die Redaktion der Zeitung *Svobodné Slovo* (Das freie Wort), einst Organ der Sozialdemokraten, hat ihr Büro am Wenzelsplatz. Und das Büro hat einen Balkon. Diesen Balkon haben die Zeitungsleute Havel und seinen Freunden zur Verfügung gestellt. Tagelang werden von hier aus Reden gehalten, es wird gesungen, informiert, agitiert. Was hier gesagt wird, hält das ganze Land in seinem Bann. Die Opposition, bis vor kurzem ein kleines Häufchen arbeitsloser Intellektueller, regiert die Stadt. Alle Fäden laufen bei Václav Havel zusammen, aber dieser hat wichtige Helfer. Einer von ihnen ist Václav Malý, katholischer Priester mit Berufsverbot, jetzt Heizer bei der Prager U-Bahn. Er macht den Moderator, sagt das Programm an, stellt die Redner vor, feuert die Menge an und dämpft sie, wenn die Emotionen überzugehen drohen. Und manchmal bringt er sie auch zum Lachen. Wir haben eine Revolution, die lacht, meint Malý, und muss darüber selber lachen.

Wir denken jetzt an unsere Freunde im Gefängnis, sagt der Moderator, vor allem an Petr Uhl. Uhl, Ex-Trotzkist, unbeirrbarer Kritiker des Regimes von links, ist am Abend der Studentenproteste verhaftet worden. Ich hatte die Uhls noch kurz vorher besucht. Das ganze Stiegenhaus vor ihrer Wohnung war voll mit Polizisten. Alle Besucher, auch ich, mussten sich ausweisen und wurden auf Listen eingetragen. Die Menschen auf dem Wenzelsplatz sind empört. Tauscht ihn aus gegen Jakeš, ruft die Menge. Miloš Jakeš ist einer der verhasstesten Männer in der kommunistischen Parteiführung. Malý wiegelt ab. Petr Uhl ist doch viel mehr wert als Jakeš, sagt er. Und siehe da, am nächsten Abend steht Uhl selber auf dem Balkon und hält eine feurige Rede. Riesenapplaus.

Wir sind gespannt. Wer wird noch aller auftauchen? Werden jetzt auch andere Verhaftete freigelassen? Tatsächlich, alle möglichen Leute erscheinen, die bis vor kurzem im Gefängnis waren. Der Balkon wird zum Laufsteg. Ján Čarnogurský, der slowakische Christdemokrat, später Ministerpräsident der unabhängigen Slowakei. Die Sängerin Marta Kubišová steht plötzlich da, die Muse des Prager Frühlings. Seit zwanzig Jahren hat man nichts mehr von ihr gehört. Jetzt ist sie auf einmal wieder zurück. Sie singt das Lied, das einem berühmten Text des Renaissance-Humanisten Komenský nachempfunden ist und das damals Kult war.»... dass du, mein Volk, deine Sachen in die eigenen Hände nehmen sollst.« Und die Nationalhymne »Kde domov můj«, wo ist meine Heimat. Sie singt die Hymne nicht triumphalistisch, sondern verträumt, wie ein Gebet. Alle heulen Rotz und Wasser. Ich auch.

Auch Alexander Dubček spricht vom Balkon. Er war Parteichef in der Zeit des Prager Frühlings, er wurde abserviert und nach Moskau verschleppt, als die Armeen des Warschauer Paktes einmarschierten. Er war damals überaus populär, ein sympathischer, bescheidener Mann ohne Blut an den Händen. Er war das Symbol des »Sozialismus mit menschlichem Gesicht«. In den letzten zwanzig Jahren war er von der öffentlichen Bühne verschwunden und arbeitete irgendwo weit weg in der Slowakei. Jetzt bekommt er von den Massen auf dem Wenzelsplatz freundlichen Applaus. Aber auch nicht mehr. Es ist klar: Er ist ein Mann von gestern. Heute wollen die Leute keinen Sozialismus mit menschlichem Gesicht mehr. Sie wollen überhaupt keinen Sozialismus.

Der Mann der Stunde ist Václav Havel. Er spricht jeden Abend, seine Stimme wird immer heiserer, man sieht ihm an, dass er in diesen Tagen überhaupt nicht zum Schlafen kommt. Er formuliert, was die Menschen wollen: Abschaffung der Zensur. Freilassung aller politischen Gefangenen. Rechtsstaat. Demokratische Reformen. Bald schon ertönt der Ruf: Havel auf die Burg. Das heißt: Havel soll Präsident werden. Es ist nicht zu glauben: Vor kurzem war dieser Mann noch im Gefängnis, ein rechtloser Häftling. Jetzt wollen ihn die Menschen an der Spitze des Staates sehen.

Was sich auf dem Platz tut, ist fast ebenso faszinierend wie das, was sich auf dem Balkon abspielt. Die Leute erfinden jeden Tag neue Sprüche, oft gereimt, manchmal witzig, manchmal drohend, die dann in Sprechchören skandiert werden. Schau nur, Gusta, wie voll es hier ist, reimen sie, an die Adresse des Staatspräsidenten Gustav Husák gerichtet. Sie holen ihre Hausschlüssel aus den Taschen und lassen sie in einem tausendstimmigen Schlüsselkonzert scheppern: die Totenglocke für das Regime. Das Schlüsselläuten ist der berühmten Sternenuhr am Altstädter Rathaus abgeschaut, wo zu jeder vollen Stunde ein Totengerippe ein Glöckchen läutet. Und irgendwann ertönt auch der Ruf: Wir wollen zurück nach Europa. Noch denkt niemand an die Europäische Union. Was die Menschen meinen, ist: zurück in die Region, in die wir gehören und

Prag, November 1989

in die wir immer gehört haben, wo Demokratie, Wohlstand und soziale Gerechtigkeit herrschen. Was haben wir im Ostblock verloren?

Das Wetter ist unfreundlich und eiskalt. Hausfrauen aus den umliegenden Gassen tauchen auf, sie bringen heißen Tee in großen Töpfen und selbstgebackene Buchteln und Powidlkolatschen, die sie an die frierenden Demonstranten verteilen. Ein großer Moment kommt, als in langem Zug die Arbeiter der Waggonfabrik ČKD auf dem Platz eintreffen. Sie tragen ein Transparent mit sich: ČKD solidarisch mit den Studenten. ČKD ist seit jeher ein höchst politisierter Traditionsbetrieb, eng verbunden mit der Geschichte der tschechischen Arbeiterbewegung. Als nach dem Einmarsch der Sowjets 1968, heimlich und verboten, ein Parteitag der erneuerten KPČ tagte, der die alten Stalinisten ab- und die Reformer in die Führung hineinwählte, fand er in den Werkshallen von ČKD statt. Der Zug wird mit Jubel und donnerndem Applaus begrüßt. Jetzt wissen alle: Diese Bewegung ist keine Sache der Intellektuellen und Studenten mehr, auch die Arbeiter stehen hinter ihr.

Ich mag im Allgemeinen große Menschenansammlungen nicht besonders. Ich fürchte mich ein wenig vor ihnen. Aber hier ist plötzlich alles anders. Diese gewaltige Menschenmasse ist nicht bedrohlich. Man ist höflich und freundlich, sagt, bitte nach Ihnen, wenn es Gedränge gibt. Viele Scherze werden gemacht. Und wenn wir mit unserem Filmmaterial abfahren, machen die Leute Platz, rufen: Danke, dass ihr über uns berichtet, und manchmal sogar: Hoch ORF. Es ist eine der raren und kostbaren Sternstunden in der Geschichte eines Volkes, wenn plötzlich nicht die Lauten und Brutalen im Vordergrund stehen, sondern die Mutigsten, die Anständigsten und die Besten.

Längst ist der Wenzelsplatz nicht mehr der einzige Ort, der der »sanften Revolution« gehört. So haben britische Journalisten die Ereignisse getauft. In allen Prager Theatern werden plötzlich Lesungen und improvisierte Aufführungen abgehalten, bei denen alles zur Sprache kommt, was bisher verboten war. Die moderne tschechische Literatur, bis jetzt nur in maschingeschriebenen Exemplaren heimlich verteilt, findet endlich ein breites Publikum. Die Prager Philharmonie, das Orchester, das von den Pragern ebenso geliebt wird wie die Wiener Philharmoniker von den Wienern, gibt Gratisvorstellungen unter freiem Himmel.

Und in Hunderten Schaufenstern der Innenstadt hängen auf einmal Plakate. Losungen, Forderungen, selbstgemalte Bilder. Eine Volksschulklasse hat auch ein Plakat gemalt und in der Auslage eines großen Geschäfts auf dem Wenzelsplatz aufgehängt. Darauf haben die Kinder sich selbst verewigt, klappernde Schlüssel in der Hand, und darunter geschrieben: Wir sind klein, aber nicht blöd.

Wir schauen in der Universität vorbei und finden die Studenten fieberhaft bei der Arbeit. Sie haben Videos von den Ereignissen auf dem Wenzelsplatz hergestellt, Boten bringen sie in alle größeren Städte der Republik, besonders in den östlichen Bezirken. Im Westen und im Süden wissen die Leute Bescheid, sie hören und sehen die Nachrichten aus Deutschland und Österreich. Als ich später, nach der Wende, nach Brünn und Budweis eingeladen werde, begrüßen mich die Menschen dort wie eine alte Bekannte. Sie haben alle unsere Sendungen gesehen und gehört. Aber im Osten des Landes weiß man anfangs nichts. Die

Aufklärungsfahrten der Studenten tun ihre Wirkung: Bald beginnen auch in der Provinz die Versammlungen.

Die tschechoslowakischen Medien, strikt reglementiert, tun, als ob nichts wäre. Dass in Prag Revolution ist, wird nicht berichtet. Aber auch hier beginnt die Front langsam aufzuweichen. *Svobodné Slovo* hat den Anfang gemacht. Und wenn wir mit unseren Fernsehbeiträgen ins Fernsehzentrum kommen, um sie von dort über Leitung nach Wien zu expedieren, läuft alles zusammen, um die Bilder zu sehen. Im tschechischen Fernsehen wird derweil eine Show mit tanzenden Blondinen gezeigt. Plötzlich bricht die Show ab. Bilder vom Wenzelsplatz erscheinen auf dem Bildschirm. Wir trauen unseren Augen nicht. Aber ebenso plötzlich ist der kurze Blick auf die Wirklichkeit auch schon wieder vorbei. Jemand mit Autorität scheint herbeigeeilt zu sein und irgendeinen Schalter umgelegt zu haben. Die Blondinen tanzen wieder. Die Welt des realen Sozialismus ist wieder heil.

Aber schließlich reagieren, nolens volens, auch die Spitzen von Partei und Staat. Es gibt ein Revirement im Politbüro. Als die allabendliche Massenversammlung auf das Letna-Plateau verlegt wird, tritt plötzlich der neue Parteichef Ladislav Adamec auf, ein dicker, ein wenig hilfloser Mann, der vage über Reformen redet. Aber es ist zu spät. Er kann die Menschen nicht überzeugen. Mit ein paar kosmetischen Veränderungen der Politik, das wird schnell klar, werden sie sich nicht abspeisen lassen.

Und nun wird auch verhandelt. Die Spitzen des Staates sitzen auf einmal an einem Tisch mit den Protestierern, die sich jetzt als »Bürgerforum« konstituiert haben. Die Menschen reiben sich die Augen. Kann das wahr sein? Die allmächtigen Parteigrößen und die Leute, die sie bisher, wenn sie sie überhaupt erwähnt haben, als Staatsfeinde, Agenten, Verbrecher bezeichnet haben? Es ist eine ungleiche Begegnung. Auf der einen Seite eine Delegation von Apparatschiks, in Format und Niveau den Staatsvertretern in Polen, die seinerzeit mit der Solidarność das erste Abkommen ausverhandelt haben, weit unterlegen. Und gegenüber die Vertreter des »Bürgerforums«, keine strukturierte Opposition, sondern ein spontan entstandenes Grüppchen von politischen Amateuren. Václav Havel sitzt in der Mitte, neben ihm ein junger Popsänger, ein ehemaliger Journalist, der jetzt Heizer ist, ein Wirtschaftswissenschaftler, ein Künstler.

Über jeden Schritt, jede neue Entwicklung wird abends auf dem Letna-Plateau getreulich berichtet. Die Bevölkerung soll wissen, was abläuft. Und für die nun aus aller Welt zusammengeströmten Journalisten gibt es täglich eine Pressekonferenz im Keller eines nahegelegenen Theaters, der »Laterna Magica«. Die Schauspieler und Theaterleute sind von Anfang an Václav Havels treueste Freunde.

Auf dem Weg zur Pressekonferenz höre ich eines Tages im Radio eine schier unglaubliche Nachricht: Das Zentralkomitee der Kommunistischen Partei der Tschechoslowakei ist kollektiv zurückgetreten. Ich traue meinen Ohren nicht. Sie haben einfach aufgegeben! Alles hingeschmissen! Die noch vor Tagen allmächtige und gefürchtete Staatspartei ist weg! Ich komme atemlos im Theater an, setze mich in den Zuschauerraum zu meinen Kollegen. Auf der Bühne erscheinen Havel und Co. Sie wissen sichtlich noch nicht, was geschehen ist. Ich kämpfe mit mir. Soll ich jetzt aufstehen und schreien: Ihr habt gewonnen! So kapiert es doch endlich: Ihr seid die Sieger, auf der ganzen Linie! Aber ich traue mich nicht. Sie werden schon noch rechtzeitig draufkommen, denke ich mir.

Und tatsächlich: Was jetzt geschieht, stellt jedes Bühnendrama in den Schatten. Ein Mädchen stürzt auf die Theaterbühne. Es ruft: Das Zentralkomitee ist zurückgetreten! Einen Augenblick lang ist es ganz still im Saal. Mit diesem Riesenerfolg hat niemand gerechnet. Diese Nachricht will erst verdaut sein. Sie heißt nichts anderes als: Dieses zusammengewürfelte Häuflein Oppositioneller, ohne jede politische Erfahrung, diese Menschen hier auf dieser Kellerbühne sind jetzt die Herren des Landes. Was in Polen Jahre dauerte, in Ungarn Monate, hier ist es innerhalb von Wochen gelungen. Eine lange Pause. Und dann steht Václav Havel auf, plötzlich sehr ernst geworden. Und sagt: Es lebe die freie Tschechoslowakei! Das ist das Signal für einen beispiellosen Jubelausbruch. Der Saal ist außer Rand und Band. Jemand bringt Champagner. Alle fallen einander in die Arme, auch wir Journalisten. Und jetzt rufen alle: Es lebe die freie Tschechoslowakei!

Später werde ich manchmal gefragt: Was war das wichtigste Erlebnis in Ihrem Journalistenleben? Ich muss nicht lange nachdenken. Diese Pressekonferenz in der »Laterna Magica«, die in eine Siegesfeier überging und auch uns Außenstehenden eine Ahnung davon brachte, was das heißt: Freiheit und Glück.

Mein Prag?

Nach der Wende 1989 eröffnet der ORF ein Korrespondentenbüro in Prag und bietet mir die Leitung an. Soll ich das machen? Keine leichte Entscheidung. Ich bin nicht mehr jung. Ich habe in Wien ein gutes Leben, Freunde, Familie, eine angenehme Wohnung, einen interessanten Job. Jetzt noch einmal neu anfangen, in einem Land, das sich im Umbruch befindet? Wohnung suchen, Büro suchen, Mitarbeiter finden? Administrieren ist nicht meine Stärke. Aber nach einigem Zögern sage ich doch ja. Es ist verlockend, dabei zu sein, wenn ein Land den Schritt von der Diktatur in die Freiheit tut, auch wenn das zunächst einmal Chaos und Unordnung bedeutet.

Und dann ist da noch etwas: Mich lockt die Rückkehr in meine Heimatstadt. Ich war in den letzten Jahren oft in Prag, aber immer nur als flüchtige Besucherin und als Hotelgast. Wieder ständig dort leben, wo man uns einst hinausgeworfen hat – das hat einen Reiz. Mit dieser Stadt bist du noch nicht fertig, sagt etwas in mir. Ich will es noch einmal wissen.

Meine alte Freundin Věra Fischelová hilft mir beim Wohnung- und Bürosuchen. Auch für Věra hat die Wende eine Neuerung gebracht: Sie darf jetzt wieder als Psychoanalytikerin arbeiten. Die Psychoanalyse war in der Kommunistenzeit verpönt, Věra war klinische Psychiaterin in einem Spital. Aber sie hat noch die klassische Analyse gelernt, als eine der letzten Schülerinnen des letzten tschechischen Mitglieds der internationalen Psychoanalytischen Vereinigung. Diese Gemeinschaft funktioniert wie die katholische Kirche mit ihrer apostolischen Sukzession: Man muss gleichsam von einem echten Freud-Apostel geweiht worden sein, um darin Aufnahme zu finden. Věra und einer ihrer Kollegen fahren nun regelmäßig zur Supervision nach Wien, um danach in ihrer Heimat die reine Lehre an die Jungen weiterzugeben. Věras Kollege stöhnt ein bisschen: Die halten uns wohl alle für ahnungslose Barbaren.

Auch der Wohnungsmarkt befindet sich in diesen ersten Wendejahren im Umbruch. Einen freien Immobilienmarkt hat es in der Tschechoslowakei, anders als etwa in Ungarn, nicht einmal teilweise gegeben. Der neuentdeckte Kapitalismus steckt in den Kinderschuhen. Es gibt keine festen Regeln, die Preisgestaltung funktioniert je nach Lust und Laune.

Věra und ich fallen von einer Überraschung in die andere: Wir besichtigen sündteure Bruchbuden, sollen unser Büro mit windigen neugegründeten Firmen teilen und diese an unserer Infrastruktur beteiligen. Mir wird langsam mulmig. Aber schließlich werden wir fündig.

Ich habe jetzt wieder eine Prager Adresse: zwei große Zimmer in einem schönen Jugendstilhaus am Masaryk-Ufer, direkt an der Moldau gelegen. Zehn Minuten zum Wenzelsplatz. Die Hauptmieterin ist eine resche Person, die mit ihren Kindern aufs Land gezogen ist. Mir schwant, dass sie oder ihre Familie diese Bleibe einst von Leuten übernommen hat, Großbürgern, Juden oder Deutschen, die die Stadt unfreiwillig verlassen haben. Manchmal kommt sie vorbei, wundert sich, dass ihre Wohnung nun ganz anders ausschaut, und bringt mir selbstgeerntete Zwetschgen aus ihrem Garten.

Das neue ORF-Büro muss in der Nähe des tschechischen Fernsehzentrums liegen. Wir schneiden unsere Beiträge bei uns, aber dann müssen die Kassetten auf dem schnellsten Weg zur Fernsehleitung befördert werden, rechtzeitig für die Nachrichtensendungen. Die Innenstadt kommt also als Standort nicht in Frage. Wir suchen in der Vorstadt, der Region der berüchtigten Paneláky, der in der Kommunistenzeit massenhaft errichteten Plattenbauten. Wir finden schließlich eine Wohnung in einem ganz netten kleineren Haus. Der Nachteil: Es gibt weit und breit kein Lokal, auch kein Geschäft. Realsozialistische Tristesse.

Noch schwieriger ist es, geeignete Mitarbeiter zu finden. Ich brauche einen Producer oder eine Producerin und einen Sekretär oder eine Sekretärin. Von Anfang an habe ich mir, durch frühere Erfahrungen belehrt, fest vorgenommen: Ich will nur mit Leuten arbeiten, die ich mag. Besser, sie sind weniger qualifiziert, aber sympathisch und verlässlich, als professionell, aber nervig.

In dieser Strategie werde ich von einem Remigranten bestärkt, einem Tschechen, der aus Deutschland zurückgekehrt ist und in Prag das erste

*Mit Pavel Kukleta und Eva Kantůrková
in der Küche des ORF-Büros in Prag, 1991*

postkommunistische Restaurant eröffnet hat. Er schickt von vornherein jeden gelernten Kellner weg, der sich bei ihm bewirbt. Wer »in der Totalität«, wie die Tschechen sagen, Gastronomie gelernt hat, war nach der Meinung des Wirts für jede Art von Kundenservice verloren. Folgerichtig nimmt er nur junge, ungelernte Leute auf und bringt ihnen selbst das Handwerk bei. Denn mit dem Aufblühen marktwirtschaftlicher Verhältnisse wird auch klar, was vierzig Jahre real existierender Sozialismus bei den Menschen, vor allem denen im Dienstleistungsgewerbe, angerichtet haben. Sie sind es gewöhnt, in denen, die etwas von ihnen wollen, eher Bittsteller zu sehen als Kunden. Sie hat wohl der Bolschewik vergessen, sagen die Leute, wenn sie wieder einmal von einer Verkäuferin oder einem Schalterbeamten angeschnauzt werden.

Wir inserieren also, mit einigem Bauchweh. Über Mangel an Bewerbern kann ich mich nicht beklagen. Jobs bei westlichen Arbeitgebern sind im Wendezeitalter heiß begehrt, und es wimmelt von Menschen, die liebend gern für das Österreichische Fernsehen arbeiten möchten. Meine

Wahl fällt schließlich auf Pavel, einen jungen Blondschopf aus Mähren, und Eva, eine Familienmutter mit Kindern und Enkeln. Pavel kann leidlich Deutsch, versteht etwas von Buchhaltung, ist voller Arbeitseifer und Initiative und ein lieber Kerl. Bei Bedarf repariert er auch, was in meiner Wohnung und bei uns im Büro kaputt ist. Ein Segen, denn verlässliche Professionisten sind noch rar. Unsere Sekretärin wiederum ist eigentlich keine Sekretärin, sondern eine gelernte Chemikerin. Eva wird der gute Geist unseres kleinen Teams. Mittags kocht sie für uns, und dann sitzen wir alle miteinander in der Küche, oft kommen unser Cutter František und das Kamerateam, Kameramann Vlasta und Tonassistent Olda, auch dazu. Olda ist ein hundertprozentiger Prager Großstadtjunge, aber wie viele tschechische Stadtbewohner ist er im innersten Herzen ein Landmann geblieben. Irgendwo hat er zwei Mastschweine namens Gustav und Miloš, benannt nach den zwei bekanntesten kommunistischen Politikern. Vor Weihnachten werden sie geschlachtet, und Olda bringt köstliche frische Leberwürste ins Büro mit, die Eva für uns zubereitet. Wir schmausen und plaudern. Es ist gemütlich bei uns, obwohl wir viel arbeiten. Ich lerne dabei eine Menge über das Leben, das gewöhnliche Leute in den langen Jahren des Diktaturregimes geführt haben, jenseits ideologischer Diskussionen. Und ich erfahre, was die Menschen hier wirklich bewegt.

Von der Euphorie der sanften Revolution ist naturgemäß in den darauffolgenden Jahren nur mehr wenig zu spüren. Den völlig gescheiterten Staatssozialismus haben alle übersatt. »Wir tun so, als ob wir arbeiten, und ihr tut so, als ob ihr uns bezahlt«, hieß damals die allgemeine Definition des Wirtschaftslebens. Jetzt will plötzlich jeder Unternehmer sein. Eine Menge neuer Firmen entstehen, viele davon gehen schnell wieder ein, weil niemand weiß, wie Unternehmersein geht. Finanzminister Václav Klaus und sein Team von jungen Ökonomen haben die Königsidee der sogenannten Kuponprivatisierung ausgebrütet. Die Staatsbetriebe – und das sind ausnahmslos alle Betriebe im Lande – werden privatisiert, jeder kann Anteile, sogenannte Kupons, kaufen.

Wir sitzen in der Küche und überlegen, was für Betriebsanteile man am besten kaufen soll. Eva will Teileigentümerin einer Bäckerei werden.

Brot brauchen die Leute schließlich immer, sagt sie. Pavel plädiert für die Škodawerke. Er will sich demnächst einen gebrauchten Škoda kaufen, da ist es schön, wenn einem auch ein winziger Teil der Fabrik gehört. Ein paar Jahre später gehören freilich so gut wie alle Kupons, also Aktien, neuen großen Eigentümern. Und von denen haben viele die Betriebe nach Kräften ausgeplündert und ausgehöhlt – »tunneliert« sagen die Leute – und den wertlosen Rest wieder abgestoßen.

Ein anderes großes Thema jener Nach-Wendejahre ist die Frage: Was tun mit den Mächtigen der Kommunistenzeit und den verhassten Mitarbeitern des StB, der tschechoslowakischen Stasi? Soll man ihre Schuld hochnotpeinlich untersuchen? Soll man die Schuldigen vor Gericht stellen? Sie bestrafen? Oder einen Schlussstrich ziehen? Die meisten ehemaligen Dissidenten, voran der neue Staatspräsident Václav Havel, plädieren für einen Schlussstrich. Keine neue Gesinnungspolizei. Keine »Entkommunistifizierung«. Wer nicht gegen uns ist, ist für uns. Nach vorne schauen, gemeinsam versuchen, es jetzt besser zu machen, und die böse Vergangenheit hinter sich lassen. Diejenigen, die am meisten durchgemacht haben, sind auch diejenigen, die am wenigsten auf Rache sinnen.

Aber irgendwann tauchen die geheimen Stasi-Akten in der Öffentlichkeit auf. Ein junger Journalist aus Brünn hat sie zugespielt bekommen und sie in einer eigenen Publikation veröffentlicht. Das Extrablatt ist sofort ausverkauft. Es enthält eine schier endlose Liste von Namen, viele davon diejenigen von durchaus bekannten Persönlichkeiten. Sie alle waren Stasi-Spitzel, sogenannte »Fiesel«, gewesen oder sollen solche gewesen sein. Ein Riesenskandal! Meine Freundin Jiřina Šiklová, die selbst lange im Gefängnis war, sagt, sie hätte einen ganzen Tag damit verbracht, Menschen, deren Namen auf der Fiesel-Liste verzeichnet waren, anzurufen und zu trösten. Einer hatte gerade erwogen, sich umzubringen.

Freilich, die Liste war lanciert. Niemand weiß, wer sich wirklich schuldig gemacht hat, wer zur Spitzeltätigkeit gepresst wurde und wer unschuldig auf die Liste gelangt war. Das Gift der Stasi, jahrzehntelang in alle Teile der Gesellschaft eingedrungen, wirkt noch nach, lange nachdem die Giftschlange selbst unschädlich gemacht worden ist. Auch von mir gibt es einen Akt der Geheimpolizei. Auf einer tschechisch-österreichischen Historikerkonferenz kommt er zur Sprache, und ein Journalistenkollege schickt mir einen Auszug. Ein so umständliches wie skurriles Dokument: Fotos von mir, auf der Straße, im Gespräch mit allerhand Leuten. Fieselberichte, die minutiös festhalten, wo ich wann war. Und das etwas kleinlaute Eingeständnis, dass die Beobachter mich, als ich in ein Taxi stieg, aus den Augen verloren haben. Dafür ist genau vermerkt, was diese, sieben an der Zahl, bei der Arbeit angehabt haben. »Mišek: schwarzes Sakko, blaue Hose, schwarze Schuhe, Krahulik: schwarzes Sakko, graue Hose, braune Schuhe, Jansová: blauer Mantel, schwarze Handtasche, schwarze Schuhe« usw.

Der StB war, wie die Stasi in der DDR, stets bemüht, einheimische Mitarbeiter für Spitzeltätigkeiten anzuwerben. Auch Věra wurde als junge Medizinstudentin von der Organisation angesprochen. Sie sollte mit einer Gruppe von Kollegen nach Deutschland fahren dürfen und danach über deren Verhalten berichten. Věra sagte nein. Prompt wurde ihr die Reise verwehrt. In den folgenden Jahren kam sie nie mehr ins westliche Ausland, bis zur kurzen Atempause des Prager Frühlings, und danach auch nicht mehr.

Josef Kinsky, einst Großgrundbesitzer, dann strafweise zur Zwangsarbeit in ein Kohlebergwerk geschickt, fand einen so einfachen wie originellen Weg, sich der geforderten Spitzeltätigkeit zu entziehen. Er sei leider Quartalsäufer, erklärte er den Abgesandten des StB. Hin und wieder müsse er sich einfach volllaufen lassen, und dann wisse er nicht mehr, was er rede. Er wurde nie mehr belästigt.

Fast jeder Tscheche hat seine StB-Erfahrungen. Einer davon ist Hermann Schmid, Pfarrer in Čečelice, einem Dorf unweit von Prag. Eine Wiener Freundin von mir ist seine Nichte, und sie hatte mich, als ich nach Prag zog, gebeten, ihren Onkel gelegentlich zu besuchen. Er sitze da allein in seinem Kaff und freue sich über Gäste. Pfarrer Schmid ist Deutschböhme. Unter den Nazis hatte er es schwer, weil er sich vorbildlich um seine tschechischen Pfarrkinder kümmerte. Unter den Kommunisten ebenfalls, weil er in der Zeit der Vertreibung den Deutschen beistand. Inzwischen hätte er längst selbst nach Deutschland oder Österreich ziehen und dort kirchliche Karriere machen können – die Behörden wären froh gewesen, ihn los zu sein, konnten ihn aber als ausgewiesenen Antifaschisten nicht vertreiben. Doch er blieb, wo er war. Das sei nun einmal der Ort, wo der liebe Gott ihn hingestellt habe, fand er, und da sei nun eben sein Platz.

Und so kümmert er sich jetzt um die paar alten Weiblein in seinem Dorf, die noch in die Kirche gehen, und ist der Mentor der jungen Priesterseminaristen, die in ihrem spitzeldurchsetzten Seminar einen integren Lehrer brauchen und ihn immer wieder besuchen kommen. Wenn er in der von ihm eigenhändig renovierten Dorfkirche die Messe feiert, zieht vor ihm, wie ein perfekter Ministrant, sein Rauhaardackel Bonny ein und setzt sich danach still und aufmerksam in die erste Bank. Kaum ist der Segen gesprochen, ist Bonny wieder vorne und wandelt gravitätisch vor seinem Herrn liturgiegemäß in die Sakristei.

Als ich eines Tages das einigermaßen heruntergekommene Pfarrhaus betrete, finde ich in der Küche sitzend einen Mann vor, dem man seinen Beruf des Polizeispitzels sofort ansieht. Ich bin entsetzt. Pfarrer Schmid ist ein Mann von unerschöpflicher Güte, wir sind bald gute Freunde geworden. Als der Besucher weg ist, sage ich zu meinem Gastgeber: Hermann, das ist doch ein Fiesel! Der hat dich jahrelang bespitzelt und denunziert! Jetzt wenigstens kannst du ihn doch hinausschmeißen! Hermann ist ein wenig verlegen. Ja, ja, sagt er. Aber weißt du, der hat sich so daran gewöhnt, hierherzukommen. Er hat doch sonst niemanden. Die Küche hier würde ihm fehlen. Und tatsächlich, als der Pfarrer von Čečelice wenig später stirbt, sitzt bei der Seelenmesse in der ersten Bank der Fiesel und kämpft mit den Tränen. Ich glaube ihm seine Trauer.

Als ich in Prag lebe, gleicht die tschechische Gesellschaft einem Patienten, der nach langer Krankheit mühsam im Begriff ist, sich zu erholen. Sechs Jahre Naziokkupation, drei Jahre – von 1945 bis 1948 – eine demokratische Zwischenphase, dann einundvierzig Jahre kommunistische Diktatur. Es gibt wenig stabile Werte, an denen die Menschen sich festhalten können. Die Kirchen haben in der Verfolgungszeit zwar an Reputation gewonnen, sie spielen aber – anders als etwa in Polen – in der breiten Bevölkerung kaum eine Rolle. Schon eher ist die Erinnerung an die Erste Republik und das demokratische Vermächtnis des Gründerpräsidenten Tomáš Masaryk ein Orientierungspunkt, zumindest für die Älteren. Vor allem aber ist es dessen Nachfolger auf dem Hradschin, Václav Havel, der in jenen ersten Wendejahren für viele eine moralische Autorität und ein Vorbild ist.

Ich habe Havel noch in der Kommunistenzeit für den Hörfunk interviewt, als dieser gerade aus dem Gefängnis entlassen worden war. Eine großbürgerliche Wohnung in einem Jugendstilhaus, das einst Havels Großvater gebaut hatte, nur ein paar Blocks von meiner späteren Wohnung am Masaryk-Ufer entfernt. Ein Arbeitszimmer, vollgestopft mit Büchern und Papieren, aber in penibler Ordnung. Ein Schreibtisch mit Blick auf die Moldau. Und ein kleiner Mann im Pullover, noch blass und mitgenommen von den Jahren im Knast, aber von altmodischer Höflichkeit, in der zwischendurch immer wieder sehr tschechischer Witz durchblitzt. Vor seiner Entlassung wurde ihm verboten, sich weiter in der Öffentlichkeit zu äußern. Ich frage, ob er wirklich im Österreichischen Rundfunk reden will. Er sagt ja. Er will jetzt weiterkämpfen, bis die Demokratie im Lande erreicht ist. Auch wenn man ihn neuerlich einsperrt.

Und nun sitzt er oben auf der alten Königsburg. Wenn er da ist, weht auf dem Turm die Fahne mit dem Staatswappen und dem Präsidentenwahlspruch »Die Wahrheit siegt«. Ein Wort des Märtyrers Jan Hus. Havel hat einen Beamtenapparat übernommen, der von vorn bis hinten vom Geist des alten Regimes durchdrungen ist. Fiesel überall. Nur seinem engsten Mitarbeiterstab kann er wirklich vertrauen.

Dieser ist ein bunter Haufen, den man so anderswo in einer Präsidentschaftskanzlei kaum antreffen würde. Der außenpolitische Berater, später Außenminister, ist ein brillanter junger Mann, den ich vor nicht allzu langer Zeit noch als Bohemien-Studenten in einer etwas schmuddeligen Wohngemeinschaft kennengelernt habe. Ein Musiker ist unter den Präsidenten-Mitarbeitern, ein ehemaliger Journalist und als Kabinettchef der österreichisch-böhmische Aristokrat Schwarzenberg, der in Österreich Kary genannt wurde und jetzt Karel heißt. Er hat sich mit seinem Chef auf die historische Amtsbezeichnung Kanzler geeinigt. Nach seinem Ausscheiden aus dieser Funktion erlischt sie wieder.

*Verleihung des Masaryk-Ordens
durch Václav Havel am 28. Oktober 2001*

Diese Personalie hat in der Öffentlichkeit Befremden ausgelöst. Ein Fürst? Ausgerechnet einer von denen, die wir Gottseidank endlich losgeworden sind?, sagen viele. Andere meinen, für alles, was mit Verwaltung zu tun hat, sei ein Österreicher vielleicht nicht so schlecht. Verwalten können sie schließlich, die Österreicher. Und Jiřina, die den neuen Kanzler noch aus Dissidentenzeiten kennt, sagt: Da hat der Vašek wenigstens jemanden, der seinen Burschen zeigt, wie man sich den Hals wäscht.

Die Präsidentengarde samt Blasmusik hat irgendwann neue Uniformen verpasst bekommen, die ein nach Hollywood emigrierter tschechischer Filmdesigner entworfen hat. Die Leute sehen aus wie fröhliche Spielzeugsoldaten in ihrer blauweißroten Montur. Bei der Vorstellung der neugewandeten Garde schlendert Kanzler Schwarzenberg auf mich zu. Fällt dir etwas auf bei den Uniformen? Nein, eigentlich nicht. Schau auf die Gürtel! Diese Gürtel haben ein blauweißes Rautenmuster, wie im Schwarzenbergschen Wappen. Des Rätsels Lösung: Ordentliche Gürtel waren in der Tschechoslowakei nicht zu bekommen. Aber in Wien gab es einen alten Posamentierer, der noch einen Vorrat an Gürtelmaterial für die einstige Schwarzenbergsche Leibgarde im Schloss Krumau auf Lager hatte. Dem Kanzler der Tschechoslowakischen Republik macht es sichtlich Spaß, dass die Präsidentenmusik nun mit einem historischen Schwarzenbergschen Uniformstück am Leibe ausrückt.

Jiřina ist jetzt Inhaberin des Lehrstuhls für Soziologie und Genderforschung an der Prager Karlsuniversität. In der Kommunistenzeit war sie es, die für den geheimen Transport aller wichtigen Dissidentendokumente in den Westen zuständig war. Dieses Material wurde später zum Grundstock des historischen Archivs über diese Zeit. Sie schaffte diese Arbeit jahrelang, bis sie denunziert, verurteilt und eingesperrt wurde. Die Verhöre waren mühsam, sagt sie, aber gottlob könne sie hervorragend lügen. Das Wichtigste dabei sei ein gutes Gedächtnis, damit man sich nicht in Widersprüche verwickle. Und das hatte sie.

Kurz nach der Wende hatte Jiřina in einem Zeitungsartikel das später vielzitierte Wort von der »grauen Zone« geprägt. Wir sollten ja nicht glauben, schrieb sie ihren Mitkämpfern ins Stammbuch, dass wir es sein werden, die im neuen Staat den Ton angeben werden. Die neuen Mächtigen würden die Leute aus der grauen Zone sein – diejenigen, die weder Regimeanhänger noch Dissidenten waren. Václav Klaus, der spätere Staatspräsident, sei ein gutes Beispiel dafür. Wer wirklich Widerstand geleistet und dafür gelitten hatte, werde für die Durchschnittsbürger eine Art personifiziertes schlechtes Gewissen sein. Und so etwas sei nie populär. Jetzt komme die Stunde der unpolitischen Technokraten, die sich eine ordentliche Ausbildung angeeignet hatten, während die Widerständler nicht studieren konnten und unqualifizierte Arbeit leisteten. Sic behält mit ihrer Prognose recht. In den ersten Nachwendejahren stehen die Dissidenten noch im Vordergrund, aber bald verschwinden sie – mit der einen Ausnahme des Staatspräsidenten Havel – aus dem öffentlichen Blickfeld.

Jiřina selber war seinerzeit Putzfrau. Sie hatte sich für ihre Arbeit das Klementinum ausgesucht, die berühmte Universitätsbibliothek. Dort stehen die Büsten der großen Denker und Humanisten, und Jiřina versäumte es nie, ihnen mit ihrem Staubtuch besonders liebevoll über die marmornen Köpfe zu streichen. Der spätere Außenminister Jiři Dienstbier war Heizer, der spätere Erzbischof und Kardinal Miloslav Vlk war Fensterputzer, Václav Havel selbst zeitweilig Brauereiarbeiter. Ich staune, mit welcher Selbstverständlichkeit die tschechischen Intellektuellen damals ins Volk eintauchten, aus dem sie, bedingt durch die Landesgeschichte, auch kamen. Sehr im Gegensatz zu den Polen mit ihrer Tradition der Adelsrepublik. Ich denke an meine Zeit in Polen und die Dissidenten, die ich dort getroffen habe. Fürs Vaterland sterben? Jederzeit. Aber fürs Vaterland Fenster putzen? Davon habe ich nichts gehört.

Jetzt beschäftigt Jiřina sich mit Frauenpolitik und wird dadurch schnell zum Magneten für Feministinnen aus aller Welt, besonders aus den USA. Diese wollen wissen, wie der Feminismus in einem postkommunistischen Land aussieht. Da prallen Welten aufeinander. Vom Kampf gegen die Männer nämlich wollen die tschechischen Frauen nichts hören. Die Männer, sagen sie, haben sich in der Kommunistenzeit so viel ducken müssen, so viele Demütigungen eingesteckt und so viel an Würde verloren, dass sie jetzt nicht auch noch ihre Frauen gegen sich haben sollen. Sie brauchen eher Ermutigung als das Gegenteil. Die Frauen haben die Diktatur seelisch wesentlich besser verkraftet.

Wie wahr das ist, erfahre ich von unserer Mitarbeiterin Eva. Eva hat in einem chemischen Institut gearbeitet. Der Leiter war ein guter Mann, ein angesehener Professor, der partout nicht der Staatspartei beitreten wollte. Wir haben ihn bekniet, das doch zu tun, erzählt Eva. Er solle doch das blöde Parteibuch nehmen. Wenn er es nicht täte, käme an seiner statt ein unfähiger Parteigünstling, und dann gehe das Institut den Bach hinunter. Sie selber und ihre Kolleginnen hätten das Problem pragmatisch gelöst. Dein Kind macht heuer Matura und will studieren? Da braucht es einen akzeptablen familiären Hintergrund, also geh in irgendeine Parteiorganisation. Meine Kinder sind noch im Kindergarten, da macht es nicht so viel aus. Ideologie? Uns doch egal.

Nicht nur Jiřina hat in jenen Jahren viel Besuch aus Amerika. In den USA ist Prag nach der Wende die angesagteste Stadt in Europa, ungefähr das, was in den Zwanzigerjahren Paris war. Das *Time Magazine* bringt eine Titelgeschichte darüber. Havel, der Philosophenkönig, wird in Amerika verehrt. Er war kurz nach dem Umsturz in Washington und hatte dort einen vielbeachteten Vortrag an der Georgetown University gehalten. Wie können wir euch helfen?, fragten manche Studenten nachher. Kommt zu uns und bringt uns Englisch bei, sagte Havel. Das brauchen wir jetzt am dringendsten. Viele junge Amerikaner nehmen sich das zu Herzen und fallen in Scharen in der Stadt ein. Auch meine Nichte Sophia, die in Georgetown studiert hat, ist dabei. Sie unterrichtet eine Weile Englisch, landet dann aber bei einer englischsprachigen Prager Stadtzeitung, die jemand blitzschnell gegründet hat. Ich erfahre daraus, welche die In-Lokale sind und welche Art Musik die hippen Jungen jetzt am liebsten hören.

Die jungen Amerikaner haben einen Einfluss auf das Leben in Prag. Sie sind entsetzt über das schwere böhmische Essen und gründen vegetarische Lokale. Sie machen Werbeagenturen und englischsprachige Buchhandlungen auf. Einer erfindet eine Art Prager Bürokratielexikon für Ausländer, in dem nicht nur die zuständigen Beamten aller relevanten Behörden aufgeführt sind, sondern auch ihre Sekretärinnen samt dem Hinweis, ob sie Englisch können oder nicht. Das Buch, das ständig aktualisiert wird, ist ein Riesenerfolg. Das Geld für ihre Unternehmungen, keine allzu großen Summen, haben sich die Neuankömmlinge von ihren Eltern geborgt. Was sie ihren tschechischen Altersgenossen vermitteln, ist nicht zuletzt eine Art von lässigem Unternehmergeist. Man hat eine Idee, probiert aus, ob sie funktioniert. Wenn ja, ist es gut, wenn nicht, ist es auch keine Katastrophe. Und immer wieder trifft man auf einen jungen Amerikaner oder eine junge Amerikanerin, die hier in Prag den großen amerikanischen Roman ihrer Generation schreiben wollen wie einst Hemingway und Co. in Paris.

Das Prag der frühen Neunzigerjahre ist optimistisch gestimmt und blickt nach vorwärts. An die Vergangenheit denkt man nicht so gern. Das ist tragisch vor allem für die Generation der 1968er, der Träger des Prager Frühlings. Sie haben damals die Tür zur Demokratie einen Spaltbreit geöffnet und dafür schwer bezahlt. Manche kommen jetzt aus der Emigration zurück, erwartungsvoll und voller Eifer, an der Erneuerung ihres Landes mitzuwirken. Aber niemand will sie haben. Sie waren zwar Reformkommunisten, aber doch Kommunisten. Für die Jungen jetzt war der bittere Kampf der Eurokommunisten gegen die Stalinisten nichts anderes als ein Familienstreit zwischen Kommunisten. Das interessiert heute niemanden.

Mein Freund Tonda Liehm, der in Paris die Exilzeitschrift *Lettres* herausgibt, kommt nach Prag und würde gern wieder seine alte Zeitschrift, die *Literární Listy*, übernehmen, die er einst zu Glanz und Erfolg geführt hat. Seit Jahren hat er sich auf die Rückkehr in die Heimat gefreut. Aber er blitzt ab. Die Kaderabteilung hat mich nicht approbiert, sagt er mit bitterem Humor und reist wieder nach Paris zurück.

Zdeněk Mlynář, einst Sekretär der Reform-KP und mit Dubček und den anderen nach Moskau verschleppt, schafft es ebenfalls nicht, wieder in Prag Fuß zu fassen. Er war in der Emigration in Wien und dort, als gelernter Zoologe, im Naturhistorischen Museum zuständig für die Insektensammlung. Gottseidank kenne ich mich mit Käfern aus, sagte er damals. Eduard Goldstücker, während des Prager Frühlings der mutige Präsident des Schriftstellerverbands, verbrachte das Exil an einer britischen Universität. Auch er kommt nach Prag zurück, wo er seinen 80. Geburtstag begeht. Das deutsche Goethe-Institut feiert ihn. Seine Landsleute nicht. Die Zeit ist über die Reformer hinweggegangen. Links ist out. Liberal ist in.

Wer einst Kommunist war und wer nicht, war nicht zuletzt eine Frage des Jahrgangs. Diejenigen, die in der Zeit der deutschen Okkupation und unmittelbar danach erwachsen wurden, sympathisierten mit der Partei, die im Widerstand große Opfer gebracht hatte und eine Gesellschaft der sozialen Gerechtigkeit versprach. Für die etwas Jüngeren waren die kommunistische Machtergreifung und die darauffolgende Offensive gegen alle Andersdenkenden das bestimmende Erlebnis. Sie verfielen der kommunistischen Verlockung nicht mehr. Bezeichnend dafür ist die Entwicklung zweier Männer, die seit Jugendjahren gute Freunde waren: der Filmregisseur Miloš Forman, später in Hollywood erfolgreich, und Václav Havel. Beide waren an der gleichen Schule, Forman war drei Jahre älter. Forman wurde Kommunist, Havel nicht.

Noch weniger als mit dem Prager Frühling beschäftigt man sich während meiner Prager Zeit freilich mit einem schmerzlichen Kapitel aus der Vergangenheit: der Vertreibung der Deutschen nach 1945. Sie ist kein Thema. Und viele Tschechen wissen gar nicht, was damals geschehen ist, schon gar nicht, in welchem Ausmaß. Ich fühle mich an Österreich in der Nach-Nazizeit erinnert. Eva, eine gescheite und gebildete Frau, sagt mir: Ich wusste gar nicht, dass das tatsächlich drei Millionen Leute waren, die wir vertrieben haben. Jetzt, weil ich dich kenne, habe ich ein Buch darüber gelesen. Ich dachte immer, das waren nur ein paar Nazis, die sowieso heim ins Reich wollten.

Wir drehen einige Magazinbeiträge über das sogenannte Grenzgebiet, das früher Sudetenland hieß. Tschechen aus dem Landesinneren fahren selten dorthin. Eine ziemlich verwahrloste Gegend. Manche Dörfer gibt es gar nicht mehr, sie sind nach der Vertreibung der Bewohner verfallen und abgerissen worden. Andere werden vorwiegend von Roma bewohnt. Das Kamerateam staunt. Vlasta, der Kameramann, und Olda, der Tonassistent, sind beide gescheit und sympathisch und hoch professionell. Aber über das Verschwinden der Deutschen haben sie noch nie wirklich nachgedacht. Eine Schande, wie es hier aussieht, sagt Vlasta kopfschüttelnd. Und Olda sekundiert: Dass die Kommunisten das derart haben verkommen lassen! Ich sage, das liege wohl nicht in erster Linie an den Kommunisten, sondern daran, dass die ursprünglichen Bewohner nicht mehr da sind. Verwunderte und nachdenkliche Blicke.

Wir fahren nach Lanškroun, früher Landskron, im früher so genannten Schönhengstgau. Ein wunderschönes, einstmals fast rein deutsches Städtchen mit einem mittelalterlichen Marktplatz, umsäumt von alten Bürgerhäusern. In der Mitte ein großes barockes Fischbecken. Im Bericht des deutschen Vertriebenenministeriums habe ich gelesen, dass hier nach 1945 eines der ärgsten Massaker jener Zeit stattgefunden hat. Selbsternannte Revolutionsgarden zogen in die Stadt ein und veranstalteten auf dem Marktplatz ein »Tribunal«. Die deutschen Männer mussten vor den »Richtern« knien, wurden misshandelt und dann erschossen, andere im Fischbecken ertränkt. Ich möchte wissen, wie man sich heute an dieses Ereignis erinnert.

Wir treffen auf allgemeine Ratlosigkeit. Wir fragen in der Schule, was die Kinder noch von den Deutschen wissen, die früher hier gelebt haben. In unserem Haus haben auch Deutsche gewohnt, sagt eine Vierzehnjährige. Aber die sind weggezogen. Weggezogen ist gut. Die Lehrerin zuckt die Achseln. Nein, im Geschichtsunterricht sei darüber nicht gesprochen worden. Wie auch? Es gebe keine Lehrbücher, die dieses Thema behandeln. Besuch im Heimatmuseum. Man sieht allerlei Gerätschaften, Möbel, Ladenschilder mit deutschen Namen, Fotos von Schützenfesten, Fronleichnamsprozessionen, Kegelvereinsabenden. Lauter Deutsche sind abgebildet. Was wohl aus ihnen geworden sind? Nirgendwo ein Hinweis.

Als wir auf dem alten Friedhof drehen, packt mich erstmals der Zorn. Das Areal ist leer, man sieht nichts als Wiese. In der Ecke ein paar Reihen neuer Gräber. Da liegen die Menschen, die seit 1945 hier gestorben sind. Die Grabsteine der deutschen Landskroner, die seit Jahrhunderten hier zu Hause waren, sind einfach weg. Abgerissen, damit nichts mehr an die Geschichte der Stadt erinnert. Die Toten hättet ihr wenigstens in Ruhe lassen können, denke ich wütend. Bei einem der neuen Gräber sehe ich eine alte Frau, die die Blumen gießt. Ich frage sie, ob sie weiß, wo die Menschen begraben sind, die 1945 getötet worden sind. Sie deutet stumm auf einen abgelegenen Teil des Friedhofs. Dort. Ein ungepflegtes Stück Erde, eher Mistplatz als Gottesacker. Vlasta und Olda sind sehr still, als wir den Friedhof verlassen.

Wir lernen einen Landskroner Künstler kennen. Er hatte einen deutschen Vater und eine tschechische Mutter. Als kleines Kind hat er, irgendwo versteckt, das Massaker auf dem Hauptplatz beobachtet, erzählt er uns. Die Bilder haben ihn nie wieder losgelassen. Er hat das Ereignis gezeichnet, immer wieder. Er zeigt uns die Bilder. Niemand will sie ausstellen. Der Mann ist besessen von seinem schrecklichen Kindheitserlebnis, und ich kann verstehen, dass er seinen Mitbürgern damit auf die Nerven geht. Er führt uns in den nahen Wald, wo damals Jagd auf Deutsche gemacht wurde. Da, unter diesem Baum, wurde einer erschossen. Und da. Und da. Ein Stück Geschichte, von dem niemand etwas wissen will. Genau wie seinerzeit bei uns in Österreich.

Zumindest vorderhand. Denn allmählich regt sich auch in der Tschechischen Republik eine junge Generation, die Licht ins Dunkel der Vergangenheit bringen will. Mit jedem Jahr werden die jungen Forscher zahlreicher. In Ústí nad Labem, früher Aussig an der Elbe, hat ein Historikerehepaar seit Jahr und Tag Erinnerungsstücke an die vertriebenen deutschen Stadtbewohner gesammelt. Ihre Sammlung wird zum Kernstück eines Museums. Ich bin bei der Eröffnung dabei, sogar der neue Staatspräsident Václav Klaus hält dazu eine Rede. In einem Grenzdorf im Böhmerwald richten junge Leute den devastierten deutschen Friedhof wieder her. In Brünn erforscht eine Gruppe die deutsche Stadtgeschichte. Die Geschichte der böhmischen Länder, die eine Geschichte zweier Völker ist, der Tschechen wie der Deutschen, meldet sich wieder zurück.

Aber zurückdrehen kann man sie trotzdem nicht. Als ich wieder nach Prag übersiedelte, hatte ich die vage Vorstellung, mir vielleicht eine kleine Wohnung in der Stadt zu suchen, um auch nach Ablauf meines Korrespondentenvertrags hin und wieder herzukommen. Eine Art Absteigquartier. Eine Art zweite Heimat. Manchmal ruft mich Věra an und sagt: Du, ich hab da was gesehen. Auf der Kampa. Genau richtig für dich. Aber ich warte noch ab. Man wird sehen.

Irgendwann bin ich zu einem geselligen Abend eingeladen. Ein paar Journalisten sind da, ein paar Politiker. Es wird über die Europäische Union gesprochen. Die Tschechische Republik bereitet sich auf den Beitritt vor. Dann, sagt jemand, werden alle Europäer problemlos ins Land kommen können, auch die ehemals Vertriebenen. Er sieht mich an dabei. Aber da werde ich plötzlich wütend. Was heißt hier »alle Europäer«? Ich bin doch keine Touristin. Ich bin hier geboren, ich bin – das habe ich jedenfalls bisher gedacht – hier zu Hause. Das ist auch meine Stadt. Vergeblich versuche ich den anderen Gästen zu erklären, was ich meine. Ich möchte nur, sage ich, auf meine alten Tage auf einem Bankerl auf dem Laurenziberg sitzen, hinunter schauen auf die Kleinseite und sagen: Das ist mein Prag. Ich schlucke dabei ein bisschen und denke verzweifelt: Jetzt nur nicht auch noch zu heulen anfangen. Mein Gesprächspartner beschwichtigt. Er ist ein netter Mann und jetzt ein bisschen geniert. Ich baue Ihnen eigenhändig ein Bankerl auf dem Laurenziberg (der jetzt übrigens Petřín heißt), sagt er. Das ist sehr lieb gemeint. Aber nicht das, was ich hören wollte.

Als ich spätabends über die Moldaubrücke zu meiner Dienstwohnung fahre, weiß ich: Aus dem ständigen Absteigquartier in Prag wird nichts. Ich bin dienstlich hier, auf Besuch, aber ich bin nicht zurückgekommen. Es gibt kein Zurückkommen. Die Vertreibung war endgültig. In den Jahren seither habe ich immer wieder von Prag geträumt. Der Traum hatte Variationen. Manchmal verschmolz die Stadt mit anderen Städten, die ich liebe, Venedig etwa oder Jerusalem. Es war ein Sehnsuchtstraum. Kurz nach jenem Abend kehre ich nach Wien zurück. Ein Kapitel ist zu Ende. Ich fahre noch manchmal in meine Geburtsstadt. Aber der Traum von Prag ist nicht mehr wiedergekommen.

Als die Mauer fiel

Den unmittelbar bevorstehenden Fall der Berliner Mauer habe ich durch das Radio erfahren. Ich bin mit einem Kamerateam in Ost-Berlin. Die Stadt brodelt, das große Thema ist die Ausreise in den Westen, die immer mehr DDR-Bürger anstreben und oft auch bewilligt bekommen. In den Botschaften der Bundesrepublik Deutschland in Prag und Budapest drängen sich Tausende, die einen Urlaub in einer Brudernation benutzt haben, um in der BRD-Vertretung Unterschlupf zu suchen und von dort aus in den Westen zu gelangen. In Leipzig demonstrieren nach den Friedensgebeten in der Nikolaikirche Tausende mit der Losung »Wir sind das Volk« und zunehmend auch mit »Wir sind ein Volk«. Und auch in Berlin wird schon demonstriert.

Wir sitzen im Auto und hören im Autoradio eine Pressekonferenz des Berliner Parteichefs und Mitglieds des Politbüros der SED Günter Schabowski. Der verklausulierte und mittlerweile berühmte Satz fällt, dass die Ausreise nunmehr auch »über die Staatsgrenze« möglich sei. Mich reißt es. Aber das heißt ja, sage ich, die Mauer ist offen. Kameramann und Tonassistent lachen: das wohl kaum. Aber mir lässt es keine Ruhe, und ich sage: Fahren wir einfach hin. Kameramann Alex hat sich ein Mädchen aus Ost-Berlin angelacht, eine kleine Blonde namens Gisela. Sie sitzt mit uns im Auto, als wir zum nächsten Grenzübergang an einer Spreebrücke fahren. Und tatsächlich: Viele Ost-Berliner haben genauso reagiert wie wir und strömen zu der Brücke. Und die Grenzwächter lassen sie hinüber. Sie blicken verdattert, wissen nicht recht, wie ihnen geschieht. Aber Schabowski hat auf die Frage, ab wann denn die neue Regelung gelte, etwas unsicher, aber eindeutig geantwortet: nach meiner Kenntnis sofort.

Und jetzt stehen wir auf der Brücke, während ein Strom von Menschen an uns vorüberzieht. Noch ist die Szenerie nicht so, wie wir sie später im Fernsehen sehen werden: Jubel, Champagner, Freudentänze.

In dieser ersten Stunde haben die Leute noch nicht wirklich begriffen, dass nach achtundzwanzig Jahren Eingesperrtsein plötzlich alles anders geworden ist. Sie gehen stumm dahin. Wie Schlafwandler. Wie im Traum. Und auch die kleine Gisela ist stumm. Ich versuche sie zu interviewen. Wie das denn sei, auf einmal nach West-Berlin zu marschieren. Wie ihr denn zumute sei. Ob sie sich freue. Aber sie hört mich gar nicht. Sie muss den Ansturm der Emotionen erst verarbeiten. Gisela ist nach dem Mauerbau geboren, West-Berlin war für sie bisher so weit entfernt und so unerreichbar wie der Mond. Ich habe einen Stadtplan von »Berlin, Hauptstadt der DDR«. Er hört an der Staatsgrenze auf. West-Berlin ist nicht eingezeichnet. Was hinter der Mauer liegt, ist einfach grün, ein unbestimmtes, grünes Nichts. Gibt es überhaupt ein Leben jenseits der Mauer?

Der Fall der Mauer ist ein Erlebnis, für mich aber gleichzeitig auch die größte berufliche Niederlage meines Lebens. Wir drehen die halbe Nacht, haben wunderschöne Bilder und berührende Statements. Jetzt heißt es, das Material nach Wien zu bringen. Aber wie? Alle Straßen sind verstopft, zum DDR-Fernsehzentrum in Adlershof ist kein Durchkommen, und auf die Schnelle lässt sich dort auch keine Leitung bestellen. Wir sind in West-Berlin und fahren rasch zum Sender Freies Berlin. Dort ist die Hölle los. Fernsehteams aus aller Welt drängen sich, die Abwickler kommen kaum nach. Sie nehmen unsere Kassetten entgegen, die Leitung ist bestellt, sie versprechen, für die Übermittlung zu sorgen. Aber die Bestätigung aus Wien kommt nicht. Wir sind todmüde, wollen ins Bett, haben Lob erwartet. Es kommt keines. Ich rufe in Wien an und höre: Wir haben nichts bekommen.

Das darf doch nicht wahr sein! Aber es ist wahr. Alle unsere schönen historischen Bilder und Interviews und mein historischer »Aufsager« auf der Spreebrücke sind im allgemeinen Trubel verloren gegangen. Das ist zu viel für mich. Ich setze mich auf einen Randstein und heule.

Jede Revolution, jeder Umsturz und auch jede Diktatur ist anders. Jede hat ein eigenes Gesicht, und jede ist geprägt von einer langen Vorgeschichte. Ich war in den letzten Jahren fast ständig in den kommunistischen Staaten Osteuropas unterwegs, in der Tschechoslowakei, in Polen,

Mit Kameramann Alex Komarek, Ost-Berlin 1986

in Ungarn. Die DDR fand ich am unerträglichsten, und zwar deshalb, weil sich hier die allgegenwärtige Bevormundung durch den Staat nicht nur auf die Politik bezog, sondern auch auf jedes Detail des täglichen Lebens.

Drei Jahre vor dem Mauerfall bin ich mit dem Kamerateam durch das Land gereist und habe in meinem Tagebuch notiert: »Die DDR ist eine Mischung aus Kasernenhof und Kindergarten. Entweder hat man es mit dem Feldwebel zu tun oder mit der Kindergartentante. Beide erklären einem abwechselnd oder gleichzeitig, jedenfalls pausenlos, was man zu tun, zu lassen, zu denken hat. So kann man beispielsweise aus dem Taxi nur rechts aussteigen und sich dabei aufs Mühsamste verrenken. Die linke Tür bleibt versperrt, um den mündigen Fahrgast vor dem Überfahrenwerden durch passierende Autos zu bewahren. Auch wenn weit und breit keine zu sehen sind. In einem Restaurant am Müggelsee werden, wenn die Tische voll sind, die Türen versperrt. ›Einlass‹ ist erst wieder, wenn ein Raum frei ist. Auf diese Weise versäumen wir einen Schriftstellerfunktionär, mit dem wir zu einem Interview verabredet sind. Er zieht, angesichts der versperrten Tür, unverrichteter Dinge wieder ab, während wir drinnen sorgfältig das Licht aufgebaut und alles hergerichtet haben.

Als unser Assistent Michael im vornehmen Hotel Metropol eine heiße Suppe bestellt, eine kalte bekommt und sich beschwert, bescheidet ihn die Kellnerin kurz und bündig: Diese Suppe ist heiß genug. Im Haus Berlin am Strausberger Platz gibt es ein eigenes Verkaufsbüro mit eigenem, reichlichem Personal. Was dort verkauft wird? Tischbestellungen für das oben befindliche Restaurant. Wehe, man wendet sich an Ort und Stelle direkt an die Kellnerin. Dann wird man angeschnauzt.

Den Vogel schießt freilich der Schleusenwärter am – Westberliner – Landwehrkanal ab. Als wir dort zum Drehen in ein Spreeboot des Westberliner Senats einsteigen, in Unkenntnis der Tatsache, dass wir uns – dank der Geheimnisse der Viermächtevereinbarung – in einer winzigen DDR-Enklave mitten in West-Berlin befinden und also Grenzverletzung begehen, schlägt der Schleusenwärter einen Riesenkrach, gipfelnd in dem bemerkenswerten Satz: Ich habe hier einen Bluthund, wenn ich den losgelassen hätte, wären Sie die Dummen gewesen.

Ich mache die Runde bei den Ost-Berliner Oppositionellen. Es sind meistens junge Aussteiger. Was einem im Gespräch mit diesen Leuten sofort auffällt – im Vergleich zu ihren Pendants in Polen, Ungarn, der Tschechoslowakei –, ist ihre Bescheidenheit. Anständigkeit ist die Haupttriebkraft ihres Handelns. Sie haben keine Rosinen im Kopf, keine nationalen Anliegen, keine Märtyrerromantik. Sie wollen nur einfach etwas mehr Vernunft und etwas weniger Verlogenheit im täglichen Leben der Menschen. Die Kehrseite: Dieser Opposition fehlen die bedeutenden Köpfe, die etwa imstande wären, der Partei gegenüber ein Alternativprogramm zu formulieren. Eine ›Eingabe‹, die die Malerin Bärbel Bohley und etwa zwanzig Gleichgesinnte dieser Tage an den Parteitag der SED gerichtet haben, ist im Allgemein-Moralischen geblieben, mit Rekurs auf den ›wahren Sozialismus‹. Der ganze Kreis besteht offenbar aus netten Leuten, meist Nicht-Studierten, Pseudo-Künstlern, Möchtegern-Bohemiens. Typen, wie man sie in alternativen Bierlokalen und ähnlichen Orten findet.

Aber woher die großen Geister und die gebildeten Könner auch nehmen? Diesem Halbland sind die traditionellen Führungsschichten seit 1945 kontinuierlich weggelaufen. Was an jungen Talenten nachwächst, geht früher oder später. Allein im Vorjahr waren es 50 000. Zurzeit liegen dem Innenministerium, so heißt es, 600 000 Ausreiseanträge vor. Offenkundig sind es nicht nur die Kritischen, sondern auch die Dynamischen und Tüchtigen, die gehen.

Im ganzen Land läuft gerade eine große Kampagne zur Modernisierung der Volkswirtschaft. In fast jedem Artikel des *Neuen Deutschland* kommen neuerdings die Wörter ›Schlüsseltechnologie‹ und ›Cad Cam‹ vor. Ich habe erst lange nachfragen müssen, bis mir jemand sagen konnte, was das heißt: Computer-aided Design and Computer-aided Manufacturing. Trotzdem scheint mir die DDR ein No-Future-Land zu sein. Bärbel Bohley erzählte von einem sogenannten Jugendbrigadier, den sie irgendwo getroffen hat. Qualifizierter Baufachmann, beschäftigt an einem Großprojekt in der Friedrichstraße, wo bessere Materialien und neue Technologien benutzt werden. Um diesen Arbeitsplatz zu behalten, müsse er mit seinen 45 Jahren in die FDJ, die ›Freie Deutsche Jugend‹, gehen, im Blauhemd zum Dienst kommen, bei Umzügen im sogenannten ›Stimmungsblock‹ Fähnchen schwenken und optimistische Interviews im *Neuen Deutschland* geben. ›Sie nehmen mir meine Würde‹, habe der Mann gesagt – und dabei wolle er doch nichts anderes, als ordentliche Häuser bauen.«

Die Stasi ist überall und begleitet natürlich auch uns bei der Arbeit. Unser Projekt, eine sogenannte Doku, ist unangreifbar: Wir wollen die Wiederentdeckung deutscher Geschichte, deutscher Traditionen, deutscher Werte durch die DDR darstellen. Internationalismus ist out, deutscher Patriotismus ist in. Seit Neuestem ist dieser Trend Mode: Ein Martin-Luther-Jubiläum wurde groß gefeiert, das Denkmal Friedrichs des Großen Unter den Linden wieder aufgestellt, Goethe und Schiller werden in Weimar neu herausgeputzt und alle diese Größen als Vorläufer des deutschen Arbeiter- und Bauernstaates gewürdigt. Die DDR als Vollendung der deutschen Geschichte. Dass wir darüber einen Film machen, ist den zuständigen Autoritäten durchaus recht, aber sie entwickeln dazu leider auch ihre eigenen Ideen.

Eine flotte Blondine ist uns als Helferin zugeteilt. Als wir zu einem bewilligten Interview mit einer Autorin ausrücken, führt sie uns plötzlich zu einer anderen Schriftstellerin, von der ich nie gehört habe, die aber, so versichert unsere Begleiterin, »viel besser passen« würde. Die Frau einfach abblitzen zu lassen wäre unhöflich, also verständigen der Kameramann und ich uns auf »Kassette 7«. Das heißt, dass ich das Interview pro forma mache, dass in der Kamera aber kein Filmmaterial ist.

Die Blondine ist unmittelbar für uns zuständig, aber über ihr gibt es noch einen höheren Schutzengel, einen verbindlichen Herrn von der Presseabteilung des Außenministeriums. Er lädt mich gelegentlich zu einem »Meinungsaustausch« ein. Als ich ihm sage, die DDR wolle ihre Errungenschaften doch immer vom Ausland anerkannt sehen, dieses Ziel werde sie mit den kleinlichen Schikanen, wie wir sie erlebten, aber kaum erreichen, macht er einen Vorschlag. Das sei sehr interessant, meint er, ob ich diese Erfahrungen nicht für eine »interne Publikation« aufschreiben wolle. Natürlich gegen angemessene Bezahlung. Ich sage nein, mehr aus Überdruss denn aus politischer Vorsicht. Und bin später erleichtert. Auf ähnliche Weise sind zahlreiche harmlose Leute als »inoffizielle Mitarbeiter« auf Stasi-Listen gelandet und haben das nach der Wende mit dem Ruin ihrer Reputation bezahlt.

Wir drehen den Parteitag der SED, an dem auch der neue sowjetische Parteichef Gorbatschow teilnimmt. Ich notiere im Tagebuch: »Ein Stil, der in Polen oder Ungarn längst undenkbar ist: Jubelnde FDJler, Triumphalismus, eine endlose Folge tüchtiger Werktätiger, die dem Parteitag erfüllte Verpflichtungen beim Kohlefördern, Maschinen-Erfinden, Symphonienkomponieren, Schweinezüchten ›melden‹ und der Partei für ihre weise Führung und stete Unterstützung danken. Eine pummelige junge Frau dankt für Kredite für junge Familien und erklärt, ›die Termine für die Familienplanung werden natürlich sofort vorgenommen‹. Die Delegierten klatschen sich auf die Schenkel über diese Kostprobe typischen DDR-Humors. Gorbatschows Referat, ganz im Zeichen der ›Wende‹ in der Sowjetunion, wirkt dagegen geradezu erfrischend.«

Zwei Jahre später ist die Opposition schon ein wenig kühner geworden. Sie haben die halbe Friedensbewegung eingesperrt, darunter auch

Bärbel Bohley. Der Anlass: Bei der offiziellen Liebknecht-Luxemburg-Demonstration am 15. Jänner hatten einige Leute eigene Transparente mitgebracht, darunter eines mit dem bekannten Wort von Rosa Luxemburg »Freiheit ist immer die Freiheit der Andersdenkenden«. Wenn es für die Betroffenen nicht so schlimm wäre, wäre ich über diesen Eklat fast froh. Er bringt die ganze grässliche Verlogenheit dieses Staates in exemplarischer Weise auf den Punkt. Es ist eine der seltenen Gesten, die einen Sachverhalt blitzschnell und einleuchtend erhellen, erklären, entlarven.

Diese parteioffizielle Luxemburg-Demonstration ist ein typisches Stück DDR. Da werden ein Haufen Betriebsgruppen-Spießer, Partei-Mitläufer, Spitzel, Jasager – genau die Leute, die Rosa Luxemburg zeitlebens am wenigsten mochte und vice versa –, diese »Massen« werden also zu einer sogenannten »Kampfdemonstration« auf die Straße befohlen. Es gibt Einheitsparolen, und fahnenschwenkend, der Parteichef Honecker an der Spitze, marschiert alles im Spartakisten-Look zur Gedenkstätte in Friedrichshain. Und wenn jemand das Ganze ausnahmsweise ernst nimmt, echte Luxemburg-Parolen trägt, eine wirkliche »Kampfdemonstration« veranstalten will, kommt die Polizei und sperrt ihn ein. Begründung: Die Demonstranten hätten die Bürger »in ihren staatsbürgerlichen Gefühlen verletzt«.

Die Luxemburg-Demonstration gefällt mir übrigens besser als die ewigen »Friedens«aktivitäten, in denen sich die DDR-Opposition sonst erschöpft. Ehrenwert, sehr protestantisch und sehr deutsch und mir eigentlich langweilig, da zu deutsch.

Immer mehr tritt nun die evangelische Kirche in den Vordergrund. Ich erlebe eine große Solidaritätsdemonstration in der Gethsemane-Kirche. Die Kirche, ein neugotischer Backsteinbau am Prenzlauer Berg, bummvoll, auch auf dem Platz davor drängen sich die Leute. Viel junges Volk dabei, Bärte und Punkerschöpfe und sanfte deutsche Madonnengesichter. Mal hören, was der Pope spricht, sagt ein Junger mit grünen Haaren. Ganz schön mutig, denke ich mir, in diesem Land der Konformisten mit grünen Haaren herumzulaufen. Anklänge an Polen – aber doch sehr anders, eben deutscher, braver.

Die evangelische Kirche entwickelt sich allmählich zu dem, was die katholische Kirche in Polen ist: zur Sprecherin der Gesellschaft und zum respektierten Gesprächspartner der Regierung. In der Frage der Verhaftungen benimmt sie sich sehr anständig. Die Aktivisten werden von einem kirchlichen Anwalt verteidigt, der Bischof war persönlich bei den ersten Prozessen. Aber Wortlaut und Ton ihrer Erklärungen ist für unsereins doch ein wenig sehr staatsnah. Wir wollen die anderen überzeugen, sagt Bischof Forck, dass wir eigentlich gar nicht gegen sie sind, sondern für sie.»Kirche im Sozialismus« – keine Opposition, auch kein Gegenpol zum Staat, sondern eine Art Motor für Reformen à la Gorbatschow.

Das ist einerseits realistisch (die Bürgerrechtsbewegung ist winzig klein und die Kirche im Grunde auch) und hat andererseits vermutlich auch mit dem protestantischen Obrigkeitsverständnis zu tun. Am wesentlichsten ist aber wohl die Tatsache, dass den DDR-Deutschen zwar die Auswüchse des Regimes, aber nicht ihr Staat als solcher so zuwider ist wie den Polen der ihrige. Für diese ist ein gottloser, mit Russland verbündeter Staat der Feind schlechthin. Für jene ist ein wohlwollender Obrigkeitsstaat, der funktioniert, in dem der Herr Bezirkssekretär und der Herr Oberlehrer eine große Rolle spielen und in dem jeder, der fleißig arbeitet und nicht kritisiert, es zu bescheidenem Wohlstand bringen kann, im Grunde gar nicht so schlecht. Insofern artikuliert die evangelische Kirche, die Kirche der Deutschen, wohl wirklich die Aspirationen des Volkes.

Auch formal hatte die »Andacht« übrigens eine gewisse Ähnlichkeit mit einer FDJ-Versammlung (mit umgekehrten Vorzeichen): »Friedenslieder« zur Klampfe, Solidaritätsbotschaften, rhythmischer Applaus, ein munterer Pfarrer (»na denn wolln wir mal«) als Conferencier. Zum Vaterunser am Schluss stand niemand auf.

In der Sonntagsmesse in der katholischen Hedwigskirche bin ich dann ganz froh, wieder in einer richtigen Kirche zu sein. Hier gibt es verblüffenderweise weder in der Predigt noch bei den Fürbitten den geringsten Bezug auf die aktuelle Situation. Eine x-beliebige Messe, eine x-beliebige Predigt. Keine Fürbitte für die vielen Jungen, die jetzt im Gefängnis sitzen und über deren Schicksal niemand wirklich Bescheid weiß. Die Kirchenspaltung in Deutschland wird einem hier sehr augenfällig bewusst. Bei den einen kommt der liebe Gott zu kurz, bei den andern die Menschen.

Ich bin im Grunde schüchtern, aber als Auslandskorrespondentin habe ich das Privileg, ungeniert jeden anzurufen, der mich interessiert, und um ein Gespräch zu bitten. Ich lerne die Schriftsteller kennen, die es hierzulande zwar schwer haben, aber von den Mächtigen so ernst genommen werden wie nirgends im Westen. Viele publizieren in der Bundesrepublik – neben Christa Wolf auch Stefan Heym, Volker Braun, Christoph Hein, Heiner Müller. Der Staat lässt das zu, er partizipiert an den Tantiemen. In der DDR sind ihre Bücher ohnehin kaum zu bekommen. Wenn doch einmal eins im Lande erscheint, spricht sich das in Windeseile herum, und alle Interessierten eilen sofort in die Buchhandlungen. Im Nu ist es ausverkauft.

Heiner Müller, den ich bis heute für einen deutschen Klassiker des 20. Jahrhunderts halte, ist ein etwas zerknitterter Mann mit einem melancholischen Charme. Ich darf ihn für unser Filmprojekt über die DDR und die deutsche Geschichte interviewen. Er leidet an der deutschen Misere, weiß sie aber auch mit gewaltiger Wortkunst zu beschreiben. Eben deshalb lebe er gern in Ost-Berlin, sagt er. Entweder Ost-Berlin oder New York. In beiden Städten »weht der Wind der Steppe«. Eine Zigarre und ein Whiskyglas sind immer in Reichweite. »Die Karre läuft, ein Loch stopft das andre, was schern dich die andern«, lässt er in seinem Stück »Der Bau« einen »Alten Genossen« sagen. »Das Leben hat den Arsch im Gesicht, Ordnung muss sein. Der Kapitalismus stinkt, bunt ist die Leiche, es müsste mit dem Teufel zugehen, wenn wir ihn nicht einholn auf dem Weg ins Aus. Soll der die Welt andern, der sie gemacht hat, dein Gehalt läuft weiter, dir ist sie rund, lass die Enkel die Enkel begraben.«

Müller bestellt mich in die Kantine der Volksbühne. Das ist einer der wenigen Orte in Ost-Berlin, wo man einigermaßen gemütlich miteinander reden kann. Kaffeehäuser gibt es nicht, höchstens »Cafés«, in denen zu festgesetzten Zeiten fertige Portionen Kaffee und Kuchen ausgeteilt werden. Diktaturen wissen, wie man freie Kommunikation unter Bürgern verhindert.

Noch einmal mein Tagebuch: »Wieder einmal habe ich den real existierenden Sozialismus satt bis über die Ohren. Keine Drehgenehmigungen, dafür Vorträge über ›sozialistische Demokratie‹. Von vier Speiselokalen in der Stadt sind drei zu – aus ›technischen Gründen‹ und mit einer säuberlich getippten ›Schließgenehmigung‹ an der Tür –, und vor dem vierten stehen die Leute Schlange. Ich habe das grün-braun karierte Badezimmer im Hotel satt, den allgegenwärtigen leichten Duft nach Desinfektionsmitteln, das *Neue Deutschland* zum Frühstück, das strafweise An-der-Tür-Stehen im Restaurant, bis die Restaurantleiterin geruht, einen zu ›platzieren‹. Ich kann keine Hinweise auf den Frieden mehr hören. Und das nach zehn Tagen! Was sollen die Leute sagen, die ständig hier leben?«

Ich kann die Schriftstellerin Monika Maron verstehen, die sagt, sie leide unter Kellnern und Taxlern ebenso sehr wie unter der Stasi.

Aber es gibt auch noch eine andere, sympathische Seite der DDR. Hier hat sich in manchen Kreisen eine gewisse altmodische Bürgerkultur erhalten, die man in Westdeutschland kaum noch findet. Man hat Zeit. Man ist nicht ehrgeizig, weil das hier doch nichts bringt. Geld ist nicht wichtig. Man liest die deutschen Romantiker, hört Bach-Platten, pflegt Freundschaften, führt lange, ernsthafte Gespräche. Wenn man einen wildfremden Menschen am Telefon um einen Termin bittet, hört man nicht: Warten Sie, ich muss auf meinen Kalender schauen, ja, am nächsten Donnerstag ginge es von drei bis vier. Sondern: Kommen Sie doch am besten gleich.

Und dann wird Kaffee gekocht und geredet, geredet, geredet – eine der netten Charaktereigenschaften, die die DDR-Deutschen von ihren russischen Verbündeten und Lehrmeistern übernommen haben. Dieses neue Biedermeier, eine Art innere Emigration, die gleichwohl an allem Politischen interessiert ist, habe ich in Intellektuellenwohnungen und evangelischen Pfarrhäusern kennen- und schätzen gelernt. Nicht nur in Berlin, sondern auch und besonders in der Provinz.

In Leipzig schaue ich mir die Nikolaikirche an. Schönes protestantisches Barock, »geistiger«, weniger sinnlich als bei uns. Schlanke Säulen in der Gestalt von Palmen. Am Kircheneingang ein Plakat: »Nikolaikirche für alle.« Der Pfarrer hier ist Christian Führer, ein unauffälliger Typ mit Jeans und Bürstenfrisur. Er hat die »Montagsgebete« eingeführt, die später zu Ausgangspunkten der Wende werden. Aber Pfarrer Führer ist kein Umstürzler, sondern ein Seelsorger. Die Montagsgebete waren ursprünglich für diejenigen gedacht, die eine Ausreisegenehmigung beantragt, aber noch keine Antwort bekommen hatten. Das bedeutete für die Betroffenen: Kündigung im Job, Boykott durch die Vorgesetzten, oft auch Abbruch aller Beziehungen zu Kollegen und Bekannten. Wer die Republik verlassen wollte, war ab sofort ein Outcast. Diese Menschen sollten in der Nikolaikirche eine Zuflucht finden, sich willkommen fühlen, mit Schicksalsgenossen reden können. Grundsätzlich war Führer, wie die ganze evangelische Kirche, nicht fürs Ausreisen, und er redete auch niemandem in diesem Sinne zu. Aber er sah seine Aufgabe darin, für alle da zu sein, die ihn brauchten. In seinem altdeutsch getäfelten Pfarrhaus gegenüber der Kirche gaben die Ratsuchenden, von jugendlichen Punks bis zu einsamen alten Damen, einander rund um die Uhr die Tür in die Hand. Er war auch einer der wenigen bekannten Pastoren, die nach der Wende nicht in die Politik gingen. Er blieb, was er war, der Pfarrer der Nikolaikirche. Ein Mann, der mir Eindruck macht.

Kurz vor dem Ende der DDR gibt es noch einen Staatsbesuch des österreichischen Bundeskanzlers Franz Vranitzky in Ost-Berlin, über den ich berichten muss. Ein Stadtrundgang steht auch auf dem Programm. Ein Highlight: das neu renovierte Nikolaiviertel. Als Vranitzky sich das Viertel anschauen will, hat die Polizei die ganze Gegend hermetisch abgeriegelt. Spaziergänger, denen man die Stasi kilometerweit ansieht, schlendern unauffällig durch die Knusperhäuschen-Gassen, ebenso Stasidamen mit Einkaufstaschen, Hausfrauen mimend. Rentnerehepaare, idyllisch auf Bänkchen sitzend, vervollständigen das Bild. Das Nikolaiviertel ist der Stolz der DDR-Hauptstadt. Mittelalterliche Häuser, in Beton-Plattenbauweise nachgebaut. Irgendwie passt die Inszenierung für den Staatsbesucher zu dieser Disneyland-Altstadt: statt Mickey Mouse verkleidete Polizisten.

Der Höhepunkt ist dann ein Staatsbankett, gegeben von Staatschef Erich Honecker. Auch ich werde diesem vorgestellt. Er will charmant sein und ein Kompliment machen: »Sie haben aber eine schöne Pressekarte«, sagt er. Der Saal ist ungefähr so behaglich wie eine Turnhalle, an den Tischen, außer unter den Österreichern, ausschließlich Männer. Nach den offiziellen Toasts werden von einer Armee von Kellnern allerlei Speisen aufgetragen und schlag halb zehn blitzartig wieder abgeräumt. Daraufhin verabschiedet sich alles flüchtig, wenn überhaupt, von den Tischgenossen und geht formlos, aber erleichtert nach Hause. Wie in der Werkskantine. Das kürzeste Diner, das ich je erlebt habe, und das hässlichste.

Beides, die aufgesetzte Realer-Sozialismus-Kultur und die ererbte Altes-Deutschland-Kultur, ist mit der Wiedervereinigung verschwunden. Polen, Ungarn, Tschechien, die Slowakei haben sich seit der Wende verändert, aber es gibt sie immer noch. Die DDR ist ein für allemal weg, vergangen, in Luft aufgelöst. Wenn ich heute nach Ostdeutschland komme, denke ich: Nicht schade drum.

Reisen im Orient

Die Länder des Balkan sind natürlich auch Osteuropa, mein Ressort im ORF, und ich fahre gelegentlich zu Dreharbeiten hin. Aber das gehört für mich seltsamer- und nicht ganz fairerweise nicht in das Kapitel politische Berichterstattung, sondern eher in das Kapitel »Reisen im Orient«. Parteitage, politische Fraktionen, Wirtschaftspläne können mich wenig faszinieren. Umso mehr aber alles, was noch von einer Kultur übriggeblieben ist, die jahrhundertelang eine für uns sehr fremdartige, aber reizvolle Mischung zwischen Europa und dem Osten dargestellt hat.

1984, noch vor dem Jugoslawienkrieg, drehen wir in Bosnien. Eine Wallfahrt zum Derwischkloster an der Bunaquelle bei Mostar, dem Hauptort der Herzegowina. Ein heiliger Ort für die bosnischen Muslime. Hier wird der syrische Derwisch Sari Saltschuk verehrt, der Drachentöter und Glaubensbote, der die Herzegowina zum islamischen Glauben bekehrt hat. Ein wunderschöner Platz. Ein Klösterchen in türkischem Barock, einsam an einer spektakulären Felswand gelegen. Unten strömt blitzblau der Fluss Buna aus dem Gestein und bildet eine Art sprudelndes Wasserbecken. An seinen Ufern sammeln sich die Frommen zum Gebet. Oben in den Felsenbergen horsten die Steinadler. Wir sehen ein Adlerpaar, gewaltige Vögel, die über den Betenden ihre Kreise ziehen.

Zur Wallfahrt kommen die Leute aus der ganzen Gegend, wie bei uns nach Mariazell oder in Polen nach Tschenstochau. Bäuerinnen mit Kopftuch, beladen mit großen Fresskörben. Ehrwürdige Hadschis in ihren gelben Turbanen, die Derwische, mit weißem Fez auf dem Kopf, alle fromm und vergnügt den Sommertag genießend. Die Frauen sitzen getrennt auf einem grasigen Felsvorsprung. Ich setze mich zu ihnen. Sie rücken bereitwillig zur Seite, packen die Jausenkörbe aus, holen allerlei Selbstgebackenes hervor und bieten mir davon an. Es wird viel gelacht. Wallfahrtsorte, so scheint mir, haben etwas Gemeinsames, in allen Kulturen. Ich fühle mich sofort heimisch. Kerzlweiberln unter sich.

Wir fahren in die Bjelasnica, eine Bergregion in Mittelbosnien. Es geht über eine steile Straße hinauf. Wir sind froh, dass wir ein geländegängiges Auto haben. Rundherum schroffes Gebirge. Unser Ziel ist ein abgelegenes Dorf. Nur während dreier Monate im Jahr, sagen uns unsere Gewährsleute, ist das Dorf zugänglich. Während der übrigen neun ist die Bergstraße zugeschneit. Dann sind die Menschen dort oben von jeder Zivilisation abgeschnitten und ganz auf sich allein gestellt.

Eine kleine Ansammlung von Holzhäusern, dunkel gebeizt vom Wetter, mit schön geschnitzten Ornamenten. Ein Hüne von einem Mann führt uns herum. Er ist Bauer, sagt er uns, aber auch Tischler und Traktorist und im Winter Zahnarzt. Wir sitzen in seiner Küche, er geht zum Küchenschrank und holt zwei riesige Zangen heraus. Mein Begleiter muss den Mund aufmachen, und unser Gastgeber zeigt uns, wie er im Winter, wenn ein Gang zum Zahnarzt unmöglich ist, den Leuten einen Zahn reißt. Eine ziemlich ungemütliche Vorstellung. Und was ist, wenn im Winter jemand stirbt?, fragen wir. Dann wird der Tote im eiskalten Stadel aufgebahrt. Ihn im gefrorenen Boden hier oben zu begraben ist unmöglich. Mit dem Begräbnis muss gewartet werden, bis es wieder warm wird.

Wir haben das Gefühl, plötzlich im Mittelalter gelandet zu sein.

In diesem Dorf wird Wolle von den eigenen Schafen gesponnen, selbst gewebt und selbst zu Kleidern verarbeitet. Sie sind bunt und warm. Mehl wird in der steinernen Handmühle gemahlen und zu Brot gebacken. Die Frauen schlagen die Milch zu Butter und hängen das Fleisch in den Rauchfang zum Selchen. Die Wäsche waschen sie mit Holzasche und spülen sie im eisigen Bach. Im letzten Winter, erzählen die Bauern, war ein Bär in der Gegend und hat Schafe gerissen. Und einen Wolf hat unser Gastgeber eigenhändig erschlagen.

Dieser Mann war nie in seinem Leben in einer Schule. Beim Militär hat er ein wenig Lesen und Schreiben gelernt. Aber sein Sohn, erzählt er stolz, hat in Sarajevo studiert und mit zweiundzwanzig Jahren seinen Doktor gemacht. In einer einzigen Generation ist der Schritt geschafft vom Analphabeten zum Intellektuellen.

Eine gewaltige Leistung. Auch ein Fortschritt. Aber die archaische und besondere Kultur dieses Dorfes ist wohl endgültig zum Sterben verurteilt. Wir haben gerade noch ihre letzte Blüte gesehen, denn schon nächstes Jahr soll eine neue, auch im Winter befahrbare Straße gebaut werden. Wir malen uns aus, wie das Dorf in ein paar Jahren aussehen wird – mit Touristenhotel, Minigolfplatz, Bankfiliale.

Das eigentliche Thema unseres Films ist die Wiedergeburt des Islam in Bosnien. Noch ist der Vielvölker- und Vielkulturenstaat Jugoslawien intakt. Und noch können wir in Sarajevo mit seiner Moschee, seiner katholischen und seiner orthodoxen Kirche und seiner Synagoge das scheinbar friedliche Nebeneinander vieler Religionen besichtigen. Ein Stück k. u. k. Orient. Aber unter der Oberfläche brodelt es schon, und der Hass, der schon einmal zu einem blutigen Krieg geführt hat und bald zu einem neuen führen wird, ist bereits zu spüren.

Wir treffen einen muslimischen Professor, der für ein islamisch geprägtes Bosnien eintritt. Muhammed Filipović ist ein gebildeter Mann, wir unterhalten uns auf Englisch. Eine europäisch eingerichtete Wohnung, aber mit gerahmten arabischen Koransprüchen an der Wand und einer Wasserpfeife im Regal. Der Professor erzählt von einer seiner ehemaligen Studentinnen, einer hochbegabten jungen Autorin, die zu fünf Jahren Gefängnis verurteilt worden ist. Sie war Parteimitglied, trat aber aus der kommunistischen Partei aus, als sie den Islam für sich entdeckte. Sie kleidete sich islamisch, begann sich für islamische Kultur und Geschichte zu interessieren. Prompt bekam sie keine Aufträge mehr, war Anfeindungen ausgesetzt. Sie fuhr schließlich in den Iran – und kehrte bald darauf, tief enttäuscht von den dortigen Zuständen, nach Bosnien zurück, nur um sich dort alsbald vor Gericht wiederzufinden.

Kontrastprogramm: der serbische Autor Vuk Drašković, der wegen seiner Kritik an den seiner Meinung nach zu islamfreundlichen bosnischen Zuständen ebenfalls aus der Staatspartei ausgeschlossen wurde. Er ist ein junger Mann mit dem Aussehen eines Rasputin. Slawisch-dämonisch. Seine Themen sind die serbischen Heldentaten der Vergangenheit (vor allem in den Kämpfen gegen die moslemischen Türken). Seine Helden sind Dostojewski und Nietzsche. Die bosnischen Muslime verabscheut er wie die Pest.

Jugoslawien ist ein Vielvölkerstaat. Bosnien ist eine Vielvölkerrepublik. Aber es sieht so aus, als seien gerade die engagiertesten Jungen mit aller Kraft unterwegs zum überwunden geglaubten Nationalismus der Ethnien und Religionen. Der Islam auf der einen, die serbische Orthodoxie auf der anderen Seite üben offenbar eine stetig wachsende Anziehungskraft aus.

Die im Museum von Jajce ausgestellten Erinnerungen an den gemeinsamen Partisanenkampf wirken dagegen seltsam blass. Wie viel Heroismus, wie viel gemeinsame Kriegserfahrung gegen einen übermächtigen äußeren Feind muss es eigentlich noch geben, damit das so Gestiftete überdauert? Titos legendäres Einigungswerk im Zeichen des Partisanentums – alles für die Katz?

In der Vorbereitung auf unseren Film habe ich Milovan Djilas' Kriegsmemoiren gelesen. Mühsame Lektüre, eine Schlacht nach der andern. Es fällt schwer, daraus die Kriegswirklichkeit herauszudestillieren und die Antwort auf die Frage: Warum brachten diese Leute – Serben, Kroaten, Tschetniks, Ustaschas – einander eigentlich mit solch beispielloser Grausamkeit gegenseitig massenweise um? Woher dieser Hass, mit dem die Nachkommen nun leben müssen?

Aber Hass ist wohl doch nicht das richtige Wort. Djilas schildert mit großer Sachlichkeit, wie er immer wieder Leute erschießen lässt – Tschetniks, Italiener, Renegaten –, manche von ihnen ganz anständige Leute, wie er bereitwillig hinzufügt, nur eben von der anderen Seite. Die unausgesprochene Maxime dazu scheint zu lauten: So ist es eben im Krieg, und so war es, zumindest in Serbien und Montenegro, auch früher immer. In einer seiner seltenen persönlichen Passagen preist Djilas die Serben als »natürliche Soldaten«, denen »der Krieg die Heimat ist«.

Die bosnischen Muslime sind »die Türken«. Eine sehr separate Spezies Mensch, unbeliebt und unverstanden. Kein Wunder, dass die künstliche Einheit nun wieder auseinanderbricht. Auch das selbstverständliche Eintreten der Serben und Montenegriner für die (kommunistischen) Partisanen wird im Lichte der Historie einleuchtend. Für die meisten waren die Partisanen einfach diejenigen, die mit Mütterchen Russland verbündet waren, das ihnen seit Jahrhunderten gegen die Türken beigestanden war. Djilas schildert einen montenegrinischen Bauern, der bei der Nachricht, Kiew sei gefallen, meint: Das ist eine heilige Stadt, das ist schlimmer, als wenn eine unserer Städte gefallen wäre.

Für mich ist die Begegnung mit den offiziellen muslimischen Würdenträgern frappant – parteikommunistische Karrieristen, offensichtlich ohne wirkliche Bindung zum Glauben, zur Tradition, auch nicht zum Sozialismus, mit der einzigen Aufgabe, die Gläubigen bei der Stange der Regierung zu halten. Ich kenne diese Typen nun schon auf Katholisch aus der Tschechoslowakei (die Friedenspriester), auf Evangelisch aus der DDR (die Parteipastoren) und nun auf Islamisch aus Bosnien – sie sind auswechselbar. Kein Wunder, dass normale Menschen aus allen Gruppen gegen diese Art von instrumentalisierter Religion rebellieren.

Es ist wunderbar, einmal ohne Kamera, nur zu Recherchezwecken, unterwegs zu sein. Ich wohne im altmodisch-orientalischen Hotel Evropa, zwischen türkischen Möbeln und Messingleuchtern, fahre in die wunderschöne Ivo-Andrić-Stadt Travnik, höre zwischen den k. u. k. Bauten, die auch in der Wiener Kandlgasse stehen könnten, den Ruf des Muezzins und lasse mich von meinem Moslemprofessor in alte Beg-Familien mitnehmen, wo noch der Tschibuk geraucht und der herrliche bosnische Kaffee auf dem Holzkohlenöfchen warm gehalten wird. Nur Journalisten haben offensichtlich heute noch das Privileg, zu reisen wie im 19. Jahrhundert, mit Empfehlungsbrief und vorbereitender Lektüre, mit dem Ziel, Land und Leute, Sitten und Gebräuche zu erforschen und mit Gouverneur und General, Rabbi und Mufti, mit Dichter und Professor zu konversieren.

Ich komme später noch ein paar Mal nach Sarajevo. Kurz nach dem Krieg, der den Zerfall Jugoslawiens gebracht hat, beschließt der steirische Bischof Johann Weber, animiert von seinem Politikberater Harald Baloch, eine ökumenische Reise in die bosnische Hauptstadt. Vertreter aller in Österreich tätigen Religionsgemeinschaften sollen gemeinsam dorthin fahren, in die Region, in der der unselige Krieg seinen Ausgang genommen, und in die Stadt, die darunter am meisten gelitten hat. Das Ziel: öffentlich zu zeigen, dass die Verschiedenheit von Religionen kein Grund zu Krieg, Mord und Totschlag ist. Der Bischof ist mir wohlgesonnen und nimmt mich mit.

Es wird eine einigermaßen seltsame Reise. Jeweils zwölf Stunden hin und zurück sitzen wir im Autobus, eine buntgemischte Gesellschaft. Katholiken, Orthodoxe, Protestanten, Muslime, Juden. Alle sind da, um Dialogbereitschaft und Versöhnung zu demonstrieren, aber trotzdem sprühen gelegentlich die Funken. Wir fahren durch die vom Krieg verwüstete Landschaft Bosniens. Kaputte Dörfer. Ausgebrannte Ruinen zwischen blühenden Apfelbäumen. Zerstörte Städte haben im Fernsehen bei allem Grauen immer auch etwas Eindrucksvolles und Grandioses. Nicht so diese armseligen Gastarbeiterhäuser, jeweils in jahrelanger Schufterei in Deutschland zusammengespart, schon im unzerstörten Zustand hässlich und elend. Ausgebrannt und eingestürzt sehen sie vollends zum Weinen aus. Im kroatisch besiedelten Teil Bosniens haben die zurückgekehrten Bewohner trotzig die kroatische Fahne mit dem rot-weißen Schachbrettmuster, die Sahovnica, aufgezogen. Unser Reisegefährte Salim Hadzic, bosnisch-muslimischer Islamprofessor in Wien, explodiert: So sind sie, die Kroaten. Wollen nicht einsehen, dass das unser Staat ist, Bosnien.

Salim ist ein junger Feuergeist, der mir, damals noch Student, bei der Vorbereitung unseres Moslemfilms viel geholfen hat. Er sitzt vorn im Autobus, neben sich das Kühlabteil mit den Getränken. Irgendwann möchte Hans Kronberger, ein mitreisender biederer Rotkreuzarzt, ein Bier. Salim schüttelt den Kopf. Nein, das kann er ihm nicht geben. So etwas tut ein Moslem nicht. Kronberger ärgert sich, sagt aber nichts. Aber als Salim wenig später über »islamische Toleranz« doziert, wird der Doktor wütend. Sie mit Ihrer Toleranz! Ausgerechnet! Unsere religionsübergreifende Pilgerfahrt begegnet ihrem ersten Stolperstein. Jetzt tritt Harry Baloch auf den Plan, der gute Geist unserer Reise, der immer sofort weiß, wie man eine drohende Krise im Keim erstickt. Er ruft als neutrale Instanz Rabbi Rothschild zu Hilfe, der als Vertreter des Wiener Oberrabbiners die Reise mitmacht. Rabbi Rothschild hat sofort eine salomonische Lösung parat. Er bittet Salim Hadzic, mit ihm den Platz zu tauschen. Setzt sich auf den Vordersitz und gibt dem Rotkreuzdoktor sein Bier. Er hat kein Problem mit alkoholischen Getränken.

Der Rabbi ist ein etwas skurriler Engländer, dessen ganze Liebe alten

Eisenbahnen gilt. Für theologische Diskussionen ist er nicht zu haben, aber wenn wir eine uralte Lokomotive sehen, rufen wir: »Rabbi, a train for you!« Dann stürzt er sofort zum Fenster und fotografiert. Er freut sich darauf, nach seiner Rückkehr einen Artikel für die Eisenbahnzeitschrift *Trains* zu schreiben, deren regelmäßiger Mitarbeiter er ist.

Ein weiterer Mitreisender ist der Metropolit Erzbischof Michael Staikos, griechisch-orthodoxer Erzbischof in Wien. Er ist eine eindrucksvolle Erscheinung, mit prächtigem Bart, Popengewand und großem Silberkreuz auf der Brust. Als wir einmal Pause machen und den Autobus verlassen, kommt die Polizei. Kroatische Anrainer haben sie alarmiert: Ein orthodoxer Würdenträger, der als Vertreter des verhassten Serbentums gesehen wird, ist suspekt. Und dann ist da noch der evangelische Oberkirchenrat Johannes Dantine, ein gelehrter Protestant, dem die um ihn versammelten Obskurantisten verschiedenster Couleur herzlich auf die Nerven gehen. Bischof Weber aus Graz, ein Kirchenmann mit viel Güte und Humor, beobachtet die heimlichen Scharmützel seiner Gefährten entspannt. Endlich einmal Konflikte, die ihn und seine Kirche nicht betreffen.

In Sarajevo angekommen, führt unser »Weg der Versöhnung« von der katholischen Kathedrale, einem neugotischen Bau aus der österreichischen Zeit, zur uralten orthodoxen Kirche mit einer winzigen Gemeinde, die sich freut, mit dem orthodoxen Erzbischof die schöne ostkirchliche Liturgie zu feiern. Dann kommt das Mittagsgebet in der prächtigen Begova-Moschee. Viele neugierige Blicke treffen die Gäste, unter ihnen der katholische Kardinal, Oberhirte aller Katholiken in der Region, mit roter Schärpe, und der orthodoxe Metropolit in schwarzer Soutane. Christliche Kirchenfürsten haben sich hier vorher noch nie sehen lassen. Und schließlich besuchen wir auch noch die kleine jüdische Gemeinde von Sarajevo oder das, was von ihr übriggeblieben ist.

Es sind sephardische Juden, die nach der Vertreibung aus Spanien durch die katholischen Könige auf dem Balkan heimisch geworden sind. Einer von ihnen ist David Albahari, einst Partisan, später Testpilot und Flugzeugkonstrukteur in der jugoslawischen Armee. Im Gespräch über die prekäre Lage im Lande meint er lächelnd: Alle waren so damit beschäftigt, einander zu hassen, dass sie nicht dazugekommen sind, die Juden zu hassen. Als was er sich denn jetzt fühle, frage ich ihn. Als Bosnier? Als Ex-Jugoslawe? Ja, das sei eine schwierige Frage, meint mein Gesprächspartner. Er habe kürzlich gelesen, dass der spanische König Juan Carlos nach fünfhundert Jahren feierlich das Judenedikt aufgehoben und den Nachkommen der Vertriebenen die Rückkehr und die spanische Staatsbürgerschaft angeboten habe. Diese wolle er jetzt haben. Schließlich sei seine erste Sprache das Ladino gewesen, das altertümliche Spanisch der Sepharden. Er zeigt mir Fotos: Mutter Albahari in der traditionellen Tracht der spanischen Damen, dem schwarzen Kleid mit Spitzenmantille. Als ich nach Jahren wieder nach Sarajevo komme, frage ich Herrn Albahari, was aus seinen Bemühungen geworden ist. Leider nichts, höre ich. Er habe zwar aus Spanien eine freundliche Antwort bekommen, aber spanischer Staatsbürger könnte er nur werden, wenn er seinen Wohnsitz nach Spanien verlege. Und das wolle er auf seine alten Tage nun doch nicht.

Hat unsere Versöhnungsreise Sinn gehabt? Oder hat sie nur die Unmöglichkeit von Dialog und Versöhnung erst recht unterstrichen? Ich weiß nicht so recht. Bei aller politischen Naivität von uns Pilgern war es doch berührend und eindrucksvoll, diesen Weg von Gotteshaus zu Gotteshaus mitzugehen, auf Deutsch und auf Bosnisch, auf Latein und auf Hebräisch, auf Altslawisch und auf Arabisch Menschen beten zu hören, den einen Gott auf die unterschiedlichste Weise verehrend. Und der Anblick der verschiedenen Diener dieses Gottes, einigermaßen voneinander genervt, aber doch zur Versöhnung bereit, Seite an Seite durch die schwergeprüfte Stadt wandernd, hat offensichtlich auf die Leute ihren Eindruck nicht verfehlt. Eine Geste – nicht mehr, aber auch nicht weniger.

2001 komme ich noch einmal nach Sarajevo, diesmal mit einer Gruppe deutscher Politikwissenschafter. Wir sollen »positive Entwicklungen« sehen in diesem dreigeteilten Land, das inzwischen einen Friedensvertrag hinter sich hat und eine Verfassung besitzt. Meine Bilanz, in einem Artikel für die Wiener *Presse* niedergelegt, liest sich auszugsweise so:

»Edris Kolar ist ein junger Mann von siebenundzwanzig, ein blasser, dunkelhaariger Mensch, der zugleich älter und jünger wirkt als seine Jahre. Er ist ein resignierter und etwas zynisch gewordener Veteran, der seinen Erinnerungen lebt, und gleichzeitig ein junger Kriegsfreiwilliger, der seine jugendliche Begeisterung, das Beste in seinem Leben, um keinen Preis aufgeben will. Eins ist er nicht: in der Gegenwart, im Frieden angekommen. Ein Fuß im Krieg, ein Fuß im Frieden, sich tapfer durchschlagend, aber ziemlich traumatisiert – das sind alles Eigenschaften, die er mit seiner Heimatstadt gemeinsam hat.

Edris Kolars Elternhaus steht in einem Vorort der bosnischen Hauptstadt, umringt von ein paar zerschossenen Wirtschaftsgebäuden und einigen windzerzausten Obstbäumen. Ein schäbiges, notdürftig hergerichtetes Bauernhaus, über der Haustür ein selbstgemaltes Schild: ›Kolar Tunel Museum‹. In diesem Haus lag und liegt der Eingang zu dem Tunnel, der in den Wochen der Belagerung Sarajevos durch die jugoslawische Volksarmee der einzige gangbare Weg zwischen der eingekesselten Stadt und der Außenwelt war. Durch diesen schmalen Gang wurden Lebensmittel und Waffen transportiert. Neun Jahre ist das jetzt her. Edris, der älteste Sohn des Hausbesitzers, hat es zu seiner Mission gemacht, dieses Denkmal aus Sarajevos heroischster Zeit der Nachwelt zu erhalten. ›Die Welt vergisst uns‹, sagt der selbsternannte Museumsdirektor. ›Aber sie darf uns nicht vergessen.‹

In der Stadt ist der Krieg noch immer so gegenwärtig, als sei er erst gestern zu Ende gegangen. Jeder ist bestrebt, uns dessen Spuren zu zeigen, mit einer Mischung aus Traurigkeit und Stolz. Die Einfallstraße vom Flughafen her, Sniper Alley genannt, die Straße, die damals von den serbischen Scharfschützen in den Bergen rechts und links tagaus, tagein unter Feuer genommen wurde. Überall sind die Einschusslöcher zu sehen. Und auch im Stadtzentrum stößt man auf Schritt und Tritt auf zerstörte Häuser, verbrannte Mauern, Graffiti aus den Kampftagen. 1260 Tage hielt Sarajevo damals der Belagerung stand. 10 400 Bürger fanden den Tod. Die Wunden sind noch unverheilt. Zwei Drittel der Jungen wollen weg.

Sarajevo ist heute eine überwiegend muslimisch geprägte Stadt. Die Serben, vor kurzem Kriegsgegner, aber offiziell Mitbürger, sind für die meisten Menschen in der Stadt immer noch die Feinde. Ich beschließe, nach Pale zu fahren, der serbischen Hochburg, einst Sitz des serbischen Oberkommandos und Heimatort des international als Kriegsverbrecher gesuchten Serbenführers Radovan Karadžić. Auf unserem offiziellen Reiseprogramm ist ein Besuch in der Republika Srbska, dem serbischen Teil Bosniens, nicht vorgesehen. Wäre wohl zu wenig ›positiv‹. Pale liegt nur fünfzehn Kilometer von Sarajevo entfernt. Aber dort hinzukommen erweist sich als gar nicht so einfach. Eine lange Reihe Taxis steht aufgereiht auf dem Hauptplatz. Aber ein Taxifahrer nach dem andern, den ich für die kurze Strecke engagieren will, schüttelt ablehnend den Kopf. Nein, dorthin fährt man nicht, nicht für Geld und gute Worte. Schließlich erklärt sich Haris, ein junger Mann aus Sarajevos Kunstszene, bereit, die Fuhre zu übernehmen. Er ist selbst gespannt, wie es in Pale aussieht. Er war noch nie dort.

Ein zweisprachiges Schild begrüßt uns: ›Welcome to the Republika Srbska.‹ Pale ist ein schmuckes großes Dorf, ein gepflegtes Haus am Dorfrand gehört der Familie Karadžić. Radovans Frau und Tochter leben hier. Zwei nette Damen, hören wir, man kann sie öfters beim Einkaufen sehen. Das Kulturhaus erinnert mich sehr an realsozialistische Zeiten: eher düster, Kunstledersessel und Neonröhren, im Schaukasten Fotos von serbischen Volkstänzen. Eine strenge Blondine empfängt uns eher misstrauisch. Ob sie manchmal nach Sarajevo hinunterfahre, fragen wir, dort sei ja jetzt kulturell so viel los. Kurze Antwort: nein. Und jetzt Schluss, keine weiteren Auskünfte.

Weiter ins Pfarrhaus. Dort hat im Mai eine erfolglose Razzia der Sfor, der UN-Einsatztruppe, stattgefunden. Man suchte nach Radovan Karadžić. Der Kaplan führt uns bereitwillig in die gute Stube und zeigt uns, zwischen Marienikonen und spitzen braunen Opferkerzen, die Fotos, die er nach der Razzia geschossen hat. Die Soldaten unter Führung eines amerikanischen Offiziers, hören wir, haben die Tür eingetreten und, als sie Karadžić nicht fanden, den Pfarrer und seinen Sohn krankenhausreif geprügelt. Der Hohe Repräntant für Bosnien hat sich später in aller Form für den Zwischenfall entschuldigt. Aber dem Kaplan genügt das nicht. ›Sie wollen das serbische Volk treffen‹, sagt er, ›indem sie seine Kirche verfolgen.‹

Keine guten Aussichten für Versöhnung. Aber es gibt dennoch Hoffnungszeichen. Die junge bosnische Kunstszene in Sarajevo sucht den Anschluss an Europa, an Multikulturalität, Pluralismus und Toleranz. ›Deconstructing Monuments‹ heißt ihr jüngstes Projekt. Vergangenheitsbewältigung auf Bosnisch. Künstler haben am Kai des Miljacka-Flusses die Gedenksteine für das Attentat auf den österreichischen Thronfolger Franz Ferdinand im Jahre 1914 wieder aufgestellt, sowohl das Relief für das Thronfolgerpaar als auch die in Asphalt gegossenen Fußspuren des serbischen Attentäters Gavrilo Princip. Dieses Attentat galt den einen damals als ruchloser Mord, den anderen als heroische Befreiungstat. Nach dem Zusammenbruch der Monarchie wurde das Relief, da politisch nicht mehr opportun, verbannt, und nach dem Zusammenbruch Jugoslawiens auch die Fußspuren. Jetzt erinnert offiziell gar nichts mehr an das Ereignis, das den Ersten Weltkrieg auslöste und eines der wichtigsten in der Geschichte der Stadt war. Was schmerzt und Kontroversen auslöst, soll am besten vergessen werden. Die jungen Künstler sind anderer Meinung. Sie wollen sich erinnern, nicht vergessen. Und haben die Erinnerungsstücke aus dem Depot hervorgeholt. Die Botschaft der Aktion: Das ist nun einmal unsere Geschichte. Man kann und soll sie nicht im Nachhinein retouchieren.

Die Geschichte, die Geschichte. Sie ist überall. Sie wiegt schwer. Sie geht nicht weg, sondern geht immer weiter. Ihr Schatten liegt dunkel über diesem Land, das eine Zeitlang auch zu Österreich-Ungarn gehört hat. Kann man sie überhaupt ›aufarbeiten‹? ›Bewältigen‹? Leicht gesagt, wenn man von außen kommt und die Schrecken und Leiden des Bruderkriegs nicht erlebt hat. Ich kann verstehen, dass es den Betroffenen schwer fällt.«

Ich mag Sarajevo. Für mich ist die Stadt ein Symbol sowohl für die schöne Vielfalt der Kulturen in dieser Weltgegend wie auch für deren manchmal erbitterte Feindschaft. Sie ist, denke ich mir, so etwas wie ein Konzentrat von allem, was in Mitteleuropa schön, und auch, was darin schrecklich ist. Kalt lässt sie mich nie.

An der Grenze

Für die meisten Österreicher, die in der Schule etwas über die Geschichte ihres Landes gelernt haben, hat die Region Galizien eine zweifache Bedeutung. Zu Zeiten der österreichisch-ungarischen Monarchie war sie die ärmste, östlichste, entfernteste Provinz des Reiches, mit kleinen armseligen Dörfchen und verschlammten Straßen. So etwas wie das österreichische Sibirien, gefürchtet von allen Beamten und Offizieren, die dorthin versetzt wurden. Und gleichzeitig war sie, gemeinsam mit der benachbarten Bukowina, auch das österreichische Arkadien, die Heimat einer ganzen Generation von geliebten Schriftstellern, von Joseph Roth bis Paul Celan, von Karl Emil Franzos bis zu Manès Sperber. Und später, aufgeteilt zwischen der Ukraine, Polen und Rumänien, jahrzehntelang für westliche Besucher praktisch unerreichbar. Für mich eine mythische Gegend.

Als es irgendeinmal nach der Wende heißt: Fahr mit nach Galizien und in die Bukowina, bin ich denn auch sofort dabei. Ich möchte sehen, wie das Land aussieht, über das ich so viel gelesen habe. Was ist noch übrig von den Städten und Ortschaften, die deren Dichter vor hundert Jahren beschrieben haben? Von Czernowitz zum Beispiel, laut Paul Celan die Stadt, »in der Menschen und Bücher leben«? Ich bin gespannt, als wir aus unserem Hotel zum ersten Mal auf die Straße treten.

Ein schönbrunnergelbes Haus in der Innenstadt, etwas schäbig, aber solide. Ein österreichischer Diplomat enthüllt eine Gedenktafel für den Biochemiker und Schriftsteller Erwin Chargaff, der hier geboren wurde. Ein Grüppchen österreichischer und ukrainischer Professoren steht herum und schaut zu. Reden werden gehalten. Wieder ein neuer Name für uns, sagt einigermaßen verwundert der Rektor der Universität, der an der kleinen Feier teilnimmt. Die Czernowitzer sind es gewohnt, dass sie jetzt immer öfter von Leuten auf der Suche nach einer Vergangenheit besucht werden, die nicht eigentlich die ihre ist. Ganz in der Nähe steht eine Celan-Büste. Auch von diesem Dichter haben die meisten noch nie gehört.

Wir sind in der Region der euphemistisch so genannten Bevölkerungstransfers. Millionen sind im Lauf des unseligen 20. Jahrhunderts in diesen »Bloodlands« getötet, entwurzelt, deportiert, vertrieben und in die halbe Welt gewirbelt worden. Kaum irgendwo wird das so deutlich wie hier in Czernowitz, einst ein Zentrum mitteleuropäischer Multikulturalität. Die Juden sind weg. Die Deutschen sind weg. Die Polen sind weg. Übrig geblieben sind die Ukrainer, die in der österreichischen Zeit Ruthenen hießen. Auf dem Land stellten sie die Masse der Bauern, in den Städten die Unterschicht. Es ist, als müssten sie erst damit zurechtkommen, dass sie plötzlich die alleinigen Herren im Hause sind.

In Czernowitz haben die Menschen innerhalb einer einzigen Generation vier verschiedene Staatsbürgerschaften gehabt: die österreichische, die rumänische, die sowjetische und die ukrainische. Eine alte Frau kommt vorbei, sieht unser Grüppchen, erkennt, dass wir Österreicher sind, und zeigt mit dem Finger zum Himmel, halb ironisch, halb anklagend. Wenn wir doch wieder bei Österreich wären, sagt sie. Das verstehen wir sogar auf Ukrainisch.

Wir haben uns mit ein paar jungen Historikern und Germanisten angefreundet, die die vielfältige und lange unterdrückte Vergangenheit ihrer Stadt wiederentdeckt haben und deren weltoffene Tradition gern aufnehmen. Wir gehen mit ihnen durch die Tschernwjastraße, vorbei an der großen Synagoge. Jetzt ist sie ein Kino, man spielt »Lara Croft«. Die Armut ist überall sichtbar, aber auch ein gewisses Selbstbewusstsein. Die Jungen fühlen sich als Europäer. Wir schlendern durch die Herrengasse, früher verlief hier der Korso. Am Eck befand sich das prächtige Café Habsburg, das sich rühmte, hier gebe es 256 Tageszeitungen aus aller Welt zu lesen. Auf unserer Reise durch Galizien und die Bukowina haben wir nirgends auch nur eine ausländische Zeitung ergattern können. Heute ist das Habsburg verschwunden, aber ein paar Häuser weiter gibt es ein neues Wiener Kaffeehaus, von einer tüchtigen Rumänin geleitet.

Hier in der Herrengasse steht auch das einstige Deutsche Haus, ein Fachwerkgebäude mit einem Hirschgeweih. Wo früher die getäfelte Bierhalle war, ist jetzt eine Lottokollektur. An die Wand hat jemand geschrieben: »Tod dem System«. Auch ein Ukrainisches Haus gibt es, in einem eleganten kleinen Palais ein Polnisches Haus und in der Nähe des natürlich von den in der ganzen Monarchie tätigen Architekten Fellner und Helmer entworfenen Theaters das ehemalige Jüdische Haus. Ein imposanter Bau, im Wiener Ringstraßenstil errichtet.

Vor 1940 gab es 43 000 Juden in Czernowitz, ein Drittel der Stadtbewohner. Der letzte österreichische Statthalter, ein Baron Bleyleben, schreibt in seinen Erinnerungen, unter ihnen seien alle politischen Richtungen vertreten gewesen – Fromme und Liberale, Zionisten, Kommunisten, Bundisten, Revisionisten, Trotzkisten. Aber alle seien »durch die Bank kaisertreu« gewesen. Alle lasen leidenschaftlich gern Zeitung, alle träumten davon, wenigstens einmal im Leben vom prächtigen Hauptbahnhof im Direktzug nach Wien zu fahren (heute unmöglich), und unglaublich viele von ihnen waren, im Haupt- oder Nebenberuf, Schriftsteller. Einmal gab es Zoff, weil im Jüdischen Haus ein Kongress jiddischer Schriftsteller stattfinden sollte. Berühmte Autoren waren angesagt, darunter Schalom Asch, aber die mehrheitlich assimilierte Czernowitzer Judengemeinde befand: Nein, nicht bei uns. Man war fürs Deutsche, nicht fürs Jiddische.

Das Ende kam, als 1941 die Deutschen einrückten und SS-Einsatzgruppen am Ufer des Flusses Pruth 685 jüdische Czernowitzer Bürger erschossen. Dann übernahmen die mit den Deutschen verbündeten Rumänen die Stadt und deportierten nach und nach die gesamte jüdische Bevölkerung in die Gebiete jenseits des Dnjestr, nach Transnistrien. Hier gab es zwar keine Vernichtungslager, aber auch kein Essen, kein Wasser, keine Versorgung. Die allermeisten Vertriebenen gingen zugrunde, an Hunger und Seuchen.

Einer, der überlebt hat, ist der Czernowitzer Schriftsteller Josef Burg. 91 Jahre ist er jetzt alt, ein lebhafter kleiner Mann, der von sich selbst sagt: Mein Leben besteht aus lauter Wundern. Er kam zurück, nachdem er sich nach Russland durchgeschlagen und sich dort als Kohlenkumpel in Sibirien, als Volksschullehrer in der Wolgarepublik und als Landarbeiter im Kaukasus über Wasser gehalten hatte. Aus seiner Familie waren alle tot. Jetzt ist er der letzte jüdische Schriftsteller in Czernowitz und wird herumgereicht wie eine Sehenswürdigkeit. Die Situation ist halb tragisch, halb komisch, ein Umstand, der dem alten Herrn durchaus bewusst ist.

Als ein schwedischer Kollege und ich ihn in seiner Wohnung besuchen, zeigt er uns schmunzelnd Orden aus Deutschland und Österreich. Auch Jörg Haider, der Anführer der weit rechts stehenden Freiheitlichen Partei Österreichs, hat den allergrößten Wert darauf gelegt, sich mit ihm fotografieren zu lassen. Der letzte jüdische Schriftsteller in der einstigen Schriftstellerstadt gibt die *Czernowitzer Blätter* heraus, auf Jiddisch, in hebräischen Lettern gedruckt. Die Zeitschrift wird subventioniert. Wir ahnen: Josef Burg ist ihr einziger Leser.

Die Czernowitzer Juden waren in ihrer Mehrzahl assimiliert und aufgeklärt, aber in der Nähe der Stadt liegt ein berühmtes chassidisches Heiligtum: der »Hof« des einstigen Wunderrabbis von Sadagora, Israel Friedmann. Von weither strömten einst die Frommen in Scharen hierher, um den heiligmäßigen Zaddik zu sehen und sich bei ihm Rat und Trost zu holen. Auch die nichtjüdische Czernowitzer Gesellschaft versäumte es nicht, diesem ihre Aufwartung zu machen. Mein Großvater Heinrich Coudenhove-Kalergi, in den Siebzigerjahren des 19. Jahrhunderts ein neugieriger Student an der lokalen Universität, berichtet in seinen Erinnerungen von einem Besuch in Sadagora. Die Söhne des Rabbi organisierten den Pilgerstrom und bestimmten, wer wann vorgelassen wurde. Endlich war die Reihe an dem Studenten aus Böhmen. Was sein Vater denn so mache, fragte der große Mann seinen jungen Besucher. Er sitze im Reichsrat. Für welche Partei? Für die Konservativen. Gut so, meinte der Berühmte. Die Leute, die Religion haben, sollen zusammenhalten.

Hundertdreißig Jahre später finden wir in Sadagora nur noch eine Ruine vor. Der »Hof« ist ein einst stattliches, sienarot verputztes Gebäude. Aber das Dach ist eingestürzt. Im großen Mittelzimmer, einst wohl der Audienzsaal des Wunderrabbi, liegt knöcheltief der Schutt. Durch das Loch in der Decke sieht man den Himmel. Als wir ankommen, verlässt gerade eine Gruppe orthodoxer Juden in traditioneller Tracht das Haus. Es sind wohl Chassiden aus Israel auf Wallfahrt. Das »Kleine Jerusalem«

nannten die Czernowitzer einst den Hof von Sadagora. Sie scheinen ehrgeizige Vergleiche geliebt zu haben. Der prächtige Amtssitz des griechisch-katholischen Metropoliten war der »Kleine Vatikan«, und Czernowitz selbst, wie könnte es anders sein, war »Klein Wien«.

Czernowitz, die Hauptstadt der Bukowina, ist die Stadt Paul Celans, Brody in Galizien ist die Stadt Joseph Roths. Im »Radetzkymarsch« und anderswo hat dieser es beschrieben, das Städtchen an der Grenze, an den Sümpfen, die Schmugglerstadt. Hier verlief einst die Grenze zwischen Österreich-Ungarn und dem russischen Zarenreich. Aber während Czernowitz fast unversehrt ist, ist vom einstigen jüdischen Stetl Brody kaum mehr etwas übrig. Die große Synagoge steht noch, aber nur gerade noch. Eine Ruine, mit Holzpfosten gestützt. Rundherum hässliche, vergammelte Neubauten aus Beton. Auch das einstige k. k. Gymnasium, wo Joseph Roth in die Schule ging, machen wir ausfindig. Es trägt, neben den Namen anderer lokaler Größen, auch den Namen Joseph Roth.

Eine engagierte Deutschlehrerin führt uns ihre Klasse vor. Die Jugendlichen wollen alle weg von hier. Warum?, fragen wir. Und bekommen zur Antwort: Weil es hier so langweilig ist. Möglich, dass Joseph Roths Schulkameraden einst ähnlich empfunden haben. Auch das kleine Museumskabinett der Schule wird uns gezeigt, mit den Bildern bedeutender Absolventen. Roths Foto ist da, aber auch das eines Generals einer ukrainischen SS-Einheit.

Als wir auf dem Hauptplatz nach irgendeiner Erinnerung an die einst fast rein jüdische (und fast zur Gänze ausgerottete) Bevölkerung des Ortes suchen, werden wir nicht fündig. Es gibt ein Denkmal, den heiligen Georg darstellend, aber die Aufschrift erinnert nur an »die Leiden der Ukrainer«. Ist denn gar keine Spur mehr da von den Juden von Brody? Sind sie alle vergessen?

Nein, es gibt noch eine Erinnerung an sie. Einer unserer jungen ukrainischen Historikerfreunde fährt uns hinaus vor die Stadt, und dort endlich finden wir, was wir suchen. Ein riesiger Friedhof, einsam gelegen zwischen Wald und Moor. Grabstein an Grabstein, aufrecht stehend oder umgestürzt, mit hebräischen Lettern, vereinzelt auch mit deutschen Aufschriften. Eine davon erinnert an einen gewissen Albert Nussbaum,

Kurarzt in Abbazia. Er war, so erfahren wir, ein enger Freund von Bertha von Suttner.

Brody liegt nicht weit von Lemberg, einst Hauptstadt des Kronlands Galizien. Eine kleine Großstadt, urban, lebendig, mit Restbeständen einer vor allem polnisch, aber auch ein wenig österreichisch geprägten Eleganz. Leopolis, Lemberg, Lwow, Lwiv – der ukrainische Schriftsteller Juri Andruchowytsch nennt die Stadt ein Schiff, auf dem schon viele gefahren sind. Und auch hier haben es die Ukrainer schwer, sich gegen so viel Geschichte, die nicht nur ihre Geschichte ist, durchzusetzen. Denkmäler sind eine Möglichkeit dazu. Auf dem Hauptboulevard, der das noble Hotel George (von Fellner und Helmer erbaut) mit dem nicht weniger noblen Opernhaus verbindet, steht eine Riesenfigur des ukrainischen Nationaldichters Taras Schewtschenko, vor der Universität eine ebenso riesige des zweiten Nationaldichters Ivan Franko. Der Ukraine-Reisende begegnet den beiden auf Schritt und Tritt und hat bald heraus: Der mit dem Bart ist Schewtschenko, der ohne Bart ist Franko. Schewtschenko, ein ehemaliger Leibeigener, war ein Mystiker, Franko war ein bürgerlicher Aufklärer. Die Ukrainer sind traurig, dass niemand im Ausland ihre Heroen kennt.

Aus dem alten Regime hat nur ein Denkmal für den polnischen Freiheitsdichter Adam Mickiewicz überlebt, eine graziöse Jugendstilsäule, auf der ein Engel dem Dichter einen Lorbeerkranz überreicht.

Auf dem Lemberger Schiff sind viele gefahren, auch viele Anhänger verschiedener christlicher Konfessionen. Viele Türme vieler Kirchen zeigen zum Himmel. Man braucht ein kleines Theologiestudium, um sich im Gewirr der in der Ukraine ansässigen christlichen Kirchen auszukennen, die ihre jeweiligen Oberhäupter in Lemberg, in Kiew, in Moskau oder in Rom haben und einander nicht recht leiden können.

Aber Ukraine ist nicht Ukraine. Der Westen ist griechisch-katholisch, der Osten orthodox. Der Westen ist europäisch und spricht vorwiegend Ukrainisch, der Osten ist weitgehend russifiziert und spricht überwiegend Russisch. Wien ist uns näher als Kiew, sagen die Lemberger, und viele denken laut darüber nach, die lateinische Schrift einzuführen und in der Kirche den gregorianischen Kalender. Gegen die polnische Herrschaft hat man zwar seinerzeit gekämpft, aber heute ist Polen der goldene Westen und das polnische Fernsehen, das man in Lemberg empfangen kann, ein Stück unzensurierte Freiheit.

Der Lytschakiwski-Friedhof ist der schönste Friedhof der Stadt, so etwas wie ein Lemberger Père Lachaise. Die alten Frauen, die vor dem Friedhofstor Blumen verkaufen, leben vor allem von den polnischen Touristen, die hierherkommen. Sie legen die Blumen auf die Gräber von polnischen Schauspielerinnen und polnischen Generälen, aber vor allem auf die Gräber der polnischen Gefallenen bei den polnisch-ukrainischen Kämpfen von 1919. An sie erinnert ein eigener Soldatenfriedhof. Später hat man auch eine eigene Grabanlage für die ukrainischen Kämpfer errichtet. Sie soll eines Tages in Anwesenheit beider Präsidenten, des polnischen und des ukrainischen, eingeweiht werden, zum Zeichen der Versöhnung. Aber dazu ist es bisher noch nicht gekommen. Alte Wunden heilen schwer.

Aber es gibt auch neue Wunden. Gleich hinter dem Friedhofstor finden wir ein frisches Grab, über und über mit Blumen bedeckt. Hier liegt der Journalist Oleksandr Krywenko, Chefredakteur der Zeitschrift *Postup*, des besten und kritischsten Mediums des Landes. Krywenko, den seine Freunde Saschko nannten, kam vor einigen Monaten nahe Kiew bei einem mysteriösen Autounfall ums Leben. Diese berühmten Autounfälle, sagen die Lemberger. Wer zu viele Fragen stellt, lebt in der Ukraine gefährlich.

Die meisten Fälle kamen nie in die westliche Presse. Nur der Tod des Reporters Juri Gongadse wurde über die Grenzen des Landes hinaus bekannt. Man fand die Leiche in einem Wald, der Kopf war abgetrennt. Es gab eine Tonbandaufzeichnung, auf der der ukrainische Präsident Leonid Kutschma mit der Bemerkung zu hören war, der Journalist Gongadse, der mit seinen Artikeln den Autoritäten gefährlich geworden war, gehöre »erledigt«.

Als Oleksandr Krywenko starb, erzwang die Lemberger Öffentlichkeit seine Bestattung auf dem Lytschakiwski-Friedhof. Zum Begräbnis erschien die gesamte Lemberger Intelligenzija. Und bis heute werden auf seinem Grab Blumen niedergelegt. Das in einem Land, in dem die meisten Leute bitterarm sind und ein Blumenstrauß eine beträchtliche Ausgabe darstellt.

Armut, Korruption, Autoritarismus, Rückständigkeit, organisiertes Verbrechen und ein stetes und oft vergebliches Bemühen um Anerkennung und Aufmerksamkeit für ein kaum bekanntes Land zwischen Polen und Russland – das ist die Ukraine. Aber auch der Kampf Oleksandr Krywenkos und anderer für Meinungsfreiheit und Demokratie, mühsam, gefährlich und unbedankt, gehört zur jüngeren Geschichte dieses schwer geprüften Landes. Ich denke bei mir: Mit diesem Grab ist der polnische Lytschakiwski-Friedhof auch zu einem ukrainischen Friedhof geworden. Bei den alten Frauen am Eingang kaufe ich einen Strauß bunter Astern und legte ihn zu den anderen Blumen auf Saschkos Grab.

Polnische Herren und jüdische Dichter, österreichische Beamte und huzulische Hirten, armenische Kaufleute und ruthenische Bauern – sie alle sind in der jüngeren Vergangenheit auf dem sturmgebeutelten galizischen Schiff gefahren. Sie sind immer noch da, weil eine neue ukrainische Generation sich wieder auf sie besinnt. Als ich heimkomme, sind es doch nicht zwei Reisen, die ich gemacht habe, in die Vergangenheit und in die Gegenwart, sondern nur eine.

»Land der Menschen«

Meine Korrespondentenjahre sind vorbei, und ich bin zurück in Wien. Und erlebe eine ungute Überraschung. In den letzten Jahren ist die Stimmung gegenüber Zuwanderern und Ausländern in meiner Heimat umgeschlagen. Es stimmt, seit der Wende in Osteuropa sind tatsächlich viele Fremde ins Land gekommen. Und anders als zu der Zeit, als ich selber Flüchtling war, schlagen ihnen nun Misstrauen und Ablehnung entgegen. Die Freiheitliche Partei (FPÖ) gießt Öl ins Feuer und macht sich die neue Fremdenfeindlichkeit zunutze.

Ich erinnere mich an meine eigene Flüchtlingsvergangenheit. Als wir mittellos ins Land kamen, waren die Österreicher bedeutend ärmer als jetzt. Trotzdem wurde uns geholfen, und meine Eltern wurden nicht daran gehindert, sich wieder eine Existenz aufzubauen.

Was wäre aus uns Kindern geworden, denke ich, wenn man uns so behandelt hätte, wie wir jetzt die Neuankömmlinge behandeln? Meine großen Brüder, tatendurstige Burschen, zur Untätigkeit verdammt in irgendeinem Dorfquartier, scheel angeblickt von ihrer Umgebung? Gut möglich, dass sie in die Kriminalität abgerutscht wären. Und ich denke an die Zeit, als die Ungarnflüchtlinge in Massen nach Österreich strömten und alle einander an Hilfsbereitschaft überboten. Was ist nur seither in die Österreicher gefahren?

Ich gehe zum Flüchtlingsdienst der evangelischen Diakonie und frage, ob ich dort mitarbeiten darf. Gertrude Hennefeld, Mutter eines Pfarrers, ist eine der Flüchtlingsberaterinnen. Sie nimmt mich mit ins Flüchtlingslager Traiskirchen. In der evangelischen Kirche gleich neben dem Lager, das ich noch aus der Zeit des Ungarnaufstands kenne, hat die Diakonie ihren Beratungsraum eingerichtet. In dem Zimmer sitzen Dutzende Leute, alt und jung, schwarz und weiß, treten einer nach dem andern zu den Beratern und erzählen, meist in gebrochenem Englisch, ihre Geschichte. Jede einzelne ist herzzerreißend.

Ein junger Mann mit wunderschönen langbewimperten Augen ist hier mit seiner jungen Frau, seiner epileptischen Mutter und seiner Großmutter: Christen aus dem Iran, obdachlos, aus der Bundesbetreuung hinausgeschmissen. Die Familie hat gute Chancen, nach Amerika eingelassen zu werden, aber nun droht ihr die Abschiebung. Gertrude bringt sie in einem Heim unter und will noch einmal mit den Behörden reden.

Eine bildhübsche Russin mit zwei ebenso hübschen halbwüchsigen Töchtern, die man alle sofort an eine Fotomodellagentur vermitteln könnte. Seit zwei Tagen obdachlos, aus dem Lager hinausgeworfen, weil Russen angeblich keine Asylgründe haben. Ebenfalls Heim – ich bin froh, dass die drei wenigstens vorläufig ein Dach über dem Kopf haben.

Und weiter. Zwei jüdische Burschen aus Weißrussland – um sie wird sich die Israelitische Kultusgemeinde kümmern. Eine Sorge weniger. Zwei vierzehnjährige Kosovo-Albaner, einer aus einem Heim in Linz ausgerissen, weil er zu seinem Freund in Wien wollte. Da lässt sich was machen. Ein stiller junger Schwarzer namens Theophilus, der sagt, aus Sierra Leone zu sein (ein Bürgerkriegsland), was ihm die Behörden allerdings nicht glauben. Die Experten der Diakonie werden das noch einmal prüfen.

Eine Romafrau aus Rumänien, sie hat eine Verwaltungsstrafe ausgefasst, weil sie angeblich irgendwo illegal als Kellnerin gearbeitet hat. Ich denke im Stillen: eine Zigeunerin, die arbeitet, dafür auch noch bestrafen – statt über diese Leistung froh zu sein? Katharina, Gertrudes junge Kollegin, wird Berufung einlegen. Ein alter Herr aus Afghanistan, weißhaarig, gebildet, Kunsthistoriker. Für ihn kämpft Gertrude schon seit einiger Zeit, ebenso hartnäckig wie erfolglos.

Ein Serbe, bei dessen Unterbringung guter Rat teuer ist. Die meisten Heime sind voller Albaner. Prügeleien sind vorprogrammiert. Aber in einem Caritasheim nehmen sie ihn trotzdem. Schließlich bleiben zwei Ratsuchende übrig, für die beim besten Willen kein Platz zu finden ist. Ein Sudanese, den die Behörden abgewiesen haben, weil er die sudanesische Landessprache nicht kann (er sagt, weil er sein ganzes Leben in Libyen verbracht hat), und ein junger Somali, der wegen einer Rauferei aus einem Flüchtlingsheim geflogen ist. Eine Stammesfehde. Gertrude gibt den beiden ein bisschen Geld und rät ihnen, sich illegal nach Deutschland durchzuschlagen. Gewalttätige kann sie den Diakonie- und Caritasheimen nicht zumuten. Wir haben alle ein ungutes Gefühl dabei. Je länger sich der Tag hinzieht, desto mehr lerne ich die Berater bewundern. Gertrude ist unerschütterlich, freundlich, ohne Herablassung, von einer Gerechtigkeit und Geduld, die keine Grenzen kennt. Immer wieder fragt sie nach, immer wieder ruft sie die Behörden an, bohrt, klärt auf, weist auf Missverständnisse hin – und erreicht meistens, dass der Fall zumindest noch einmal geprüft wird. Als ich endlich heimfahre – Gertrude hält bis in den späten Abend hinein aus –, bin ich vom bloßen Dabeisitzen ziemlich erledigt und ahne einigermaßen entmutigt: Das werde ich nie können.

Wir schreiben 1999, und in Österreich stehen Nationalratswahlen an. Die Freiheitliche Partei unter ihrem charismatischen Führer Jörg Haider führt eine fulminante Wahlkampagne, erstmals mit dem Hauptschlager: Die Ausländer sind an allem schuld. Plakate zieren alle verfügbaren Flächen: »Stopp der Zuwanderung«. »Stopp der Überfremdung«. »Stopp dem Asylmissbrauch«. Man sieht schwarze Gesichter. Und ein weiteres Motiv: FPÖ-Chef Haider, angehimmelt von einer blonden deutschen Mutter, mit dem Slogan »Einer schützt unsere Kinder«. Alles auf SS-schwarzem oder judensterngelbem Grund.

Mich packt wieder einmal der Zorn. Als die Plakate auftauchen, gehe ich ins Büro des Flüchtlingsdienstes und berichte, was ich gesehen habe. Es ist die Zeit der Manifeste und Unterschriftenaktionen. Ich schreibe einen Text: »Im Wahlkampf wird neuerlich versucht, gegen Ausländer und Ausländerinnen Stimmung zu machen. Die Plakatkampagne der FPÖ suggeriert, dass unseren Kindern durch Zuwanderung Gefahr droht. Wir protestieren dagegen, dass Ausländer und Ausländerinnen pauschal diskriminiert und kriminalisiert werden. Wir wehren uns dagegen, dass Ausländerhass salonfähig wird. Wir wissen uns darin eines Sinnes mit allen Österreichern und Österreicherinnen, die über die schleichende Vergiftung des Klimas in unserem Land besorgt und empört sind.« Die Protestanten, voran der Flüchtlingsdienst-Chef Michael Bubik, sagen sofort: Gut, wir machen das. Eine »Initiative gegen Anti-Ausländerhetze im Wahlkampf« wird gegründet. Und wir gehen daran, Unterschriften zu sammeln.

Wider Erwarten schlägt die Sache ein. Wir keilen Gratis-Inserate in zahlreichen Zeitungen. Ein Graphiker erstellt gratis ein Plakat. Wir marschieren durch die Fußgängerzonen und bitten die Geschäftsleute, es auszuhängen. Erstaunlich viele tun es. Eine Verkäuferin sagt: Der Chef ist nicht da, geben Sie her. Eine Werbeagentur meldet sich. Und viele, viele unterschreiben. Gewerkschafter, Wirtschaftsleute, Künstler, Funktionäre aller Parteien außer der FPÖ und natürlich die »üblichen Verdächtigen« aus der linken Szene. Meine Freunde aus der Caritas zögern. Sie hätten lieber einen positiven Text à la »Für Fairness im Wahlkampf«. Sie müssen vorsichtig sein, schließlich brauchen sie für ihre vielfältigen Aktivitäten Unterstützung von so vielen Seiten wie möglich. Aber ich bleibe ausnahmsweise hart. Wir sind schließlich nicht der Bundespräsident, und gutmenschliche Gemeinplätze interessieren jetzt niemanden. Fünfmal ruft der Wiener Caritaschef Michael Landau an, notiere ich in meinem Tagebuch. Aber dann unterschreiben er und der Österreich-Präsident Franz Küberl doch. Wenn's drauf ankommt, kann man sich auf die beiden verlassen.

Inzwischen finden die Wahlen statt, und die Freiheitliche Partei legt gewaltig zu. Es gibt Regierungsverhandlungen und eine schwarz-blaue Koalition wird immer wahrscheinlicher. Die bislang honorig-konservative ÖVP kokettiert mit den Rabauken von ganz rechts. Jetzt regt sich im ganzen Land Besorgnis und Widerstand. Ein Komitee wird gebildet, das Jörg Haider »die linke Jagdgesellschaft« nennt. Der Republikanische Club, der schon die Kampagne gegen die Wahl des Bundespräsidenten Kurt Waldheim mit dessen dubioser Vergangenheit gemanagt hat, wird zum Zentrum der Bewegung. Eine Sitzung jagt die andere, Radikale und weniger Radikale diskutieren. Der Schriftsteller Doron Rabinovici bringt prominente Gäste aus dem Ausland. Mir gefällt das nicht, ich hätte das Ganze lieber strikt österreichisch gehalten. Aber jetzt ist nicht der Zeitpunkt zum Streiten über Details.

Und es geht etwas weiter. Am 12. November findet unter dem Motto »Keine Koalition mit dem Rassismus« in Wien eine Großkundgebung statt und ist ein Riesenerfolg. Der Heldenplatz ist voll, es sieht kaum weniger eindrucksvoll aus als damals, als Adolf Hitler die »Heimkehr« Österreichs ins Deutsche Reich »meldete«. Auch ich muss, neben zahllosen anderen, eine Rede halten. Die »Koalition mit dem Rassismus« kommt trotzdem zustande. Wir sind froh, dass das »andere Österreich« wenigstens ein kräftiges Lebenszeichen gegeben hat. Aber mir ist nicht wohl dabei. Proteste sind schön und gut. Aber letztlich finden sich bei dergleichen doch immer nur diejenigen ein, die ohnehin einer Meinung sind. Was ist mit den vielen anderen, die sich wirklich vor den Zuwanderern fürchten? Die der Propaganda der FPÖ und der Agitation der *Kronen-Zeitung* glauben, der auflagenstärksten Zeitung im Lande? Die Leute in den Vorstadtbezirken, die plötzlich Tür an Tür mit Fremden leben müssen und sich von diesen, oft nicht ohne Grund, gestört und in ihrer gewohnten Lebensweise bedroht fühlen? Studien zeigen, dass Angst und Ablehnung dort am größten sind, wo die Menschen überhaupt keine Ausländer kennen. Die ausländerfeindlichste Gemeinde im Lande, lese ich, ist die Gemeinde Gurk in Kärnten. Dort aber ist nicht ein einziger Ausländer gemeldet.

Wie, wenn man Einheimische und Fremde an einen Tisch brächte? Wenn gewöhnliche Leute, verschreckte Österreicher und nicht minder verschreckte Zuwanderer, miteinander ins Gespräch kämen, sagen könnten, was sie aneinander stört? Wenn aus »dem Ausländer«, dem unbekannten und bedrohlichen Wesen, ein konkreter Mensch würde, mit einem Gesicht, konkreten Sorgen und Wünschen? Wenn Leute, die nebeneinander leben müssen, ihre wirklichen und eingebildeten Probleme nicht über Kampfparolen und Hetzartikel vermittelt bekämen, sondern diese direkt, Auge in Auge, von Person zu Person besprechen und verhandeln könnten? Ich könnte so etwas nie im Leben selbst organisieren, aber ich kenne Menschen, die das könnten.

Ursula Struppe, eine junge Theologin und Alttestament-Spezialistin, leitet die Theologischen Kurse für Laien in der Erzdiözese Wien. Auch ich habe einmal einen solchen Kurs absolviert. Uschi ist eine hervorragende Organisatorin. Wir reden. Sie fängt sofort Feuer. Auf der Straße treffe ich zufällig Helmut Schüller, ehemals Generalvikar der Erzdiözese, und erzähle ihm von unserem Plan. Auch er ist gleich dabei. Die beiden schaffen es, einen Kreis von Leuten zusammenzubringen, der in den folgenden Monaten eine Initiative namens »Land der Menschen« auf die Beine stellt. Den Namen hat unsere Werbeagentur erfunden. Er spielt auf die österreichische Bundeshymne an und besagt, dass Österreich nicht nur ein »Land der Berge« ist, sondern auch und vor allem ein Land der Menschen, die darin leben, der einheimischen und der zugewanderten. Ein Werbespot im Fernsehen, mit der Melodie der Hymne unterlegt, bringt die Idee unter die Leute. Ein Jahr lang, beschließen wir, wollen wir im ganzen Land Direktgespräche zwischen Inländern und Ausländern initiieren.

Es wird eine Heidenarbeit, aber es funktioniert. Wir rennen von Pontius zu Pilatus, zu den Gewerkschaften, zur Wirtschaftskammer, zu Promis und Nicht-Promis, zu Linken und zu Bürgerlichen. Zu den politischen Parteien gehen wir nicht. Künstler und Studenten machen mit, Lehrer und Hausfrauen, Christen und Muslime. Unsere Mitstreiter treiben Geld auf und organisieren Bürgergespräche in Gemeindebauten und Pfarrsälen, auf Märkten und in Fußgängerzonen, in islamischen Gemeindezentren und städtischen Kulturhäusern. Helmut Schüller erweist sich als begnadeter Diskutierer, wo immer er auftaucht, bilden sich eifrig argumentierende Grüppchen. Auch Ferdinand Lacina, einst sozialdemokratischer Finanzminister, wirft sich tapfer ins Gewühl. Und viele andere mit ihm. Es wird ein intensives und lehrreiches Jahr. Einige Begegnungen bleiben hängen.

Ein Gemeindesaal in einem steirischen Dorf. Ein Podium mit Inländern und Ausländern. Volles Haus. Eine ältere Frau im Publikum steht auf. Sie komme ja nicht oft in die Stadt, sagt sie, aber neulich war sie in Graz, und da sah sie: Mitten auf dem Jakominiplatz steht ein Neger. Darf er das? Die Frage ist weder feindselig noch aggressiv gestellt. Die Frau hat noch nie einen Schwarzen gesehen. Sie will es einfach wissen. Der Saal diskutiert das Problem sehr ernsthaft. Hat der Mann Drogen verkauft? Leute belästigt? Nein, nein. Er stand nur einfach da. Man kommt einhellig zu dem Schluss: Er darf. Die Frau ist es zufrieden. Sie hat ja nur fragen wollen.

Ein islamisches Gemeindezentrum in einem Wiener Vorstadtbezirk. Das Lokal liegt im Souterrain eines Altbaus, und die Anrainer sind beunruhigt über die vielen türkischen Männer, die da ständig ein und aus gehen. Was die wohl dort drinnen treiben? Wir haben mit Hilfe der Islamischen Glaubensgemeinschaft den Imam dazu gebracht, die Leute aus der Umgebung in das Bethaus einzuladen. Tag der offenen Tür. Zu dieser Zeit ist so etwas noch völlig ungewöhnlich, und wir sind ein wenig nervös. Ob wohl Leute kommen werden? Überflüssige Sorge. Die Leute kommen, und wie.

Sie ziehen brav ihre Schuhe aus und betreten etwas zögernd den Gebetsraum. Wir setzen uns, dichtgedrängt, im Kreis auf den Teppich. In der Mitte kniet, ein niedriges Lesepult vor sich, unser Freund Tarafa Baghajati, Bauingenieur aus Syrien, aber nebenbei auch Imam und freitags Prediger in einigen Moscheen. Die Frauen flüstern einander zu: Fesch ist er, das muss man ihm lassen. Tarafa erklärt uns in gutem Deutsch die Grundbegriffe des Islam. Es ist eine Mischung aus Katechismusstunde und Tausendundeiner Nacht. Als er erzählt, der Prophet Mohammed habe den Muslimen geboten, jeweils die Gesetze des Landes einzuhalten, in dem sie sich befinden, sagt der Spenglermeister, der neben mir auf dem Teppich sitzt, laut: Ah, da schau her.

Jetzt treten die Türkenbuben in Aktion, die normalerweise der Schrecken des Viertels sind. Heute sind sie tadellos gewaschen und geschniegelt und bieten allen Gästen Tee aus kleinen Gläsern und allerlei Häppchen an. Die Frauen haben am Vortag eifrig gebacken. Ich setze mich zu ihnen in den Nebenraum. In beiden Räumen, bei den Frauen wie bei den Männern, kommt jetzt das Gespräch in Gang. Manche Nachbarn erinnern sich daran, dass sie als Kinder selbst in den Substandardwohnungen aufgewachsen sind, in denen jetzt die türkischen Zuwanderer wohnen. Damals, sagt einer, habe es auch immer Zoff gegeben wegen Lärm und Fußballspielen im Hof.

Andertags ist das Ereignis Tagesgespräch im Grätzel. Die, die nicht da waren, ärgern sich, dass sie etwas versäumt haben. Und eine pensionierte Lehrerin, die immer mit den lärmenden Zuwandererkindern schimpft, findet im Blumengeschäft in ihrem Haus ein Brieflein, mit

Blümchen geschmückt, auf dem mit ungelenker Hand geschrieben steht: Kleine Kinder sagn Enculdigung. Da ist selbst die Gestrenge ein bisschen gerührt.

Im Gemeinschaftsraum eines Gemeindebaus wird ebenfalls lebhaft diskutiert. Es geht um Lärm, Musik, Müll, Kopftücher. Eine Kopftuchfrau meldet sich. Sie spricht recht gut deutsch. Ihr kleiner Sohn, sagt sie, sei neulich zu ihr gekommen und hätte gesagt, er möchte jetzt nicht mehr Omar heißen, sondern Herbert. Wie denn das? Omar ist doch ein schöner Name. So hat dein Großvater geheißen, und den hast du doch so gern gehabt. Ja, sagt Omar. Aber wenn ich Herbert heiße, dann lassen mich die andern vielleicht mitspielen.

Bei einer sogenannten Straßenaktion auf einem Markt steht eine Gruppe Gärtner der Stadt Wien am Rande des Geschehens und hört interessiert zu. Nach ihrer Meinung zum Thema Ausländer gefragt, sagt einer, in ihre Partie komme jedenfalls kein Ausländer herein. Das komme überhaupt nicht in Frage. Freilich, einer aus der Gruppe ist schokoladebraun. Er steht da und grinst. Wir sind ein bisschen verlegen. Ja, aber, äh, Ihr Kollege? Was ist mit Ihrem Kollegen? Der?, meint der Erste. Das ist doch kein Ausländer. Das ist der Mustafa.

Ähnliches hören wir noch oft. Das ist einer der bestimmendsten Eindrücke, die wir nach unserem »Land-der-Menschen«-Jahr von der ganzen Aktion mitnehmen. Bei den Hunderten Gesprächen, die wir geführt haben, kam immer wieder die Bemerkung, die Nachbarn und die Arbeitskollegen seien eigentlich eh in Ordnung. Aber »überhaupt« gäbe es eben viel zu viele von der Sorte. Die Österreicher, haben wir gelernt, mögen »die Ausländer« als Gattung nicht. Aber mit dem konkreten Ausländer, dem Mustafa, dem Zoltan, dem Ali – mit dem kommen sie eigentlich meist ganz gut aus.

Hat unsere Initiative etwas gebracht? Mindestens eine nachhaltige Folge hat sie jedenfalls gehabt. Im nächsten Jahr kündigt Ursula Struppe ihren Job bei der Erzdiözese Wien und wechselt ins Wiener Rathaus, wo sie Leiterin der Magistratsabteilung für Integration und Diversität wird und fortan, jetzt mit sehr viel mehr Geld, die vielfältigen Programme der Stadt zu diesem Thema erfindet, koordiniert und umsetzt.

Und auch ich suche mir einen Job im Integrationsbereich. Ich mache eine Ausbildung als Lehrerin für Deutsch als Zweitsprache und unterrichte fortan Migranten und Asylwerber in der deutschen Sprache. Und entdecke wieder einmal eine neue Welt.

Breznitz revisited

Mein Bruder Jakob hat die Idee, seinen ersten Enkel in Breznitz taufen zu lassen. In der Schlosskapelle, wo wir alle getauft worden sind. Warum nicht? Die Kommunisten sind weg, und das Schloss kann man jetzt für Veranstaltungen mieten. Gesagt, getan. Wir nehmen Kontakt auf mit der Schlossverwaltung, und an einem schönen Tag im Juni 2003 setzt sich eine Autokolonne von Wien aus in Richtung Südböhmen in Bewegung. Wir fahren mit Kind und Kegel zurück in die Welt meiner Kindheit.

Es ist nicht meine erste Erinnerungsreise dorthin. Ich war schon vor Jahren, mitten in der Kommunistenzeit, einmal in Breznitz, in Begleitung meines jüngsten Bruders Michael. Wir fuhren in meinem ersten eigenen Auto, dem klapprigen VW Cabrio. Die erste Fahrt mit diesem Vehikel, das hatte ich mir so vorgenommen, sollte nach Böhmen gehen.

Wir besuchen Emilka, unsere einstige Köchin. Sie war damals eine junge Frau, wir waren Kinder. Jetzt ist sie eine Matrone, und wir sind erwachsen. Ein fröhliches, herzliches Wiedersehen. Emilkas und Mařenkas alte Mutter besteht darauf, dass wir bei ihr wohnen. Ich wäre eigentlich lieber im Gasthof abgestiegen, aber das kommt gar nicht in Frage. Betten werden bezogen, das Beste wird aufgetischt. Und als wir wieder nach Hause fahren, ist unser Auto vollbeladen mit Speck vom letzten Schweineschlachten, selbsteingekochter Himbeermarmelade und heurigen Kartoffeln aus dem Garten. Aus Michi ist inzwischen ein hungriger Kunststudent geworden. Der kann etwas Ordentliches zum Essen gebrauchen, findet Frau Steffanova.

Ihr Mann arbeitete seinerzeit für meinen Großvater und wurde von allen Fuxík genannt, weil er ein schönes Fuchsengespann führte. Ein kleiner, drahtiger Mensch, so wortkarg, wie seine Frau gesprächig ist. Pferde waren sein Leben. Jetzt arbeitet er auf der JZD, der landwirtschaftlichen Produktionsgenossenschaft. Er ist schon über siebzig, aber er kann und will nicht aufhören mit dem Arbeiten. Die meisten jungen Leute, sagt er, wissen heute gar nicht mehr, was das ist, richtig arbeiten. Die meisten – aber nicht sein Sohn Franta. Der kann das. Und der ist inzwischen auch der Vorsitzende der JZD geworden und damit der Chef seines Vaters. Franta führt uns herum. Vater Steffan, sagt er, ersetzt im Betrieb drei Facharbeiter. Mir gefällt es, dass der junge Vorsitzende die älteren Arbeiter respektvoll mit »pane Špaček« anspricht, während diese zu ihm, seine Autorität durchaus anerkennend, weiter Franta und du sagen. Über Politik reden wir nicht.

Ich erinnere mich daran, dass mein Großvater in den Jahren nach der Vertreibung immer gesagt hatte, die Halunken und Rabauken damals seien »von auswärts« gekommen, während »unsere Leute« sich sehr anständig benommen hätten. Hat sich Breznitz verändert? Die Landschaft ist immer noch da. Das Schloss auch. Mir fällt nur auf, dass auf dem Vorplatz inzwischen ein großer Sowjetstern prangt, aus roten Geranien kunstvoll gebildet.

Und jetzt, Jahre später, sind wir also neuerlich hier, diesmal gleich drei Generationen stark. Und als zahlende Kunden. Der Sowjetstern ist weg. Herr Bartak empfängt uns, der Verwalter des Schlosses, das nun Museum ist und im Eigentum der staatlichen tschechischen Schlösserverwaltung steht. Für unsere Taufgesellschaft hat er sich mächtig ins Zeug gelegt. Aus dem nahen Wallfahrtsort Příbram hat er einen Pater aufgetrieben, der sogar ein bisschen deutsch kann. Und einen schönen Saal stellt er uns in Aussicht, für das Taufessen nachher.

Es wird eine schöne Feier. Wir haben Blumen mitgebracht und die Kapelle festlich geschmückt. Der Pater hat irgendwo in seinem Kloster noch ein deutsches Gebetbuch gefunden, das kommt jetzt zu Ehren. Er böhmakelt wunderschön. Widersagst du dem Teufel?, fragt er vorschriftsmäßig. Der Täufling brüllt. Die Tanten sind gerührt. Und vom Altar aus blicken die goldenen Engel und Heiligen milde auf das Ganze herunter wie eh und je.

Und dann wird getafelt. Aus dem nahen Wirtshaus Zum Weißen Löwen, wo wir auch wohnen, hat der Wirt Lungenbraten mit Knödel geliefert, das neue Nationalgericht. Der traditionelle Schweinsbraten ist nicht

mehr in Mode, da zu fett. Aber was ist das für ein Raum, in dem wir da sitzen? Mit den Resten von mittelalterlichen Fresken an der Wand? Wozu hat er in unserer Kinderzeit gedient? Plötzlich fällt es Jakob und mir ein. Das ist das Zimmer, in dem Vinca früher immer die Schuhe geputzt hat! Das sieht unserem Banausen von Großpapa wieder ähnlich!

Herr Bartak mit Frau und Kindern sitzt auch mit am Tisch. Die Kinder haben sich über die Sprachgrenzen hinweg bereits angefreundet. Tereska, die kleine Verwalterstochter, darf unseren neugetauften Camillo streicheln und ist hingerissen. Der Nachtisch wird serviert. Alles plaudert angeregt. Ein seltsames Mittagessen. Wer ist hier eigentlich Gast? Wer ist Gastgeber? Sind wir Heimkehrer? Vertriebene? Oder einfach Touristen? Jakob und ich sehen uns über den Tisch hinweg an und müssen plötzlich lachen.

Jakob hält eine kleine Rede und dann ergreift Herr Bartak das Wort. Wir hätten ja gesehen, sagt er, dass man hier gut auf alles aufpasse. Das Schloss gehöre jetzt dem Staat, aber es wisse ohnehin jeder, »dass das früher euch gehört hat«. Und jetzt wolle er uns zu einer Führung durch die Räume einladen. Wir stoßen an, mit Breznitzer Bier.

Kateřina, die Fremdenführerin, war auch beim Essen dabei. Jetzt führt sie uns durch das Museum. Viele Kostbarkeiten gibt es eigentlich nicht zu sehen, also sagt Kateřina: Das ist ein Tisch. Hier ist eine Vase. Da hängt ein Luster. Bald übernehmen wir die Führung und zeigen den Jungen, was noch an die Familie erinnert. Die Porträts von Mami und ihren Geschwistern als Kinder, diese selbst als blonder Engel, Tante Gretelein als schwarzes Teufelchen, Tante Willy als fröhlicher Wildfang und Onkel Karl als braver Bub im Matrosenanzug. Über die Jagdtrophäen müssen wir staunen. Denn da ist plötzlich eine ausgestopfte Bärin samt Jungem zu sehen, die unser Großvater garantiert nie geschossen hat. Man hat einfach allerhand Passendes aus anderen Schlössern zusammengeholt und hier aufgestellt.

Die Nichten und Neffen amüsieren sich über das, was sie zu sehen bekommen. Diese vielen Stiegen! Diese Öfen! Und alles so wahnsinnig unpraktisch! Schön schon. Aber hier wohnen müssen? Nie im Leben! Der Clou kommt, als Kateřina uns in Großpapas ehemaliges Schreibzimmer führt. Diverse Dokumente liegen auf dem Schreibtisch, alle mit dem Stempel »Eigentum der tschechischen staatlichen Schlösserverwaltung« versehen. Plötzlich springt mir eine vergilbte »Correspondenz-Karte« in die Augen. Ich lese, in sorgfältiger Kurrentschrift geschrieben: »Breznitz, 20. II. 1911. Liebste, beste Großi!« Meine Mutter, damals zehn Jahre alt, und ihre Geschwister bedanken sich bei ihrer Großmutter – »Hotel Metropole, Wien I« –, weil diese ihnen eine Reise nach Prag spendiert hat. »Ich bin ganz paff vor Freude«, steht da, »und möchte am liebsten gleich nach Wien, Dich umarmen. Deine dankbare Sophie.« »Ich hüpfe vor Freude im Zimmer herum«, fügt Willy, die ältere Schwester, hinzu. Darunter aufgeklebt ein vierblättriges Kleeblatt.

Ich werde plötzlich wütend. Meine versöhnliche Völkerfreundschaftsstimmung ist vorübergehend weg. Eigentum der tschechischen staatlichen Schlösserverwaltung? Das könnte euch so passen! Sonst noch was! Ich nehme die Karte und stecke sie ein, nicht heimlich, sondern ganz offen. Wehe, wenn ihr mich daran hindert. Dann könnt ihr was erleben. Aber Kateřina blickt diskret zur Seite. Ich gebe ihr später ein üppiges Trinkgeld.

Als ich noch auf einen Sprung ins Städtchen gehen will, treffe ich Zdenka. Es hat sich mittlerweile herumgesprochen, dass wir hier sind, und Zdenka hat sich aufgemacht, um uns zu sehen. Ob ich mich erinnern kann, fragt sie mich. Wir waren doch als Kinder gemeinsam auf dem Teich Schlittschuh laufen! Ja, jetzt fällt's mir wieder ein. Und es zeigt sich, dass Zdenka mittlerweile Franta geheiratet hat, den früheren JZD-Vorsitzenden und feschesten Mann im Ort. Sie lädt mich zu sich nach Hause ein. Eine gemütliches Häuschen, eine behagliche Küche. Wir trinken Kaffee und plaudern. Draußen toben die Enkelkinder.

Die JZD gibt es nicht mehr. Franta hat nach der Wende seinen Job verloren, aber er hat sich schnell gefasst und etwas Neues probiert. Ein Export-Import-Geschäft. Momentan läuft es nicht so gut, aber es wird schon wieder werden. Franta ist ein tüchtiger Kerl. Er war ein tüchtiger Kommunist und später ein tüchtiger Kapitalist. Ein Opportunist? Ein Wendehals? Ach nein. Ein Mann vom Land, der im Mitteleuropa des 20. Jahrhunderts sich und die Seinen irgendwie über die Runden und durch die Wirrnisse der Weltgeschichte gebracht hat. Die Fäden gezogen haben andere. Für Zdenka und mich gilt das Gleiche. Wir sind in etwa gleich alt. Und wir haben es geschafft, irgendwie. Zwei Frauen, zwei Wege, zwei Schicksale. Wir verabschieden uns herzlich voneinander.

Als ich zum Schloss zurückkomme, macht sich die Familie gerade zum Nachhausefahren bereit. Jakob möchte bezahlen, aber Herr Bartak wehrt ab. »Das wäre ja noch schöner.« Ich schaue noch schnell in die Kapelle hinein, zu den flatternden goldenen Engeln. Als ich ein Kind war, habe ich mir den Himmel so vorgestellt: die Breznitzer Kapelle mal unendlich. Möglich, dass jetzt andere Kinder hierherkommen und ähnlichen Träumen nachhängen.

Text- und Bildnachweis

»Ein Schloss in Böhmen«, »Das rosarote Kerzlweiberl«, »Reisen im Orient«, »An der Grenze« und »Breznitz revisited« sind zuerst in der Wochenendbeilage Spectrum der Tageszeitung *Die Presse* erschienen; »Der letzte Jude von Frauenkirchen« war zuerst in der *Süddeutschen Zeitung* und »Wie man Nazis macht« im Wiener *Kurier*. Für das Buch wurden sämtliche Texte durchgesehen, teilweise gekürzt oder erweitert und mit neuen Titeln versehen.

Seite 125 © Yevonde Portrait Archive
Seite 135 © Wolfgang Pfaundler
Seiten 249, 331 © IMAGNO/Didi Sattmann
Seite 280 © Oldřich Škachá
Sämtliche anderen Fotos und Dokumente © Archiv Barbara Coudenhove-Kalergi

Inhalt

Vorwort	7
Ria, die Kindsfrau	10
»Ein Böhme deutscher Zunge«	22
Ein Schloss in Böhmen	34
Die Pálffys	47
Die Coudenhoves	55
Unter dem Hakenkreuz	76
Im Krieg	87
Die Vertreibung	96
Fremdes Österreich	107
Lords und Ladies	120
Nach Wien, nach Wien!	128
Schauplatz der Originale	140
Wie man Nazis macht	150
Hier marschieren Demokraten	157
Die Liebe meines Lebens	172
1968 – eine Illusion und ihr Ende	191
In Maos Reich	197
»Das rosarote Kerzlweiberl«	211
Die Tage von Danzig	222
Abschied vom Stetl	236
Der letzte Jude von Frauenkirchen	247
Die sanfte Revolution	263
Mein Prag?	272
Als die Mauer fiel	289
Reisen im Orient	301
An der Grenze	312
»Land der Menschen«	320
Breznitz revisited	329